W0390942

E-Book inside.

Mit folgendem persönlichen Code
können Sie die E-Book-Ausgabe
dieses Buches downloaden.

70188-r65p6-
xqm04-7vtn2

Registrieren Sie sich unter
www.hanser-fachbuch.de/ebookinside
und nutzen Sie das E-Book
auf Ihrem Rechner*, Tablet-PC
und E-Book-Reader.

Der Download dieses Buches als E-Book unterliegt gesetzlichen Bestimmungen bzw. steuerrechtlichen Regelungen, die Sie unter www.hanser-fachbuch.de/ebookinside nachlesen können.

* Systemvoraussetzungen: Internet-Verbindung und Adobe® Reader®

Rüdiger Schreiner

Computernetzwerke

Rüdiger Schreiner

Computernetzwerke

Von den Grundlagen zur Funktion und Anwendung

6., erweiterte Auflage

HANSER

Der Autor: Rüdiger Schreiner, Schopfheim

Bibliografische Information der Deutschen Nationalbibliothek:

Die Deutsche Nationalbibliothek verzeichnet diese Publikation in der Deutschen Nationalbibliografie; detaillierte bibliografische Daten sind im Internet über http://dnb.d-nb.de abrufbar.

Lektorat: Sylvia Hasselbach
Herstellung: Irene Weilhart
Umschlagdesign: Marc Müller-Bremer, www.rebranding.de, München
Umschlagrealisation: Stephan Rönigk
Satz: Kösel Media GmbH, Krugzell
Gesamtherstellung: Kösel, Krugzell
Ausstattung patentrechtlich geschützt. Kösel FD 351, Patent-Nr. 0748702
Printed in Germany

Print-ISBN 978-3-446-44827-8

E-Book-ISBN 978-3-446-44942-8

Inhalt

Vorwort

Noch ein Buch über Netzwerke? In jeder Buchhandlung gibt es sie bereits meterweise. Aber dieses Buch unterscheidet sich von den anderen und hat eine besondere Geschichte. Der beste Aspekt daran ist, dass es nicht geplant war. Beruflich arbeite ich sehr viel mit Computerbetreuern zusammen, in allen Schattierungen der Ausbildung und des Wissensstandes, von Hilfsassistenten ohne Computererfahrung bis hin zu professionell ausgebildeten Fachkräften.

Wenn diese Probleme haben, die sie nicht lösen können oder Beratung brauchen, wenden sie sich an mich. Und dies in einer völlig inhomogenen Umgebung, mit Windows, Linux, MacIntosh, Sun, etc. Die Fluktuation ist sehr groß, in großen Teilen der Umgebung muss das Rad ständig neu erfunden werden.

Im Laufe der Jahre fiel mir auf, dass immer wieder dieselben Fragen, immer wieder Verständnisprobleme an denselben Stellen auftreten. Weshalb? Netzwerke sind heute eine unglaublich komplexe Angelegenheit. Aber wie der Computer selbst, finden sie immer mehr Einzug auch in Privathaushalte. Längst ist die Zeit vorbei, in der es zu Hause nur wenige Rechner gab. Längst sind wir so weit, dass viele Haushalte mehrere Computer besitzen und untereinander Daten austauschen und ans Internet wollen. Viele Spiele sind netzwerkfähig geworden, Drucker, Faxgeräte und Scanner werden gemeinsam genutzt. Oft ist es kein Problem, ein paar Rechner zusammenzuhängen und ein kleines Netzwerk zum Laufen zu bekommen. Aber wenn es Probleme gibt, sind die meisten verloren.

Ebenso ist in kleineren und mittleren Unternehmen (oft durch die Aufgabentrennung in grossen Unternehmen ebenso) das IT-Personal meist auf die Betreuung der Rechner und Server ausgerichtet. Das Netzwerk wird meist eingekauft und als Black-Box betrieben. Netzwerke sind oft ein „Buch mit sieben Siegeln“ und eine Infrastruktur, die wie das Telephon behandelt wird. Jeder verlässt sich darauf, aber wenn es nicht funktioniert, ist die Katastrophe da. Oft wird „gebastelt“, bis es irgendwie funktioniert, ohne darüber nachzudenken, dass es noch viel besser sein könnte, performanter und stabiler und nicht nur einfach funktionieren kann.

Im Bereich Netzwerk gibt es eine unheimliche Grauzone des Halbwissens. Ähnliches sieht man bei den Betriebssystemen. CD rein, Setup angeklickt, 15 mal „OK“ gedrückt und der Rechner läuft – solange, bis es Probleme gibt.

Viele sind sehr interessiert am Thema Netzwerk. Der Einstieg aber ist schwer, das Thema ist keine Wochenendsache und meist fehlen die Ansprechpartner. Beklagt wird von den meisten, dass es auf dem Markt entweder Bücher gibt, die nur sehr oberflächlich sind, oder aber sofort auf einen Level gehen, in dem der Einsteiger verloren ist. Weiter sind sehr viele Bücher zu einem hochspeziellen Thema geschrieben worden und erlauben so nur den Einstieg in kleine Teilbereiche. Oft ist die Sicht der Lehrbücher herstellerbezogen. Linux-Netzwerke, Windows-Netzwerke, meist Nebenkapitel in Büchern über die Betriebssysteme selbst. Oder es sind Bücher von Herstellern der Netzwerkgeräte, die detailliert das Featureset und die Konfiguration beschreiben.

Sicher sind diese Bücher sehr gut – aber nicht für einen Einstieg geeignet. Sie behandeln speziell die Konfigurationen und Möglichkeiten ihrer Geräte und Umgebungen – und nicht der Standards. Auch sind sie nicht für einen Heimanwender geeignet, der mehr verstehen will, und ebenso nicht für eine Firmenleitung oder IT-Abteilung kleiner und mittlerer Umgebungen, die strategisch entscheiden müssen, welchen Weg sie im Bereich Netz gehen wollen.

Dieselbe Erfahrung musste ich selbst machen, als ich erstmalig mit dem Thema Netzwerke konfrontiert wurde. Es gibt viele gute Kurse und Ausbildungen, meist von den Herstellern der Geräte. Eine Privatperson oder kleine Firma kann aber nicht tausende Euro bezahlen, aus einfachem Interesse. Immer wieder erkläre ich dasselbe neu. Und oft hörte ich: „Kannst Du mir nicht ein Buch empfehlen, das wirklich einen Einstieg erlaubt? Das soviel Grundwissen vermittelt, dass man versteht, wie das alles funktioniert, aber auf einer für jedermann verständlichen Basis? Ohne aber nur oberflächlich zu sein? Das ein breites Spektrum des „Wie“ bietet, verstehen lässt und den „Aha-Effekt“ auslöst?“

Ein Bekannter, der gutes Computer-, aber kein Netzwerk-Know-How hatte, bat mich, ihn ins Thema Netzwerke einzuweisen. Wir trafen uns eine Weile regelmäßig und ich überlegte mir, wie ich ihn an das Thema heranbringen kann. Aus diesen Notizen, „Schmierzetteln“ und Zeichnungen stellte ich eine kleine Fibel zusammen. Weiter fand ich Interesse in einem Computer-Verein, baute die Unterlagen aus und hielt den ersten „Netzwerkkurs“. Die Resonanz war enorm. Nie hätte ich gedacht, dass so viele Interesse haben. Vom Schüler, der seine PCs zum Spielen vernetzen will, über den KMU-Besitzer, der Entscheidungsgrundlagen sucht, bis zum IT-Spezialist, der über den Tellerrand schauen wollte, war alles vertreten.

Die Teilnehmer brachten mich auf die Idee, aus den Unterlagen ein Buch zu machen. Dies ist die Geschichte dieses Buches. Das Ziel ist, dem Leser zu ermöglichen, Netzwerke wirklich zu verstehen, egal ob in großen Umgebungen oder zu Hause. Das Ziel ist, soviel Know-How zu erarbeiten, dass der Interessierte versteht, wie es funktioniert und aufbauen kann, und der Einsteiger, der in Richtung Netz gehen will, das Handwerkszeug bekommt, um tiefer einzusteigen und sich an die „dicken Wälzer“ zu wagen. Gezeigt wird, wie es wirklich funktioniert, wie es strukturiert ist und welche großen Stolperfallen es gibt. Genauso soll der Leser in der Terminologie firm werden.

Ein interessierter Einsteiger will nicht 200 Seiten Kommandozeile eines Routers lesen, sondern verstehen, was ein Router wirklich ist. Ist es sein Job oder Interesse, soll er dann nach der Lektüre dieses Buches in der Lage sein, die Erklärungen dieser Kommandozeile sofort zu verstehen. Das Hauptziel dieses Buches sind die Grundlagen und ihr Verständnis. Wer die Grundlagen verstanden hat, dem fügt sich alles wie ein Puzzle zusammen. Leider wird darauf in der Literatur zu wenig eingegangen. Diese Lücke will das Buch schließen. Ein gutes Fundament, Verständnis und „wirklich verstehen“ ist der Leitfaden. Am Ende soll der

Leser qualitativ, aber nicht oberflächlich, alle Informationen und Zusammenhänge kennen, wird arbeitsfähig sein, in der Terminologie firm und bereit für den nächsten Schritt. Die Grundlagen werden mit Absicht ziemlich tief behandelt, denn ein Verstehen der Basis ist immer Voraussetzung für ein fundiertes Wissen. Dies ist in jedem komplexen Thema so. Daher gibt es einige Exkurse in die Physik und Mathematik. Das hört sich abschreckend an, sie sind aber, so hoffe ich, für jeden verständlich gehalten.

Das Buch wurde bewusst als ein Buch zum Lesen geschrieben. Trockene Theorie, die manchen bekannt ist, manchen nicht, habe ich als Exkurse an das Ende des Buches ausgelagert, um den Fluss nicht zu stören. Wer diese Grundlagen nicht hat, ist gebeten, sich die Mühe zu machen, diese Exkurse zur richtigen Zeit zu lesen; es wird im Text jeweils darauf verwiesen. Ich rate dazu, das Buch nicht einfach wie einen Roman zu lesen, sondern sehr bewusst und kapitelweise. Es stecken viele Informationen in sehr kompakter Form darin. Man ist leicht versucht, es in einem Zug zu lesen, doch wird dabei eine Menge untergehen. Ein Repetitorium und Fallbeispiele geben am Ende die Möglichkeit, mit dem Erlernten umzugehen.

Zum Schluss möchte ich nicht versäumen, einigen Personen zu danken, die einen großen Anteil am Entstehen der Unterlagen beziehungsweise des Buches hatten: Herrn Prof. Dr. F. Rösel für die Chancen und die Möglichkeit der Weiterbildungen; Herrn Dr. H. Schwedes für die Korrekturlesung und die wertvollen Anregungen; der Linux Usergroup Lörrach e. V. für das tolle Feedback; Herrn H. Volz für die akribische fachliche Korrekturlesung und seine Anmerkungen; Herrn Dr. P. Zimak für die stets offene Türe und die vielen beantworteten Fragen in den letzten Jahren; und nicht zuletzt ganz besonders meiner Familie für die gestohlene Zeit.

Das Buch ist aus den Erfahrungen in Jahren der Praxis entstanden – es ist ein Buch der Praxis und ein dynamisches Buch, das aus ständigem Feedback gewachsen ist. In diesem Sinne wünsche ich Ihnen möglichst großen Gewinn und viel Spaß bei seiner Lektüre. Eines haben mir die bislang abgehaltenen Netzwerkkurse und Diskussionen gezeigt: Ein so trockenes Thema wie Netzwerke kann auch Spaß machen! Interessant ist es allemal.

Lörrach, im Oktober 2005

Rüdiger Schreiner

Vorwort zur sechsten Auflage

Wieder eine Auflage. Im Vorwort zur fünften Auflage habe ich geschrieben, dass ich Wireless LAN ausbaue und das Buch damit „rund“ wird. Ich möchte keinen Wälzer produzieren, denn die gibt es genug. Seit nunmehr zehn Jahren ist das Buch auf dem Markt und das Interesse ungebrochen. Fast habe ich ein wenig Angst davor … Fachbücher, besonders in einem Umfeld wie IT, schnelllebig und von stetigen Wandeln geprägt, sind eigentlich nicht für solche Lebensdauer ausgelegt. Trotzdem hält sich das Buch und die Nachfrage versiegt nicht, worüber ich mich natürlich sehr freue.

Als mich der Hanser-Verlag fragte, ob ich einen Nachdruck oder eine Neuauflage wünsche, war ich im ersten Moment für einen Nachdruck. Dann fiel mir ein, dass doch noch eine kleine Facette fehlt: Netzwerk-Speicher-Technologien. Ich habe daher dieses Thema als neues Kapitel aufgenommen. Aber nach wie vor unter dem Motto: von den Grundlagen bis zur Funktion und Anwendung.

Ich möchte diese Basis auf keinen Fall verlassen. Es ist ein Grundlagenbuch und soll es bleiben. Sicher haben sich manche Daten verändert, der Backbone hat zum Beispiel inzwischen Übertragungsraten von 40 bis 100 Gigabit. Die Grundlagen sind aber gleich geblieben. Wer sie wirklich verstanden hat, muss die Entwicklung nicht fürchten. In der schnellen IT-Welt wird auch nur mit Wasser gekocht und nicht gezaubert.

Wer die Grundlagen wirklich verstanden hat, kann ruhig in die Zukunft blicken.

Besten Dank für das große Interesse und nunmehr zehn Jahre Feedback.

Was aber korrigiert werden muss, ist der Klappentext. Dort steht „Schreiner gibt seine Erfahrungen aus über 20 Jahren in der IT weiter“. Das Buch ist seit zehn Jahren auf dem Markt. Also müssen wir das in 30 Jahre ändern ☺

Dank an meine Familie und die Kollegen, die fachlich Korrektur gelesen haben.

Ihnen wieder einmal viel Gewinn und Kurzweil bei der Lektüre.

Schopfheim im April 2016

Rüdiger Schreiner

1 Zur Geschichte der Netzwerke

1.1 Netzwerke – der Beginn

In der Anfangszeit der Datenverarbeitung standen zentrale Rechner im Mittelpunkt, die von wenigen Spezialisten betrieben werden konnten. In Firmen, Institutionen und Universitäten wurden die Daten auf- und vorbereitet und dann zentral im Großrechner verarbeitet. Meist waren die Systeme und Programme proprietär, der Weg der Daten war denkbar umständlich. Die meisten Daten mussten in Form von Papier oder mobilen Datenträgern zur Zentraleinheit gebracht, eingegeben und die Ergebnisse nach der Verarbeitung ebenso wieder abgeholt werden.

Die Programme zur Verarbeitung der Daten wurden meist selbst geschrieben und auf Lochkarten, Lochstreifen, etc. eincodiert und jeweils vor der Verarbeitung der Datensätze in das System eingelesen.

Eine erste Abhilfe brachten Terminalsysteme. Hier wurden Terminals (im Prinzip nur ein Monitor und eine Tastatur) ohne eigene Intelligenz an Großrechner angeschlossen und boten so einen Zugriff auf die Ressourcen bis hin zum Arbeitsplatz an (zum Beispiel IBM, Digital und Siemens).

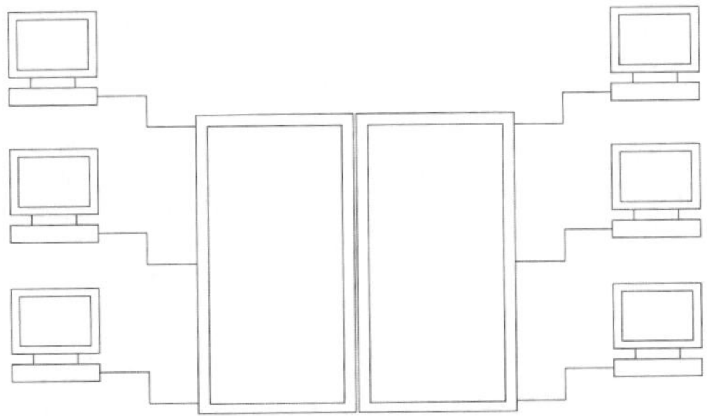

BILD 1.1 Ein Terminalsystem: An einer großen Zentraleinheit, welche die gesamte „Intelligenz" beherbergte, waren Terminals ohne eigene Intelligenz angeschlossen. Somit hatte jeder Zugriff auf die vom Großrechner gebotenen Ressourcen.

Mit der beginnenden Entwicklung der Personal Computer (PC) kam die eigene Verarbeitungskapazität bis an den Arbeitsplatz heran.

Vor allem aus Kostengründen wurde sofort die Frage nach einer gemeinsamen Nutzung von Ressourcen laut (ein Laserdrucker kostete 1985 noch über DM 20 000). Auch war es relativ umständlich, die Daten auf einem PC zu erzeugen und dann per Diskette oder als Ausdruck weiterzugeben.

Dazu kommt noch, dass nun Dinge wie die Datensicherung, die Benutzerverwaltung und die Systempflege auf jedem Rechner einzeln durchgeführt werden mussten, was einen sehr großen Aufwand an Administration darstellte. Was früher zentral am Großrechner administriert wurde, musste nun an jedem Arbeitsplatz einzeln bewältigt werden. Die Lösung war die Vernetzung. Sie bot Datenaustausch und -sicherung, Ressourcenteilung, zentralisierte Userverwaltung und -authentifizierung in einem an.

Mit der zunehmenden Kommunikationsfähigkeit und Leistungskapazität der PCs wurde ein Ende der zentralen Großrechner vorausgesagt. Heute ist jedoch der gängige Zustand eine Koexistenz beider. Im Netzwerk untereinander erreichbar bieten Großrechner enorme Rechenkapazitäten, Fileserver zentrale Datenhaltung und -sicherung sowie Printserver, Faxserver etc. eine gemeinsame Ressourcennutzung an. Die Arbeitsplatzstationen als Ersatz der „dummen" Terminals bieten dabei aber genug „Intelligenz" für die täglichen Anwendungen vor Ort ohne Belastung des Zentralsystems an.

Das frühere Sternsystem, Zentraleinheit und sternförmig angeschlossene Datenterminals und das Peer-to-Peer-Netzwerk, ein vermaschter Netzwerkverbund von gleichwertigen Stationen, sind in heutigen Client-Server-Umgebungen zusammengeflossen.

In vielen Fällen tendiert man heute wieder dazu, Dienste auf Servern zu konsolidieren. Die Leistungsfähigkeit der Server ist enorm gestiegen, Terminalsysteme sind heute fast für alle Betriebssysteme erhältlich.

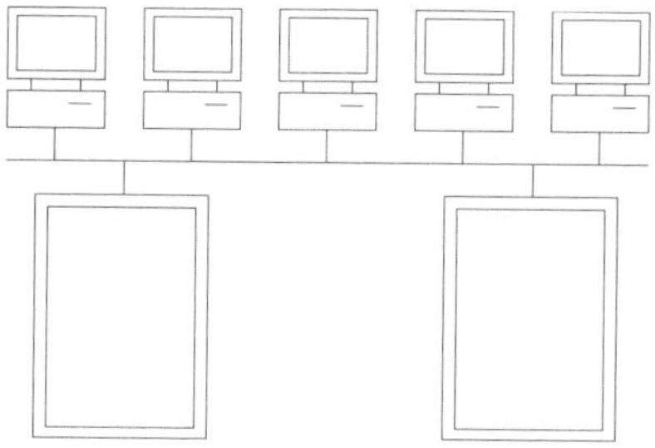

BILD 1.2 Ein heterogenes Netzwerk: Hier sind Clients und Server miteinander vernetzt. Die Server bieten spezielle Dienste an, die von allen genutzt werden können.

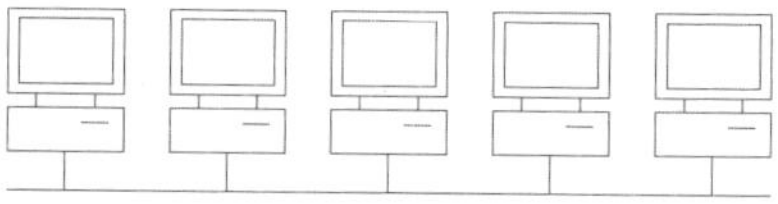

BILD 1.3 Ein Peer-to-Peer-Netzwerk. Gleichwertige Stationen sind untereinander vernetzt.

Im Laufe der Jahre wurden immer mehr dieser isolierten Netzwerke (Intranets) an das weltweite Internet angeschlossen. Ein Austausch von Daten ist daher weltweit möglich. Mehr zum Thema Internet folgt weiter unten.

1.2 Definition eines Netzwerkes

Was ist denn nun ein Netzwerk? Der Begriff Netzwerk umfasst nicht nur die Welt der Computer. Das weltweite Telefonnetz, das ISDN, der Verbund der Bankautomaten etc. sind ebenfalls Informationsnetzwerke.

Generell lässt sich daher definieren:

Ein Netzwerk ist eine Infrastruktur, die Datenendgeräten die Kommunikation, den Datenaustausch und die Nutzung gemeinsamer Ressourcen transparent ermöglicht.

Transparent bedeutet, der Endbenutzer muss sich nicht darum kümmern, mithilfe welcher Verfahren, Geräte und Medien die Informationen transportiert werden.

Hier in diesem Buch wollen wir uns mit Computernetzwerken beschäftigen, obwohl durchaus Überschneidungen auftreten, zum Beispiel bei PPP (Point to Point Protocol, siehe unten), dem Netzwerkzugang über den Telefonanschluss und ein Modem. Hier benutzt das Computernetzwerk die Infrastruktur des Telefonienetzwerkes zur Datenübertragung.

Was muss beachtet werden, um eine bestehende Netzwerkinfrastruktur ausnutzen zu können? Welche verschiedenen Geräte und Medien sind im Einsatz, und was muss dabei berücksichtigt werden? Die Technik, die Geräte, die Verkabelung und die Softwareparameter, die im alltäglichen Gebrauch verwendet werden, stehen im Vordergrund dieser Einführung. Ebenso die Terminologie. Es gilt, in den gängigen Fachbegriffen firm zu werden. Das Ziel ist es, einen Einstieg in die Materie Netzwerk zu bekommen, der es ermöglicht, je nach Interesse, in die vielen verschiedenen Facetten des Themas tiefer einzusteigen. Die Frage „Wie funktioniert es?“ steht im Vordergrund, ebenso und vor allem auch das Verstehen der Grundlagen.

Im Laufe der Jahre wurden nun viele Typen von Netzwerken entwickelt, meist isoliert und herstellerabhängig. Mit der Einführung der (welt-)weiten Verbindungen mussten Standards ausgearbeitet werden, die entweder eine weltweite Konvergenz herbeiführten oder eine Übersetzung der Verfahren ermöglichten. Dies gilt für den physikalischen Aufbau (Netzwerkgeräte, Verkabelung etc.) genauso wie für die Datenformate.

1.3 Das OSI-Modell

1984 entwickelte die ISO (International Standardization Organisation) ein umfassendes Modell für die Kommunikation unter Computern, das OSI-Referenzmodell (Open Systems Interconnection). In diesem wird die Kommunikation zwischen Rechnern in sieben in sich abgeschlossene Schichten aufgeteilt. Jede Schicht kann somit einzeln weiterentwickelt werden, ohne die gesamte Kommunikation zu beeinflussen.

TABELLE 1.1 Das OSI-Modell in der Übersicht: Jede Zeile beschreibt einen Layer des Modells.

Layer VII	Anwendungsschicht	(Application)
Layer VI	Darstellungsschicht	(Presentation)
Layer V	Kommunikationsschicht	(Session)
Layer IV	Transportschicht	(Transport)
Layer III	Vermittlungsschicht	(Network)
Layer II	Sicherungsschicht	(Data Link)
Layer I	Physikalische Schicht	(Physical)

Für den Netzwerker sind die Schichten eins bis vier essenziell. Sie regeln die Datenübertragung an sich, die Schichten fünf bis sieben sind anwendungsbezogen. Pro Schicht sind viele verschiedene Standards implementiert.

Wichtig ist im OSI-Modell, dass die Kommunikation zwischen Rechnern und zwischen den Schichten geregelt ist. Ob PC 1 nun eine andere Implementierung von Layer I benutzt als PC 2, muss für die anderen Schichten bedeutungslos sein. Genauso muss es egal sein, ob die Maschinen Unix, Mac OS, Windows oder ein anderes Betriebssystem benutzen.

1.4 Übersicht über das OSI-Modell

Zu Beginn ein kleiner Vorgriff. Der Leitfaden für den Einstieg in das Netzwerk wird das OSI-Modell sein, Layer für Layer. Daher ein kurzer Überblick. Einige Parameter sind sicher bekannt. Wie sie zusammenhängen, werden wir Schritt für Schritt erarbeiten.

Das OSI-Modell ist sehr wichtig. Im Umfeld der Netzwerker ist es eine Arbeitsschablone. Netzwerker reden von „Layer II-Problemen", „Layer III-Grenzen" etc. Man sollte daher auf jeden Fall in diesem Modell firm sein. Aber genauso muss man immer bedenken, dass das OSI-Modell ist, was sein Name besagt - ein Modell. Es ist nirgends genau implementiert, es gibt etliche Abweichungen und Ausnahmen.

Es hilft uns aber, die Zusammenhänge zu verstehen, und wir begehen keinen Fehler, zuerst einmal anzunehmen, alles würde OSI-konform verlaufen.

1.4.1 Layer I - die physikalische Schicht (Physical)

Hier sind, wie schon der Name sagt, die physikalischen Parameter definiert. Dazu gehören die Kabeltypen, die Anschlüsse, die Streckenlängen, die elektrischen Eckdaten wie Spannungen, Frequenzen etc. Getrennt wird hier in drei Bereiche:

- Der Nahbereich (LAN, Lokal Area Network, meist in einem Gebäude),
- mittlere Entfernungen (MAN, Metropolitan Area Network, meist Gebäudeverbindungen) und
- die Fernverbindungen (WAN, Wide Area Network, Fernstrecken bis weltweit).

Beispiele für die Standards im Layer I sind zum Beispiel verschiedene Übertragungsmedien wie Kupferkabel, Glasfaser, Richtfunk, Signalform und Frequenzen im Medium.

1.4.2 Layer II – die Sicherungsschicht (Data Link)

Die Sicherungsschicht ist für eine zuverlässige Übertragung der Daten zuständig. Sie regelt die Flusssteuerung, regelt den Zugriff, verhindert eine Überlastung des Empfängers und ist für die physikalische Adressierung innerhalb eines Netzsegmentes (siehe unten) auf dieser Schicht verantwortlich. Hier ist die erste Fehlererkennung implementiert. Die Topologie eines Netzwerkes ist stark von dieser Schicht abhängig, sie definiert die Art und Weise, wie die Rechner und Netzwerkgeräte miteinander verbunden sind.

Ein Beispiel im Layer II sind Hardwareadressen.

1.4.3 Layer III – die Vermittlungsschicht (Network)

In Schicht drei des OSI-Modells wird die logische Adressierung (segmentübergreifend bis weltweit) der Geräte definiert. Die Routing-Protokolle dieser Schicht ermöglichen die Wegfindung in großen (bis weltweiten) Netzwerken und redundante Wege ohne Konflikte. Routing-Protokolle sorgen ebenfalls dafür, dass die Ressourcen in vermaschten Netzen mit vielen redundanten Wegen bei dem Ausfall einer Verbindung weiterhin benutzt werden können.

Quality of Service (QoS), Routing und das IP-Protokoll sind Beispiele im Layer III.

1.4.4 Layer IV – die Transportschicht (Transport Layer)

In der Transportschicht sind Sicherungsmechanismen für einen zuverlässigen Datentransport beschrieben. Die Schicht vier regelt das Datenmultiplexing und die Flusskontrolle, das heißt, mehrere Anwendungen höherer Protokolle können gleichzeitig Daten über eine Verbindung transportieren. In der Transportschicht sind verbindungslose und verbindungsorientierte Dienste implementiert. Verbindungsorientierte Dienste können einen sehr sicheren Datenaustausch durchführen. Der Sender und der Empfänger kontrollieren ihre Möglichkeiten der Kommunikation (Aufbau einer virtuellen Verbindung), die Daten werden erst nach dieser Prüfung versandt. Eine weitgehende Fehlerkontrolle prüft die Daten und fordert entweder verlorene oder korrumpierte Daten zur erneuten Übersendung an. Am Ende der Kommunikation wird die Verbindung gezielt und kontrolliert wieder abgebaut. Im

Layer IV wird nach definierten Anwendungen unterschieden. Hier beginnt die Kommunikation zwischen dem Netzwerk und der Anwendung.

Beispiele im Layer IV sind etwa das TCP- oder das UDP-Protokoll.

1.4.5 Layer V – die Kommunikations-/Sitzungsschicht (Session)

Die Kommunikationsschicht ist hauptsächlich eine „Serviceschicht“ für die bidirektionale Kommunikation von Anwendungen in verschiedenen Endgeräten. Sitzungen und Datenströme werden angefordert, aufgebaut, kontrolliert und koordiniert. Meist bedienen sich die Services der Schicht V dabei der Dienstangebote der Schicht IV.

Ein Beispiel im Layer V ist unter anderem das SMB-Protokoll zum Drucken und zum Verbinden mit Windows-Freigaben.

1.4.6 Layer VI – die Darstellungsschicht (Presentation)

Die Darstellungsschicht sorgt dafür, dass die Daten so bearbeitet werden, dass sie optimal ausgetauscht und verarbeitet werden können. Hierfür gibt es etliche standardisierte Kodierungs-, Konvertierungs- und Kompressionsverfahren, zum Beispiel für Verschlüsselungsroutinen, Zeichendarstellungen, Video- und Audioübertragungen.

Beispiele im Layer VI sind Standards wie MPEG, TIFF, GIF und ASCII.

1.4.7 Layer VII – die Anwendungsschicht (Application)

Die Anwendungsschicht interagiert direkt mit der Software (Anwendung), die eine Netzwerkübertragung anfordert. Sie ermittelt, ob die Möglichkeit einer Verbindung besteht, und identifiziert und sucht Ressourcen.

Beispiele im Layer VII sind verteilt arbeitende Server-Client-Lösungen sowie Kontroll- und User-Interfaces.

1.5 Übertragungswege im OSI-Modell

Das OSI-Modell selbst bietet natürlich keine Möglichkeit, Daten auszutauschen, sondern liefert die Rahmenbedingungen, mit denen ein Datenaustausch unter den verschiedensten Systemen reglementiert wird. Die Datenübertragung wird von den Implementierungen der Regeln durch die Hersteller innerhalb der Schichten mittels Protokollen vorgenommen.

Ein Protokoll ist also nichts anderes als eine Aufstellung von definierten Regeln zur Kommunikation. Dabei kommuniziert eine Schicht virtuell mit derselben Schicht (Anwendung/ Protokoll) auf dem Kommunikationspartner. Der wirkliche Weg der Daten ist natürlich von oben durch die Schichten bis nach unten auf Layer I, dann die Übertragung über das Medium und beim Empfänger wieder vertikal nach oben.

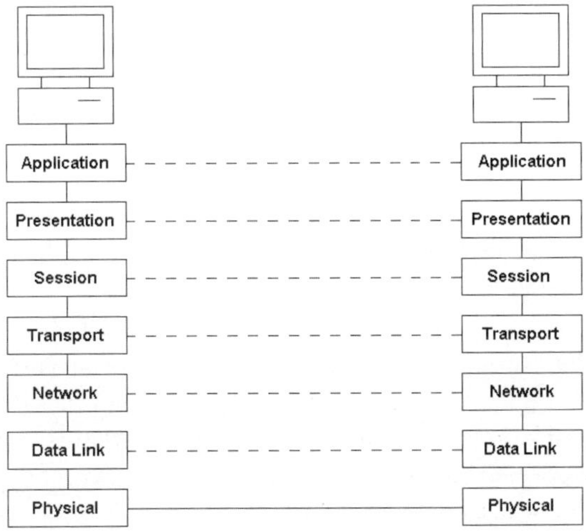

BILD 1.4 Die virtuelle (gestrichelt) und die echte Kommunikation: Jede Schicht kommuniziert scheinbar mit derselben auf dem Partner. In Wirklichkeit aber verläuft die Kommunikation vertikal durch alle Schichten nach unten, die Daten werden über die physikalischen Medien versendet und nehmen ihren Weg dann wieder vertikal bis zum Ziel.

Der große Vorteil ist, sofern sich die Hersteller an die Standards und Schichtung halten, dass jeder, der einen Dolmetscher für seine eigene Art der Implementierung eines Layers anbietet, mit allen anderen kommunikationsfähig bleibt.

So ist es möglich, dass Apple-Computer, Intel-basierte Computer unter Windows oder Linux, Unix-Computer unter Solaris, DEC-Unix etc. untereinander kommunizieren, Daten austauschen und gemeinsame Ressourcen anbieten und nutzen können.

Jede Schicht verpackt das Datenpaket, das sie von einer höheren zur Weiterverarbeitung bekommt, in ein eigenes „Kuvert" und reicht es eine Schicht weiter.

Beim Empfänger läuft es genau andersherum. Jede Schicht entfernt ihr Kuvert und reicht das Paket nach oben weiter. Schicht vier zum Beispiel ist dabei absolut uninteressiert daran, was vorher für eine Verpackung um das Paket war und über welches Medium es transportiert wurde. Sie interessiert es auch nicht, was als Inhalt im Paket ist, lediglich das

„Kuvert Schicht vier“ ist für sie von Bedeutung. So wird deutlich, wie die Interkommunikation unter den verschiedensten Plattformen und Systemen möglich wird. Sind die Protokolle korrekt implementiert, steht der Kommunikation nichts mehr im Wege.

Sind zwei völlig inkompatible Netze zu verbinden, muss ein Gerät dazwischengeschaltet werden, das eine Übersetzung vornimmt, bis zu der Schicht, die wieder gleich implementiert ist. Ein Beispiel auf Layer I ist ein Mediumkonverter, der zum Beispiel ein Thin-Wire-Netz mit einem Twisted-Pair-Netz verbindet, ein Beispiel auf Layer II ist eine Bridge, die zwischen Token Ring und Ethernet verbindet.

Ab dieser Übersetzung ist der Weg wieder völlig gleich. Die höheren Schichten bekommen von dieser Übersetzung nichts mit (ebenso der Anwender/User). Aber nochmals sei betont, das OSI-Modell ist ein Modell und so gut wie nirgends absolut starr implementiert. Es ist unser Leitfaden und eine Vorgabe für die Hersteller.

Als Beispiel kann der Brief verschiedener Bittsteller an den Präsidenten der Vereinigten Staaten gelten. Einmal kommt er von einer einsamen Insel, einmal aus einer Großstadt. Der Großstädter schreibt seinen Brief und wirft ihn frankiert in den nächsten Postkasten. Die Post befördert ihn über diverse Sortier- und Verteilerstellen per Bahn, LKW oder Flugzeug nach Washington und liefert ihn aus. Die Antwort des Präsidenten nimmt denselben Weg in die andere Richtung.

Der Stammesfürst der Insel nun geht zum Dorftrommler, der die Nachricht per Trommelsignal an die Küste übermittelt. Dort sitzt der Weise, der sie niederschreibt und per Fax nach Amerika schickt. Der Kontaktmann des Volkes bringt das Fax zum Dolmetscher, der es übersetzt und danach als Brief weiterschickt. Auch hier nimmt die Antwort denselben Weg zurück. Weder der Präsident noch die beiden Absender haben eine Ahnung vom Transport.

Der Präsident bekommt zwei Briefe. Vom unterschiedlichen Weg, den der Inhalt genommen hat, muss er nichts wissen. Ebenso ist es den Absendern egal, ob der eine trommelt und der andere schreibt. Beide Nachrichten finden ihren Weg hin und zurück, trotz der unterschiedlichen Wege. Der Stammesfürst verschickt ein Trommelsignal und bekommt die Antwort ebenfalls auf diese Weise. Ihm muss von allem anderen nichts bekannt sein, virtuell hat für ihn der Präsident per Trommel geantwortet.

Der andere Bittsteller versendet einen Brief – und bekommt einen solchen zurück. Dass ein anderer getrommelt hat, bekommt er nicht mit.

Beide haben aber ihr Ziel erreicht, sie haben kommuniziert. Sie könnten dies auch untereinander tun, auf dieselbe Art und Weise, ohne zu bemerken, dass sie lokal andere Methoden benutzen. Dies ist nicht das Ziel eines weltweiten Netzwerkes. Ziel ist, dass jeder mit jedem kommunizieren kann und sich keine Gedanken machen muss, wie seine Daten transportiert werden.

1.6 Allgemeine Bemerkungen

Was ist nun wichtig zu wissen, um einen Betrieb aufrechtzuerhalten? Was muss man über die Implementierung der Hersteller in den Schichten wissen, um einen Betrieb zu garantieren?

Die Layer I bis IV sind sehr netzwerkbezogen, die Layer V bis VII darstellungs- und anwendungsbezogen.

Im Verlauf dieser Einführung werden wir die Layer I bis IV schrittweise und realitäts-bezogen kennenlernen. Die Layer V bis VII überlassen wir den Informatikern und Anwendern!

Wir werden sehen, dass sich die verschiedenen Implementierungen der Layer und die Protokolle nicht absolut genau an das OSI-Modell halten. Es ist auch kein starres Gesetz, sondern ein Kommunikationsmodell. Leichte Abweichungen, die sich die Hersteller erlauben, sind ohne Bedeutung, solange sie irgendwann wieder an der Grenze der Schichten korrigiert werden. Ab dieser Schicht ist wieder eine native (OSI-konforme) Kommunikation möglich. Die Protokolle, die auf den verschiedenen Schichten angesiedelt sind, sind nichts anderes als festgelegte Regeln, nach denen verfahren werden muss. Benutzen alle dieselben Protokolle oder gibt es Protokollübersetzer, steht dem Datenaustausch nichts mehr im Wege.

Das OSI-Modell ist ein essenzielles Werkzeug im Netzwerkbereich. Jeder, der in diesem Gebiet tätig ist, sollte die Layer und ihre Bedeutung genau kennen. Nochmals sei betont, das OSI-Modell ist ein Modell. Wir werden es als festes Modell betrachten und mit ihm arbeiten. Aber wir müssen immer im Hinterkopf behalten, dass es nirgends so implementiert ist, wie wir hier annehmen. Trotzdem begehen wir keinen Fehler, wenn wir uns an ihm orientieren.

2 Layer I des OSI-Modells

2.1 Die Medien

Auf der untersten Ebene des OSI-Modells ist definiert, was „über den Draht“ kommt. Die Bedeutung wird oft unterschätzt. Jedoch sind wir in der Regel in kleinen bis mittleren Umgebungen hauptsächlich mit Layer I und II eines Netzwerkes konfrontiert.

Im Layer I sind die physikalischen Parameter definiert, der Aufbau der Netzwerkkabel, die elektrischen Eckdaten, die Spannungen, die Frequenzen etc.

Der Layer I beinhaltet vor allem das Sichtbare eines Netzwerkes. Ca. 80 % aller Fehler, Ausfälle und Störungen entstehen durch Schäden an der Verkabelung und durch defekte Netzwerkgeräte! Besonders mit der Verkabelung wird in der Regel sehr nachlässig umgegangen. Wie wir sehen werden, ist dies mit einem hohen Risiko verbunden. Die Empfindlichkeit der Kabel wird meistens unterschätzt. Die Korrekturmechanismen höherer Layer sind in der Regel sehr gut, defekte Daten werden nachgefordert, sodass der Benutzer einer maladen Verkabelung in erster Linie nichts bemerkt, außer dass die Performance durch hohe Fehlerraten eingeschränkt ist.

Wir werden uns hier mit den gängigsten Typen der Verkabelung beschäftigen, sollten aber immer im Hintergrund bedenken, dass es noch viele andere Typen gibt. Wir wollen uns nun der Reihe nach genau ansehen, was es für Medien gibt, ihre Charakteristika und ihre Spezifikationen näher kennenlernen. Darüber hinaus wollen wir genau betrachten, wie die Daten im Medium übertragen werden.

2.2 Die Thin-Wire-Verkabelung (Koaxialkabel)

Am Anfang stand (bei Ethernet) das Thin-Wire-(dünner Draht) oder Koaxialkabel. Es besteht aus einem Kupferaderkern, der mit einer Kunststoffschicht ummantelt ist. Um diese liegt eine leitfähige Folie bzw. ein Metall-Flechtmantel (aus Gründen der Abschirmung, das Prinzip eines Faraday'schen Käfigs). Den Außenmantel bildet wiederum eine feste Kunststoffschicht.

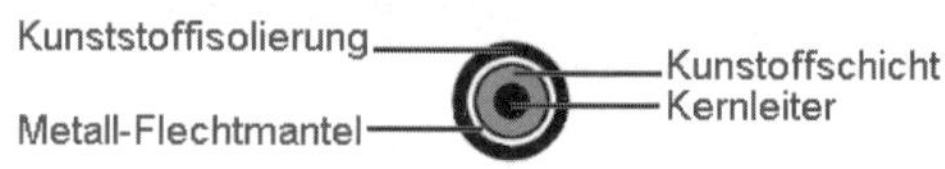

BILD 2.1 Aufbau eines Standard-Koaxialkabels

Die Kabel sind sehr robust und durch ihren Aufbau ausgezeichnet gegen elektromagnetische Störungen abgeschirmt. Durch die Beschränkungen in der Übertragungsgeschwindigkeit und wegen der Gefahr eines Totalausfalls der Netzwerkverbindung bei Fehlern (siehe unten) sind sie heute kaum noch im Einsatz und werden bei Neuverkabelungen in der Regel nicht mehr eingesetzt. In Bereichen mit hohen elektromagnetischen Störfeldern können sie immer noch eine Berechtigung haben, werden aber langsam von Glasfasern verdrängt.

Die Farbe gibt einen Hinweis auf die Art und die Qualität. Graue Kabel entsprechen einer höheren Qualität, schwarze einer geringeren (aber üblichen, es muss nicht immer Kaviar sein!), sie werden deshalb auch Cheapernet-Kabel (Billig-Netz-Kabel) genannt.

Eine historische Besonderheit ist das sogenannte Yellow Cable, das speziell gefertigt, unter anderem besser abgeschirmt ist und größere Längen überbrücken kann. Seinen Namen bekam es von seiner Farbe, diese Kabel waren zur Kennzeichnung mit einer gelben Hülle versehen. Das Yellow Cable bildete das Grundgerüst einer Gebäudeverkabelung. Heute wird es nicht mehr neu eingesetzt. Es wurde in der Regel vertikal im Gebäude verlegt, horizontal zweigten die normalen Thin-Wire-Kabel ab, die mittels einer sehr speziellen Anschlusstechnik (Vampir-Transceiver) angeschlossen waren. Aufgrund der Physik dieser Übertragung war dies nur in starr definierten Abständen am Yellow Cable möglich. (Anmerkung: Ganz am Anfang wurde nur mit dem Yellow Cable gearbeitet, und die Endstationen wurden direkt über Transceiver (siehe unten) angeschlossen. Die Weiterverzweigung über das Thin-Wire folgte aber schon bald. (Diese Technologien sind aber schon lange nicht mehr im Einsatz, nur noch in „historischen" Umgebungen.)

Auf das Yellow Cable gehen wir nicht näher ein, es wird praktisch nicht mehr eingesetzt. Diese Technologie diente lange und zuverlässig, ist heute aber überholt.

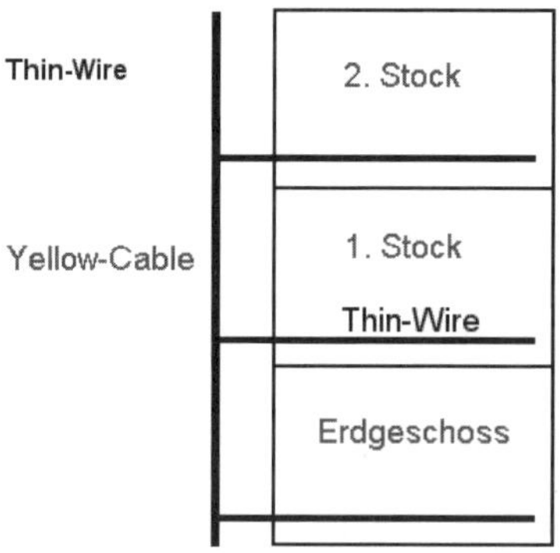

BILD 2.2 Die Gebäudeverkabelung auf der Basis von Koaxialkabeln: Im Vertikalbereich wurde ein Yellow Cable verlegt, horizontal wurden die Thin-Wire-Stränge eingesetzt.

2.2.1 Die Restriktionen der Koaxialverkabelung

Bei der Koaxialverkabelung wird ein Strang gelegt. Er darf aufgrund der Physik der Übertragung nicht weiter verzweigt werden.

Die Computer werden mithilfe von T-Stücken und BNC-Steckern (Bayonet Navy Connectory) angeschlossen. Ein Bild dazu ist in Kapitel 12, „Steckertypen“, zu finden.

Aufgrund der elektrischen Vorgaben darf der Weg zwischen dem T-Stück und der Netzwerkkarte beim klassischen Thin-Wire-Netz niemals verlängert werden. Das Kabel muss also an jeden Arbeitsplatz herangeführt werden. Sind Wanddosen montiert, müssen diese bei der Nichtbenutzung überbrückt werden, anderenfalls müssen die im Raum angeschlossenen Geräte in eine Schleife integriert werden.

Spezielle Dosen und Anschlusskabel erlauben eine komfortablere Anschlussführung und den Einsatz von Konzentratoren (Netzwerkverteilern) mit ganz speziellen Anschlusskabeln (ohne Abbildung).

2.2.2 Verlegung der Koaxialverkabelung

Die maximale Länge eines Stranges darf 180 m betragen. Weitere Ausdehnungen sind möglich, wenn Verstärker (Repeater) eingesetzt werden. Maximal können fünf Segmente mit vier Verstärkern gekoppelt werden, was eine Gesamtlänge von 900 m ergibt. Dies ist ein Kann! Nach Möglichkeit sollte die Verkabelung so gewählt werden, dass der Einsatz so langer Segmente nicht erforderlich ist. Thin-Wire sollte heute nur noch eingesetzt werden, wenn es keine anderen Alternativen gibt.

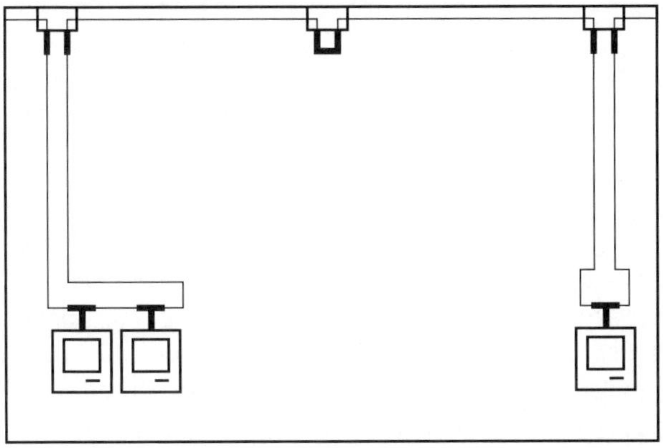

BILD 2.3 Beispiel eines Büros: Das Thin-Wire-Kabel wird an die Geräte herangeführt und der Strang als eine Kette von angeschlossenen Geräten konfiguriert. Anschlussdosen, die nicht benutzt sind, werden überbrückt.

2.2.3 Exkurs in die Physik – Bussysteme

Wichtig bei dieser (eigentlich jeder!) Verkabelung ist, dass der Biegeradius der Kabel eingehalten wird. Zu stark verbogene oder geknickte Kabel führen zu Brüchen in der Ader oder der Schirmungsfolie, mit gravierenden Auswirkungen auf die Performance bis hin zum Netzausfall. Wie wir noch sehen werden, ist der physikalische Aufbau der Kabel entscheidend mit der Funktion verbunden. Knicke und Schäden bewirken eine immense Beeinflussung der Funktion.

An den beiden Enden eines Stranges muss auf die letzten T-Stücke ein Endwiderstand (Terminator, 50 Ohm) aufgesetzt werden. Ohne diese ist ein Datenverkehr unmöglich. Sie unterbinden Fehler, die hardwaremäßig vorgegeben sind.

Zum Verständnis werfen wir einen kurzen Blick in die Physik. Sendet eine Netzwerkkarte ein Signal ins Medium, breitet sich dieses in beide Richtungen aus. Trifft das Signal auf eine Barriere, sprich einen stark erhöhten Widerstand, wird es reflektiert und läuft zurück. Dabei zerstört es sich selbst und andere Signale durch Überlagerung. Am Ende des Stranges (unendlicher Widerstand am Ende des Kabels) muss das Signal folglich bewusst vernichtet werden. Dies erledigt ein Widerstand, der exakt denselben Widerstand wie das Medium besitzt. Er sorgt dafür, dass das Medium für den Sender in beide Richtungen unendlich lang erscheint, sodass keinerlei Reflexionen auftreten.

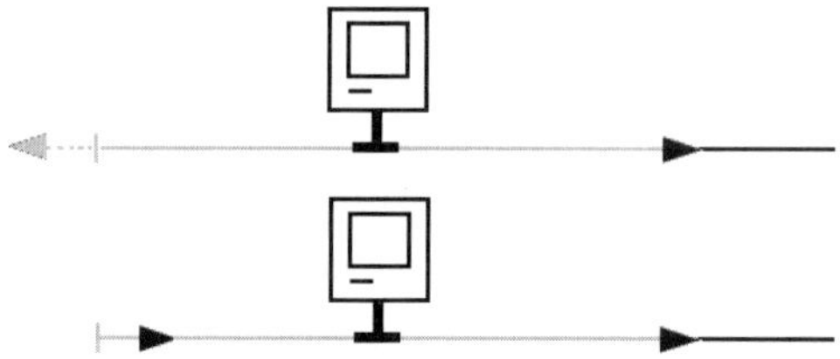

BILD 2.4 Das gesendete Signal läuft an dem Medium entlang. Erreicht es sein Ende, wird es reflektiert (links unten), läuft im Medium zurück und zerstört sich und alle anderen Signale durch Überlagerung. Wird das Signal am Ende des Mediums bewusst vernichtet, erscheint das Medium der sendenden Station unendlich lang (oben). Reflexionen treten nicht auf.

Das im Netzwerkbereich eingesetzte Koaxialkabel (Thin-Wire) hat einen Wellenwiderstand von 50 Ω. Daher werden sogenannte Terminatorwiderstände dieses Wertes eingesetzt. (Anmerkung: Ein Datenübertragungssystem, das aus einem durchgängigen Strang Medium besteht, den sich verschiedene Kommunikationsgeräte teilen, nennt man ein Bussystem. Aus demselben Grund muss am Ende einer SCSI-Kette ein Terminator eingesetzt werden, jedes Bussystem, um ein solches handelt es sich, muss aus diesem Grunde terminiert werden.)

Wer nun auf die Idee kommt, ein Ohmmeter zu nehmen, um den Widerstand eines Koaxialkabels zu vermessen, der wird enttäuscht werden. Dieser wird fast null sein. Er wird lediglich den Ohm'schen Widerstand der Kupferader selbst sehen (er berechnet sich aus dem Widerstandsbeiwert mal der Länge des Mediums). Ausschlaggebend ist hier der Wellenwiderstand des Kabels, der sich dadurch ergibt, dass hochfrequente Signale zur Übertragung eingesetzt werden. (Für Interessierte: Wichtig ist die Dielektrizitätskonstante, also direkt der physikalische Aufbau, das Material und die Geometrie des Mediums, daher sind eine Verformung oder ein Knick des Kabels zu vermeiden, der physikalische Aufbau wird beeinträchtigt).

Für hochfrequente elektrische Signale gelten andere Regeln als für den Gleichstrom, so ist zum Beispiel eine Spule für den Gleichstrom kein Hindernis, für hochfrequente Signale jedoch ein starker Widerstand. Für Interessierte sei hier auf weiterführende Literatur zur Elektrotechnik verwiesen. Klar sollte jedoch sein, dass starke Verformungen des Kabels seinen Wellenwiderstand lokal beeinflussen und damit zu Reflexionen führen, die das Netzwerk außer Funktion setzen können.

2.2.4 Vor- und Nachteile der Koaxialverkabelung

Der große Nachteil der Koaxialverkabelung ist, neben der Einschränkung auf 10 MBit/s Übertragungsrate (theoretisch sind bis zu 50 MBit/s möglich, der Standard aber, klassisches Ethernet, ist per Definition 10 MBit/s), ist das Ausfallrisiko. Wird der Strang unterbrochen, beschädigt oder ein Terminatorwiderstand entfernt, ist der gesamte Strang wertlos. Niemand kann mehr kommunizieren, auch nicht über intakte Bereiche des Kabels hinweg. Ein Vorteil ist die hervorragende Abschirmung (Faraday'scher Käfig). In Bereichen mit hoher Störstrahlung kann die Koaxialverkabelung auch heute noch sinnvoll sein. Hier kommt aber immer mehr, wie erwähnt, die Glasfaser zum Einsatz.

2.3 Die universelle Gebäudeverkabelung (UGV)

Aufgrund dieser Nachteile entwickelte man eine andere Art der Verkabelung, wie sie heute bei Netzwerken gängig im Einsatz ist, die UGV, die universelle Gebäudeverkabelung.

Der Standard sind heute achtaderige Kabel, die je nach Qualität und Abschirmung verschiedenen Kategorien angehören. Durchgesetzt hat sich als Verbindung der sogenannte Western-Modularstecker. Er ist in Kapitel 12, „Steckertypen“, am Ende des Buches abgebildet. Vier der Adern des Kabels sind vom Netzwerk im Gebrauch. Es ist also möglich, mit speziell verkabelten Anschlussdosen zwei volle Geräteanschlüsse über ein Kabel zu erschließen. Dies gilt jedoch nur bis 100 MBit/s. Bei Gigabit-Ethernet wird heute mit allen acht Adern gearbeitet (4 x 250 MBit/s im Channel), hier ist nur eine Dose pro Kabel möglich.

Wieso eine UGV? Es ist unflexibel, das Netzwerk, die Telefonie etc. getrennt zu verkabeln, daher setzt man heute, wenn möglich, nur noch eine Sorte der Verkabelung ein, die dem höchsten Qualitätsstandard genügt.

Zwar ist zum Beispiel eine klassische zweiadrige Telefonverkabelung erheblich billiger als eine hochwertige Netzwerkverkabelung, aber diese ist in der Lage, alle Services zu übertragen, und die Flexibilität in Zukunft ist gewährleistet. Es ist möglich, alle Signale, von ISDN über Wechselsprechanlagen bis zur Haustürklingel, über diese Kabel zu führen und später frei zu variieren, welcher Dienst und welches Gerät wo angeschlossen wird.

Die Anordnung der acht Adern des Kabels ist wohldefiniert. Je immer zwei sind in ineinander verdrillten Zweierpärchen angeordnet. Diese vier Pärchen wiederum sind in sich nochmals verdrillt im Kabel angeordnet, daher der Name Twisted Pair. So wird dafür gesorgt, dass die Strecken, in denen die Adern im Kabel parallel nebeneinander verlaufen, minimiert sind und dadurch Störeinflüsse von Ader zu Ader durch elektromagnetische Abstrahlungen und Signalübertritte minimiert werden. Diese Signalübertritte nennt man im Fachjargon „Nahnebensprechen" oder NEXT (Near End Crosstalk).

Dazu kommt, dass um jeden Leiter, durch den Strom fließt, ein Magnetfeld entsteht. Eine richtige Verdrillung der Adernpaare sorgt auch dafür, dass die entstehenden Magnetfelder entgegengesetzt gerichtet sind und sich gegenseitig auslöschen oder zumindest gegenseitig abschwächen. Die Kabel haben einen Wellenwiderstand von 100 Ω. Die Gesamtlänge eines Segmentes darf 100 Meter betragen, für die Kaskadierung mit Verstärkern gilt dasselbe wie bei der Koaxialverkabelung.

2.3.1 Kabeltypen Twisted Pair

Über diese Verkabelung sind Übertragungsraten von 10 MBit/s (Ethernet, ist kaum noch im Einsatz) oder 100 MBit/s (Fast Ethernet, der heutige Standard) üblich. 1000 MBit/s sind jedoch bereits realisiert und verbreiten sich rasch.

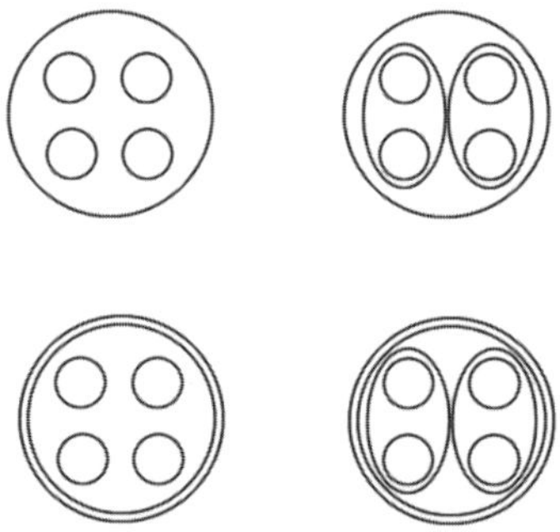

BILD 2.5 Übliche Kabeltypen im Netzwerk. Das gängigste Kabel ist UTP, Unshielded Twisted Pair (links oben). Zur weiteren Abschirmung gibt es die Varianten STP, Shielded Twisted Pair (rechts oben), und S/UTP, Shielded/Unshielded Twisted Pair (links unten). Einmal sind hier die Adernpaare selbst geschirmt, zum anderen wird das gesamte Bündel geschirmt. Die höchste Qualität hat S/STP, Shielded/Shielded Twisted Pair (rechts unten). Hier sind sowohl die Adernpaare einzeln als auch das gesamte Kabel nochmals geschirmt. S/STP ist einzusetzen, wenn hohe Störfelder erwartet oder die Längenrestriktionen erreicht werden. Nachteil ist ein wesentlich dickeres Kabel mit kritischeren Biegeradien. Abgebildet sind jeweils schematisch die vier Adernpaare.

Wie beim Koaxialkabel bestimmt der physikalische Aufbau den Wellenwiderstand. Knicke und Deformationen der Kabel müssen daher auch hier peinlich vermieden werden. Ebenfalls muss darauf geachtet werden, dass zu fest gezogene Kabelbinder das Kabel nicht quetschen, damit seine Geometrie verändern und so seine Eigenschaften erheblich beeinflussen.

Kritiker könnten nun anmerken, dass die Stecker widersprüchlich sind. Einerseits sprechen wir davon, dass die Kabel sehr empfindlich sind und schon Verformungen zu Qualitätsverlusten führen können. Andererseits benutzt man eine Steckertype, in der eben diese

Geometrie völlig aufgehoben wird und alle Adern parallel in den Stecker ausgeführt werden. Diese Frage ist berechtigt, aber für eine sichere und handhabbare Verbindung müssen wir Qualitätsverluste in Kauf nehmen. Es sollten daher so wenig als möglich Verbindungsstellen im Netzwerk sein. Vier sind es in der Regel immer, zwei am Arbeitsplatz, beim Anschluss des Rechners an die Wanddose, und zwei am Verteiler/Konzentrator (siehe unten). Gute Kabel verfügen über Stecker mit einer Metallhülle, die äußere Störeinflüsse abschirmt.

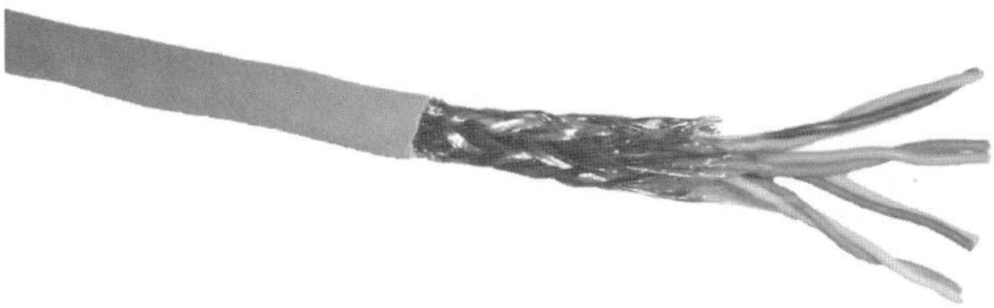

BILD 2.6 Hier sehen Sie ein aufgeschnittenes Kabel des Typs S/UTP. Deutlich sieht man die einzelnen in sich verdrillten Adernpaare. Um die Adernpaare liegt ein Mantel aus Metallgeflecht zur Abschirmung. Dies ist zwar teurer als Metallfolie, macht das Kabel aber beweglicher.

2.3.2 Verlegung der universellen Gebäudeverkabelung

Die Computer werden nicht mehr in einer Kette, sondern in Form einer Sternverkabelung an einem Verteiler (HUB = Radnabe) angeschlossen. Diese nennt man auch Konzentratoren. Sie sind Geräte mit mehreren Netzwerkanschlüssen. Intern im Konzentrator wird die Bustopologie wieder hergestellt.

Jedes Signal, das in einen Anschluss des Hubs eingeht, wird verstärkt, multipliziert und durch alle anderen Anschlüsse wieder ausgegeben. Der Konzentrator erkennt, ob an einem Anschluss (im Fachjargon: Port) ein Endgerät angeschlossen ist oder nicht, und verbindet diese Anschlüsse automatisch beim Einstecken mit dem Bus im Inneren.

Der Nachteil ist ein wesentlich höherer Bedarf an Kabeln. Der Vorteil ist, dass bei einem Unterbruch eines Kabels nur das betroffene Endgerät vom Netzwerk isoliert ist und nicht alle, wie bei der Koaxialverkabelung.

Die Rechner werden direkt angeschlossen, T-Stücke und Endwiderstände sind nicht mehr nötig, der Bus wird im Konzentrator terminiert. Die HUBs wirken zugleich als Signalverstärker (Repeater). Auch hier gelten die Regeln der Koppelung: Maximal dürfen fünf Segmente mit vier Verstärkern (hier die HUBs) in drei Kaskaden eingesetzt werden.

2.3.3 Geräteverbindungen

Die Kommunikation erfolgt über definierte Drähte. Die Sendeleitung eines Gerätes muss daher auf die Empfangsleitung seines Partners aufgeschaltet werden und umgekehrt. Die Netzwerkgeräte (Konzentratoren = Switches/HUBs) müssen daher eine andere Pinbelegung der Stecker/Dosen besitzen als die Netzwerkadapter.

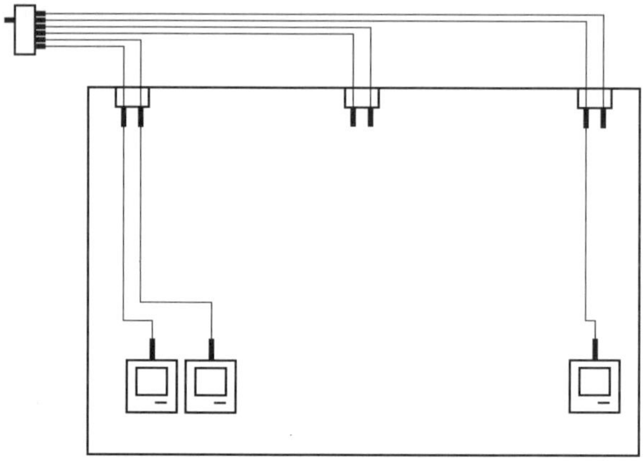

BILD 2.7 Eine Verkabelung nach UGV: Die Rechner werden direkt an einen Konzentrator (Hub/Verteiler) angeschlossen. Unbenutzte Dosen müssen nicht überbrückt werden, der HUB erkennt, ob ein Gerät angeschlossen ist oder nicht. Die Bustopologie wird im HUB hergestellt, dort wird der Bus ebenfalls terminiert. Die Kabel werden an jede Dose herangeführt, die Endgeräte sind also „autonom“ angeschlossen. Wird ein Kabel beschädigt, ist nur ein Endgerät betroffen, nicht alle.

Wird nun nicht zum Beispiel ein Hub mit einem Rechner, sondern werden zwei Hubs oder zwei Rechner direkt miteinander verbunden, muss ein spezielles Kabel eingesetzt werden, das diese Leitungen richtig zusammenfügt, Senden und Empfangen werden hier überkreuzt, daher kommt der Name Crossover-Kabel (Pins 1 und 2 auf Pin 3 und 6 des RJ-45-Steckers). Achtung ist auch hier wieder bei Gigabit geboten, hier sind alle Adern in Gebrauch, man braucht hier spezielle Crossover-Kabel. Diese nennt man „doppelt ausgekreuzt“.

Gute Konzentratoren besitzen einen Eingang, der in der Belegung der Pins entweder umschaltbar oder fix schon überkreuzt pinbelegt ist, ihn nennt man Uplink-Port. Er sorgt dafür, dass nur eine Sorte Kabel verwendet werden muss und das Crossover-Kabel überflüssig wird. Neuere Konzentratoren besitzen sogar Anschlüsse, die selbst erkennen, ob andere Netzwerkgeräte oder Netzwerkadapter angeschlossen werden, und schalten von sich aus die Pinbelegung richtig um.

Diese Technologie nennt man „MDI-Autosensing“, und sie setzt sich langsam überall durch. Sie hat grosse Vorteile, denn es ist nur noch eine Sorte Kabel ist notwendig. Dies hat aber auch Nachteile, da hier Switches, an denen zwei Ports miteinander verbunden werden, einen Link haben. Im Layer II werden wir kennenlernen, dass das katastrophale Auswirkungen haben kann. Ohne MDI-Autosensing passiert nichts, wenn wir oder unsere Anwender, zum Beispiel durch Verbinden zweier Anschlussdosen im Büro, aus Versehen zwei Switchports mit einem Anschlusskabel verbinden, es funktioniert einfach nicht. Bei Ports mit MDI-Autosensing gibt es immer einen Link.

Nach dem Verständnis der Hersteller wird vom Konzentrator ausgegangen. Alles, was an ihn angeschlossen wird, gilt im Prinzip als Endgerät, also auch zum Beispiel Router (siehe Layer III). Als Faustregel lässt sich sagen, Verbindungen, die einen Uplink benötigen, sind Verbindungen gleicher Geräte untereinander (PC zu PC, Hub zu Hub etc.). Bei Verbindungen von Endgeräten zu Verteilern sind die Pinbelegungen bereits richtig vorbereitet, man benötigt kein Crossover-Kabel. Die Crossover-Kabel sollten daher gut gekennzeichnet werden, um Verwechslungen von vornherein auszuschließen.

2.4 Glasfaser

Mit der Entwicklung der Glasfasertechnik wurde es möglich, wesentlich weitere Strecken zu überbrücken. Vor allem in der vertikalen Verkabelung von Gebäuden und zwischen ihnen war es wichtig, die Längenbeschränkungen zu umgehen. Da Glasfasern eine immer größere Rolle in der EDV spielen, wird hier besonders auf das Thema eingegangen.

Je nach Faser- und Sender-/Detektortyp können heute bis zu 10 – 120 km ohne Verstärker überbrückt werden, mit Verstärkern über 1000 km. Glasfasern sind äußerst leistungsfähig, die Übertragungskapazität wächst von Jahr zu Jahr (heute mit den modernsten Methoden 10 Gigabit/s, im Test erreicht man bereits Übertragungsraten von einem Petabit/s (dies entspricht 1000 Terabit/s!).

Üblich sind 100 MBit/s und 1000 MBit/s. Glasfasern sind sehr empfindlich bei Biegung und mechanischer Belastung. Ihre Vorteile neben der größeren einsetzbaren Länge sind die Abhörsicherheit (keine elektromagnetische Emission) und keinerlei Empfindlichkeit auf elektromagnetische Störeinflüsse. Ein weiterer großer Vorteil der Glasfasern ist die galvanische Trennung (Potenzialtrennung). Wird ein Gerät im Netzwerk durch Überspannungen oder Blitzschlag etc. zerstört oder beschädigt, wird dies, im Gegensatz zur Kupferverkabelung, nicht an andere Geräte weitergeleitet.

2.4.1 Exkurs in die Physik – Glasfasertypen, Lichtwellenleiter, Effekte

Heute sind standardmäßig drei Typen von Glasfasern im Einsatz. Es sind Multimode-Fasern mit Kerndurchmessern von 62,5 µm (die amerikanische Norm) und 50 µm (die europäische Norm) sowie Single- oder Monomode-Fasern mit 9 µm Kerndurchmesser. Es gibt unzählige Typen verschiedenster Aufbauarten. Sie alle hier zu beschreiben, wäre zu umfangreich. Daher ist zu beachten, dass hier nur die gängigsten beschrieben sind und es noch viele andere gibt, sowohl im physikalischen Aufbau als auch in der Funktion. Um die Namensgebung und die Funktion zu verstehen, müssen wir einen kleinen Exkurs in die Physik der Lichtwellenleiter wagen.

2.4.2 Lichtleitung in der Faser

Ein Lichtwellenleiter besteht aus einem Kern, der Licht leitet (meist aus Silizium-Germanium-Oxid, einem Glastyp, Kunststoffe sind bereits ebenfalls im Einsatz). Um den Kern liegt eine Kunststoffhülle. Die Faser selbst ist so dünn, dass sie nur unter einer starken Lupe sichtbar ist. Um die Hülle liegt ein Gelmantel, der erlaubt, dass sich der Kern geringfügig bewegen kann. Dies ist wichtig, da sonst der Biegeradius enorm wäre. Außen liegt dann eine Schutzhülle aus festem Kunststoff, die vor mechanischer Belastung schützt. Diese Schutzhülle gibt es in den verschiedensten Ausführungen, von relativ dünn bis hin zu sehr festen Mänteln bei erwarteter mechanischer Belastung. Bei Fasern, die in der Natur oder in Kanälen verlegt werden, kann aussen herum auch, wie bei Kupferkabeln, ein Nagetierschutz angebracht sein. Hier muss der Typ der Lichtwellenleiter nach dem Bedarf ausgesucht werden.

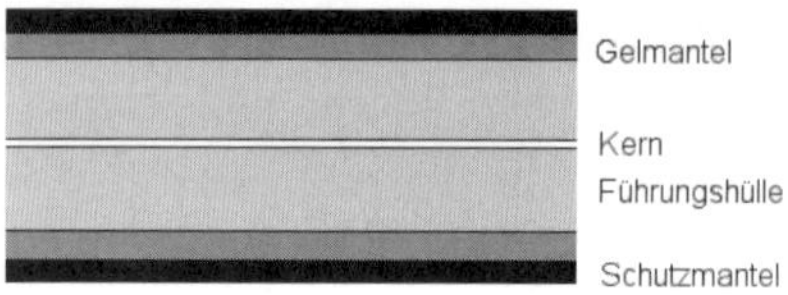

BILD 2.8 Der schematische Aufbau eines Lichtwellenleiters: Der Kern besteht aus dem das Licht leitenden Material. Er ist sehr dünn, mit dem bloßen Auge fast nicht zu sehen. Er wird von einer Kunststoffhülle gestützt. Diese ist von einem Gelmantel (oft aber auch ein Fadengeflecht) umgeben, der erlaubt, dass sich der Kern bewegen kann. Ganz außen ist eine Schutzhülle aus Kunststoff, die vor mechanischer Belastung schützt.

Interessant ist hier eigentlich nur der Faserkern, der das Licht leitet. Ein Lichtstrahl bewegt sich durch Totalreflexion im Lichtleiter fort. Trifft ein Lichtstrahl auf eine Grenzfläche zwischen zwei Materialien mit unterschiedlichem Brechungsindex, wird er gebrochen. Jeder hat das schon einmal selbst gesehen, der einen Stock ins Wasser steckt und von oben betrachtet. Es sieht so aus, als ob er an der Wasseroberfläche geknickt wäre. Wird der Einfallswinkel nun immer kleiner, erfolgt ab einem Grenzwinkel keine Brechung mehr, sondern Reflexion. Der Winkel, in dem eingestrahlt werden muss, damit es zur Reflexion kommt, heißt bei der Glasfaser die numerische Apertur.

Das Licht muss also in einem Winkel in die Faser eingeführt (in der Fachsprache sagt man eingekoppelt) werden, der eine Totalreflexion ermöglicht. Alles andere Licht wird weggebrochen und ist für uns und unsere Datenübertragung nutzlos.

Glas kennen wir als zerbrechliches Medium. Eine Faser ist aber derart dünn, dass sie ohne Bruch gebogen werden kann. Die meisten haben schon einmal die „Wunderlampen“ gesehen, die aus einem großen Büschel aus Glasfasern bestehen, das von einer Seite her beleuchtet wird. Schaltet man sie ein, sieht man winzige Lichtpünktchen an den Spitzen der Fasern.

Diese Fasern bewegen sich schon im kleinsten Luftzug und brechen auch bei der Biegebewegung in einem gewissen Rahmen nicht. Glasfasern haben natürlich trotz ihrer großen Biegefähigkeit einen definierten Bruchpunkt.

Wer eine Glasfaser knickt oder den Biegeradius überschreitet, zerstört diese sofort. Insbesondere sind Glasfasern auf Zug nicht belastbar. Sie sind spröde und reißen leicht. Dies wird durch die Zugstabilität der Hülle aufgefangen. Sie stellt die Zugentlastung dar, die diese Kräfte aufnimmt.

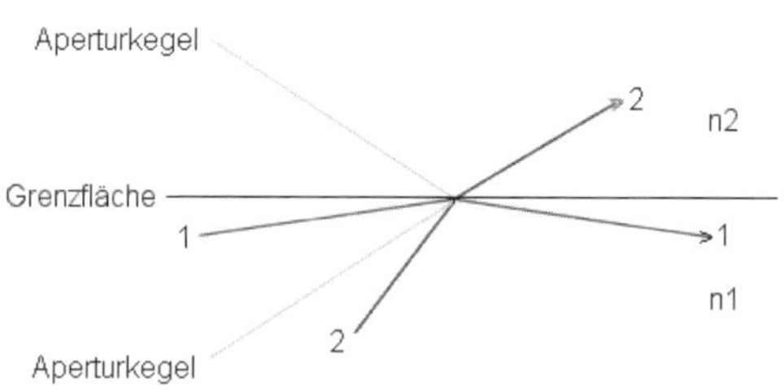

BILD 2.9 Trifft ein Lichtstrahl auf eine Grenze zwischen zwei Medien mit unterschiedlichem Brechungsindex, wird er gebrochen, sprich abgelenkt. Trifft er aber unter einem bestimmten Winkel auf, wird er reflektiert. Strahl 2 wird außerhalb der Apertur eingestrahlt und damit gebrochen. Strahl 1 liegt innerhalb der Apertur, daher wird er an der Grenzfläche reflektiert.

2.4.3 Die Stufenindexfaser

Um diese Grenzfläche zu realisieren, die zur Reflexion des Lichtes führt, ist der Faserkern aus zwei Schichten aufgebaut, dem Innenkern und dem Mantel. Diese beiden besitzen unterschiedliche Brechungsindices n.

Wird der Lichtstrahl innerhalb der Apertur in den Leiter eingekoppelt, bewegt er sich in diesem durch Totalreflexion vorwärts.

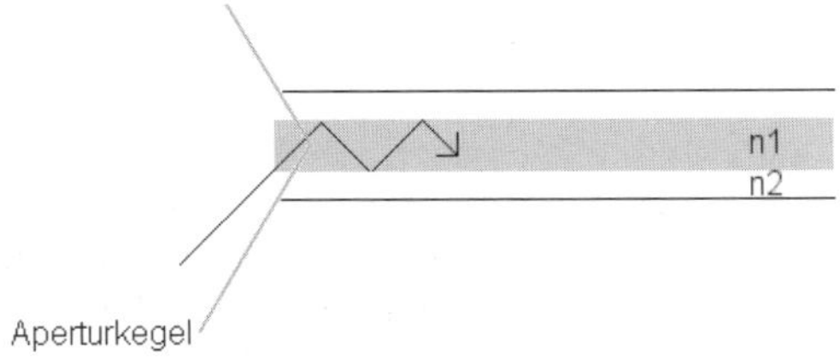

BILD 2.10 Der Kern besitzt eine höhere Brechzahl n als der Mantel. Daher bewegt sich ein Lichtstrahl, der innerhalb des Aperturkegels eingekoppelt wird, durch Totalreflexion im Lichtwellenleiter fort. Eine solche Glasfaser nennt man Stufenindexfaser, da hier der Brechungsindex im Kernleiter in einer Stufe verändert wird und im Mantel wie auch dem Kern selbst konstant ist.

2.4.4 Längenbeschränkung und Grenzen/Dispersion

Die Datenübertragung über eine Glasfaser besitzt eine beschränkte Längenausdehnung, in der eine Datenübertragung möglich ist. Viele Effekte stören die Signalübermittlung. Zuallererst ist dies die Dämpfung im Lichtleiter. Die eingestrahlte Intensität an Licht fällt exponentiell zur Länge des Lichtleiters ab. Grund dafür ist die Absorption des Lichts und die Streuung. Die Faser ist nie völlig homogen. An kleinsten Unregelmäßigkeiten in Dichte und Brechungsindex kommt es zur Streuung. Die Lichtteilchen werden abgelenkt, fallen aus der Apertur und laufen damit nicht mehr den Leiter entlang. Diesen Effekt nennt man Rayleigh-Streuung.

Weiter ist die Glasfaser nicht völlig „durchsichtig". Ein kleiner Teil des Lichtes wird von den Atomen absorbiert. Extrem störend sind OH-Gruppen, Bausteine des Wassers. Daher sind Lichtwellenleiter und Anschlussdosen stets mit einer Schutzkappe versehen, damit keine Luftfeuchtigkeit eindringen kann. Diese sind auch extrem wichtig, um das Eindringen von Staub zu vermeiden, der die Grenzflächen der Fasern zerkratzt und natürlich nicht „durchsichtig" ist.

Das eingekoppelte Licht muss definierte Wellenlängen haben, die nicht in dem Bereich liegen, in dem die Materie des Leiters absorbiert. Es kann also nicht einfach mit irgendeiner Lichtquelle gearbeitet werden. Die Wellenlängenbereiche, in denen eine Übertragung möglich ist, nennt man optische Fenster. Im Alltag sehen wir das, wenn wir ultraviolettes Licht benutzen müssen. Hier muss Quarzglas eingesetzt werden, da normales Fensterglas für UV-Strahlung undurchsichtig ist.

Verluste entstehen auch durch eine starke Krümmung des Leiters, der gerade Weg der Reflexionen wird gestört. Es ist daher extrem wichtig, beim Verlegen auf die Biegeradien zu achten.

Der nächste Komplex an Verlust kommt durch eine Verfälschung des Signals zustande. Um diese zu verstehen, muss wieder ein kleiner Exkurs in die Physik herhalten.

Eine Lichtquelle emittiert in der Regel, wenn sie aufleuchtet, nicht nur einen Wellenzug, sondern viele. Aufgrund der Tatsache, dass Licht Wellencharakter hat, können nicht alle Lichtstrahlen aller eingestrahlten Winkel transportiert werden. (Für Interessierte: nur Wellenzüge einer fixen Phasenbeziehung. Sie interferieren konstruktiv, bei den anderen kommt es zur Auslöschung.)

Diese Eigenwellen, die transportiert werden, nennt man Moden. Je nach dem Kerndurchmesser und Brechungsindex können das Tausende bis einige Millionen sein. Da die Moden winkelabhängig sind, unterscheiden sie sich durch ihre Laufrichtung in Bezug zur optischen Achse des Mediums.

Dies hat Konsequenzen für die Datenübertragung.

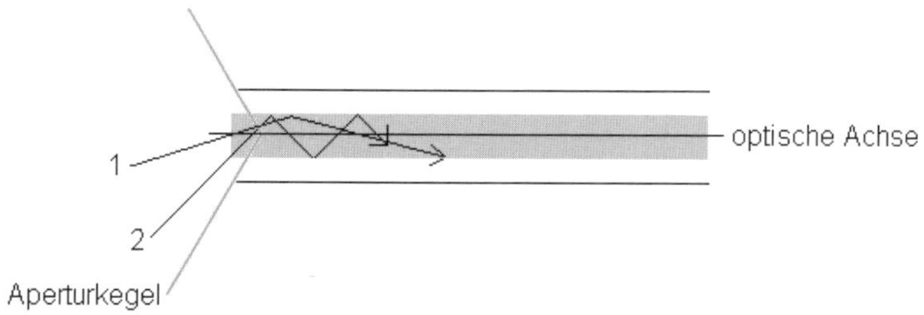

BILD 2.11 Schematisches Beispiel zweier lauffähiger Moden innerhalb eines Lichtwellenleiters: Sie bewegen sich beide im Leiter, sie sind innerhalb der Apertur eingekoppelt worden. Sie treten aber in unterschiedlichen Winkeln ein und werden in diesen reflektiert.

Je kleiner der Winkel zwischen der optischen Achse und dem Lichtstrahl ist, desto kürzer ist der Weg des Lichtes im Leiter. Die Ausbreitungsgeschwindigkeit aller Moden ist dieselbe, sie ist vom Brechungsindex des Leiters abhängig. Der Brechungsindex ist nichts anderes als der Quotient aus der Lichtgeschwindigkeit im Vakuum geteilt durch die Lichtgeschwindigkeit im untersuchten Medium. Da Licht im Vakuum in der Regel immer schneller ist als in irgendeinem anderen Medium, ist der Brechungsindex stets größer als eins.

Der Weg durch den Leiter aber ist für beide Moden sehr unterschiedlich, je nach dem Winkel zur optischen Achse.

Ein an der Grenze der Apertur eingekoppelter Lichtstrahl muss im Zickzack einen erheblich längeren Weg zurücklegen als ein fast zentral eingekoppelter, der nur einen sehr geringen Winkel zur optischen Achse hat. Daher kommen die Moden zu unterschiedlichen Zeiten am Empfänger an. Hier kommt es zu einer Beeinflussung des Gesamtsignals.

Dieser Effekt führt zu einer Signalverbreiterung. Ab einer gewissen Länge fließen die Signale ineinander und können nicht mehr korrekt aufgelöst werden. Hier ist die Längenbeschränkung erreicht.

Diese Art der Signalverfälschung bezeichnet man als die Modendispersion. Sie tritt immer in Erscheinung, wenn Lichtwellenzüge in verschiedenen Winkeln eingekoppelt werden. Diese Modendispersion ist einer der größten Störfaktoren bei der Glasfaserübertragung. Sie ist hauptsächlich für die Längenbeschränkungen der Datenübertragung über Glasfasern verantwortlich.

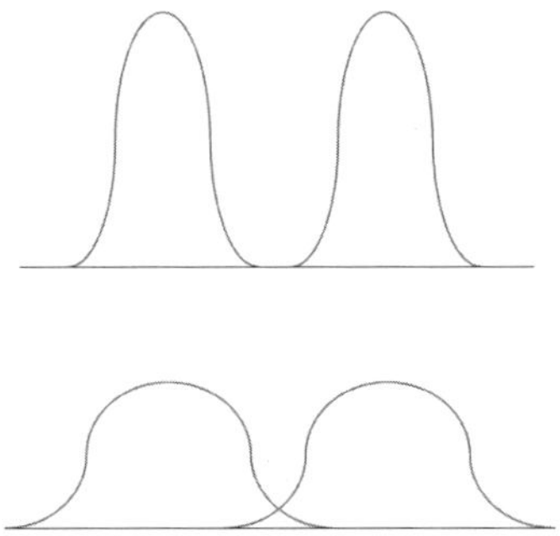

BILD 2.12 Zwei Signale am Anfang (oben) und am Ende (unten) des Lichtleiters. Durch die verschiedenen Wege der Moden werden die Signale „verwischt“, also verbreitert. Am Anfang noch klar getrennt, laufen sie nun im Laufe des Weges ineinander. Sind sie so weit überlappt, dass sie nicht mehr aufgelöst werden können, ist die Längenbeschränkung gegeben.

Da Lichtwellenleiter europäischer Norm mit einem Kerndurchmesser von 50 µm erheblich weniger Moden zulassen als die der amerikanischen Norm mit 62,5 µm, sind mit ersteren größere Längen zu überbrücken. Bei Gigabit-Übertragungen wird dies deutlich, bei Fasern mit 62,5 µm liegt die Längenbeschränkung bei 275 m, bei 50 µm bei 550 m.

2.4.5 Die Gradientenindexfaser

Die Längenbeschränkung durch die Modendispersion konnte erheblich durch neue Herstellungsverfahren verbessert werden. Die Stufenindexfaser ist schon für Gebäudeverbindungen an der Grenze. Um die Laufzeitunterschiede der Moden zu minimieren, wurde der Faserkern durch Dotieren (einbauen) von Fremdatomen verändert. Er besitzt nun nicht mehr einen konstanten Brechungsindex, sondern dieser wird von innen nach außen immer kleiner. Der Mantel hat nach wie vor einen konstanten Brechungsindex.

Eine Mode, die in die Außenbereiche des Kerns kommt, bewegt sich damit zunehmend durch ein Medium mit geringerem Brechungsindex. Die Ausbreitungsgeschwindigkeit einer Mode ist von diesem Brechungsindex abhängig. Moden im Zentrum des Kernes bewegen sich also langsamer als Moden im Außenbereich. Dadurch wird die oben beschriebene Dispersion korrigiert, sprich die Laufzeitunterschiede werden nivelliert und die Signalverbreiterung erheblich zurückgedrängt.

Die Wellenzüge, die mit einem Winkel eingekoppelt werden, der bedingt, dass sie sich mehr im Zickzack durch den Kern bewegen, halten sich häufiger im Außenbereich des Kerns auf (sie bewegen sich schraubenförmig durch den Leiter), dort bewegen sie sich schneller. Wellenzüge, die fast nur im Zentrum des Kerns laufen, haben einen kürzeren Weg, bewegen sich aber langsamer. Glasfasern mit einem Kerndurchmesser 50 µm oder 62,5 µm nennt man aufgrund dieser Vorgänge auch Multimode-Fasern, da in jedem Signal unzählige Moden zum Transport der Daten eingesetzt werden.

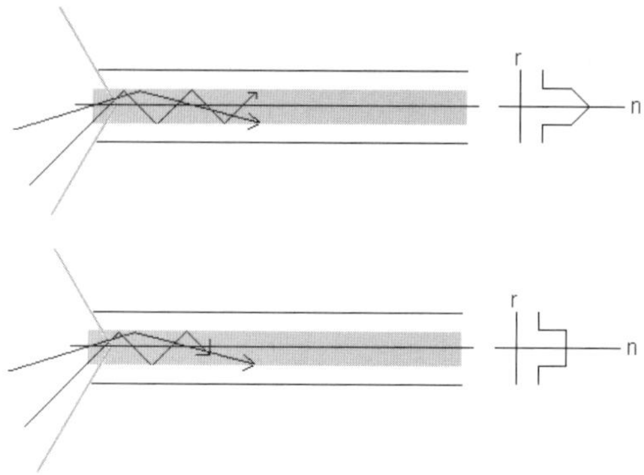

BILD 2.13 Bei der Gradientenindexfaser (oben) nimmt der Brechungsindex n des Kerns nach außen kontinuierlich ab. Der Mantel hat einen festen Brechungsindex. Bei der Stufenindexfaser haben Mantel und Kern feste Brechungsindices. In einem Medium mit geringerem Brechungsindex bewegt sich das Licht schneller vorwärts. Moden, die sich daher öfter im Außenbereich des Kerns aufhalten, laufen schneller als solche, die flacher zur optischen Achse verlaufen. Die Geschwindigkeitsunterschiede werden dadurch verringert und die Signalverbreiterung zurückgedrängt. Somit können wesentlich größere Entfernungen realisiert werden, bevor die Signale unbrauchbar werden.

2.4.6 Qualitäten und Längenbeschränkung

Die Qualitäten der Fasern zeigen sich stark in der Längenbeschränkung. Nach diesen Qualitäten werden sie in drei Klassen eingeteilt, dem OM-Standard. Er wird durch spezielle Messungen ermittelt, und die Fasern werden dadurch klassifiziert. Dies ist eminent wichtig bei der Neuplanung oder einer Migrationsplanung der Verkabelung auf 10 GBit. Der neue 10 Gigabit-Standard setzt sich langsam durch. Hier werden die Längenbeschränkungen deutlich. Bei einer Übertragung mit 1 GBit/s schaffen Fasern nach OM 2,50 µm eine Distanz von 550 m, bei einer Qualität von OM3 aber 900 m. Bei 10 GBit/s sind es bei OM2 ca. 80 m, bei OM3 300 m. Mit den alten OM1-Kabeln ist leider nichts mehr zu gewinnen. Bereits nach ca. 30 m ist es vorbei mit 10 GBit.

Der Kostenunterschied zwischen OM2- und OM3-Fasern ist nicht mehr groß. OM2 wird immer noch standardmäßig angeboten. Hier sollte man zur Zukunftssicherheit bei Neuverkabelungen den Standard OM3 vorziehen.

Wer noch OM2-Kabel hat (sie sind noch breit im Einsatz), kann sich behelfen, selbst wenn er etwas über die Grenzen kommt. Einige Hersteller bieten spezielle Patchkabel an, die die Dispersion durch eine spezielle Fertigung stark korrigeren. Diese Kabel nennt man „Mode-Conditioning-Kabel“. Sie sind zwar teuer, aber auf jeden Fall günstiger als eine Neuverkabelung.

2.4.7 Die Mono- oder Singlemode-Faser

Noch besser lässt sich die Modendispersion natürlich unterdrücken, wenn sie nicht mehr auftritt. Welche und wie viele Moden erlaubt sind, hängt von der Wellenlänge, dem Brechungsindex und dem Kerndurchmesser der Glasfaser ab. Wird der Durchmesser unter

10 µm gewählt, ist nur noch eine einzige Mode erlaubt. Die Modendispersion tritt nicht mehr auf. Daher nennt man Glasfasern dieses Typus Mono- oder Singlemode-Fasern. Sie können weitaus größere Strecken überbrücken, sind aber auch erheblich teurer und schwerer zu verlegen. Daher haben Fasern mit 50 µm oder 62,5 µm durchaus ihre Berechtigung – es muss nicht immer Kaviar sein.

Im Bereich der vertikalen Gebäudeverbindungen, „Glasfaser bis zum Arbeitsplatz" und Strecken innerhalb der Längenrestriktionen ist die Multimode-Faser absolut tauglich und breit im Einsatz. Auch sind hier die Interfaces wesentlich günstiger.

2.4.8 Dispersion allgemein

Die Modendispersion ist der größte Störfaktor. Es gibt noch andere Arten der Dispersion, die vor allem im Weitbereich relevant werden (Polarisationsdispersion, chromatische Dispersion, etc.). Ebenso gibt es noch weitere Mechanismen, die das Signal im Kabel dämpfen. Hierzu sei jedoch auf weiterführende Literatur verwiesen, sie sind meist nur mit gutem physikalischen Hintergrund zu verstehen.

2.5 Verlegung und Handhabung

Glasfasern werden in der Regel fest verlegt. An Koppelstellen werden sie gespleißt, das heißt, fest verschweißt. Dies ist nur mit speziellen Geräten möglich. An den Anschlussstellen werden Anschlussdosen gesetzt, an die mit Glasfaserkabeln angekoppelt werden kann.

Auch bei der Glasfaser gilt, dass Verbindungen von Gerät zu Gerät anders sind als Verbindungen von Gerät zu Endgerät. Auch hier muss die Sendeleitung des Gerätes auf die Empfangsleitung des Endgerätes gesteckt werden. Glasfaserverbindungen haben in der Regel zwei Fasern, Senden und Empfangen. Werden zwei Endgeräte oder zwei Netzwerkgeräte miteinander verbunden, müssen die Fasern gekreuzt werden.

Die Güte der Steckverbindung bestimmt, wie viel Dämpfung durch eine solche auftritt. In der Regel gilt wie bei der Kupferverkabelung, dass so wenig als möglich lösbare Verbindungen im Einsatz sein sollten. Im Gegensatz zu gespleißten Verbindungen, die heute fast keine Dämpfungen mehr verursachen, sind Steckverbindungen immer mit einer Dämpfung des Signals und Reflexionen behaftet. Dies wird klar, wenn man zum Fenster hinaussieht: Ein schwaches Spiegelbild ist zu sehen. An einer glatten Glasfläche werden ca. 5 – 8 % des auftreffenden Lichtes direkt reflektiert. Dieses geht für das Signal verloren. Darüber hinaus kommt es zu Störungen, da dieses Licht im Leiter zurückläuft.

Die besten Steckertypen sind deshalb heute schräg (8°) angeschliffen. Dadurch wird das reflektierte Licht in den Mantel gestreut und stört die Vorgänge im Kern nicht mehr. Weiter wird heute dafür gesorgt, dass mit einem leichten Federdruck beide Faserenden in der Verbindung aufeinandergepresst werden. Besteht kein Luftspalt in der Steckverbindung, tritt weit weniger Streuung an Luft auf. Inzwischen gibt es sehr viele Typen von Steckverbindungen. Für sie sei auf weiterführende Literatur verwiesen. Die gängigsten sind am

Ende des Buches abgebildet. Jeder Steckertyp hat seine Vor- und Nachteile, verschiedene Dämpfungen und Güteklassen. Je nach dem Einsatz, dem Fasertyp, der Länge und der Geschwindigkeit muss abgewägt werden, welche Typen eingesetzt werden müssen. Hier müssen erhebliche Kostenunterschiede mit den Anforderungen abgewägt werden. Durchgesetzt hat sich bei fast allen Steckertypen eine zylindrische Führung. Bei Schrägschliff muss der Stecker zwangsgeführt werden, um ein Verdrehen zu vermeiden. Die Faserkerne werden in eine zylindrische Hülle eingeklebt, die Ferrule. Diese wird nun in eine Führung aus Keramik eingeschoben.

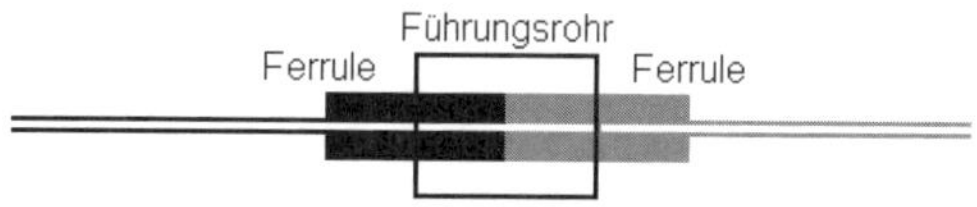

BILD 2.14 Schematischer Aufbau einer Steckverbindung von Glasfasern: Die Ferrulen mit den beiden Faserkernen werden in einem Führungsrohr zentriert. Kleine Federn sorgen dafür, dass die Stirnflächen aneinandergepresst werden.

Viele Steckertypen wurden entwickelt und sind im Einsatz. Das Problem bei allen Steckverbindungen ist die Dämpfung des Signals an der Kontaktfläche durch Reflexion und Streuung (mehr dazu siehe Kapitel 12, „Steckertypen"). Generell unterschieden werden die Stecker nach zwei Kriterien. Einmal werden die Faserenden durch Federn oder den Aufbau der Stecker fest aufeinandergepresst (Physical Contact), oder es verbleibt ein winziger Luftspalt. Erstere sind natürlich von der Qualität her wesentlich besser.

■ 2.6 Laser sind gefährlich

Nicht alle Laser, die zur Übertragung eingesetzt werden, sind im sichtbaren Bereich des Lichtes. Gerade Fernverbindungen werden mit Lasern bedient, die außerhalb des für uns sichtbaren Spektrums sind. Daher sind sie aber nicht weniger gefährlich. In eine Faser oder einen Anschluss sollte man daher nie hineinschauen. Ernste Beschädigungen der Augen können die Folge sein. Die Leistungen sind zwar gering, im Bereich von Milliwatt, aber die Bündelung auf 50 µm oder sogar 9 µm ergibt umgerechnet auf einen Quadratmeter immense Werte. Neueste Weitverkehrssysteme, die mit vielen Lasern gleichzeitig arbeiten, sind so leistungsfähig, dass Verbrennungen der Haut auftreten, wenn man sich dem Lichtstrahl exponiert. Die Laser sind so stark, dass der Lichtstrahl die Kabelhülle zerstört und austritt, wenn der Biegeradius unterschritten wird.

2.7 High-Speed-Verfahren

Mit den neuesten Technologien lassen sich ungeheure Übertragungsraten erzielen. Da diese Verfahren immer mehr eingesetzt werden, sollen sie kurz erläutert werden.

Arbeitet man nicht mit einem Laser, wie üblich, sondern gleichzeitig mit mehreren Lasern verschiedener Frequenzen, lassen sich vielfache Datenströme simultan über eine Faser übertragen. Am Empfänger müssen diese einzelnen „Farben“ wieder durch Filter oder wellenlängenempfindliche Detektoren getrennt werden. Dieses Verfahren nennt man WDM, Wavelength Division Multiplexing.

Zwei Varianten dieses Verfahrens sind im Weitverkehrsbereich im Einsatz, das CWDM, Coarse Wavelength Division Multiplexing, benutzt Laser, die Wellenlängen benutzen, die einen Wellenlängenabstand von ca. 20 Nanometern haben. Hier lassen sich Datenraten von ca. 2,5 Gigabit (pro „Farbe“/Laser) erzielen. Mit diesen Interfaces lassen sich Strecken von bis zu 60 - 70 Kilometern ohne Verstärker erreichen.

Eine viel teurere Variante, die sehr viel teurere und in der Handhabung kompliziertere Laser verwendet, ist das DWDM, das Dense Wavelength Division Multiplexing. Hier beträgt der Abstand der Wellenlängen nur ca. einen Nanometer. Dafür lassen sich heute mit dieser Technologie Daten mit ca. 40 GBit/s übertragen. Es sind Strecken von bis zu 1000 Kilometern möglich.

Mit den neuesten Geräten ist es möglich, Verstärker zu bauen, die das Signal direkt optisch verstärken. Es muss nicht erst decodiert und auf Kupferleitungen umgesetzt werden. Diese Verfahren sind aber noch derart teuer, dass sie nur in Weitverkehrsverbindungen eingesetzt werden.

2.8 Die Gesamtverkabelung

Auf Layer I sind noch etliche andere Medien im Einsatz, alle aufzuführen wäre zu umfangreich. Bislang haben wir Verkabelungen im LAN-Bereich (Local Area Network, meist begrenzt auf Gebäude) betrachtet. Im Bereich MAN (Metropolitan Area Network, ein Mittelding zwischen lokal und weit, zum Beispiel Verbindung von Gebäuden über Straßen hinweg etc.) und WAN (Wide Area Network, bis weltweit) sind andere Übertragungsmechanismen im Einsatz, von Satellitenübertragung bis Seefunk, Richtfunk und Richtlaser. Die Glasfaser in den verschiedensten Typen und Ausführungen ist in allen drei Bereichen im Einsatz.

2.8.1 Gebäude/Büro

Wie oben betrachtet, wird heute eine sternförmige Verkabelung eingesetzt, das heißt, alle Anschlussdosen an den Arbeitsplätzen werden von Kabeln erschlossen, die an einer zentralen Stelle zusammengeführt werden, zum Beispiel Stockwerk für Stockwerk. Dies gilt für die UGV genauso wie für Umgebungen mit Glasfaser bis hin zum Arbeitsplatz. Dies kann ein Stockwerks- oder bei kleineren Umgebungen auch ein Gebäudeverteiler sein. Dort ist ein Konzentrator eingebaut, der den Kontakt entweder zum Haus/-Firmennetzwerk oder zu einer WAN-Verbindung herstellt.

Soll nun ein Netzwerkgerät (Drucker, PC etc.) ans Netzwerk angeschlossen werden, muss mithilfe zweier kurzer Verbindungskabel, sogenannter Patch-Kabel, eine Verbindung zwischen der Netzwerkkarte und der Anschlussdose und zwischen dem Konzentrator und dem Kabelende im Verteilerraum gesteckt werden.

Bei der Installation des Netzwerkes ist es üblich, dass alle Kabel von allen Anschlussdosen her in einen Netzwerkschrank (Rack) geführt und dort fest mit Anschlussdosen versehen werden. Eine deutliche Beschriftung ist eine Selbstverständlichkeit, da in einem Gebäudeverteiler Hunderte von Anschlüssen enden können!

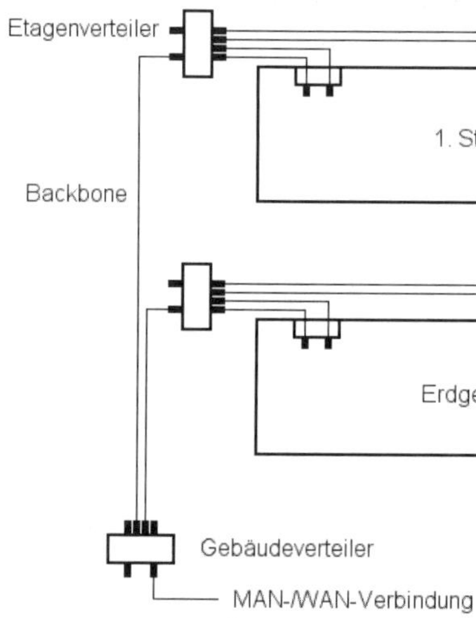

BILD 2.15 Der heute übliche Aufbau einer Gebäudeverkabelung: Zentral im Gebäude ist ein Gebäudeverteiler installiert, von dem aus die Unterverteiler (zum Beispiel Etagenverteiler) erschlossen sind. Diese erschließen die einzelnen Wanddosen in einem Rangierpanel. In der Regel sind heute die vertikalen Verbindungen Glasfasern, die horizontalen UGV.

Ein solches Array von Anschlussdosen in einem Rack (Kommunikationsschrank) nennt man ein Rangierpanel. Es ist die Aufgabe des Netzwerkbetreuers, hier die nötigen Verbindungen vorzunehmen, zu dokumentieren und unbenutzte Anschlüsse wieder zurückzunehmen. Hierbei muss größte Sorgfalt angewendet werden. Eine UGV versorgt auch andere Dienste über dieselbe Verkabelung! Wer versehentlich einen ISDN-Anschluss (mit ca. 100 Volt Spannung!) auf ein Netzwerkgerät steckt, kann einen enormen Schaden verursachen! (Normalerweise wird dies durch verschiedene Pinbelegungen der Dienste verhindert. Aber wie oben ausgeführt, lassen sich über ein Kabel mit speziellen Anschlussdosen zwei Verbindungen über ein Kabel realisieren. Hier sind alle Pins belegt.)

Die Netzwerkleitungen, welche die Verbindung zwischen den Stockwerken und den Netzwerkgeräten vornehmen und an die normalerweise keine Endgeräte angeschlossen werden, nennt man das Backbone (Rückgrat) eines Netzwerkes. Meist wird es mit Glasfasern realisiert, schon aufgrund der Längenrestriktionen. Hier wird in der Regel Gigabit-Ethernet eingesetzt. Da in letzter Zeit die Preise gefallen sind, wird bei Neuausrüstungen und und Ersatz der Backbone-Geräte immer mehr 10 GBit eingesetzt. Der Backbone sollte natürlich die höchste Performance haben.

2.8.2 Geschwindigkeit

Da sich Gigabit-Ethernet über UGV immer mehr durchsetzt (die meisten PCs und Server haben bereits 10/100/1000 MBit/s-Netzwerkkarten OnBoard), muss auf die Qualität der Verkabelung geachtet werden. Insbesondere bei älteren Verkabelungen oder niedrigerer Qualität kann es hier zu hohen Fehlerraten kommen. Das Beste ist, eine bestehende Verkabelung vermessen zu lassen, dies erledigt jeder zertifizierte Elektriker.

Noch eine Bemerkung zum Thema Gigabit bis zum Arbeitsplatz. Natürlich wünscht der Kunde immer, so schnell als möglich am Netzwerk angebunden zu sein. Jedoch hat hier das Netzwerk in der Entwicklung schnellere Fortschritte gemacht als die Computer-Hardware. Sobald auf eine Festplatte zugegriffen werden muss, was beim Download die Regel ist, ist es ganz rasch vorbei mit der Performance, insbesondere bei Notebooks, die extrem langsame Harddisks besitzen. Es gibt wenige PCs, die einen Gigabit-Anschluss wirklich voll ausnützen können. Aus Kostengründen ist daher heute abzuwägen, ob ein Gigabit-Anschluss bis zum Arbeitsplatz wirklich immer sinnvoll ist. Dies wird sich sicher im Laufe der Zeit aber ändern, auch die Performance der PCs steigt ständig. Es gibt immer mehr Netzwerk-Konzentratoren, die standardmäßig auf allen Ports voll Gigabit-tauglich sind.

In der Regel sollte man heute Konzentratoren einsetzen, die Gigabit-Uplinks zum Anschluss an den Backbone haben. Für Endkunden, die große Datentransferraten haben, lohnt es sich, Gigabit-Ports zu verwenden: Selbst wenn es nicht mit Gigabit geht, so doch mit besserer Performance als mit 100 MBit. Für „normale Büroarbeitsplätze", Drucker, Scanner, etc. aber können die weitaus günstigeren Konzentratoren mit Gigabit-Uplink und Fast-Ethernet-Ports eingesetzt werden oder bestehende, noch funktionierende Geräte mit 100 MBit weiter genutzt werden.

Vorsicht ist auch geboten, wenn Geräte der billigen Preisklasse angeboten werden. Was für ein Datendurchsatz ein Konzentrator bietet, hängt nicht nur von der Fähigkeit seiner Ports ab. Ein 48-Port Gigabit-Switch, der zu kleine Pufferspeicher hat und ein Backplane von 10 GBit, ist völlig überbucht. Sind hier genug Geräte angeschlossen, ist ihre Performance geringer als bei einem 100 Mbit-Gerät, das aber kapazitativ ausreichend ausgerüstet ist.

Zum Backbone sollte aus Sicherheitsgründen niemand als der Administrator Zugang haben. Genauso sollten die Anschlüsse nur von eingewiesenem Personal verwaltet werden. Wie wir unten sehen werden, kann eine einzige falsche Verbindung im Netzwerk enormen Schaden anrichten.

Die Länge der Patchkabel sollte so kurz als möglich gewählt werden. Manchmal müssen aber, zum Beispiel in großen Büros oder bei einer ungünstigen Lage der Anschlussdosen in den Räumen, längere eingesetzt werden. Hier muss auf die Längenrestriktionen geachtet werden. Selbstverständlich müssen die Patchkabel hier mit eingerechnet werden. Ein guter Planer bezieht genug Reserve für die Patchkabel bei der Konzeption einer UGV ein.

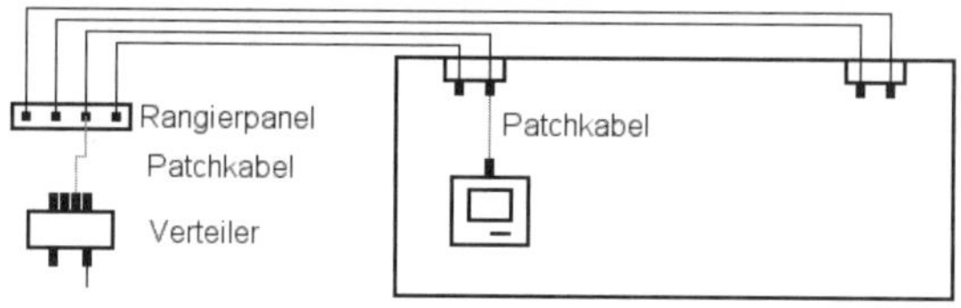

BILD 2.16 Alle Anschlussdosen werden fest verkabelt und in einem Rangierpanel zusammengeführt. Wird nun eine Dose in einem Raum in Betrieb genommen, verbindet der Netzwerker die Wanddose und die Netzwerkkarte des Rechners mit einem kurzen Kabel. Ebenso stellt er mit einem solchen die Verbindung zwischen dem Verteiler und dem Rangierpanel her. Das Endgerät ist nun mit dem Netzwerk verbunden. Diese kleinen Kabel, die diese Verbindungen herstellen, nennt man Patchkabel.

Eines muss dabei bedacht werden: Kabel, die zur festen Verlegung hergestellt sind, sind meist besser abgeschirmt als Patchkabel. Dies hat den Grund, dass man die Patchkabel büroseitig gerne flexibler und nicht so steif haben möchte. Patchkabel haben daher eine höhere Dämpfung. Die möglichen 100 m Distanz bei 100 MBit lassen sich daher mit einem Patchkabel nicht erreichen.

2.8.3 Miniswitches

Oft sind nicht genug Anschlussdosen in einem Raum vorhanden. Einerseits wächst die Zahl der Endgeräte (PCs, Drucker etc.) ständig, und die Verkabelungen sind oft schon älter, andererseits ist es auch sinnlos, bei Neuverkabelungen einfach Unmengen von Dosen zu planen. Sind in einem Raum nicht genug Anschlussdosen vorhanden, können einzelne Dosen mit Minikonzentratoren (Bürohub/Büroswitch) vervielfacht werden. Dabei muss bei Hubs auf die Regeln der Kaskadierung und die Längenrestriktionen geachtet werden. Hubs werden heute fast nicht mehr eingesetzt, wie wir weiter unten sehen werden. Bei Switches muss peinlich darauf geachtet werden, dass keine Loops entstehen (siehe Layer II).

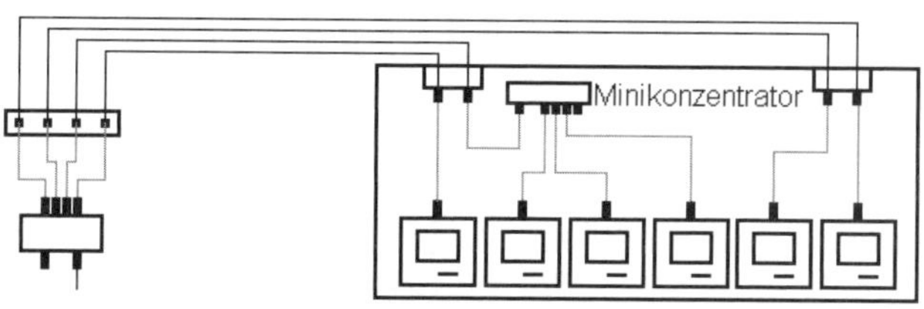

BILD 2.17 Sind nicht genug Anschlussmöglichkeiten in einem Raum vorhanden, müssen weitere Konzentratoren kaskadiert werden. Die Regeln der Kaskadierung müssen beachtet werden, ebenfalls die Längenrestriktionen.

2.8.4 Fiber-to-the-Desk

Vor einigen Jahren war die standardmäßige Qualität der liegenden Verkabelung noch nicht so hoch, wie es heute möglich ist. Ebenso waren die Konzentratoren und Interfaces nicht bereit und sehr teuer. Daher sah man die Glasfaser als die Zukunft an. Zur Zukunftssicherung gab es den Trend, auch die Arbeitsplätze mit Glasfaser zu erschließen, in der Regel mit 100 MBit/s. Dieser Trend hat sich nicht durchgesetzt. Heute ist als Hauptvorteil der Glasfaser in diesem Bereich nur noch die enorm höhere Längenkapazität geblieben. Die UGV ist nun in der Lage, Gigabit zu bieten. Die Kosten für die Anschlüsse per Glasfaser sind erheblich teurer. Ebenfalls muss für jedes Gerät eine Netzwerkkarte gekauft und eingebaut werden; einen Glasfaseranschluss gab es meines Wissens nie standardmäßig onboard. Für Geräte wie Drucker, Faxe, etc. muss mit Mediumkonvertern gearbeitet werden, hier lassen sich in der Regel gar keine anderen Netzwerkkarten einbauen. Der Trend geht daher so zurück, dass man Netzwerkkarten mit Glasfaseranschluss nur noch spärlich und teuer kaufen kann. Bei einer Neuerschließung ist davon abzuraten. Sollten die Längen in einem Gebäude zu groß sein, kann mit Minikonzentratoren gearbeitet werden, die einen Glasfaser-Uplink haben. Im Büro/Raum sollte dann mit Kupferpatchkabeln gearbeitet werden.

2.9 Kabeltypen/Dateneinspeisung/Entnahme

2.9.1 Kabeltypen

Bevor wir das Thema Layer I beenden können, müssen wir noch die Spezifikationen der Kabeltypen und die Fachterminologie betrachten. Die Bezeichnungen der Kabel verraten dem Fachmann sofort, um was für eine Ausführung es sich handelt, sie sind eindeutig bezeichnet. Um diese Bezeichnungen zu verstehen, müssen wir wieder einen kleinen Exkurs in die Physik wagen.

Über ein Medium lassen sich die Daten in Form elektrischer Signale in verschiedenen Mechanismen und Codierungen übertragen. Der Computer kennt intern nur zwei Zustände, ja und nein. Deshalb erfolgt der Austausch von Daten in der Regel binär, Zustand null oder eins, Signal oder nicht.

Die Daten werden also codiert und als Folge von Nullen und Einsen, Signal oder nicht, auf die Zeit bezogen, ins Medium eingespeist.

Hierfür gibt es zwei Methoden:

Eine definierte Frequenz wird benutzt. Sollen mehrere Dienste gleichzeitig Daten über das Medium senden, müssen diese zeitlich gemultiplext werden.

Wird einem Dienst dabei eine gewisse Anzahl von Takten pro Sekunde fest zur Verfügung gestellt, kann er mit einer virtuellen Teilfrequenz pro Sekunde kommunizieren. Man sagt, er bekommt „Bandbreite“ zugewiesen. Die Gesamtbandbreite teilen sich alle Dienste. Je mehr Dienste also gleichzeitig senden, desto weniger Übertragungskapazität stehen dem Einzelnen zur Verfügung.

Ein zeitliches Multiplexing erfordert eine definierte Taktrate und eine Synchronisation zwischen Sender und Empfänger. Am Empfänger müssen die Daten wieder demultiplext, sprich zerlegt, und sinnvoll wieder zusammengefügt werden.

BILD 2.18 Zwei Dienste senden gleichzeitig Informationen über ein Medium. Sie müssen dies abwechselnd tun (hier schematisch, schwarze und graue Segmente, die über ein Medium gesendet werden). Am Empfänger wird das Signal wieder aufgelöst und verteilt. Beide Dienste sehen davon nichts, sie haben aber nur die halbe Bandbreite zur Verfügung.

Die andere Methode ist, dass mehrere Frequenzen gleichzeitig eingesetzt werden. Diese sind in klar trennbaren Abständen angeordnet. Der Empfänger setzt nun einen Filter, sodass er nur die gewünschte Frequenz empfängt und decodiert. Somit lassen sich über ein Medium mehrere Datenströme übertragen. Im Bereich des Fernsehens ist diese Technologie im Einsatz. Hier werden die Programmkanäle auf verschiedene Frequenzen aufmoduliert und können so gleichzeitig über ein Medium verschickt werden.

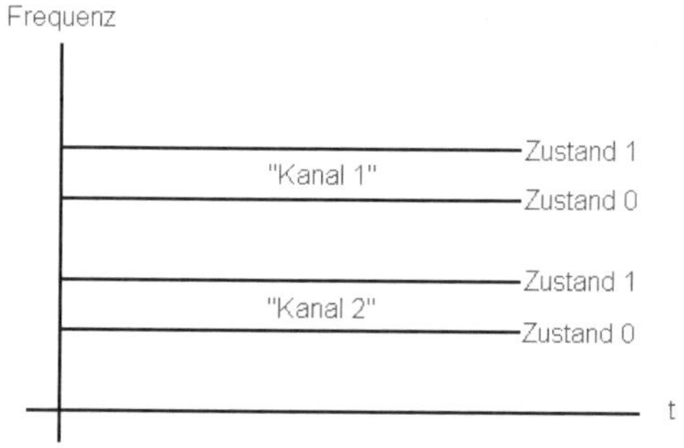

BILD 2.19 Mehrere Frequenzen werden gleichzeitig eingesetzt. So entstehen im Verlauf der Zeit die Frequenzbänder oder „Kanäle“.

So entstehen im Verlauf der Zeit sogenannte Frequenzbänder. Die erste Art dieser Signalisation nennt man die Basisbandübertragung, die zweite die Breitbandübertragung. Im Bereich Netzwerke ist die Basisbandübertragung heute der Standard. Im Bereich Rundfunk und Fernsehen via Kabelanschluss dominiert die Breitbandübertragung mit verschiedenen Frequenzbändern für die „Programmkanäle“ (über Koaxialkabel mit einem Wellenwiderstand von 75 Ohm). Eine Renaissance erlebt die Breitbandtechnik heute durch den Internetanschluss über die Breitbandkabel der Fernsehanbieter.

Beide Techniken haben Vor- und Nachteile, wie immer. Diese zu diskutieren würde jedoch den Rahmen des Buches überschreiten.

Jetzt aber haben wir (endlich!) alles, um die verschiedenen Fachbezeichnungen der Kabeltypen verstehen zu können. Die Bezeichnungen sind klar strukturiert aufgebaut. Die erste Zahl gibt die Übertragungsrate in MBit/s an, gefolgt vom Typ der Übertragung. Anschließend kommt eine Information zur maximalen Ausdehnung des Mediums oder zu dem Typ. Diese Bezeichnungen sind sehr wichtig, da zur liegenden Verkabelung die richtigen Patchkabel gewählt werden müssen. Wer eine Verkabelung nach STP hat, aber UTP-Patchkabel einsetzt, beeinträchtigt die Vorteile und Qualität der hochwertigeren installierten Verkabelung.

Listen wir die gängigen Typen einmal tabellarisch mit ihrer Bedeutung auf.

Base- bedeutet Basisband-, Broad- bedeutet Breitbandtechnik. In der Regel wird heute in der Gebäudeverkabelung die Basisbandübertragung eingesetzt. Daher möchte ich mich hier auf sie beschränken. Früher waren beide parallel im Einsatz. In der Regel ist der Endkunde auch beim Breitbandkabel-Internetanschluss nicht davon betroffen. Das Signal wird in der Regel sofort direkt am Fernsehanschluss abgekoppelt, decodiert und über ein spezielles Anschlussgerät, das Kabelmodem, als „normaler" Ethernet-Anschluss zur Verfügung gestellt. Hier sind wir wieder bei der Basisbandübertragung. Die OnBoard-Anschlüsse der heute gekauften Geräte können so direkt angeschlossen werden.

Hier die Verkabelungstypen:

10Base-5	10 MBit/s, 500 m (Yellow Cable)
10Base-2	10 MBit/s, 180 m (Thin-Wire)
10Base-T	10 MBit/s, Twisted Pair
10Base-FL	10 MBit/s, Glasfaser, Single- oder Multimode
100Base-TX	100 MBit/s, Twisted Pair
100Base-FX	100 MBit/s, Glaserfaser, Single- oder Multimode
10GBase-T	10 GBit/s, Twisted Pair
10GBase-SR	10 GBit/s, Glaserfaser, Multimode
10GBase-LR	10 GBit/s, Glaserfaser, Singlemode
1000Base-SX	1000 MBit/s, Glaserfaser, Multimode
1000Base-TX	1000 MBit/s Twisted Pair
1000Base-LX	1000 MBit/s, Glaserfaser, Single- oder Multimode
1000Base-SX	1000 MBit/s, Glaserfaser, Multimode

Ethernet mit 100 MBit/s Datenrate wird „Fast Ethernet" genannt, mit 1000 MBit/s Gigabit-Ethernet, mit 10 GBit/s TenGigabit Ethernet.

Bei den Glasfaserstandards muss auf die Wellenlänge der signalisierenden Laser geachtet werden. Wer Netzwerkgeräte beschafft, muss wissen, welche Sorte Glasfaser fest verkabelt ist, ob Single- oder Multimode-Fasern, und bei Letzteren, ob mit 62,5 µm oder 50 µm Kerndurchmesser. Die Längenbeschränkungen sind durch diese Parameter vorgegeben und dürfen keinesfalls verletzt werden. Die Interfaces der Netzwerkgeräte und Endgeräte sind darauf anzupassen. Hier können falsche Entscheidungen enorme Kosten verursachen.

Die Glasfaserstandards sind wie folgt definiert:

- 10 MBit/s:

  10Base-FL: Die Geschwindigkeit beträgt 10 MBit/s. Dieser Standard gilt für Single- und Multimode-Fasern. Zwei Laser sind im Einsatz. Bei 850 Nanometern Wellenlänge kann die Distanz bei Multimode-Fasern zwei Kilometer betragen. Bei 1300 nm auf Multimode-Fasern sind bis zu fünf Kilometer möglich. Bei 1300 nm auf Singlemode-Fasern erreicht man eine Distanz von 20 Kilometern.

- 100 MBit/s:

  100Base-FX: Die Geschwindigkeit beträgt 100 MBit/s. Hier kommt es darauf an, welche Interfaces verwendet werden. Als Faustregel gilt, eine Station darf bis zu 400 Meter vom Konzentrator entfernt sein. Zwischen Konzentratoren oder Mediumkonvertern lassen sich Entfernungen von ca. zwei Kilometern bei Multimode und 20 – 40 km bei Singlemode erreichen. Der Laser arbeitet bei 1300 Nanometer Wellenlänge.

100Base-SX: Die Geschwindigkeit beträgt 100 MBit/s. Die maximale Distanz beträgt 300 Meter. Der Laser arbeitet mit einer Wellenlänge von 850 Nanometern.

- 1000 MBit/s:

  1000Base-SX: Die Geschwindigkeit beträgt 1000 MBit/s. Mit Multimode-Fasern kann eine Distanz von 220 Metern (Kerndurchmesser 62,5 μm) oder von 550 Metern (Kerndurchmesser 50 μm) erreicht werden. Der Laser arbeitet mit einer Wellenlänge von 850 Nanometern.

  1000Base-LX: Die Geschwindigkeit beträgt 1000 MBit/s. Der Laser arbeitet bei 1270 Nanometern Wellenlänge. Je nach Faser kann die Distanz 550 bis 5000 Meter betragen.

  10GBase-T: Die Geschwindigkeit beträgt 10 GBit/s. Es gibt viele Verfahren, auch um noch über alte Faserverkabelungen transportieren zu können. Bei Kupferkabeln sollte Kategorie 6 oder 7 eingesetzt werden, 5e ist möglich (Kategorien siehe unten). Kategorie 5e: ca. 20 m, Kategorie 6 und 7: 100 m.

  10GBaseSR: Die Geschwindigkeit beträgt 10 000 MBit/s. Der Laser arbeitet bei 850 Nanometern Wellenlänge. Je nach Faser, Multimode, kann die Distanz bis 65 m betragen.

  10GBaseLR: Die Geschwindigkeit beträgt 10 000 MBit/s. Der Laser arbeitet bei 1310 Nanometern Wellenlänge. Je nach Faser, Singlemode, kann die Distanz 65 m betragen.

Wie immer, gibt es bei den Glasfasern noch viel mehr Implementationen, vor allem um auf die vielfältigen Arten der bestehenden Verkabelungen eingehen zu können. Bei Einsatz oder Migration zu 10 GBit sollten der Hersteller der Geräte ebenso gefragt werde wie Spezialisten in der Verkabelung.

Auf Layer I des Netzwerkes gibt es noch viele andere Übertragungsverfahren, von Richtfunk, Wireless-Funknetzen, freiem Richtlaser bis hin zur Satellitenübertragung. Diese alle zu beschreiben würde den Rahmen des Buches sprengen. Am Ende des Buches wird jedoch noch auf Wireless LAN eingegangen. Dies setzt sich durch ADSL- und Breitband-Anschlüsse sowie wegen der zunehmenden Verfunkung von Gebäuden und Plätzen nicht nur im Haushalt zunehmend durch. Für das Verständnis eines Netzwerkes und die Konfiguration ist es aber unerheblich, ob ein Rechner mit einem Patchkabel oder per Funk angeschlossen ist, daher wird dies nicht hier, sondern in einem gesonderten Kapitel besprochen.

2.9.2 Kabelkategorien

Innerhalb der UGV wird die Qualität der Kabel in Abschirmung und Fertigung in verschiedenen Kabelkategorien beschrieben. Diese Kategorien bestimmen, mit welchen Geschwindigkeiten und Längen gearbeitet werden kann. Bevor man Gigabit-Geräte beschafft, sollte man die liegende Verkabelung ansehen, ob sie dafür geeignet ist.

- Kategorie 1:

  Billige Telefonverkabelung (sogenannter Klingeldraht). Die Adern sind parallel. Die Kabel eignen sich maximal für analoges Telephon und sollten nicht mehr eingesetzt werden.

- Kategorie 2:

  Etwas bessere Qualität als Kategorie 1. Tauglich für Telefon, ISDN.

- Kategorie 3:

  Tauglich für Telefon, ISDN und 10 MBit/s Ethernet (10Base-TX).

  Kategorie 3 war lange Zeit die Standardverkabelung für UGV. Sie wurde dann aber rasch von Kategorie 5 verdrängt, die höhere Geschwindigkeiten zulässt.

- Kategorie 4:

  Bessere Abschirmung und Fertigung. Geeignet für Telefon, ISDN und 10 MBit/s Ethernet (10Base-TX) sowie Token Ring.

- Kategorie 5/5e:

  Dies ist die im Moment meistverbreitete liegende Verkabelung. Sie ist für Frequenzen bis 100 MHz geprüft. Geeignet für Fast Ethernet (100Base-TX). Eingeschränkt tauglich, je nach Qualität und Verlegung für Gigabit-Ethernet (1000Base-TX) und sehr eingeschränkt für TenGigabit-Ethernet (10GBase-T).

- Kategorie 6:

  Gut geschirmte Kabel. Geprüft bis 250 MHz. Sie sind für 1000Base-TX zertifiziert, ebenso für 10GBase-T.

- Kategorie 7:

  Hochgeschirmte Kabel, im Minimum S/STP. Zertifiziert bis 600 MHz. Sie sind für 1000Base-TX zertifiziert, ebenso für 10GBase-T.

Die Kategorien sind immer abwärtskompatibel, auf Kategorie 7 lässt sich natürlich auch Telefon, ISDN oder Fast Ethernet übertragen.

Die unteren Kategorien gibt es je nach Hersteller und Fertigungstechniken in vielen Ausführungen (UTP/STP/S-UTP etc.). Entscheidend für die Kategorie sind die Leistungsdaten und Spezifikationen.

2.10 Transceiver

Jedes Endgerät muss mithilfe eines Netzwerkadapters (Netzwerkkarte) angeschlossen werden. Je nach dem Zugriffsverfahren (siehe unten) und dem Typ des Mediums muss dieser den geeigneten Anschluss bieten (BNC, RJ-45, Glasfaser etc.). Der direkte Zugriff auf das Medium selbst wird durch ein spezielles Gerät vorgenommen, das sich Transceiver (TRANSmitter/reCEIVER, Sender und Empfänger) nennt. In den meisten Netzwerkadaptern ist es fest eingebaut und tritt nach außen nicht sofort ersichtlich in Erscheinung. Der Transceiver wandelt die Daten, die das Netzwerkgerät oder Endgerät versenden oder empfangen will, in eine Form um, die der Implementierung des Layers I seines Netzwerkes entspricht, ist also für die korrekte Signalisation zuständig.

Dasselbe gilt analog für die Entnahme von Daten aus dem Netzwerk. Jedes Netzwerkgerät muss über dieses Gerät angeschlossen werden. Auch die Ports eines Hubs oder eines Repeaters beinhalten Transceiver. Ein Mediumkonverter, der zum Beispiel Segmente mit ThinWire und UGV verbindet, ist also im Prinzip nichts anderes als ein Gerät mit zwei Transceivern und einem Minibus, der beide verbindet.

Die Netzwerkadapter sind in den verschiedensten Typen erhältlich, die es ermöglichen, an jeden beliebigen Typ Medium (Layer I) anzuschließen. Oftmals sind auch Typen erhältlich, die mehrere verschiedene Anschlüsse anbieten (sogenannte Combo-Adapter), also intern mehrere Transceiver eingebaut haben. Ebenso gibt es auch Netzwerkadapter mit Anschlüssen für externe Transceiver. Mit solchen Karten und einem geeigneten Transceiver kann an fast jeden beliebigen Typ ein Medium auf Layer I angekoppelt werden.

- Im Bereich 10-MBit/s-Netze nennt man diese „nativen" Anschlüsse für Transceiver AUI-Ports (Attachment Units Interface).
- Im Bereich 100 MBit/s und 1000 MBit/s nennen sie sich MII und GMII (Media Independent Interface/Gigabit Media Independent Interface).
- Bei 10GBit/s nennen sie sich 10G-MII (10 Gigabit-Media Independent Interface).

Zur Unterscheidung nennt man „normale" Anschlüsse, wie man sie zum Beispiel an HUBs oder Netzwerkadaptern findet, die also interne Transceiver besitzen und nur den endgültigen Anschluss nach außen führen, MDI (Media Dependent Interface) oder MDI-X (Uplink-Port, Media Dependent Interface-Crossover).

Heute ist es nicht mehr üblich, mit nativen Schnittstellen und externen Transceivern zu arbeiten, außer bei Netzwerkkomponenten. Früher waren die Netzwerkkarten und Transceiver wesentlich teurer. Heute werden die meisten Endgeräte mit bereits fest eingebauten Netzwerkanschlüssen geliefert (Ethernet-on-Board).

In der Regel rüstet man ein Endgerät mit Netzwerkadaptern aus, die bereits den richtigen Transceiver fest eingebaut haben und nach außen nur das MDI ausführen (in den meisten Fällen RJ-45).

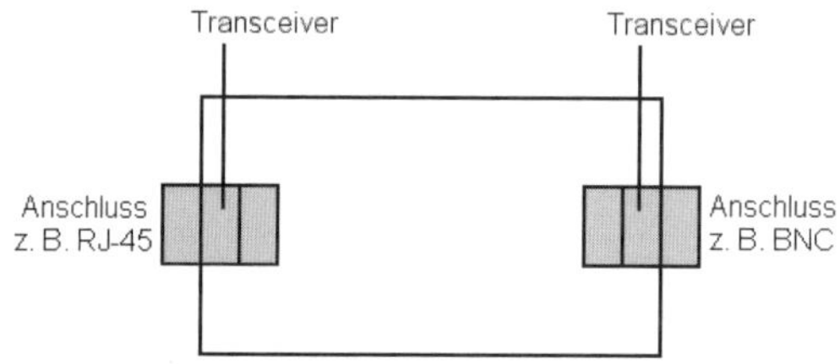

BILD 2.20 Ein Mediumkonverter ist im Prinzip nichts anderes als ein Minibus mit zwei fest eingebauten Transceivern, die Signalisation wird geändert.

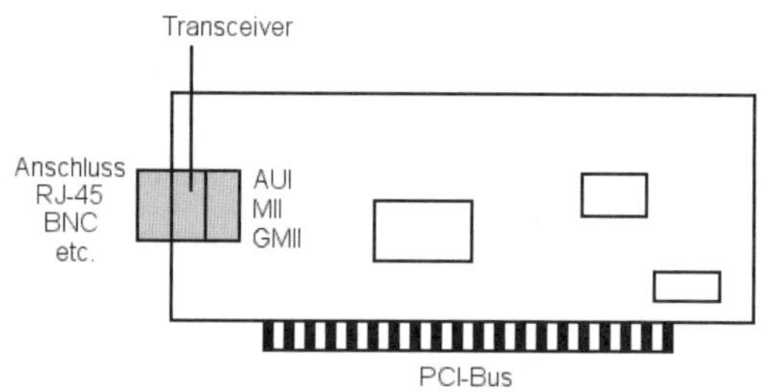

BILD 2.21 Der schematische Aufbau einer Netzwerkkarte: Einerseits kommuniziert sie mit dem Mainboard (PCI-Bus), andererseits führt sie Anschlüsse für den Kontakt zum Netzwerk aus. Hier die übliche Variante. Das AUI/MII/GMII ist bereits auf der Karte fest mit einem Transceiver versehen. Nur der Anschluss wird ausgeführt.

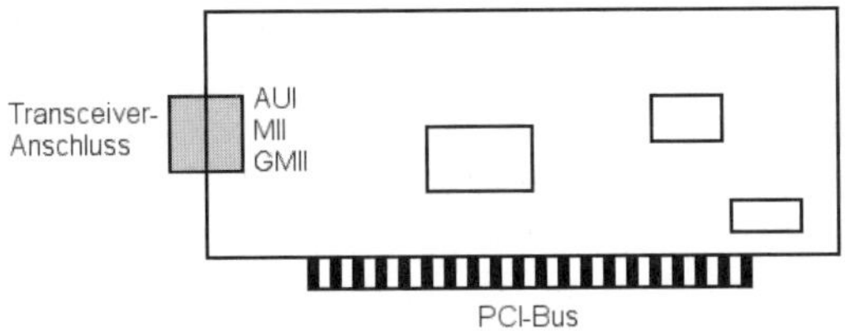

BILD 2.22 Eine Netzwerkkarte ohne integrierten Transceiver: Hier wird das AUI/MII/GMII nach außen ausgeführt. Zum Anschluss an das Netzwerk muss ein externer Transceiver verwendet werden. Der Vorteil ist in Mischumgebungen, dass mit dem dementsprechenden Transceiver an verschiedene Layer I-Typen angeschlossen werden kann.

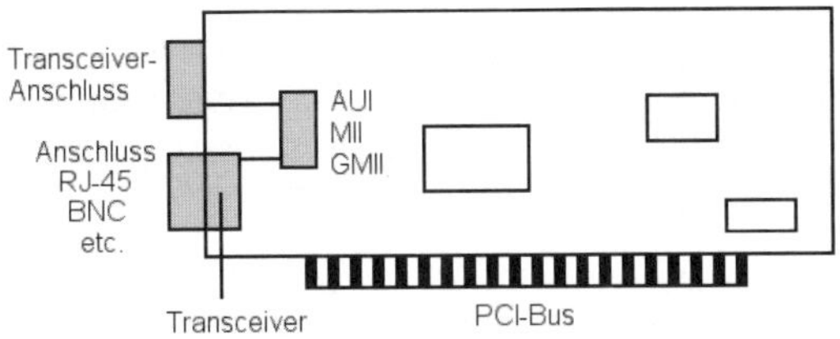

BILD 2.23 Ein Combo-Adapter: Er führt über einen Transceiver fest einen Anschluss aus; andererseits aber auch das AUI/MII/GMII. Der Vorteil ist, dass bei einem Wechsel des Layers I mit einem Transceiver immer noch verbunden werden kann. Es ist nicht möglich, beide Anschlüsse gleichzeitig zu nutzen.

Ein Repeater ist nichts anderes als ein Verstärker (im Prinzip, er macht noch ein paar Dinge mehr). Muss eine Längenrestriktion umgangen werden, muss ein solcher eingesetzt werden. Klassisch ist ein Repeater ein Gerät mit zwei Anschlüssen derselben Art. Das Signal gelangt hinein, wird verstärkt, das heißt, alle Pegel werden auf den Standardwert zurückgesetzt und zum Teil neu erzeugt, um dann ins andere Segment als „neues“ Signal eingespeist zu werden.

Aufgrund der Zeit, die das kostet, und der Längenrestriktionen müssen die Kaskadenregeln beachtet werden. Fünf Segmente können mit vier Repeatern in drei Kaskaden verbunden werden. HUBs sind Repeater; man muss also beim Verzweigen und Erweitern eines Netzes diese Regeln beachten.

Repeater sind:

- Hubs: ja
- Mediumkonverter: nein
- Mediumkonverter mit mehreren Ports: ja (wenn sie ebenfalls Hubs sind)

Hubs, Transceiver und Mediumkonverter arbeiten auf Layer I des OSI-Modells.

2.11 Zugriffsverfahren

Wird ein Netzwerk auf der Basis von Thin-Wire oder UGV mit Hubs als Konzentratoren aufgebaut, teilen sich alle Endgeräte das Medium. Dies bedeutet, dass immer nur ein Gerät senden kann. Der Netzwerkadapter muss also vor einer Sendung „lauschen", ob das Medium frei ist. Erst wenn kein anderer sendet, kann er beginnen, Daten ins Medium einzuspeisen. Die Signale breiten sich im Medium aus und werden am Ende des Busses bewusst vernichtet. „Lauscht" nun ein zweiter Rechner zu einem Zeitpunkt, an dem das Signal noch nicht bis zu ihm das Medium belegt hat, „denkt" er, dass das Medium frei wäre, und beginnt ebenfalls zu senden. Treffen sich die Signale, kommt es zu einer Kollision, und die Signale überlagern sich und werden dadurch unbrauchbar.

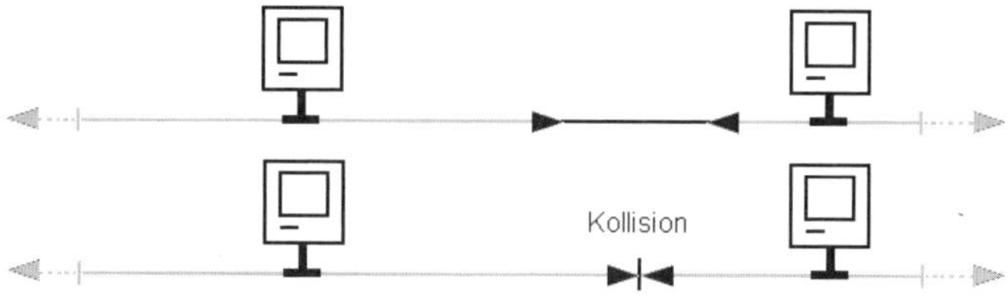

BILD 2.24 Der linke Rechner sendet. Ist das Signal noch nicht über das gesamte Medium ausgebreitet, kann ein zweiter Rechner (hier der rechte) dies nicht sehen und „denkt", das Medium ist frei. Er beginnt also ebenfalls zu senden (oben). Treffen sich die Signale, vernichten sie sich gegenseitig, es kommt zu einer Kollision im Medium (unten).

Daher muss ein Rechner, der sendet, die doppelte Laufzeit des Signals auf der Länge des Stranges warten, bis er sich sicher sein kann, dass es keine Kollision gegeben hat. Sendet der Rechner am anderen Ende gerade dann, wenn das Signal des ersten angekommen ist, dauert es nochmals die gesamte Laufzeit, bis der erste die Kollision sehen kann.

BILD 2.25 Sind zwei Rechner genau an den Enden eines Stranges angeschlossen, wird der Parameter der doppelten Laufzeit ersichtlich. Sendet der Rechner rechts, kurz bevor das Signal des Rechners links bei ihm eintrifft, kommt es zur Kollision. Diese bemerkt der linke Sender aber erst nach der gesamten neuerlichen Laufzeit, da die Kollision über das gesamte Medium erst zu ihm zurückkommen muss.

2.11.1 CSMA/CD

Die Netzwerkadapter haben einen Sensor, der eine solche Kollision am Signalpegel entdecken kann. Der der Kollision am nächsten liegende Adapter bemerkt diese als erster und reagiert darauf, indem er ein spezielles Signal generiert, welches das gesamte Medium belegt und allen Adaptern mitteilt, dass es zu einer Kollision gekommen ist (Jam-Block). Alle wissen nun, dass im Moment nicht gesendet werden darf, und die beiden Stationen, welche die Kollision verursacht haben, wissen, dass ihre Signale zerstört sind und nochmals gesendet werden müssen.

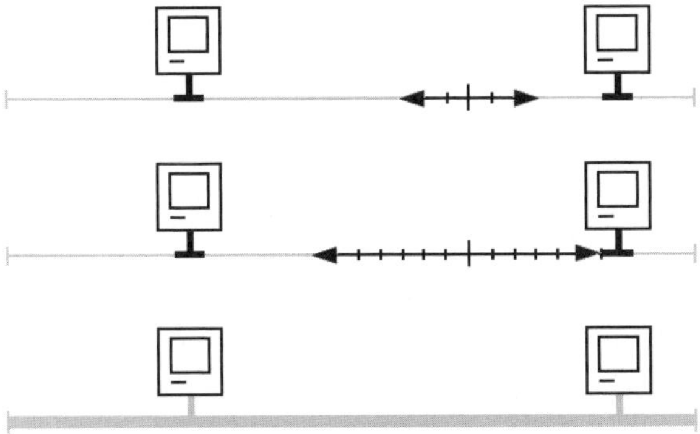

BILD 2.26 Die Kollision breitet sich im Medium aus (oben). Erreicht sie den nächsten Netzwerkadapter, wird sie von ihm entdeckt (hier vom Adapter des rechten Rechners, Mitte). Jeder Netzwerkadapter besitzt einen Sensor dafür. Er generiert nun ein Jam-Signal, welches das gesamte Medium belegt und allen mitteilt, dass eine Kollision passiert ist und im Moment niemand senden darf (unten).

Um eine sofortige neue Kollision nach einem Jam-Block zu vermeiden, beginnt auf jedem Adapter nach der Kollision (dem Ende des Jam-Signals) ein Timer anzulaufen. Diese Zeit muss der Rechner warten, bevor er wieder senden darf. Hierzu gibt es verschiedene Verfahren. Manche Hersteller setzen randomisierte Timer ein, andere wiederum bemühen die Hardwareadressen als Berechnungsgrundlage der Wartezeit.

Jeder Adapter hat eine weltweit eindeutige, in der Hardware verankerte Adresse, die sogenannte MAC-Adresse (Media Access Control Address). Sie wird unten im Layer II ausführlich besprochen. Die Dauer des Timers wird hier aus der MAC-Adresse berechnet. Da alle Stationen in einem LAN-Segment verschiedene Adressen haben müssen, ist sichergestellt, dass nach einer Kollision nicht sofort wieder zwei Stationen gleichzeitig zu senden beginnen. Dies verhindert eine sofortige neue Kollision nach dem Ende des Jam-Blocks.

Die Implementierung der Regeln, die zur Teilung eines Mediums für viele Rechner definiert werden, nennt man das Zugriffsverfahren. Das hier beschriebene ist CSMA/CD (Carrier Sense Multiple Access/Collision Detection). „Carrier Sense Multiple Access" bedeutet, viele Rechner teilen sich ein Medium (Multiple Access), sie prüfen vor einer Sendung, ob das Medium frei ist (Carrier Sense). Ist es zu einer Kollision gekommen, kann dies erkannt und darauf reagiert werden (Collision Detection).

Der klassische Standard Ethernet beschreibt ein Netzwerk mit 10 MBit/s auf der Basis einer Thin-Wire-Verkabelung mit CSMA/CD als Zugriffsverfahren.

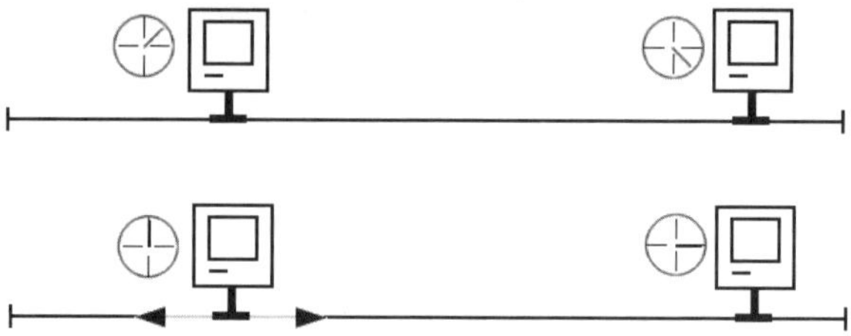

BILD 2.27 Nach dem Jam-Signal läuft auf jedem Adapter ein Timer an (oben). Der Rechner, dessen Timer zuerst wieder abgelaufen ist, darf erneut senden. So wird eine sofortige neue Kollision vermieden. Die Dauer des Timers wird nach verschiedenen Verfahren berechnet, sei es aus der Hardwareadresse (MAC-Adresse) des Adapters oder randomisiert etc. Es muss lediglich sichergestellt werden, dass nach einer Kollision nicht zwei Rechner gleichzeitig zu senden beginnen. Da in einem LAN-Segment nie zweimal dieselbe MAC-Adresse vorhanden sein darf (siehe unten), sind nach dieser Methode definitiv alle Timer-Zeiten unterschiedlich.

2.11.2 Defekte Collision Detection/Carrier Sensing

Ein defekter Collision-Detection-Sensor oder eine fehlerhafte Carrier Sense kann zu erheblichen Störungen im Netzwerk führen, die zum Teil schwer zu diagnostizieren sind. Prüft ein Rechner nicht mehr korrekt, ob das Medium frei ist, beziehungsweise kann er Kollisionen nicht mehr erkennen, so kann er das gesamte Layer I-Segment lahmlegen, da er einfach sendet und damit unter Umständen ständig die Daten der anderen - und natürlich seine eigenen - korrumpiert. Die meisten Konzentratoren besitzen Signal-LEDs, die Kollisionen anzeigen. Sieht man diese laufend blinken und bemerkt, dass die Performance des Netzes sehr reduziert ist, kann man davon ausgehen, dass hier ein Defekt eines Adapters vorliegt; oder aber auch, dass zu viele Rechner in einer Kollisionsdomäne sind. Im ersteren Fall hilft es oft, nacheinander alle Anschlüsse am Konzentrator abzuziehen, bis die Kollisionen aufhören. Dann ist der Verursacher gefunden. Ist Letzteres der Fall, hilft nur, Kollisionsdomänen zu verkleinern. Wie dies funktioniert, siehe unten.

In einem Netzwerk, das nur auf der Basis von Layer I-Geräten, also Hubs oder Thin-Wire, aufgebaut ist, sind Kollisionen aber mehr oder weniger normal. Erst wenn die Kollisions-LED dauernd leuchtet oder das Netz sehr langsam wird, besteht hier ein Handlungsbedarf. Heute sind die Netzwerke besser segmentiert. Ein solches Netzwerk sollte nicht mehr installiert werden.

2.11.3 Andere Verfahren - kollisionsfreie Verfahren

CSMA/CD wurde immer wieder als Auslaufmodell angesehen. Durch die konstant wachsende Anzahl an Endgeräten im Netzwerk nahm die Zahl der Kollisionen ebenfalls ständig zu. Wie unten beschrieben wird, fand man immer wieder neue Lösungen, dies zu umgehen, CSMA/CD ist heute noch der Standard.

Viele haben versucht, andere Zugriffsverfahren zu entwickeln. Die wichtigsten sehen wir uns in der Übersicht an. An dieser Stelle noch eine wichtige Anmerkung. Im gesamten Zusammenhang der Zugriffsverfahren schreibe ich über die Kommunikation von Rechnern oder Netzwerkadaptern. Selbstverständlich betrifft das Gesagte alle Netzwerkgeräte. Alle haben ein Interface (Netzwerkkarte) im Netzwerk. Es gilt also alles nicht nur für PCs und Server, sondern genauso für Router, Switches, Netzwerkdrucker etc.

Einige Hersteller haben versucht, Zugriffsverfahren zu entwickeln, die darauf basieren, keine Kollisionen hinzunehmen und zu korrigieren, sondern von vornherein zu vermeiden. Durchgesetzt hat sich keines. CSMA/CD ist heute noch der Standard. Heute werden Kollisionen durch Geräte auf Layer II des Netzwerkes zurückgedrängt oder vermieden.

2.11.4 CSMA/CA

CSMA/CA bedeutet dasselbe wie oben, außer dass am Ende die Kollisionsvermeidung (Collision Avoidance) steht. Hier sendet ein Adapter (Netzwerkkarte), der senden will, wenn das Medium frei ist, ein Request-to-Send-Signal (RTS) ins Medium.

Gibt es keine Kollision mit einem anderen RTS-Signal, gehört das Medium diesem Rechner, und alle wissen, dass sie nicht senden dürfen, jeder hat dieses RTS gesehen. Ohne eine erfolgreiche „Anmeldung“ darf nicht gesendet werden. Nach der Sendung generiert der Rechner ein Ready-Signal (CTS, Clear to Send) und gibt das Medium damit für die anderen wieder frei. Wie wir unten sehen werden, ist dieses Zugriffsverfahren im Einsatz, es ist beim Wireless LAN (Funknetzwerk) realisiert. Im „normalen“ Netzwerk konnte es sich nicht durchsetzen.

2.11.5 Token Ring

Token Ring ist ein Verfahren, das sehr verbreitet im Einsatz war. Die Geschwindigkeit (16 MBit/s beziehungsweise 4 MBit/s) ist heute zu langsam geworden. Beim Token Ring wird das Netzwerk in Form eines Ringes verlegt. Ein Rechner im Ring ist der Token Master. Er verwaltet und kontrolliert ein Bitmuster, das Token. Dieses wird von Gerät zu Gerät weitergereicht. Ist das Token „leer“, darf es der momentane Besitzer entnehmen. Er sendet nun Daten zum Empfänger. Der Empfänger quittiert dem Sender den Empfang der Daten, und der Sender reicht daraufhin das Token wieder weiter. Geht das Token verloren, wird es vom Master neu generiert.

Ein ausgeklügeltes System von Regeln stellt sicher, dass alle gleichmäßig senden können. Es ist möglich, einzelnen Rechnern Prioritäten einzuräumen. Dieses Verfahren erlaubte erstmalig, dedizierten Geräten Prioritäten (sprich Bandbreite) zuzuordnen. Geht der Token Master verloren (er ist defekt, ausgeschaltet etc.), wird nach einem starren Verfahren ein neuer gewählt. Token Ring ist ein hochkomplexes Verfahren. Es bietet sehr viele Optionen an, die damals absolute Neuheiten waren. An dieser Stelle wollen wir nicht weiter darauf eingehen. Aufgrund der früheren hohen Verbreitung ist Token Ring heute noch im Betrieb, wird aber in der Regel nicht als Neuinstallation oder Erweiterung eingesetzt.

2.11.6 Token Bus

Token Bus ist im Prinzip dasselbe Verfahren wie Token Ring, nur dass hier nicht im Ring gearbeitet wird, sondern wieder auf Thin-Wire oder UGV. Hierbei wird das Token auf dem Bus weitergereicht. Erreicht es das Ende des Busses, wird es wieder zum Anfang zurückgereicht. Damit wird virtuell die Ringstruktur im Hintergrund wiederhergestellt. Alle Features des Token Rings sind so auf einer Busstruktur realisierbar. Token Bus wird aufgrund derselben Restriktionen, die bei Token Ring auftreten, heute nicht mehr eingesetzt. Die Verfahren sind zu langsam und zu kompliziert geworden.

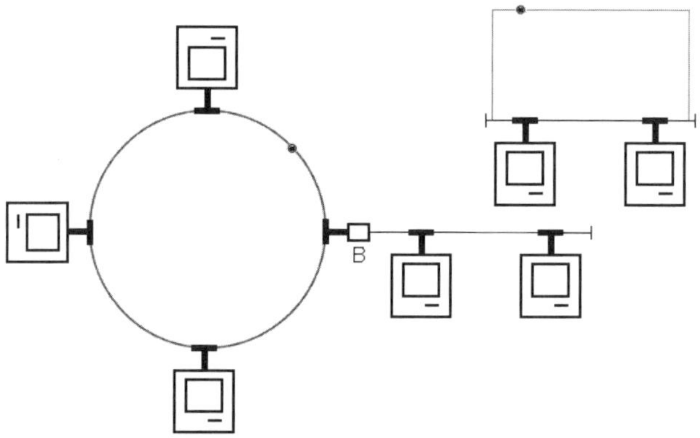

BILD 2.28 Links: Token Ring. Ein Token kreist im Ring. Nur der jeweilige Besitzer des Tokens darf senden. Ist seine Transaktion abgeschlossen, reicht er das Token wieder weiter. Rechts oben kleines Bild: Das Token wird auf einem Bus weitergereicht. Kommt es ans Ende, wird es zum Anfang zurückgereicht und wieder gesendet. Virtuell entsteht so wieder die Ringstruktur. Beide Verfahren bieten einen kollisionsfreien Zugriff auf das Medium.

Es wurden noch viele andere Verfahren entwickelt, zum Teil auch sehr proprietär. An vielen Stellen können in (in sich) geschlossenen und isolierten Umgebungen die Vorteile einer mangelnden Kompatibilität mit anderen überwiegen. Als Beispiel kann zum Beispiel die Vernetzung von Rechnern zum Aufbau eines Hochgeschwindigkeitsclusters dienen. Hier können die Längenbeschränkungen erheblich verkürzt werden. Da sind in der Regel die Geschwindigkeit und die Latenzzeiten das Wichtigste. Für den Datenaustausch nach außen kann wieder Ethernet eingesetzt werden.

Diese Verfahren möchte ich hier nicht beschreiben, hier sei für Interessierte auf die weiterführende Literatur verwiesen. CSMA/CD ist heute der Standard und fast überall im Einsatz.

3 Layer II – die Sicherungsschicht

Obwohl heute die Sternverkabelung die gängige ist, wissen wir nun, dass innerhalb des Konzentrators wieder die Bustopologie realisiert wird. Für weitere Beispiele werden wir daher weiterhin das Bild der guten alten Koaxialverkabelung benutzen, es ist einfach wesentlich übersichtlicher. Wie finden die Datenpakete nun ihren Weg vom Sender zum Empfänger?

3.1 Adressen

Jedes Endgerät in einem Netzwerksegment, das durch Konzentratoren (HUBs) aufgebaut ist, sieht alle Datenpakete. Jedes Gerät muss also in der Lage sein zu entscheiden, ob das Paket für es bestimmt ist oder nicht. Dafür benötigen wir ein Adressierungssystem. Unterschieden wird im Netzwerk zwischen logischen und physikalischen Adressen. Jedes Netzwerkgerät hat beide, beide sind gleich wichtig, warum, werden wir nach Abschluss des Layer III erst ganz verstehen.

Ein kurzer Vorgriff: Physikalische Adressen sind für die Kommunikation innerhalb eines Netzwerksegmentes („auf demselben Draht"/LAN-Segment), logische Adressen für die Kommunikation weltweit (zwischen LANs/LAN-Segmenten) zuständig. Ohne diese Zweiteilung wäre der Netzwerkverkehr unmöglich. Nur die logischen Adressen sind weltweit verwaltet und auffindbar. Nur über physikalische Adressen wäre ein weltweites Netz nicht denkbar, sie sind lediglich Seriennummern.

Physikalische Adressen gehören zum Layer II, logische zum Layer III des OSI-Modells. Die physikalische Adresse ist die sogenannte MAC-Adresse (Medium Access Control). Die logische Adresse kann zum Beispiel die IP-Adresse sein, aber auch ein Windows-Name oder eine Novell-IPX-Adresse. Jede Netzwerkkarte hat eine feste physikalische Adresse, die vom Hersteller fest in der Hardware eincodiert wird. Sie ist einmalig auf der Welt. Keine zwei Netzwerkgeräte dürfen in einem LAN-Segment dieselbe MAC-Adresse haben, eine eindeutige Datenübertragung wäre sonst nicht möglich. (Anmerkung: Gewisse Adapter erlauben eine Änderung der MAC-Adresse. Dies sollte nur mit Bedacht und auf Bedarf genutzt werden, normalerweise ist dies nicht notwendig und gefährlich.) Die MAC-Adresse wird in hexadezimalen Ziffern geschrieben, sie ist sechs Byte lang.

Bit, Byte? Hexadezimal, binär, digital? Wer mit diesen Begriffen nicht firm ist, der sei an dieser Stelle an den Exkurs Zahlensysteme und Mathematik, der dies erklärt, am Ende des Buches verwiesen.

Die ersten drei Byte sind festgelegt und kennzeichnen den Hersteller (Vendorcode). Die restlichen sind laufende Seriennummern. So lässt sich schon aufgrund der MAC-Adresse bestimmen, wer die Netzwerkadapter gefertigt hat.

Nachfolgend einige Beispiele, wobei die Auswahl willkürlich erfolgte:

00:01:02:XX:XX:XX	3Com
00:01:42:XX:XX:XX	Cisco
00:02:B3:XX:XX:XX	Intel
00:00:0C:XX:XX:XX	Cisco
00:00:0E:XX:XX:XX	Fujitsu
00:00:48:XX:XX:XX	Epson
00:60:52:XX:XX:XX	Realtek
00:C0:4F:XX:XX:XX	Dell
00:A0:40:XX:XX:XX	Apple

Dies sind nur wenige Beispiele, meist haben die Hersteller mehrere Bereiche reserviert und sind unter verschiedenen Vendorcodes zu finden.

Eine Rundsendung auf Layer II an alle wird an die Adresse ff:ff:ff:ff:ff:ff adressiert. Dies ist die Broadcast-Adresse einer Broadcast-Domäne.

3.1.1 Adressermittlung/ARP

Will nun ein Rechner A an einen Rechner B Daten versenden, muss er die physikalische Adresse des Empfängers ermitteln. Ohne diese kann er keine definitive Empfängeradresse angeben, und ohne diese weiß kein Rechner, dass die Daten für ihn bestimmt sind. Bekannt ist erst einmal nur die logische Adresse des Empfängers. Dass innerhalb eines LAN-Segments die physikalische Adresse bekannt sein muss, ist transparent, in der Regel sieht ein User nichts davon.

Nach Abschluss des Layer III werden wir die Zusammenhänge zwischen der logischen und der physikalischen Adresse und die Zweistufigkeit der Adressen in Layer II und III richtig verstehen.

Der sendende Rechner sendet also als Erstes ein Paket an alle Rechner, indem er eine Adressanfrage macht. Er sendet seine logische (zum Beispiel die IP-Adresse) und seine physikalische Adresse, die logische des Empfängers und ein „Fragezeichen" an die Adresse ff:ff:ff:ff:ff:ff. Alle Rechner betrachten dieses Paket und sehen nach, ob ihre logische Adresse darin enthalten ist. Wenn nicht, wird das Paket verworfen. Wenn ja, füllt der Rechner seine physikalische Adresse ins Fragefeld ein, merkt sich die Daten des Senders und schickt das Paket zurück. Nun ist beiden, Sender und Empfänger, alles bekannt, sie können Daten austauschen. Sender und Empfänger kennen die zur logischen gehörige physikalische Adresse des Partners und können miteinander kommunizieren. Diese Art der Adressauflösung nennt man einen ARP-Request. ARP steht für Address Resolution Protocol.

SLA	SPA	ELA	?

SLA	SPA	ELA	EPA

BILD 3.1 Der ARP-Request schematisch. Links ist das Fragepaket abgebildet: Sender logische Adresse SLA, Sender physikalische Adresse SPA, Empfänger logische Adresse ELA und die Frage nach der physikalischen Adresse des Empfängers. Der Empfänger merkt sich die Daten des Senders, trägt seine physikalische Adresse EPA ein und sendet das Paket zurück. Beiden sind nun alle Adressen bekannt, und sie können miteinander kommunizieren.

300 Sekunden nach dem letzten Kontakt verfallen diese Informationen. (Dies ist ein empfohlener Richtwert, hier ist alles nicht so ganz starr implementiert und stark vom Hersteller abhängig, gültig ist eine Zeit von 10 bis 10 Millionen Sekunden). Wollen beide nach dieser Zeit wieder kommunizieren, müssen sie wieder Anfragepakete austauschen. Der Speicher, in dem die Daten zwischengespeichert werden, nennt sich der ARP-Cache. Dies hört sich sehr kompliziert an. Warum werden die Daten nicht dauerhaft gespeichert? Die logischen Adressen werden vom Computerbetreuer vergeben. Er muss sie jederzeit ändern können. Durch dieses Verfahren ist sichergestellt, dass ein Netzwerkgerät nach Änderung seiner logischen (zum Beispiel IP-)Adresse ohne irgendwelche Konfigurationen immer noch/wieder erreichbar ist. Analog gilt dasselbe auch für eine Änderung der physikalischen Adresse (zum Beispiel durch den Austausch eines defekten Netzwerkadapters).

Es ist möglich, diesen ARP-Cache permanent zu machen. Der ARP-Request entfällt dadurch. Es ist aber beliebig gefährlich, dies zu tun. Denn kommt es zu Änderungen an der Hardware des Netzwerkadapters, zum Beispiel durch einen Ersatz bei Defekt, ändert sich die MAC-Adresse, und der Rechner kann nicht mehr erreicht werden. Der Sender fragt nicht an, sondern schickt die Daten blind an die „alte" Adresse, die es nicht mehr gibt. Die Daten werden verworfen.

Genauso gibt es den umgekehrten Weg. Bootet zum Beispiel eine Station ohne Festplatte direkt vom Netzwerk, weiß sie ihre physikalische, aber nicht ihre logische Adresse, sie hat kein Speichermedium, von dem sie sie lesen könnte. Die MAC-Adresse aber ist fest im Netzwerkadapter eingebrannt. Also muss die Station ihre logische Adresse auflösen. Sie sendet also ein Anfragepaket ins Netz. Hier aber fragt sie nach ihrer eigenen logischen Adresse. Diese Anfrage nennt man RARP, Reverse Arp-Request. Dieser Vorgang weist schon darauf hin, warum Layer II und III eigene Adressen haben müssen. Die Layer II-Adresse ist notwendig für viele Netzwerkvorgänge. Die Layer III-Adresse ist aber von der Software verwaltet, sie wird im Betriebssystem konfiguriert und steht erst zur Verfügung, wenn dies gestartet ist.

■ 3.2 Trennung der Kollisionsbereiche/ Bridges

Ein Hub verstärkt alle Signale, die er aufnimmt, und gibt sie durch alle Ports wieder aus. Daher sind ständig alle Pakete, die irgendwo im Segment gesendet werden, überall präsent. Jeder Adapter muss alle Pakete ansehen, um zu entscheiden, ob das Paket für ihn bestimmt ist oder nicht. Die zunehmende Verkehrsflut, die durch immer mehr Endgeräte in einem

Netzsegment ausgelöst wurde, führte daher dazu, dass man in hoch belasteten Segmenten mit vielen Endgeräten, die viel Kommunikation verursachten, bald alleine durch die Zahl der Verbindungen am Ende der Übertragungsfähigkeit der Netzwerke angelangte. Die Anzahl der Kollisionen wurde zu hoch. Die Lösung brachte hier nicht ein anderes Zugriffsverfahren, sondern ein Gerät, das diese Probleme entschärft. Dieses Gerät besitzt zwei Anschlüsse und wird im Medium zwischengeschaltet, teilt also das Medium in zwei physikalische Bereiche. Dieses Gerät nennt sich Bridge, die Brücke. Die Bridge überwacht alle ARP-Pakete und merkt sich an der Source-Adresse in den Paketen, welche MAC-Adresse auf welcher Seite der Bridge installiert ist.

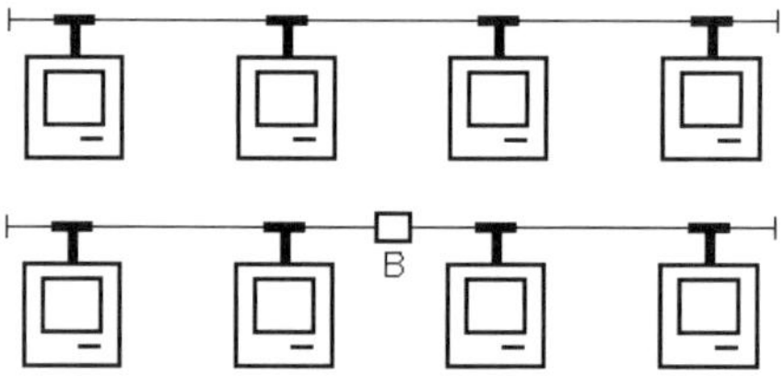

BILD 3.2 In einem einfachen Netzwerk (oben) sahen alle Geräte alle Daten, die über das Medium transportiert wurden. Mit der wachsenden Anzahl der Rechner kam man in eine Situation, in der die Kollisionen überhand nahmen. Die Lösung brachte eine Bridge (B), die im Medium zwischengeschaltet wurde, die diese Kollisionsbereiche trennen konnte.

Ein Paket, das nicht ins andere Segment (auf die andere Seite der Bridge) gehört, wird nicht weitergeleitet. Die Bridge sieht sich jedes Paket an, das sie empfängt, und trägt in eine Tabelle die MAC-Adresse und den Anschluss ein. Jedes weitere Paket für dieses Gerät wird danach nur noch an dieses Segment weitergeleitet. Anhand dieser Information kann die Bridge verhindern, dass Daten, die für Geräte innerhalb desselben Segmentes bestimmt waren, das andere Segment stören, sie kann die Verkehrslast kanalisieren. Die MAC-Tabelleneinträge werden aus demselben Grund wie die ARP-Caches nach 300 Sekunden gelöscht (empfohlener Richtwert, herstellerabhängig). Sonst wäre ein Rechner, der von einer Seite der Bridge zur anderen umgezogen wird, nicht mehr erreichbar. Bei einer erneuten Kommunikation nach mehr als 300 Sekunden Pause muss die Bridge wieder neu lernen.

Eine Rundsendung an alle (Broadcast), wie zum Beispiel ein ARP-Request, muss die Bridge an alle Ports ausgeben, ebenso Sendungen an noch unbekannte Adressen und Multicasts. Eine Adressauflösung zum Beispiel wäre sonst nicht möglich. Eine Bridge trennt also Bereiche, die dasselbe Medium gleichzeitig benutzen (Kollisionsgebiet, Collision-Domain). Für Broadcast-Anfragen jedoch ist die Bridge transparent, sie müssen immer alle Stationen erreichen.

Der Einsatz der Bridges war natürlich nur dann sinnvoll, wenn die Topologie klug gewählt wurde. Rechner, die untereinander viel Verkehr produzierten, mussten sinnvoll gruppiert werden. Die Topologie der Verbindungen musste regelrecht designt werden.

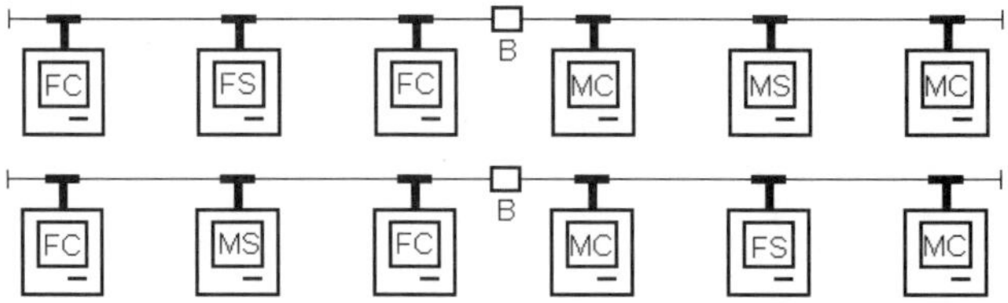

BILD 3.3 Ein Beispiel verschiedener Netzwerktopologien: Die Finanzabteilung besitzt zwei Rechner (FC) und einen Server (FS), die Marketingabteilung ebenfalls (MC, MS). Hauptsächlich besteht ein Verkehr nur innerhalb der Abteilungen, aber nur selten zwischen ihnen. Im Bild oben ist die Bridge richtig positioniert. Sie trennt die Kollisionsgebiete der Abteilungen. Unten ist die Topologie falsch gewählt. Hier bringt die Bridge keine Entlastung des Netzwerkes, da alle ständig über die Bridge hinweg Daten austauschen.

3.3 Bridges – die Vermittler im Netz

Die Entwicklung der Bridges brachte noch viel mehr Vorteile, als auf den ersten Blick sichtbar wird. Um sie zu erkennen, müssen wir uns etwas genauer betrachten, was die Voraussetzungen für „Bridging" sind.

Die Bridge trennt Kollisionsgebiete im Netzwerk. Sendet daher eine Station auf einer Seite Daten an eine auf der anderen, muss die Bridge die Daten zwischenspeichern können. Nur so ist es möglich, dass auf jeder Seite der Bridge ein eigenes CSMA/CD-Verfahren stattfindet, nur so kommt es zu einer völligen Trennung der Kollisionsdomänen. Ein CSMA/CD-Bereich darf vom anderen nicht abhängig sein. Erreichen die Daten der einen Seite die Bridge, muss sie warten, bis auf der anderen das Medium zur Verfügung steht. Dann erst kann sie senden. Dies nennt man Store and Forward-Bridging, Speichern und Weiterleiten.

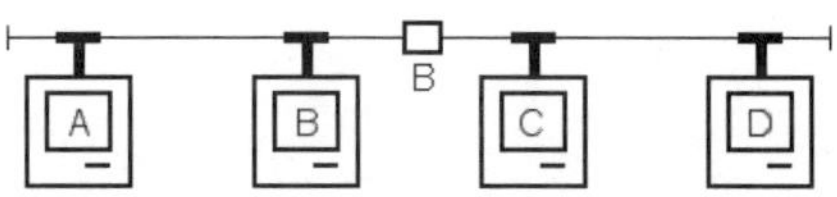

BILD 3.4 Sendet Rechner A Daten an Rechner C, während dieser gerade mit Rechner D kommuniziert, muss die Bridge (B) warten und den Datenverkehr zwischenspeichern, bis das Medium auf der rechten Seite wieder zur Verfügung steht. Auf jeder Seite der Bridge ist eine eigene CSMA/CD-Domäne im Betrieb.

Dies eröffnete nun immense Möglichkeiten. Die Zwischenspeicherung vor der erneuten Aussendung der Daten brachte nun die Möglichkeit, die Datenpakete zu bearbeiten. Ein HUB verstärkt, multipliziert und versendet, eine Bridge hat das Paket „eine Weile für sich" und kann es bearbeiten, so zum Beispiel auch die unteren Kuverts bearbeiten. Eine Bridge muss die Daten bis zum Layer II auspacken.

Vor der Aussendung muss sie auch das Layer I-Kuvert erneuern. Dies kann nun anders aussehen wie das, das ihr zugesendet wurde. Somit wurde es möglich, auch verschiedene Zugriffsverfahren zu verbinden. Mit einer Bridge wurde es jetzt möglich, zum Beispiel ein Token-Ring-Segment mit einem Ethernet-Segment zu verbinden.

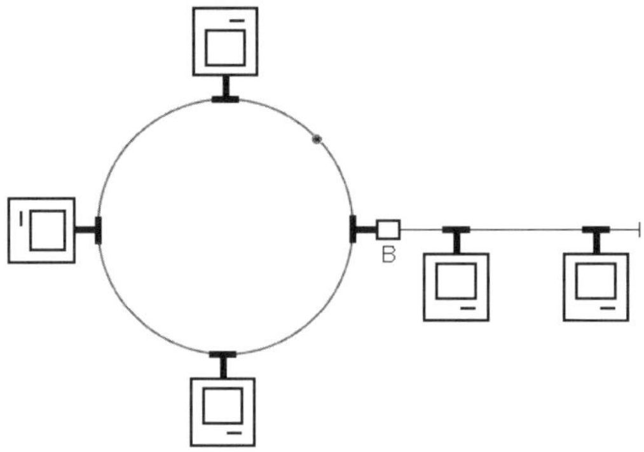

BILD 3.5 Eine Bridge ist in der Lage, verschiedene Zugriffsverfahren zu verbinden. Da die Daten zwischengespeichert werden können, kann die Bridge das „Kuvert Layer I“ vor einer Weiterleitung von den Daten entfernen, neu generieren und die Daten an ein Segment mit einem anderen Zugriffsverfahren weiterleiten. Hier im Beispiel von einem Segment mit Ethernet als Zugriffsverfahren zu einem Segment mit Token Ring.

3.4 Versteckte Bridges, Layer II im Hub?

Ein weiterer Vorteil der Möglichkeit zur Zwischenspeicherung der Daten ist, dass es nun möglich war, Netzwerke nicht nur mit verschiedenen Zugriffsverfahren, sondern auch mit verschiedenen Geschwindigkeiten zu verbinden. Datenströme aus einem 100-MBit-Netz konnten nun in ein 10-MBit-Netz weitergeleitet werden und umgekehrt. Der Zwischenspeicher der Bridge fängt die Geschwindigkeitsunterschiede ab. Selbstverständlich muss hier, wie auch beim Verbinden verschiedener Netze, ein Steuerungsmechanismus sicher verhindern, dass die Zwischenspeicher überlaufen.

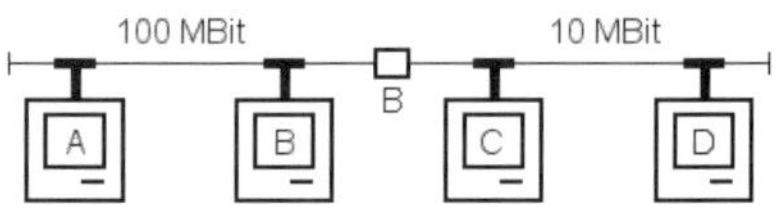

BILD 3.6 Sendet zum Beispiel Rechner A Daten an Rechner C, muss die Bridge den Datenstrom zwischenspeichern und langsam auf die rechte Seite weiterleiten. Dies ist wie ein voll geöffneter Wasserhahn in einem Waschbecken mit kleinem Abfluss. Das Volumen des Waschbeckens ist hier das Äquivalent zum Zwischenspeicher. Es läuft langsam voll, obwohl der Abfluss offen ist. Dreht man den Hahn ab, läuft das Wasser langsam wieder ab, nichts geht verloren. Eine Flusskontrolle muss verhindern, dass das Waschbecken überläuft.

Nun gibt es Hubs (schon lange der Standard), die sogenannte Dual-Speed-Hubs sind. Sie gibt es nur im Bereich UGV. Bei Glasfasern muss ein Konverter benutzt werden, wenn verschiedene Geschwindigkeiten verbunden werden müssen. Die Signalisationslaser sind inkompatibel, sie können nicht in einem Port gemischt werden. An diese Dual-Speed-Hubs können Rechner angeschlossen werden, die entweder 10-MBit/s- oder 100-MBit/s-Netzwerkkarten eingebaut haben (heute auch immer häufiger 1000 MBit/s). Ein Hub ist im Prinzip ein Gerät ohne „Intelligenz“. Er nimmt alle Signale auf, die zu irgendeinem Port hereinkommen, verstärkt sie, vervielfacht sie und gibt sie zu den anderen Ports einfach transparent wieder aus.

Wie ist dies also möglich? Wenn ein Hub nicht zwischenspeichert, wie kann das funktionieren, dass verschiedene Geschwindigkeiten des Netzwerkes miteinander kommunizieren können?

In solchen Geräten ist eine Bridge versteckt, ein Layer II-Gerät also heimlich und für uns völlig transparent in ein Layer I-Gerät eingebaut. Der Hub besitzt intern zwei Bussysteme, eines für jede Geschwindigkeit. Er erkennt jeweils, mit welcher Geschwindigkeit eine an einem Port angeschlossene Station kommunizieren kann (Speed-Auto-Negotiation), und verbindet den Port automatisch mit dem entsprechenden Bus. Die Bridge verbindet die Busse und sorgt dafür, dass alle kommunizieren können.

Früher gab es tatsächlich Dual-Speed-Hubs, die keine interne Bridge hatten. Hier konnten zwar Stationen beider Geschwindigkeiten angeschlossen werden, aber kommunizieren konnten sie nur mit den Partnern gleicher Geschwindigkeit. Erst ein Bridge-Modul erlaubte allen den Austausch von Daten.

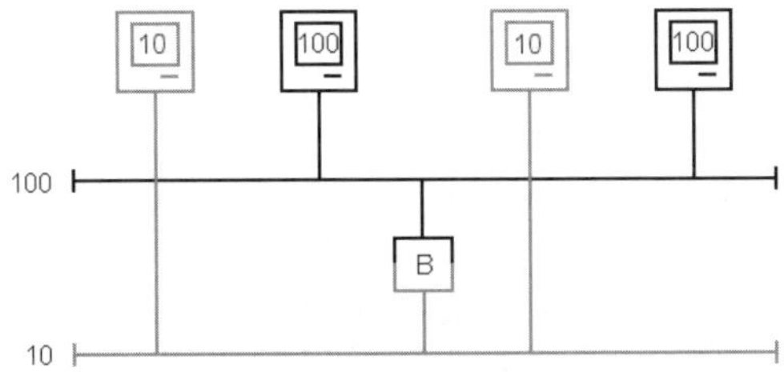

BILD 3.7 Ein Dual-Speed-Hub. Der Hub erkennt automatisch, mit welcher Geschwindigkeit eine angeschlossene Station kommuniziert (Speed-Auto-Negotiation). Er verbindet den Port mit dem entsprechenden Bus (hier 10 MBit/s grau, 100 MBit/s schwarz). So können alle 100-MBit/s-Geräte miteinander kommunizieren und alle 10 MBit/s untereinander. Eine Kommunikation zwischen den beiden Bussen kann erst erfolgen, wenn eine Bridge zwischengeschaltet wird, welche die Geschwindigkeitsunterschiede auffangen kann. Hubs ohne Bridges gibt es heute im Prinzip nicht mehr. Zu Zeiten, als Bridges jedoch sehr teuer waren, waren sie im Einsatz.

3.5 Für Interessierte: High-Speed-Bridging

Das Verfahren Store and Forward konnte viel ermöglichen, das vorher nicht denkbar war. Es hatte einen Nachteil, die Verzögerungen konnten groß werden. Entscheidend sind hier vor allem die Paketgrößen. Die Daten werden in den Zwischenspeicher eingelesen, dann wird nachgesehen, ob das Medium der anderen Seite der Bridge frei ist, dann gesendet. In der Zeit der Zwischenspeicherung aber konnte das Medium schon mehrfach zur Verfügung gestanden haben.

Daher wurde ein weiteres Verfahren entwickelt, das Cut-through-Bridging. Hier sieht die Bridge beim Empfangen von Signalen sofort nach, ob das Medium frei ist. Ist es frei, beginnt sie sofort, die Signale weiterzuleiten. Gleichzeitig aber dupliziert sie den Datenstrom und speist ihn in den Zwischenspeicher ein. Dies tut sie so lange, bis sie sicher sein kann, dass keine Kollision aufgetreten ist. Aufgrund der Längenbeschränkungen weiß die Bridge, wann ihre Signale das ganze Medium belegen, und alle wissen, dass eine Sendung erfolgt. Nach der doppelten Zeit kann die Bridge sicher sein, dass keine Kollision mehr auftreten kann (siehe auch Layer I). Daher gibt es die Mindestgrößen. Ein Paket muss mindestens 64 Byte lang sein, damit das gesamte Medium sicher belegt ist. Treten nach dieser Zeit noch Kollisionen auf, liegt ein Defekt vor (siehe Layer I). Solche Kollisionen nennt man Late Collision.

Ab dann hört sie mit Duplikation und Zwischenspeicherung auf, das Medium gehört sicher ihr. Sie leitet die Daten eins zu eins weiter. Kommt es aber in dieser Zeit zu einer Kollision, hört sie auf zu senden und liest den Rest des Paketes in den Zwischenspeicher ein. Ist das Medium wieder frei, liefert sie die Daten aus, verhält sich also genau wie bei einem Store and Forward-Verfahren. Hiermit konnte eine zum Teil erhebliche Geschwindigkeitssteigerung und eine effizientere Ausnutzung der Zwischenspeicher erzielt werden. Heute ist Store and Forward trotzdem der Standard, andere Entwicklungen haben größere Vorteile gebracht.

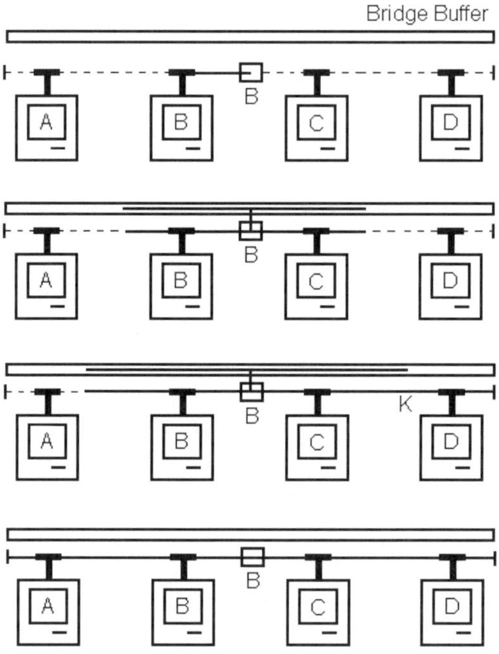

BILD 3.8 Zur besseren Unterscheidbarkeit ist das Medium gestrichelt gezeichnet, das darauf laufende Signal als durchgehende Linie. Erreichen die Daten eines Gerätes die Bridge, hier sendet zum Beispiel B an D, sieht die Bridge nach, ob das Medium auf der anderen Seite frei ist (ganz oben). Wenn nicht, schaltet sie auf Store and Forward um. Wenn ja, beginnt sie sofort mit der Sendung. Gleichzeitig aber dupliziert sie die Daten und speichert sie im Zwischenspeicher (oben). Sendet nun Station D, bevor sie das Signal der Bridge erreicht hat, kommt es zur Kollision (K). Die Bridge bricht ihre Sendung ab und schaltet auf Store and Forward um (unten), liest den Rest der Sendung in den Zwischenspeicher fertig ein. Ist das Medium wieder frei, sendet sie die Daten an D. Ist die Zeit vergangen, welche die Bridge braucht, um sicher zu sein, dass es keine Kollision mehr geben kann (doppelte Zeit Bridge bis Ende des Stranges), verwirft sie die Duplikation in den Zwischenspeicher und leitet einfach weiter (ganz unten).

BILD 3.9 Zur Wiederholung, wir erinnern uns an Layer I: Hat das Signal das Medium fast ganz belegt, muss ein Sender, hier die Bridge B, nochmals dieselbe Signallaufzeit warten, bis er sich sicher sein kann, dass keine Kollision aufgetreten ist. Eine Station am entfernten Ende des Stranges könnte unter Umständen genau in dem Moment angefangen haben zu senden, in dem ihn das Signal gerade fast erreicht hatte. Bis der Sender die Kollision bemerkt, vergeht nochmals die gesamte Laufzeit.

3.6 Der Meister der Brücken - der Switch

Mit zunehmender Leistungsfähigkeit und den sinkenden Kosten der Elektronik wurden Entwicklungen möglich, die zur heutigen Implementierung des Bridgings geführt haben. Auf einmal waren die hohen Beschränkungen der Kollisionsdomänen umgehbar. Ein Gerät wurde entwickelt, das Netzwerke in viele Kollisionsdomänen besser segmentieren konnte als eine Bridge, der Switch.

Dieses Gerät können wir uns im Prinzip als einen Hub vorstellen, der auf jedem Anschlussport eine Bridge vorgeschaltet hat. Intern ist ein Hochleistungsbus oder eine Matrix eingebaut, welche die Datenleitung regeln. Nach außen und innen wird gebridgt. Wie beim Dual-Speed-Hub sind auch intern die Busse der verschiedenen Geschwindigkeiten untereinander gebridgt, Geräte mit 100 MBit/s und 10 MBit/s können angeschlossen werden und miteinander kommunizieren (heute auch immer häufiger mit 1000 MBit/s).

Da alle angeschlossenen Geräte über eine Bridge kommunizieren und auch intern gebridgt wird, hat jeder Anschluss des Gerätes eine eigene CSMA/CD-Umgebung, eine eigene Kollisionsdomäne. Daher konnten die Switches nun auch endlich die lästigen Längenbeschränkungen aufbrechen, da jedes einzelne geswitchte Segment ein eigenes CSMA/CD führt, an jedem Port eines Switches steht die volle Länge eines solchen Segmentes zur Verfügung. Werden Switches miteinander kaskadiert, entfällt die Längenbeschränkung, welche die Kaskadierung von Hubs hatte.

In einem voll geswitchten Netzwerk muss sich die Bridge eines Ports lediglich eine MAC-Adresse merken - die des angeschlossenen Gerätes. Wird ein Hub an einen Switchport angeschlossen, muss sich der Switch die MAC-Adressen aller am Hub angeschlossenen Geräte merken können. Wird weiter von Hub zu Hub kaskadiert, muss sich die Bridge alle MAC-Adressen der Endgeräte der Kaskade merken können.

Hubs sollten heute nicht mehr eingesetzt werden.

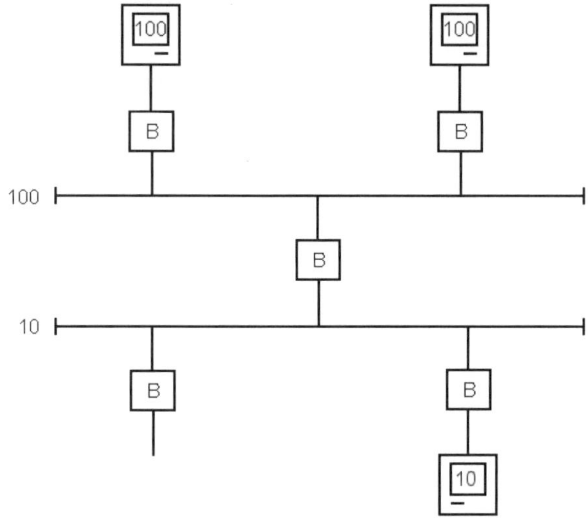

BILD 3.10 Ein Switch besteht im Prinzip aus einer logischen Verkettung von Bridges. An jedem Anschlussport ist eine Bridge vorgeschaltet, und auch nach innen wird gebridgt. Da nun überall eine erhebliche Reduktion von Kollisionen erzielt werden konnte, konnte das Netzwerk auf bestehenden Verfahren performant vergrößert werden.

3.6.1 Geswitchte Topologien

Am Anfang waren Switches sehr teuer. Sie wurden daher an den Knotenpunkten im Backbone eingesetzt, als Gebäude- oder Stockwerksverteiler oder in Umgebungen mit sehr vielen Geräten in einem Segment. Von ihnen wurde auf Hubs kaskadiert, welche die einzelnen Arbeitsstationen versorgten. Mit sinkendem Preis wurden immer mehr Hubs durch Switches ersetzt. Ein heutiges modernes Netzwerk setzt Hubs nicht mehr ein (viele sind aber noch im Betrieb, bei einem Defekt sollten sie aber durch Switches ersetzt werden). Hier ist die Umgebung voll geswitcht. Immer weniger Hersteller stellen Hubs her, in ein paar Jahren werden sie verschwunden sein.

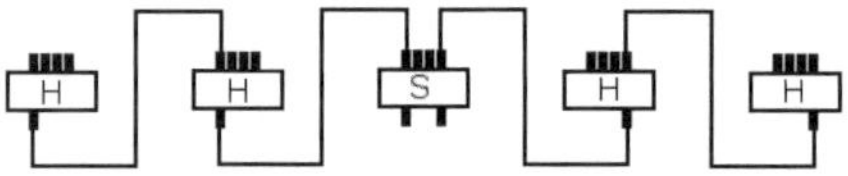

BILD 3.11 Zu Beginn waren Switches sehr teuer. Sie wurden daher an den Knotenpunkten eingesetzt (Stockwerksverteiler, Backbone etc.). Von ihnen aus wurde auf Hubs kaskadiert, an welche die Endgeräte angeschlossen wurden.

3.6.2 Verminderung der Kollisionen

Der nahe liegendste Vorteil geswitchter Umgebungen ist natürlich eine massive Abnahme an Kollisionen. Solange Hubs im Netz sind, werden diese nie ganz aufhören. In voll geswitchten Umgebungen aber gibt es keine Kollisionen mehr, jedes Gerät kommuniziert mit dem

Switch in einer eigenen CSMA/CD-Umgebung. Jede Station hängt hinter einer eigenen Bridge. Dies eröffnet zusätzliche Möglichkeiten und bringt weitere große Vorteile.

Ein Problem blieb jedoch bestehen: Die Kollisionen konnten zurückgedrängt beziehungsweise verhindert werden, aber alle bestehenden Broadcast-Anfragen, wie zum Beispiel die ARP-Requests (es gibt noch viele andere Broadcast-Anfragen), müssen zwangsweise transparent alle Bridges und damit auch Switches passieren. Sonst wäre zum Beispiel ein ARP-Request nicht in der gesamten Layer II-Umgebung möglich. Dies ist aber notwendig, um kommunizieren zu können, die physikalischen Adressen müssen im gesamten Segment ermittelt werden können. Mit immer mehr steigender Zahl an Stationen wurde dies nun zum begrenzenden Faktor. Nicht mehr die Kollisionen, sondern der Broadcast-Verkehr wurde zur Beschränkung.

3.6.3 Switches erhöhen die Security

In einem Netzsegment, das aus Hubs aufgebaut ist, sieht jedes Gerät jedes Datenpaket, das versendet wird. Alle gehören zu einer CSMA/CD-Umgebung. Jeder hat die Möglichkeit, den Verkehr abzulauschen und zu analysieren, also zum Beispiel Passwörter mitzuhören etc. Switches aber geben außer den Broadcasts Pakete nach dem ARP-Request nur noch zu dem Port aus, an dem die Station angeschlossen ist, für die diese Daten bestimmt sind. Ein Mithören für andere wird damit praktisch unmöglich. Achtung: Dies hilft nur zu 99%. Profis mit der richtigen Ausrüstung beziehungsweise falsch konfigurierte Switches können dazu führen, dass ein Zugriff trotzdem möglich wird.

3.7 Keine Kollisionen – keine Detection, Duplex

Ist ein Gerät direkt an einem Switch angeschlossen, braucht es sich nicht um Kollisionen zu kümmern, zwischen dem Gerät und dem Switch gibt es keine. Daher kann die Collision Detection abgeschaltet werden.

Nun ist auf einmal der Draht frei, an dem der Kollisionssensor normalerweise hängt. Alle vier Drähte stehen nun für die Datenübertragung zur Verfügung. Jetzt kann man umschalten auf den sogenannten Vollduplexmodus des Netzwerkadapters. Senden und Empfangen sind nun gleichzeitig möglich, während in einer Kollisionsumgebung entweder nur gesendet oder empfangen werden kann, aber nicht beides gleichzeitig. Dies ist natürlich nur auf UGV möglich, Thin-Wire hat nur einen Draht.

Die Erfahrung hat gezeigt, dass diese Einstellungen nicht so perfekt funktionieren, wie man es sich wünschen sollte. Switches sind in der Regel, was Geschwindigkeit und Duplex-Eigenschaften betrifft, auf Auto/Auto eingestellt. Hier sorgt eine Negotiation dafür, dass sich der Switch auf das angeschlossene Gerät selbst in Geschwindigkeit und Duplex einstellt. Leider funktioniert das nicht immer perfekt, und der Netzwerkadapter muss dann in seiner

Konfiguration fix eingestellt werden. Das sollte dann aber auch auf der anderen Seite am Switch erfolgen. Merke: entweder Auto/Auto auf beiden Seiten oder beide Seiten fest konfiguriert!

Nur an Switches oder Bridges direkt angeschlossene Stationen dürfen auf Vollduplexbetrieb konfiguriert werden. Am Thin-Wire, beziehungsweise an Hubs, muss Halbduplexbetrieb gefahren werden, hier darf die Collision Sense nicht abgeschaltet werden. An einem Switch angeschlossene Stationen können natürlich weiterhin auf Halbduplex betrieben werden, es ist lediglich ein Verschenken von Ressourcen. Im Vollduplexbetrieb kann ein bidirektionaler Datenaustausch doppelt so schnell erfolgen.

In Netzen, die noch nicht völlig aus Switches aufgebaut sind, muss mit den Duplexeinstellungen peinlich genau verfahren werden. Ein im Vollduplexmodus konfigurierter Netzwerkadapter, der an einen Hub angeschlossen wird, macht keine Collision Detection und keinen Carrier Sense. Dies ist vergleichbar mit einem auf Layer I beschriebenen Defekt eines der beiden. Es kann zu erheblichen Störungen kommen.

Ein weiteres Detail muss beachtet werden. Ein Netzwerkadapter kann auf tiefster Hardwareebene konfiguriert werden. Dies ist zum Beispiel nötig, um Remote-Management erlauben zu können (zum Beispiel Wake on LAN, die Station wird zu Software- oder Wartungsarbeiten nachts über ein Netzwerksignal gestartet etc.). Ab einem gewissen Zeitpunkt überschreibt der Treiber des Betriebssystems diese Einstellungen. Gibt es hier Diskrepanzen, kann das zur Folge haben, dass eine Station während des Bootvorganges das Netzwerk stört - und danach nicht mehr. Solche Fehler sind in der Regel sehr schwer zu finden.

3.8 Loops - das Netzwerk bricht zusammen

Eine sehr große Gefahr in geswitchten Netzen geht von falschen Verbindungen zwischen Switches aus. Ein falsch gestecktes Patchkabel kann das gesamte Netzwerk außer Funktion setzen. Wer einen Loop (Ring) erzeugt, riskiert einen Zusammenbruch des Netzwerkes. Daher muss beim Aufbau der Topologie mit größter Sorgfalt vorgegangen werden.

3.8.1 Loops - verwirrte Bridges

Um dies zu verstehen, müssen wir nochmals die Funktionsweise einer Bridge ansehen. Nach einer Kommunikation zweier Geräte weiß eine Bridge, auf welchen Seiten der Sender und der Empfänger angeschlossen sind. Werden nun mehrere Bridges mit mehreren Ports untereinander verbunden, kommt es zu einem Effekt, der das ganze Netzwerk zum Erliegen bringt.

Was passiert? Ein Broadcast muss von einer Bridge transparent weitergeleitet werden. Jede Station muss erreicht werden können, sonst wäre zum Beispiel eine Adressauflösung nicht möglich. Das Datenpaket wird in Umgebungen mit Loops über verschiedene Wege auf beide Seiten der Bridge geleitet, und die Bridge sieht die MAC-Adresse überall. Sie weiß nicht mehr, auf welcher Seite das Gerät angeschlossen ist. Daher leiten alle Bridges alle weiteren Pakete nicht an einen dedizierten Port weiter, sondern in alle Richtungen. Ein geregelter Verkehr ist nicht mehr möglich. Dazu kommt es sehr schnell zu einem derartigen Verkehr, dass das Netzwerk zusammenbricht, da die Pakete „ewig“ weitergeleitet werden und die Zahl der Pakete dadurch explodiert (Packet Storm).

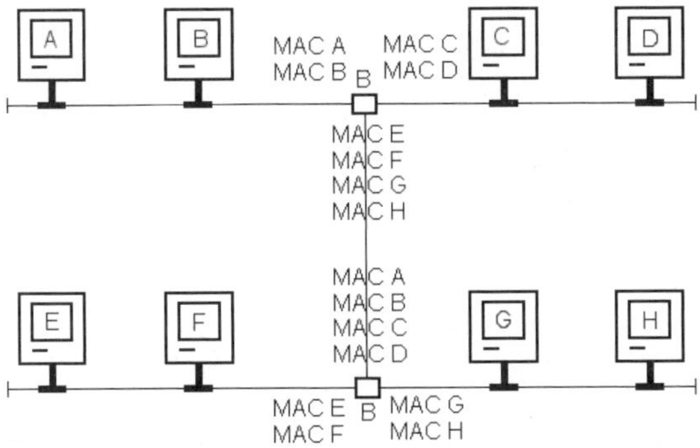

BILD 3.12 In einem Netzwerk ohne Layer II-Loops lernen die Bridges die MAC-Adressen der angeschlossenen Geräte korrekt. Kommunizieren zwei Geräte miteinander, sieht die Bridge die Daten und merkt sich die Lage der Geräte.

Sehen wir uns einen solchen Zusammenbruch einmal schematisch an. Betrachten wir eine Layer II-Umgebung mit Loops. Zur besseren Ansicht sind die physikalischen Medien (Netzwerkkabel) gestrichelt gezeichnet, die Signale durchgehend. In unserem Beispiel ist es, wie wir sehen werden, völlig egal, wer mit wem zu kommunizieren versucht. Der folgende Vorgang wird in dieser Umgebung immer eintreten.

Nehmen wir als Beispiel an, dass der Rechner A an den Rechner B Daten versenden will. Er versucht also, über einen ARP-Request die physikalische Adresse zu ermitteln. Alle Bridges im Segment sehen dieses Paket und tragen die Lage des Rechners in ihre Tabellen ein. Wir wollen dies nun sehr ausführlich nachvollziehen.

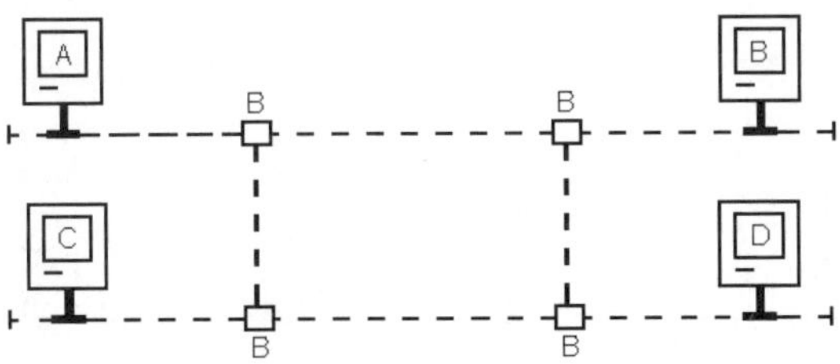

BILD 3.13 Eine Layer II-Umgebung mit Loops: Die Switches (Bridges B) sind derart miteinander verbunden, dass mehrere Wege zu einem Ziel möglich sind. Dies könnte der Fall sein, wenn zum Beispiel zwei Switches mit mehreren Patchkabeln untereinander verbunden werden.

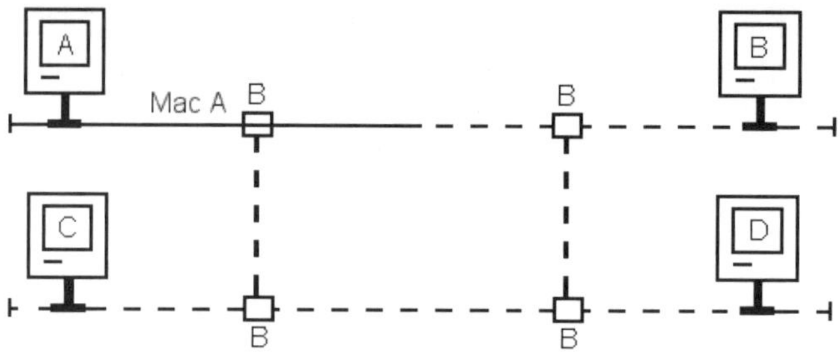

BILD 3.14 Rechner A beginnt, Daten zu senden. Diese passieren die erste Bridge, und diese trägt den Standort von A in ihrer Tabelle ein.

So weit scheint ja noch alles normal zu verlaufen. Betrachten wir aber nun genau, was passiert, wenn das Signal weiterläuft. Betrachten wir vor allem aufmerksam, welchen Standort von A die Bridges in ihre Tabellen eintragen.

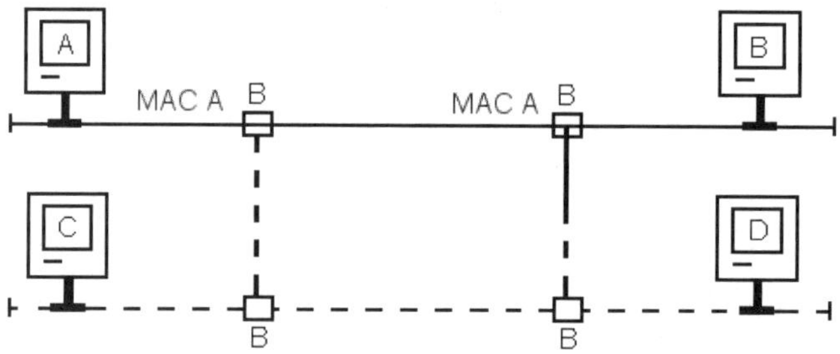

BILD 3.15 Das Signal passiert die zweite Bridge. Auch sie merkt sich die Lage von A.

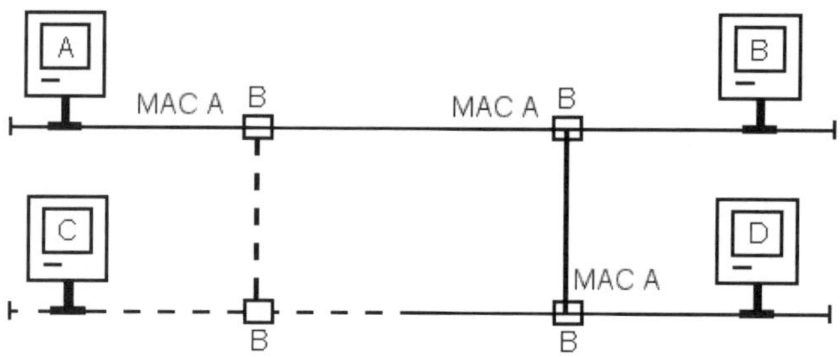

BILD 3.16 Ebenfalls die dritte.

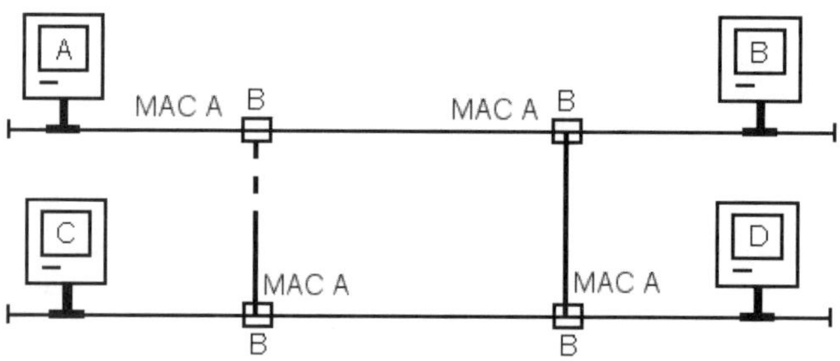

BILD 3.17 Und auch die vierte.

Schon jetzt können wir ahnen, was gleich passieren wird, wenn das Signal weiterläuft. Sobald es die erste Bridge wieder erreicht, ist der Loop entstanden. Die erste Bridge wird Rechner A auf beiden Seiten sehen. Damit kann sie nicht mehr entscheiden, wo A wirklich physikalisch installiert ist. Eine Datenweiterleitung an A kann sie also nicht mehr sinnvoll kanalisieren.

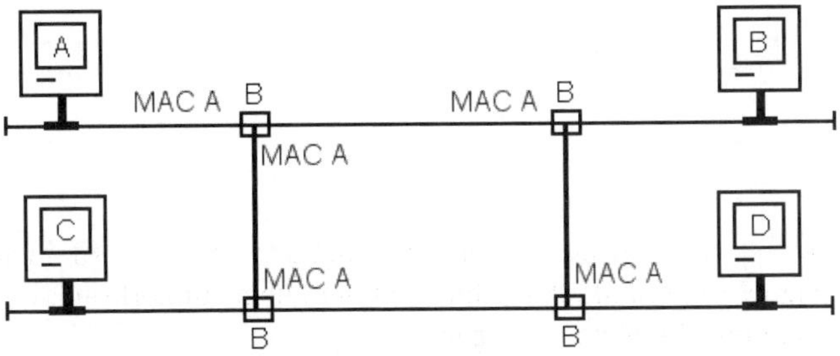

BILD 3.18 Nun kommt es zum Loop. Das Signal kehrt zur ersten Bridge zurück, und sie sieht auf einmal, dass Rechner A scheinbar auf beiden Seiten der Bridge installiert ist.

Dies ist aber nicht der einzige Weg der Signale in dieser Topologie. Zur Verdeutlichung sehen wir uns hintereinander an, was eigentlich gleichzeitig passiert.

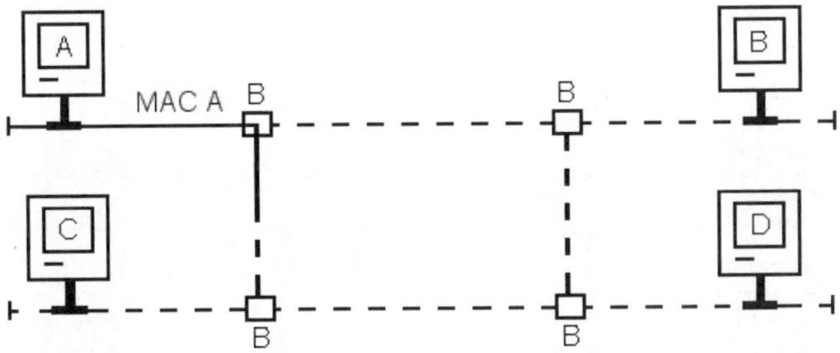

BILD 3.19 Gleichzeitig ist das Signal aber auch den anderen Weg gelaufen. Somit passiert es hier zuerst wiederum die erste Bridge.

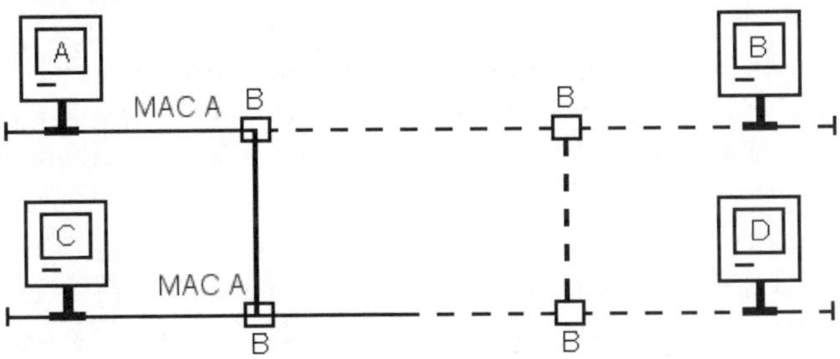

BILD 3.20 Dann die vierte.

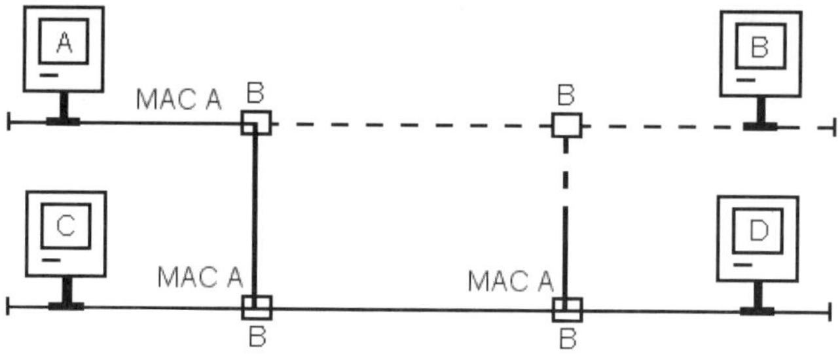

BILD 3.21 Und die dritte.

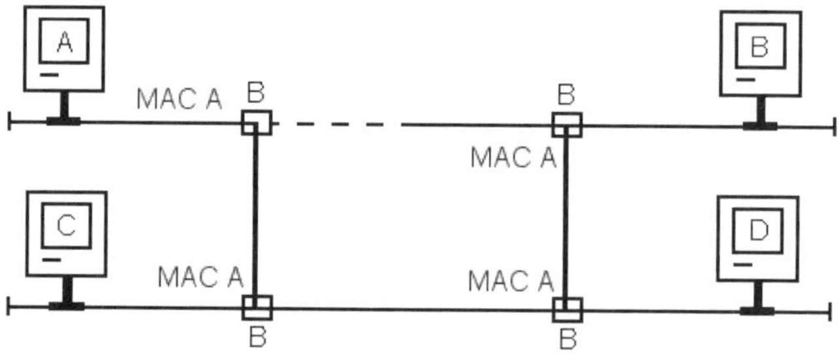

BILD 3.22 Schließlich auch die zweite.

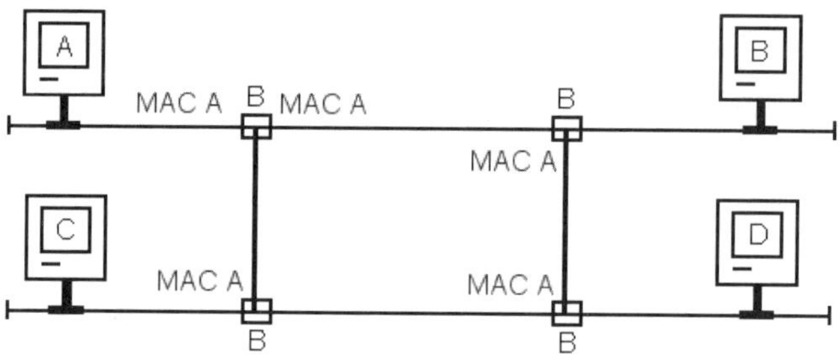

BILD 3.23 Auch hier kommt das Signal letztendlich zur ersten Bridge zurück und bildet einen Loop.

Das Chaos ist perfekt. Keine Bridge weiß mehr, wo Rechner A wirklich zu erreichen ist. Alle Bridges senden Pakete für A in jede Richtung. Die Pakete kreisen ewig, und es kommt zu einer Flut von Paketen, dem Packet Storm. Das Netzwerk bricht zusammen, es ist keine Kommunikation mehr möglich.

Wer ein Netz mit Switches betreibt, die der günstigeren Preiskategorie angehören, also keine Schutzmechanismen gegen Loops haben, muss peinlich dafür sorgen, dass seine Layer II-Topologie frei von Loops ist. Ansonsten besteht das Risiko, dass durch falsche Patchstellen das Netzwerk zusammenbricht. Insbesondere gefährlich sind kleine Büro-Mini-Switches, wie sie überall im Betrieb sind, wenn die Anzahl der Wanddosen nicht ausreicht. Da sie heute fast alle keine Uplink-Ports mehr haben, also MDI-Autosensing sind, kann hier ein Loop leicht passieren, wenn Ports an ihnen untereinander verbunden werden. Ein Crossover-Kabel ist hier nicht mehr nötig. Ein falsch gestecktes Patchkabel kann hier die gesamte Layer II-Umgebung lahmlegen.

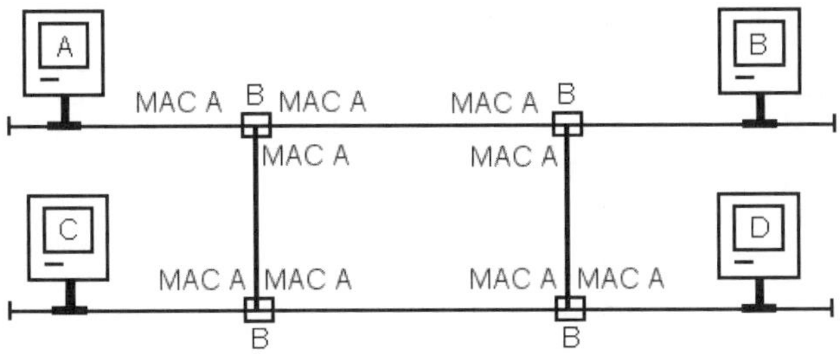

BILD 3.24 Fassen wir die beiden Ergebnisse in einer Grafik zusammen, sehen wir, dass nicht nur zwei Loops stattgefunden haben. Alle Bridges sehen A überall. Das Netzwerk bricht zusammen. Ebenso gilt dies natürlich für alle anderen Rechner in dieser Topologie.

3.8.2 Spanning Tree, Loops werden abgefangen

Diese Tatsache ist natürlich ein erhebliches Risiko, und es genügt bereits, an einem Büro-Mini-Switch Ports miteinander zu verbinden, um erhebliche Störungen zu erzeugen. Darüber hinaus ist es so nicht möglich, Redundanzen zur Ausfallsicherheit des Netzwerkes zu erzeugen. Schön wäre doch, Switches vermaschen zu können, um beim Ausfall eines der Geräte weiterhin kommunizieren zu können.

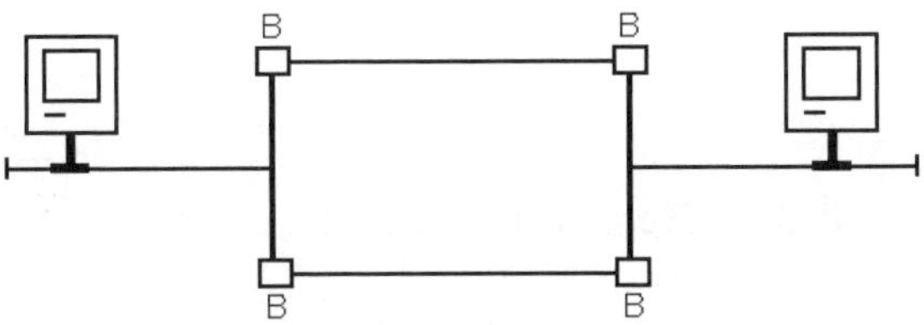

BILD 3.25 Ließen sich Bridges (Switches) vermaschen, könnte man redundante Umgebungen aufbauen. Beim Ausfall einer der Bridges wären immer noch alle erreichbar.

Man erkannte diese Notwendigkeit und schuf eine Lösung. So wie ein Baum gespreizte Äste hat, die keine Ringe bilden, so muss ein automatischer Mechanismus verhindern, dass Loops auf Layer II entstehen. Trotzdem sollte aber eine Redundanz zur Erhöhung der Sicherheit des Netzwerkes möglich sein. Dieses Protokoll, das dies leistet, nennt man Spanning Tree. Über das Spanning-Tree-Protokoll tauschen Switches in einem Netzwerk Informationen zur Topologie auf Layer II aus. Ein Switch ist dabei die sogenannte Root-Bridge (Root = Wurzel). Die Topologie wird berechnet. Dann blockieren alle Switches Interfaces bewusst, die zu Loops führen (im Algorithmus wird darauf geachtet, dass die Root-Bridge erreicht werden kann, der sogenannte designated Port ist dafür entscheidend). Die redundanten Ports werden auf Bereitschaft geschaltet. Wird ein Switch abgeschaltet, bemerken die anderen die Topologieveränderung und berechnen den Spanning Tree neu. Bislang blockierte Ports werden nun freigeschaltet und leiten die Daten weiter. Eine Redundanz ist nun möglich. Fällt der Master aus, wird nach verschiedenen Kriterien ein neuer bestimmt. Dieser Mechanismus verläuft einerseits über die MAC-Adressen, kann aber bei guten Geräten, die managebar sind, auch durch die Konfiguration beeinflusst werden.

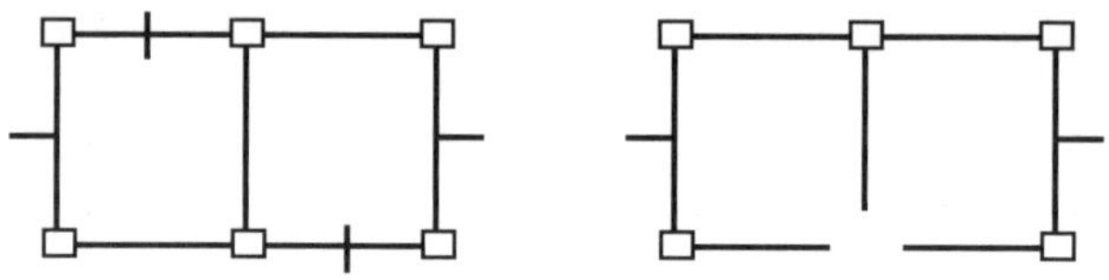

BILD 3.26 Schematische Funktion des Spanning-Tree-Protokolls: In redundanten Umgebungen werden bewusst Verbindungen blockiert, um eine Loop-Bildung zu vermeiden (links). Fällt einer der Switches aus (rechts), wird die Topologie neu berechnet, und so lange werden Ports geöffnet, bis alles wieder erreichbar ist.

Es gibt verschiedene Implementierungen des Spanning-Tree-Protokolls. Wer daher Probleme im Netzwerk vermeiden will, sollte genau prüfen, inwieweit die Geräte verschiedener Hersteller kompatibel sind. Eine Mischung aus „intelligenten" und „dummen" Switches kann bei Fehlern den gesamten Netzwerkbetrieb lahmlegen. Insbesondere kleine Mini-Switches (früher nahm man Mini-Hubs), die meist in Büros verwendet werden, wenn nicht genug Anschlussdosen vorhanden sind, stellen eine große Gefahr dar. Heute sind sie MDI/MDI-X-Autosensing, erkennen also, ob ein Netzwerkgerät angeschlossen wird oder eine Arbeitsstation, und schalten die Pinbelegung automatisch um. Sie benötigen keine Crossover-Kabel mehr. Wer hier mit einem Patchkabel zwei Ports verbindet, kann das gesamte Netz „herunterreißen". Wer tiefer in die Materie eindringen wird, wird sehen, dass vielerlei Optionen, Features und Erweiterungen möglich sind, auch herstellerspezifisch. Eine „wilde Mischumgebung" kann hier enorme Probleme induzieren. Homogenität ist hier ein Erfolgsfaktor.

3.8.3 Probleme mit dem Spanning Tree

Den genauen Mechanismus und Algorithmus zu beschreiben, würde über das Ziel dieses Buches hinausgehen. Hier sei auf die weiterführende Literatur verwiesen. Einige Parameter sind für den Gesamtbetrieb jedoch äußerst wichtig. Trotzdem möchte ich dazu auffordern, sich den Spanning Tree anzusehen, insbesondere wenn man tief in der Materie beschäftigt ist. Der Mechanismus ist nicht so kompliziert, dass er unverständlich wäre, im Gegenteil, er ist erfrischend einfach – wie alles, was gut funktioniert!

Die Berechnung des Spanning Trees nimmt eine gewisse Zeit in Anspruch. Wird ein neuer Anschluss hergestellt, müssen viele Prüfungen durchgeführt werden. Es muss geprüft werden, ob ein Loop entsteht oder nicht. Dabei kann es nicht nur zu einem Loop kommen, wenn Switches miteinander verbunden werden. Auch ein Hub, der an verschiedene Switches (oder verschiedene Ports eines Switches) angeschlossen wird, kann einen solchen erzeugen. Daher deaktivieren gute Switches den neuen Anschluss, bis der Spanning Tree fertig berechnet ist. Dies kann bis zu 30 Sekunden dauern. Dies ist der Spanning-Tree-Port-Delay. Nun bootet heute ein PC oft in einem kürzeren Zeitraum. Es kann daher passieren, dass es Fehlermeldungen gibt, wenn automatisch Netzlaufwerke verbunden werden sollen, wenn Domänenanmeldungen etc. automatisch durchgeführt werden. Hier ist dabei der „Fehler" zu suchen.

Bei guten Switches lässt sich die Blockierung des Ports bei Anschluss abschalten. (Schlechte Switches haben ihn nicht, sie machen keinen Spanning Tree). Dieses sollte aber nur an

Ports erfolgen, an denen mit absoluter Sicherheit garantiert nur Arbeitsstationen angeschlossen werden. Verbindungen zwischen Netzwerkgeräten sollten auf jeden Fall gegen Loops geschützt bleiben. Hier sollte nicht am falschen Ort gespart werden. Wer Loops riskieren muss, sollte ein System mit Spanning Tree einsetzen und dies herstellerhomogen halten.

Generell gilt, sobald eine Erweiterung des Netzwerkes vorgenommen wird, sei es über Hubs, Switches, Verkabelung etc., handelt es sich um eine Änderung der Netzwerktopologie. Hierbei können durch Kleinigkeiten Störungen entstehen, die zu einem totalen Zusammenbruch des Netzes führen!

Ein Beispiel kann ein falsch konfigurierter Netzwerkadapter sein. Ist dieser an einem Hub eingesteckt und trotzdem auf Vollduplex konfiguriert, kümmert er sich nicht darum, ob das Medium frei ist, und sendet. Er denkt automatisch, mit einem Switch verbunden zu sein, und vertraut darauf, dass dieser die Kollisionen im Medium vermeidet. Dabei zerstört er die Datenpakete der anderen und natürlich auch die eigenen. Der Netzwerkverkehr kann dadurch zum Erliegen kommen.

Auch kann ein falsches Zusammenstecken von Switches und Hubs Störungen erzeugen (Loops), die zu einem Zusammenbruch führen können. Vor dem Einsatz von Hubs oder Switches ist es daher eminent wichtig, dies mit dem Netzbetreiber abzustimmen. In der Regel wird ein LAN-Betreuer Mini-Hubs oder Mini-Switches einsetzen, um eine zu geringe Zahl von Anschlussdosen in Räumen zu umgehen. Die zentralen Konzentratoren werden vom Netzbetreiber verwaltet. Er kennt die Topologie des Netzwerkes und kann Auskunft über die Kaskadierung und die Verwendung des Duplexbetriebes geben.

3.9 Layer II-Pakete

Alle Schichten verpacken die Daten in ein Kuvert. Der Inhalt interessiert sie nicht. Bei Layer I besteht diese Verpackung in der Umsetzung in die entsprechenden Signale des Zugriffsverfahrens, also in der Signalisation und der physikalischen Ebene.

Beim Layer II sind dies die MAC-Adressen. Ein Datenpaket auf Layer II nennt man Frame, bei Ethernet natürlich Ethernet-Frame. Ethernet wurde von den Firmen Digital, Intel und Xerox entwickelt. Es gibt verschiedene Frameformate. Alle, die im Umlauf sind, wollen wir nicht behandeln, lediglich die beiden bekanntesten. Ethernet II, die Entwicklung von Digital, Intel und Xerox, und Ethernet IEEE 802.3 (IEEE ist das Konsortium, das Standards erarbeitet, Institute of Electrical and Electronics Engineers, 802.3 darin die Arbeitsgruppe Ethernet) unterscheiden sich im Wesentlichen nur durch ein Datenfeld.

Präamble	SFD	DMAC	SMAC	Length	Data	Padding	FCS
Präamble	SFD	DMAC	SMAC	Type	Data	Padding	FCS
7 Byte	1 Byte	6 Byte	6 Byte	2 Byte	46–1500 Byte		4 Byte

Ethernet-Frames nach IEEE 802.3 (oben) und Digital, Intel und Xerox (unten). Die Präambel ist ein Bitmuster zur Synchronisation. Der SFD, Starting Frame Delimiter, zeigt den Beginn eines Frames an. DMAC und SMAC sind die Destination- und Source-MAC-Adresse. Type und Length geben entweder die Länge des Frames oder den Typ Layer III-Protokoll, der transportiert wird, an. Data enthält die Nutzdaten des Frames, die Kuverts höherer Layer. Hier sind alle Kuverts von Layer III bis VII ineinander verschachtelt untergebracht. Padding-Bits sind dann nötig, wenn das Frame so wenige Daten enthält, dass es kleiner als 64 Bytes wäre (siehe oben, Belegung des Mediums zur Erkennung von Kollisionen). In diesem Fall muss mit „Lückenbüßern" aufgefüllt werden. Das Frame muss mindestens so groß sein, damit nach den Spielregeln von CSMA/CD das gesamte Medium belegt wird. Ist das Frame größer, ist dies nicht nötig. Die FCS, Frame Check Sequence, ist eine Prüfsumme, die verwendet werden kann, um Fehler im Frame zu erkennen. Das Frame darf maximal 1518 Byte groß sein. Die Präambel wird von jedem Hub oder Switch (jedem Verstärker/Konzentrator), den das Frame überquert, zur Sicherstellung der korrekten Versendung neu aufgebaut.

Switches und Bridges arbeiten auf Layer II des OSI-Modells.

3.10 Anmerkungen zu den Geräten

Layer I- und Layer II-Geräte gibt es in den verschiedensten Ausführungen und von vielen Herstellern; ebenso in den verschiedensten Preisklassen. Bei den Funktionen aber trennt sich die Spreu vom Weizen. Unmanaged Switches im Billigbereich switchen natürlich ebenso wie teure. Aber die Unterschiede zeigen sich bei Features, wie sie in diesem Kapitel beschrieben wurden (und noch ausführlicher in Kapitel 6, „VLANs – virtuelle Netze", beschrieben werden). Funktionen wie Spanning-Tree, die Performance des Backplanes (also der mögliche Datendurchsatz), die Größe der MAC-Adressen-Speicher etc. unterscheiden sich erheblich. Ebenso die Fehlersuche. Ein Gerät, das wartbar ist, sprich wenn man auf es direkt mit Herstellertools oder Telnet/SSH zugreifen kann, erlaubt, direkt Informationen auslesen zu können. Die teureren Geräte bieten Funktionen an, wie zum Beispiel das Auslesen der MAC-Tabellen der Switches, die Überwachung der Hardware (Fans, Temperatur etc.), die Kontrolle und Konfiguration des Spanning-Trees und weitere sehr mächtige Features, wie sie später noch beschrieben werden (siehe Kapitel 6, „VLANs – virtuelle Netze"). Sie bieten Zugriff durch Interfaces und können in allen Funktionen konfiguriert werden. Billig-Switches sind nicht wartbar, sie switchen einfach vor sich hin. Hier lässt sich nichts konfigurieren. Sicherlich ist es bei einem Büro-Mini-Switch relativ egal. Bei den Geräten aber, die den Backbone bilden, bis hin zu den Etagenverteilern sollte nicht am falschen Ende gespart werden. Wer ein größeres Netzwerk betreibt, sollte dies nicht ohne managebare Geräte tun. Die Fehlersuche wird sonst zur Odyssee. Eine Management-Umgebung, wie sie die besseren Hersteller in der Regel anbieten, ist ab einer gewissen Größe Netzwerk ein Muss.

Hier muss man sich entscheiden, ob bei einem Loop das Netzwerk einfach zusammenbricht und man auf die Suche gehen muss oder ob der betreffende Switch einfach den Port abschaltet, der den Fehler verursacht und uns eine E-Mail schickt etc.

Viele Features sind herstellerspezifisch. Viele sind zwar sogenannte Standards, aber doch oft nicht exakt kompatibel. Eine Herstellerhomogenität erzeugt zwar auch Abhängigkeiten, erleichtert aber das Leben durch garantierte Kompatibilität enorm.

Oft passiert es auch, dass Fehlersuchen dann zum Pingpongspiel werden, da jeder Hersteller natürlich erst einmal behauptet, die „fremde“ Hardware im Netz würde stören.

Dies gilt natürlich auch für alle anderen Geräte, nicht nur für die auf Layer II.

4 Layer III – die Vermittlungsschicht

Immer mehr Geräte wurden an die Netzwerke angeschlossen. Durch Switches konnten die Kollisionsdomänen getrennt werden. Nun wurde aber langsam der Broadcast-Verkehr zum Problem.

Bislang haben wir uns lediglich den Verkehr innerhalb eines LAN-Segmentes angesehen, alle Stationen konnten sich über Broadcasts erreichen. Wie funktioniert nun die Kommunikation weltweit beziehungsweise zwischen LANs? Dies sind die Themen des Layers III.

4.1 Neue Adressen

In Layer III gelten andere Adressen als in Layer II (physikalische Adressen, MAC-Adressen), die logischen Adressen. Viele Hersteller haben versucht, eigene weltweite Adressierungen einzuführen (DEC, Novell, Microsoft etc.), durchgesetzt hat sich aber lediglich das IP-Adressierungssystem.

Die Geschichte, eine Entwicklung für die amerikanische Verteidigung etc., bespreche ich hier ganz bewusst nicht! Dies ist in so vielen Büchern bereits geschehen und überall nachzulesen.

Die logischen Adressen in der Welt der IP-Netze werden zentral verwaltet und vergeben. Da die Adressen weltweit gültig sind, ist dies zwangsläufig eine Voraussetzung für ein funktionierendes System. Die Institution, die dies koordiniert, ist die IANA, die Internet Assigned Numbers Authority.

Zu Beginn war der Auftrag, ein amerikaweites Netzwerk zu designen, das hochredundant ist, vermascht und sehr sicher. Das System sollte den Ausfall von Knoten im Netzwerk selbst durch Findung neuer Wege umgehen können, also nach Störungen selbstkonvergent sein. Dazu war ein intelligentes Adressierungssystem nötig – und natürlich ein System der Verkehrsweiterleitung, das sich „selbst nachkonfigurieren" kann. Wird eine neue Firma, Schule etc. ans Internet angeschlossen, muss dieses LAN erreichbar werden, ohne dass dies in allen Netzen weltweit konfiguriert werden muss.

Ein Bereich von IP-Adressen kann bei der IANA beantragt werden. Erhält nun eine Organisation einen Bereich von IP-Adressen zur eigenen Verwaltung, ist dies weltweit registriert –

kein anderer darf diese benutzen. Damit können ebenfalls weltweit Wege zu diesen Netzen gefunden werden. Wie das funktioniert, sehen wir in Layer III.

4.1.1 Adressklassen

Die IP-Adressen sind streng hierarchisch geordnet. Sie sind in definierte Klassen unterteilt. Eine IP-Adresse besteht aus vier Byte, die, getrennt durch Punkte, in Dezimalzahlen angegeben werden (ein Byte entspricht einer Menge von acht Bit).

> Ein Beispiel: 192.168.10.221

Sie erstrecken sich in einem Bereich der Adressen von 0.0.0.0 bis 255.255.255.255.

Schreiben wir dies nicht in Dezimalzahlen, sondern in Binärzahlen, erstreckt sich der Bereich von:

00000000.00000000.00000000.00000000–11111111.11111111.11111111.11111111

Es gibt fünf Klassen von Adressen, die sich darin unterscheiden, wie viele Hosts adressiert werden können und welche Funktion sie haben. Schon zu Beginn des Internets war es klar, dass es Unfug ist, einer Organisation mit zehn Stationen einen Bereich von 1000 Adressen zuzuteilen. Daher entwickelte man folgende Aufteilung:

- Klasse A: sehr große Netzwerke, zum Beispiel Großkonzerne, Provider, Militär und Universitäten
- Klasse B: mittlere bis große Unternehmen, Universitäten, Provider
- Klasse C: kleinere Unternehmen, Provider

Es bestehen noch die Klassen D und E, auf sie kommen wir später zu sprechen.

Internet-Provider sind je nach Größe in allen Klassen beheimatet.

Die Regel ist, dass eine Institution einen Teil der Adresse zur eigenen Verwaltung bekommt, der andere Teil aber fix vorgegeben bleibt. Durch diese Vorgabe entsteht eine Beschränkung in der Anzahl der Adressen, die innerhalb der Organisation vergeben werden können, und eine klare Aufteilung, wer welche Adressen benutzen darf. Betrachten wir die vier Byte der Adresse:

0.0.0.0	–	127.255.255.255:	Klasse A
128.0.0.0	–	191.255.255.255:	Klasse B
192.0.0.0	–	223.255.255.255:	Klasse C
224.0.0.0	–	239.255.255.255:	Klasse D
240.0.0.0	–	255.255.255.255:	Klasse E

Die Aufteilung der Klassen ergibt sich aus dem ersten Byte.

binär	dezimal	Klasse
00000000	0	Klasse A
10000000	128	Klasse B
11000000	192	Klasse C
11100000	224	Klasse D
11110000	240	Klasse E

In dieser Unterscheidung der Klassen war die Anzahl der möglichen Netzwerkgeräte pro Organisation dadurch begrenzt, dass dem Antragsteller je nur ein Teil der Adresse voll übergeben wurde. Die Adresse zerfällt damit in zwei Teile, die je nach Klasse verschieden groß sind. Wie wir sehen werden, ist die Aufteilung der Klassen heute nicht mehr absolut.

- Klasse A: das erste Byte ist fix, die anderen frei.
- Klasse B: die ersten beiden Byte sind fix, der Rest ist frei.
- Klasse C: die ersten drei Byte sind fix, das letzte ist frei.
- Klasse D und E sind nicht für „normalen" Netzwerkverkehr vorgesehen.

Was bedeutet dies nun?

Bekommt eine Organisation einen Adressraum der Klasse A zugesprochen, zum Beispiel 120.X.X.X, so kann sie 16777216 Adressen verwenden (120.0.0.0 bis 120.255.255.255). Das erste Byte, 120, ist immer fix vorgegeben und darf nicht verändert werden.

Eine andere Organisation könnte zum Beispiel den nächsten Adressraum der Klasse A bekommen: 121.X.X.X. Sie kann dann ebenfalls für sich 16777216 Adressen verwenden (121.0.0.0 bis 121.255.255.255). Das erste Byte, 121, ist immer fix vorgegeben und darf nicht verändert werden.

Bei der Klasse B, zum Beispiel 178.16.0.0, darf man Geräte und Stationen im Bereich von 178.16.0.0 bis 178.16.255.255 (65535 Adressen) adressieren. Hier sind die ersten zwei Byte fix, 178.16.

Der nächste Adressraum dieser Klasse wäre 178.17.0.0–178.17.255.255, also wiederum 65535 Adressen.

In einem Klasse-C-Netz, zum Beispiel 220.0.1.0, dürfte man die Adressen von 220.0.1.0 bis 220.0.1.255 vergeben (256 Adressen). Die ersten drei Byte sind hier fix, 220.0.1.

Eine andere Organisation könnte nun ebenfalls eine Klasse C zugewiesen bekommen, zum Beispiel 220.0.2.0–220.0.2.255.

Eine Überschneidung von Adressen der Organisationen ist so ausgeschlossen. In den Klassen werden also die Adressräume, je nach Klasse, in verschieden große Bereiche aufgeteilt, die streng getrennt und reglementiert sind.

Den fixen Teil der IP-Adresse, der nicht verändert werden darf, nennt man den Netzwerkteil (fett gedruckt), der freie Teil wird Hostteil der Adresse genannt, hier darf der Administrator frei Adressen für seine Hosts vergeben.

IP-Adressraum	**XXX**.XXX.XXX.XXX	Klasse A
IP-Adressraum	**XXX.XXX**.XXX.XXX	Klasse B
IP-Adressraum	**XXX.XXX.XXX**.XXX	Klasse C

Die fett gedruckten Teile der Adresse dürfen nicht verändert werden. Die normal gedruckten können frei zur Adressierung eingesetzt werden. Somit wird eine Überschneidung vermieden.

4.1.2 Subnetze

Natürlich wäre es nicht gut, zum Beispiel alle 65 536 Hosts in einer Klasse-B-Adresse auf Layer I oder II miteinander zu verschalten, alleine die Rundsendungen würden das Netzwerk völlig überlasten, eine Kommunikation wäre nicht möglich. Es gibt deshalb für die Netzwerkadministratoren die Möglichkeit, die Netze innerhalb ihrer Adressbereiche im Hostteil noch weiter zu segmentieren.

Die Einteilung nach Adressklassen findet im Layer III statt. Ein Administrator bekommt eine Adresse des Typs Klasse B zugeteilt. Er kann (muss und sollte!) diesen Adressraum nun selbst weiter unterteilen. Dies geschieht durch Aufteilung des Netzes, das zugeteilt wurde, in sogenannte Subnetze. Der Administrator kann seinen Adressraum, zum Beispiel 178.16.X.X, in 256 Subnetze mit den Adressbereichen 178.16.0.X, 178.16.1.X, 178.16.2.X – 178.16.255.X unterteilen. Damit zerlegt er seinen B-Klassen-Adressraum in 256 virtuelle C-Klassen. In jedem einzelnen Segment leben nun 256 Adressen.

Dies darf er frei tun, er darf lediglich den Netzwerkteil nicht verändern, der Hostteil ist jedoch für ihn frei disponierbar. Diese Aufteilung wird an den Geräten vorgenommen, die den Verkehr auf Layer III reglementieren, den Routern.

HINWEIS: Hubs und Mediumkonverter arbeiten auf Layer I, Switches und Bridges arbeiten auf Layer II, sie trennen Kollisionsdomänen. Router arbeiten auf Layer III und trennen Broadcast-Domänen.

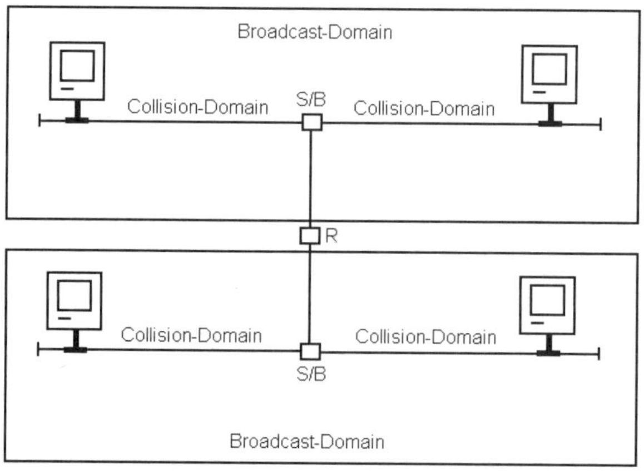

BILD 4.1 Switches und Bridges (S/B) trennen die Kollisionsdomänen. Die Router trennen (große Kästen) die Broadcast-Domänen. Die Kommunikation erfolgt innerhalb einer Broadcast-Domäne auf Layer II, zwischen ihnen auf Layer III.

Die Router sind die Geräte, die dafür sorgen, dass die Kommunikation zwischen LAN-Segmenten bis weltweit funktioniert. Router leiten Broadcasts normalerweise nicht weiter. Sie sind die Geräte, welche die Broadcast-Domänen trennen. Wer so viele Rundsprüche im Netz hat, dass dies zum Problem wird, muss sein Netz auf Layer III weiter segmentieren.

4.1.3 Besondere Adressen

In dedizierten Netzen und Subnetzen gibt es auf Layer III fest reservierte Adressen, die keinem Host zugeordnet werden dürfen. Sie sind für die Funktion eines Netzwerkes essenziell. Das Netzwerk selbst an sich benötigt eine Adresse. Ebenso muss es Adressen für Rundsprüche an alle geben, genauso wie bei den physikalischen Adressen.

Die kleinste und die größte Adresse im Adressbereich eines Subnetzes sind reserviert. Die kleinste ist die Bezeichnung des Netzes (Subnetzes) selbst. Die größte ist die Adresse für die Rundspruchsendungen (Broadcast-Adresse). Ein Datenpaket an letztere Adresse muss von jedem Netzwerkgerät im Subnetz beachtet werden.

In einem Adressraum der Klasse B, wie in unserem Beispiel 178.16.0.0 – 178.16.255.255, wären dies die Adresse 178.16.0.0 für das Netzwerk selbst und die 178.16.255.255 für die Broadcast-Adresse. Im nächsten Adressraum, 178.17.0.0 – 178.17.255.255, wären dies die 178.17.0.0 für das Netzwerk selbst und die 178.17.255.255 für die Broadcast-Adresse.

Teilen wir das erste Netz in 256 Subnetze, also virtuelle C-Klassen, bekommt jedes Subnetz seine eigene Netzwerk- und Broadcast-Adresse.

Im ersten Netz, 178.16.0.0, wären dies die 178.16.0.0 und 178.16.0.255. Im zweiten, 178.16.1.0, wären dies die 178.16.1.0 und die 178.16.1.255 und so weiter bis im letzten, 178.16.255.0, die 178.16.255.0 und die 178.16.255.255.

Das bedeutet aber auch, dass durch die Segmentierung für Endgeräte nutzbare Adressen verloren gehen. Jede Teilung eines Netzes kostet diese Adressen. Wird eine B-Klasse in 256 C-Klassen segmentiert, müssen 512 Adressen für die Subnetze und Broadcast-Adressen verwendet werden. Segmentieren wir noch weiter (siehe unten), dementsprechend mehr. Dies ist aber unumgänglich.

■ 4.2 Segmentierung der Netze

Mit modernen Routern (Routing-Protokollen, siehe unten) lassen sich die Subnetze noch weiter unterteilen. Eine Klasse C kann weiter, noch feiner, unterteilt werden. Dies kann bei hohem Verkehr, besonders bei vielen Rundsprüchen, nötig werden. Dies ist wie gesagt alleine die Entscheidung des Netzbetreibers beziehungsweise des Verwalters der Adressklasse. Innerhalb des Hostteiles des Adressraumes kann frei segmentiert werden.

Eine solche Segmentierung kann auch Security-Gründe haben. An Routern lassen sich weitreichende Filter und Zugangsbeschränkungen konfigurieren. Dazu mehr siehe unten.

In der Regel segmentiert man so, dass nicht zu viele Adressen verschwendet werden, aber auch so, dass genug Reserven für einen Ausbau da sind.

4.2.1 Wer gehört zu welchem (Sub-)Netz?

Ein Router muss nun entscheiden können, zu welchem Teil eines Subnetzes welches Gerät gehört. Schließlich muss entschieden werden, ob die kommunizierenden Geräte innerhalb eines Layer II-Segmentes (Subnetzes) oder in getrennten installiert sind. Ein geordneter Verkehr wäre sonst nicht möglich. Nehmen wir ein Beispiel zur Hand.

Ein Administrator des Adressbereiches der Klasse C: 220.1.10.0 hat 256 Adressen zur Verfügung, 220.1.10.0 – 220.1.10.255. Stellt er fest, dass die Rundsprüche (Broadcasts) zu häufig werden, muss er das Subnetz weiter unterteilen. Hinterher müssen aber alle Router im Netz automatisch wissen, dass dies passiert ist. Weiter muss auch vorher jeder wissen, ob ein Netzwerk der Klasse B in Subnetze segmentiert ist oder nicht. Schon der einzelne Rechner muss dies wissen. Warum? Dazu müssen wir das Zusammenspiel Layer II und Layer III kennen.

4.2.2 Kommunikation in und zwischen LANs

Möchte ein Gerät Daten an ein anderes senden, muss es zuerst die Zieladresse auflösen. Innerhalb der Broadcast-Domäne (Layer II) macht es deshalb einen Broadcast, einen ARP-Request. Will es Daten an ein Gerät versenden, das nicht in seiner Broadcast-Domäne ist, also in einem anderen Subnetz, über einen Router hinweg, hätte ein ARP-Request keinen Sinn. Die Router leiten Broadcasts normalerweise nicht weiter. Also müssen die Daten einen anderen Weg nehmen.

Aber woher weiß nun ein Gerät, Router, Rechner etc., ob ein anderes im gleichen Subnetz ist oder nicht? Woher weiß es, ob es einen ARP-Request machen oder über einen anderen Weg kommunizieren muss?

4.2.3 Die Subnetzmaske

Dafür gibt es eine weitere eminent wichtige Angabe, die Subnetzmaske. Sie ist es, die den Host- und den Netzwerkteil der IP-Adresse festlegt. Die Subnetzmaske ist damit genauso vorgegeben wie der Adressbereich. Im Bereich der vergebenen Adressklassen darf der Administrator hier Änderungen vornehmen, außerhalb nicht.

> Ist ein Adressraum nicht weiter segmentiert, sondern identisch mit den offiziellen Adressklassen, spricht man von einer Netzmaske. Ist ein Adressraum weiter segmentiert, von einer Subnetzmaske.

Für die Funktion der Sub-/Netzmaske ist dies aber ohne Bedeutung.

Was das nun bedeutet, werden wir uns genau ansehen.

Bekommen wir nun ein Netzwerk der Klasse B von der IANA zugeteilt, könnte dies so aussehen: Wir bekommen die Adresse 178.16.0.0, Klasse B. Wir können also über einen Adressbereich von 178.16.0.0 bis 178.16.255.255 verfügen.

Binär: 10110010.00010000.00000000.00000000-
10110010.00010000.11111111.11111111

Wir hätten nun die Subnetzmaske von 255.255.0.0:

Binär: 11111111.11111111.00000000.00000000

Was bedeutet dies? Legen wir alles genau untereinander:

10110010.00010000.00000000.00000000	Startadresse
10110010.00010000.11111111.11111111	Endadresse
11111111.11111111.00000000.00000000	Subnetzmaske

An den Stellen der Subnetzmaske, an denen eine 1 steht, ist die Adresse fix vorgegeben, dies markiert den Netzwerkteil unseres Adressbereiches. Alle anderen Stellen dürfen wir frei benutzen, hier ist der Hostteil. Alle Adressen, die in einem binären Bereich der Subnetzmaske angesiedelt sind, sind innerhalb eines Subnetzes – und damit innerhalb einer Broadcast-Domäne.

Wir dürfen die Subnetzmaske nicht verkleinern, damit würden wir Adressen verletzen, die anderen gehören – aber wir dürfen sie vergrößern.

Möchten wir unsere Klasse B nun in 256 Klassen C unterteilen, definieren wir eine

Subnetzmaske von 255.255.255.0: 11111111.11111111.11111111.00000000

Damit haben wir unser Netz in 255 Subnetze zerlegt.

10110010.00010000.00000000.00000000-	Startadresse	178.16.0.0
10110010.00010000.00000000.11111111	Endadresse	178.16.0.255
11111111.11111111.11111111.00000000	Subnetzmaske	255.255.255.0
10110010.00010000.00000001.00000000-	Startadresse	178.16.1.0
10110010.00010000.00000001.11111111	Endadresse	178.16.1.255
11111111.11111111.11111111.00000000	Subnetzmaske	255.255.255.0
10110010.00010000.00000010.00000000-	Startadresse	178.16.2.0
10110010.00010000.00000010.11111111	Endadresse	178.16.2.255
11111111.11111111.11111111.00000000	Subnetzmaske	255.255.255.0
10110010.00010000.00000011.00000000-	Startadresse	178.16.3.0
10110010.00010000.00000011.11111111	Endadresse	178.16.3.255
11111111.11111111.11111111.00000000	Subnetzmaske	255.255.255.0
.		
.		
.		
.		
10110010.00010000.11111111.00000000-	Startadresse	178.16.255.0
10110010.00010000.11111111.11111111	Endadresse	178.16.255.255
11111111.11111111.11111111.00000000	Subnetzmaske	255.255.255.0

Daher sehr wichtig! Zur IP-Adresse gehört untrennbar immer die Information, wie die Adressklassen segmentiert sind. Diese Information wird über die Subnetzmaske geliefert. Sie zeigt allen an, welche Adressen zu welchem Segment auf Layer III gehören, welches Netz gemeint ist und wie die Adressen für Rundsprüche und die Netzwerke an sich lauten (die größte und die kleinste eines Subnetzes).

Daher ist eine Angabe einer IP-Adresse ohne die Information der Subnetzmaske wertlos. Niemand kann sehen, ob ein anderer im selben Subnetz angesiedelt ist oder nicht. Die IANA teilt uns einen Bereich von Adressen zu, inklusive einer passenden Subnetzmaske. Diese definiert den Bereich unserer Adressen. Wir dürfen im Netzwerkteil, sowohl der Adresse als auch der Subnetzmaske, keine Veränderungen vornehmen. Im Hostteil aber können wir unsere Netze in Subnetze zerlegen, wie wir wollen. Wie zerlegt ist, zeigt die Subnetzmaske.

Mit modernen Routern lässt sich ein Netzwerk fast beliebig segmentieren. Fügen wir immer mehr Einsen zur Subnetzmaske hinzu (dies nennt man VLSM, Variable Length of Subnet Masks), zerlegen wir unseren Adressbereich in immer mehr Subnetze. Innerhalb unseres Bereiches dürfen wir dies tun, wie wir wollen. Mithilfe der Subnetzmaske teilen wir dies allen mit, die mit uns kommunizieren wollen. Sie sehen sofort, ob und wie segmentiert wurde.

Sehen wir uns ein Beispiel eines Adressraums der Klasse C und die möglichen Segmentierungen in Subnetze an. Hier wird auf den ersten Blick klar, warum die binäre Darstellung für das Verständnis einfacher ist. In der binären Darstellung wird sofort klar, wie ein Rechner die Adressen „sieht" und die Einteilung leicht erkennt. In der folgenden Tabelle sehen wir die möglichen Subnetzmasken in binärer und dezimaler Darstellung und dazu noch die Information, wie viele Subnetze mit wie vielen Adressen wir durch die jeweilige Segmentierung erhalten.

Subnetzmaske binär	SNM dezimal	Netze x Adressen
11111111.11111111.11111111.00000000	255.255.255.0	1 x 256
11111111.11111111.11111111.10000000	255.255.255.128	2 x 128
11111111.11111111.11111111.11000000	255.255.255.192	4 x 64
11111111.11111111.11111111.11100000	255.255.255.224	8 x 32
11111111.11111111.11111111.11110000	255.255.255.240	16 x 16
11111111.11111111.11111111.11111000	255.255.255.248	32 x 8
11111111.11111111.11111111.11111100	255.255.255.252	64 x 4
11111111.11111111.11111111.11111110	255.255.255.254	128 x 2
11111111.11111111.11111111.11111111	255.255.255.255	256 x 1

Denken müssen wir immer daran, dass pro Subnetz zwei Adressen verloren gehen, für das Subnetz selbst und für die Broadcast-Adresse. Brauchen wir also Segmente, in denen acht Adressen für Endgeräte sein müssen, müssen wir Segmente mit 16 (16 Subnetze mit je 16 Adressen) wählen. Bei 32 Subnetzen mit je acht Adressen könnten wir nur sechs Endgeräte pro Subnetz betreiben. Wie wir unten sehen werden, verlieren wir noch eine oder mehrere Adressen in jedem Subnetz dadurch, dass jeder Router, der den Weg zu diesem Netz öffnen soll, ebenfalls eine Adresse in ihm braucht.

Aus der Adresse und der Subnetzmaske wird also ermittelt, ob eine Adresse im selben Segment (Broadcast-Domäne) angesiedelt ist, also die Adressauflösung auf Layer II vorgenommen werden muss (ARP-Request), oder ob auf Layer III über einen Router kommuniziert werden muss (über den Default Gateway). Eine falsch konfigurierte Subnetzmaske kann daher zu sehr unschönen Fehlern führen (siehe auch Kapitel 14, „Praxisübungen").

Für die Subnetzmaske hat sich eine weitere Kurzschreibweise eingebürgert. Die Anzahl Einser-Bits in der Binärdarstellung wird einfach an die Adresse angehängt:

11111111.11111111.11111111.00000000	255.255.255.0	
11111111.11111111.11111111.10000000	255.255.255.128	/25
11111111.11111111.11111111.11000000	255.255.255.192	/26
11111111.11111111.11111111.11100000	255.255.255.224	/27
11111111.11111111.11111111.11110000	255.255.255.240	/28
11111111.11111111.11111111.11111000	255.255.255.248	/29
11111111.11111111.11111111.11111100	255.255.255.252	/30
11111111.11111111.11111111.11111110	255.255.255.254	/31
11111111.11111111.11111111.11111111	255.255.255.255	/32

Hier nur für eine C-Klasse gezeigt. Bei einer A-Klasse analog von /8 bis /16, bei einer B-Klasse von /16 bis /24.

Wie man schon optisch sieht, dürfen in einer Subnetzmaske keine „Einser-Lücken" auftreten. Rechnerisch lässt sich leicht beweisen, dass sonst fremde Adressräume verletzt würden. Besitzen wir eine B-Klasse-Adresse, haben wir die initiale Subnetzmaske von 255.255.0.0. Durch Hinzufügen von Einsern in der Binärdarstellung können wir weiter segmentieren. Aber Nullen in der Mitte sind streng verboten.

11111111.11111111.11111111.00000000	255.255.255.0	erlaubt
11111111.11111111.11111111.10000000	255.255.255.128	erlaubt
11111111.11111111.11111111.11000000	255.255.255.192	erlaubt
11111111.11111111.11111111.11100000	255.255.255.224	erlaubt
11111111.11111111.11111111.01000000	255.255.255.64	verboten

Im letzten Fall würde die Addition andere Netze verletzen und auch die Schreibweise mit angehängten Bits wäre nicht möglich.

So bedeutet 10.12.16.14/25 nichts anderes als eine IP-Adresse aus einem Subnetz 10.12.16.0 mit einer Broadcast-Adresse von 10.12.16.127.

4.2.4 Asymmetrische Segmentierung

Bislang haben wir Netze in Subnetze geteilt. Dies machen wir über die Subnetzmaske. Die Teilungen waren symmetrisch. Wir haben Netze in Teile gleicher Adressbereiche geteilt: Eine C-Klasse mit 256 Adressen in zwei Netze mit 128 Adressen, in vier mit 64 Adressen und so weiter. VLSM geht weiter. Wir können, innerhalb der erlaubten Grenzen, unsere Teilnetze weiter teilen.

Dazu als Beispiel folgende Aufgabe: Stellen wir uns eine Firma mit vier Abteilungen, Forschung, Marketing, Technik und Vertrieb vor. Aus Gründen der Sicherheit sollen alle vier Abteilungen eigene Netze bekommen, die Router sollen mit Zugangsfiltern den Verkehr regeln, die Abteilungen sollen verschiedene Broadcast-Domänen werden.

Zugeteilt ist uns ein Netz 178.16.35.0 /24, also Adressen von 178.16.35.0 – 178.16.35.255. Die Forschung hat 100 Rechner, das Marketing 55, die Technik 22 und der Vertrieb 29. Wir sollen als Netzwerker nun diese Umgebung aufstellen.

Wir wissen nun, dass wir Teilsegmente konfigurieren können, die 128 Adressen beinhalten, oder 64, 32, 16, 8, 4, 2, 1 Adressen.

Teilen wir also unser Netz über die Subnetzmasken in passende Segmente.

1. Forschung: 178.16.35.0 /25 (255.255.255.128).

   128 Adressen, von 178.16.35.0 - 178.16.35.127. Das Subnetz selbst: 178.16.35.0. Die Broadcastadresse ist 178.16.35.127. Den Default Gateway wählen wir in diesem Bereich, 178.16.35.1 oder 178.16.35.126. Benutzbar sind also für Stationen/Drucker, etc. 125 Adressen.

2. Marketing: 178.16.35.128 /26 (255.255.255.192).

   64 Adressen, von 178.16.35.128 - 178.16.35.191. Das Subnetz selbst: 178.16.35.128. Die Broadcastadresse ist 178.16.35.191. Den Default Gateway wählen wir in diesem Bereich, 178.16.35.129 oder 178.16.35.190. Benutzbar sind also für Stationen/Drucker, etc. 61 Adressen.

3. Technik: 178.16.35.192 /27 (255.255.255.224).

   32 Adressen, von 178.16.35.192 - 178.16.35.223. Das Subnetz selbst: 178.16.35.192. Die Broadcastadresse ist 178.16.35.223. Den Default Gateway wählen wir in diesem Bereich, 178.16.35.193 oder 178.16.35.222. Benutzbar sind also für Stationen/Drucker, etc. 29 Adressen.

4. Vertrieb: 178.16.35.224 /27 (255.255.255.224).

   32 Adressen, von 178.16.35.224 - 178.16.35.255. Das Subnetz selbst: 178.16.35.224. Die Broadcastadresse ist 178.16.35.255. Den Default Gateway wählen wir in diesem Bereich, 178.16.35.225 oder 178.16.35.254. Benutzbar sind also für Stationen/Drucker, etc. 29 Adressen.

Solange wir uns an die Grenzen halten, können wir segmentieren, wie wir wollen.

4.2.5 Ermittlung des Netzes/Subnetzes

Wie funktioniert nun aber die Berechnung, welches Gerät in welchem Subnetz ist? Woher „weiß" ein Gerät nun sofort, ob ein anderes im selben Segment installiert ist oder nicht? Segmentiert man nun sein Klasse-C-Netzwerk in zwei gleiche Segmente, haben beide dieselbe Subnetzmaske.

Hier ein Beispiel. Das Subnetz 178.16.40.0/24 wird segmentiert. Die Subnetzmaske wird dazu auf 25 Bit erweitert. Es resultieren zwei Subnetze:

- 178.16.40.0/25 mit den Adressen 178.16.40.0 – 178.16.40.127
- 178.16.40.128/25 mit Adressen 178.16.40.128 – 178.16.40.255

Binär:

10110010.00010000.00101000.00000000-	Startadresse	178.16.40.0
10110010.00010000.00101000.01111111	Endadresse	178.16.40.127
11111111.11111111.11111111.10000000	Subnetzmaske	255.255.255.128

und:

10110010.00010000.00101000.10000000-	Startadresse	178.16.40.128
10110010.00010000.00101000.11111111	Endadresse	178.16.40.255
11111111.11111111.11111111.10000000	Subnetzmaske	255.255.255.128

Die Auflösung, welche Adresse in welches Netz gehört, erfolgt durch eine logische, boolesche Addition der IP-Adresse mit der Subnetzmaske. Die Regeln einer logischen Addition sind einfach (für Interessierte, ein neuronales, logisches AND):

0 + 0 = 0

0 + 1 = 0

1 + 0 = 0

1 + 1 = 1

Dies entspricht einer Nervenzelle mit zwei Eingängen und einem Ausgang und einem Schwellenwert von zwei. Nur wenn beide Eingänge ein Signal bekommen (Schwellenwert zwei), feuert sie ein Signal; als Vergleich eine ebensolche Zelle mit einem Schwellenwert von eins. Hier haben wir eine OR-Funktion. Die Wertetabelle wäre folgende:

0 + 0 = 0

0 + 1 = 1

1 + 0 = 1

1 + 1 = 1

Bleiben wir beim AND.

Betrachten wir nun eine willkürliche Adresse aus dem ersten Bereich, etwa 178.16.40.18.

10110010.00010000.00101000.00010010-	Adresse:	178.16.40.18
11111111.11111111.11111111.10000000	SNM:	255.255.255.128

Nehmen wir Bit für Bit ein logisches AND aus Adresse und Subnetzmaske:

10110010.00010000.00101000.00010010-	Adresse:	178.16.40.18
11111111.11111111.11111111.10000000	SNM:	255.255.255.128
10110010.00010000.00101000.00000000	Netz:	178.16.40.0

Oder eine Adresse aus dem oberen Bereich, beispielsweise 178.16.40.160:

10110010.00010000.00101000.10100000-	Adresse:	178.16.40.160
11111111.11111111.11111111.10000000	SNM:	255.255.255.128

logisches AND:

10110010.00010000.00101000.10000000	Netz:	178.16.40.128

Die Ermittlung des Netzwerkes, in dem sich ein Gerät befindet, ist also ein direktes Ergebnis der logischen Addition der Subnetzmaske und der Adresse des Gerätes.

Ohne die Angabe der Subnetzmaske ist die Adresse also wertlos. Die Subnetzmaske bestimmt, wie viele Adressen uns in einer Klasse zur Verfügung stehen. Wir dürfen sie erweitern, um weiter zu segmentieren, aber niemals verkleinern, damit würden wir mit anderen Organisationen kollidieren.

HINWEIS: Der uns zugeteilte Bereich von Adressen darf nur im Hostteil verändert werden. Die initiale Subnetzmaske darf nur erweitert werden. Sie kommuniziert, wie unsere Subnetze beschaffen sind.

4.3 Der Router, Weiterleitung auf Layer III

Sieht ein Rechner nun, dass Daten an ein Gerät außerhalb der eigenen Broadcast-Domäne versendet werden müssen (an der Adresse und der Subnetzmaske), leitet er keinen ARP-Request nach diesem Empfänger ein. Dies hätte keinen Sinn. Ein ARP-Request ist ein Broadcast, dieser wird in andere Subnetze normalerweise über die Router nicht weitergeleitet, er würde ungehört verhallen. Das Gerät kontaktiert das Gerät, das für diese Weiterleitung zuständig ist, den nächsten zuständigen Router. Ihn nennt man den Default Gateway. Ohne ihn ist eine Kommunikation zwischen LANs nicht möglich. Ab hier verläuft die Kommunikation über Layer III.

Die Station leitet also einen ARP-Request an den Default Gateway ein. Das Interface des Routers in diesem Subnetz ist nichts anderes als eine normale Netzwerkkarte. Sie unterliegt denselben Regeln der Kommunikation auf Layer II wie alle anderen. Daher wird ihre MAC-Adresse durch einen normalen ARP-Request ermittelt. Der Router antwortet, und der Sender sendet seine Daten zur Weiterleitung dorthin. Die Adresse des Routers ist im Netz nicht fest vorgegeben. Sie wird vom Netzwerkadministrator bestimmt und im Client konfiguriert. Dadurch, dass der Administrator dem Interface des Routers eine Adresse und eine Subnetzmaske vergibt, definiert er die Subnetze. Es empfiehlt sich aber, wenn man mehrere Netze hat, für sich selbst eine Regel zu definieren. Eingebürgert hat sich an vielen Stellen, immer die höchstmögliche (also Broadcast-Adresse –1) oder die niedrigstmögliche (also Netzwerkadresse +1) Adresse eines Subnetzes für den Router zu verwenden.

HINWEIS: Da in einem Netzwerk auch mehrere Router ein Interface haben können und gemanagte Netzwerkgeräte ebenfalls IP-Adressen brauchen, sollte man sich immer einen definierten Satz von Adressen für Routing etc. frei halten.

In großen Netzwerken können mehrere Router Interfaces in einem Layer II-Segment besitzen. Die Konfiguration des Default Gateways an den Endgeräten bestimmt in einem (Sub-) Netz, über welchen Router die Daten geleitet werden. Hier kann der Administrator den Verkehr kanalisieren, wenn er dafür sorgt, dass an den Endgeräten der Default Gateway nicht geändert werden kann. Jeder Router muss eine eigene Layer II- und Layer III-Adresse in jedem Subnetz besitzen, in dem er ein Interface hat, auch er ist ein „normaler" Netzwerkteilnehmer wie jeder PC auch. Die Definition eines Router-Interface mit Adresse und Subnetzmaske bestimmt das Netzwerk. Die Router legen also die Segmentierung fest. Sobald dies geschehen ist und dies kommuniziert wird, ist dieses neue Netz weltweit erreichbar. Nun verstehen wir, wo die verschiedenen Netzwerke herkommen. Die Netzwerkadministratoren definieren diese durch die Konfiguration der Router-Interfaces, und die Router verbreiten sie.

Daher muss, wenn ein neues Netz eingerichtet wird, nicht weltweit überall nachkonfiguriert werden, wie wir sehen werden, werden diese Informationen ausgetauscht. Der Administrator einer Adressklasse legt also durch die Konfiguration seiner Router in Adresse und Subnetzmaske die Netzwerke fest. Wir können jederzeit ein Netz der Klasse C in zwei Subnetze zerlegen, wann immer wir auch wollen, wenn diese Klasse an uns delegiert ist, oder in vier oder in acht. Durch die Propagation der Adresse und Subnetzmaske unserer Router-Interfaces wird diese Information allen zugänglich gemacht.

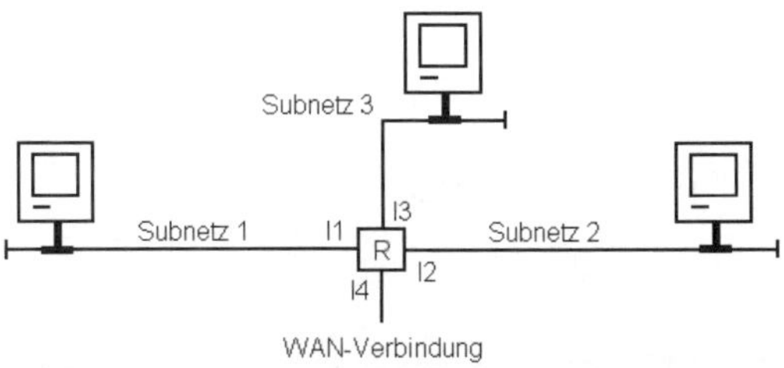

BILD 4.2 Dieser Router R verbindet vier Netzwerksegmente. In jedem muss er eine logische und eine physikalische Adresse haben. Er kann zwar Daten auf Layer III weitergeben, damit er aber von einem Endgerät erreicht werden und andere erreichen kann, muss er einen „normalen" Netzwerkadapter in jedem Segment haben (I1–I4). Für ihn gilt dasselbe wie für alle anderen Endgeräte auf Layer II. Die Adresse und die Subnetzmaske, die der Netzwerkverwalter auf diesen Interfaces konfiguriert, definieren die Netze, die der Router verwaltet.

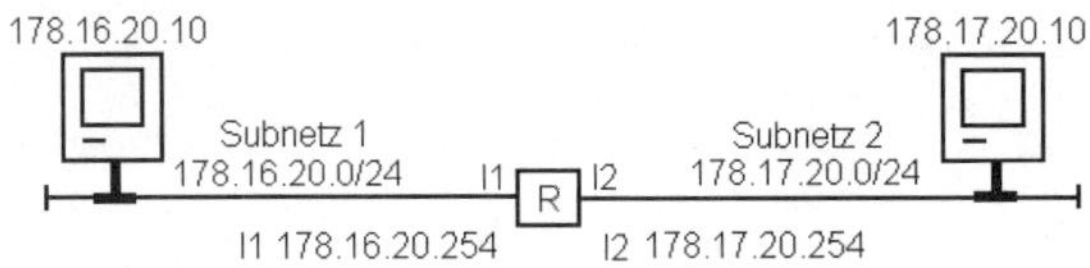

BILD 4.3 Jeder Router benötigt ein Interface, in dem Subnetze, die an ihn angeschlossen sind, von ihm definiert werden (hier I1 und I2). Auf Layer II und III sind dies normale Netzwerkadapter, die denselben Regeln unterworfen sind wie alle anderen.

Die Router sind es also, die weltweit die verschiedenen IP-Netze definieren, je nach ihrer Konfiguration. Durch die Kommunikation unter den Routern (Routing-Protokolle) teilen sie sich gegenseitig mit, welche Netzwerke an ihnen angeschlossen sind, dies werden wir unten noch genauer betrachten, und machen diese so weltweit erreichbar.

Natürlich ist es nicht möglich, dass jeder Router weltweit die Informationen aller Router der Welt als Kopie pflegt. Wie das Routing in Weitverbindungen verläuft, sehen wir uns später noch in einem Beispiel an.

Als ein kleines Beispiel sehen wir uns ein virtuelles Netzwerkdesign einer Firma an. Der Finanzserver (FS) soll nur von den Finanzclients F1 und F2 zugänglich sein, der Marketingserver (MS) nur von den Marketingclients M1 und M2. Ebenso soll der Verkehr kanalisiert werden. Wird nun R1 als Default Gateway für F1 und F2 konfiguriert und R2 für M1 und M2, ist die Kanalisierung bereits erfolgt. R3 sorgt dafür, dass alle trotzdem Zugriff auf die WAN-Verbindung haben. Durch Zugangsfilter an R1, R2 und R3 (sogenannte Access-Listen, siehe unten) kann verhindert werden, dass die Finanzleute auf den Marketingserver zugreifen können und umgekehrt. R3 muss ebenfalls beschränkt sein, da sonst ein Zugriff „durch die Hintertür R3" im Kreis wieder möglich wäre. Ein solcher Aufbau ist durchaus sinnvoll, da so Services, die allen zur Verfügung stehen sollen, Printer, Faxserver etc., schnell geswitcht in einem Subnetz beiden zur Verfügung stehen können.

Die Datenweiterleitung über Switches ist in der Regel performanter als die über Router, da ein Switch die Datenpakete nur bis Layer II auspacken muss, der Router aber bis Layer III. Natürlich ist dies virtuell und auch anders zu realisieren, zumal Router relativ teure Geräte sind.

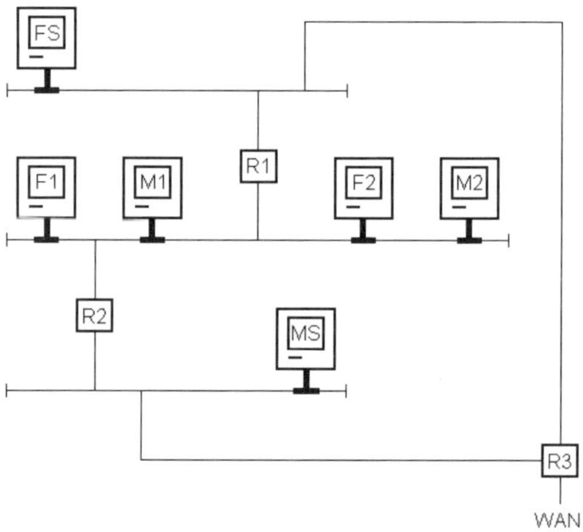

BILD 4.4 Beispielszenario einer virtuellen Firma mit einer Finanz- und einer Marketingabteilung, die in einem Subnetz realisiert sind. In anderen Subnetzen stehen deren Server. Durch Zugangsfilter und Wahl der Default Gateways kann hier der Verkehr kanalisiert werden. Gemeinsam genutzte Ressourcen können auf Layer II allen in einem Subnetz angeboten werden.

4.3.1 Das Spiel mit den Layer II-Adressen

Werden Daten zwischen LANs (Subnetzen) versendet, muss jedes Datenpaket durch die mit Routern verbundenen Layer II-Segmente geleitet werden. In jedem Layer II-Segment verläuft dies wie bisher besprochen.

Will ein Rechner A Daten an einen Rechner B senden, sieht er an seiner IP-Adresse und seiner Subnetzmaske und der IP-Adresse des Empfängers, ob B im selben Subnetz ist. Ist dies so, leitet A einen ARP-Request an B ein. Ist B in einem anderen Subnetz, leitet A einen ARP-Request zu seinem Default Gateway ein, hier R1, um seine Layer II-Adresse zu ermitteln. Dann sendet A die Datenpakete, die für B bestimmt sind, an R1. R1 betrachtet die IP-

Adresse des Empfängers. Sie ist in keinem Subnetz, in dem R1 eine Adresse hat. Also sieht R1 nach, ob er den Weg zu dem entsprechenden Subnetz kennt. Wie er das wissen kann, wird unten erläutert. Hier kennt er ihn, er führt über R2. Also löst er die MAC-Adresse von R2 durch einen ARP-Request auf, entfernt die MAC-Adressen vom Ethernet-Frame (Sender-MAC, Destination-MAC), trägt seine eigene als Sender und die von R2 als Empfänger ein und sendet die Frames an R2 weiter (genauer gesagt, er entfernt das Frame und generiert es mit den aktuellen Informationen neu). Den ARP-Request erwähnen wir ab hier nicht immer wieder. Wir behalten im Hintergrund, dass dieser zu jeder Layer II-Kommunikation gehört. Egal ob ein Router oder ein anderes Endgerät beteiligt ist. R2 sieht, dass das Netz, in dem B ist, an ihm angeschlossen ist. Also ermittelt er die MAC-Adresse von B, trägt seine eigene als Absender, die von B als Empfänger ein und sendet die Daten zu B. Dadurch, dass die IP-Adresse des Senders und Empfängers immer im IP-Paket, dem Layer III-Kuvert, erhalten bleibt, erreicht es sein Ziel, obwohl bei jedem Überqueren eines Routers dieser die MAC-Adressen entfernt und neue einträgt.

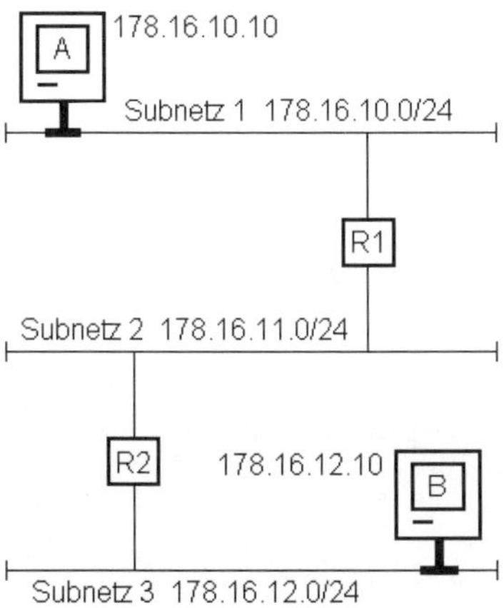

BILD 4.5 Wollen Rechner A und B kommunizieren, müssen sie dies über die Router R1 und R2 tun. Ein ARP-Request untereinander hätte keinen Sinn, da die Router diese nicht weiterleiten. Router trennen Broadcast-Domänen.

Das Überqueren eines Routers nennt man im Netzwerkjargon einen Hop. Nun wird klar, warum diese zweistufige Adressierung auf Layer II und III notwendig ist. Die weltweit gültige IP-Adresse darf nicht verändert werden, Empfänger und Sender müssen immer erhalten bleiben, sonst wäre eine weltweite Weiterleitung nicht möglich. Um die Daten von A und B aber über R1 und R2 und die beteiligten Layer II-Segmente versenden zu können, müssen beim Übergang von LANs die MAC-Adressen verändert werden können. A könnte B sonst nicht erreichen und umgekehrt. Die Daten könnten sonst über die Layer II-Segmente ihren Weg nicht finden.

Dies kann man sich wie den Weg eines Briefes vorstellen. Die Adressen des Senders und des Empfängers auf dem Brief bleiben immer dieselben. Im Postzentrum aber kommen alle Briefe in einen Container, der die Adresse des nächsten Postsortierzentrums hat. Dort wird der Container gewechselt. Der Brief kommt in einen neuen, der die Adresse des Postsortierzentrums bekommt, das am nächsten zum Empfänger liegt. Dort wird wieder umgepackt, in einen Container mit der Adresse der Bezirkspost. Dort wiederum wird in die Austragetasche des zuständigen Postboten umsortiert, der den Brief in den entsprechenden Briefkasten einwirft.

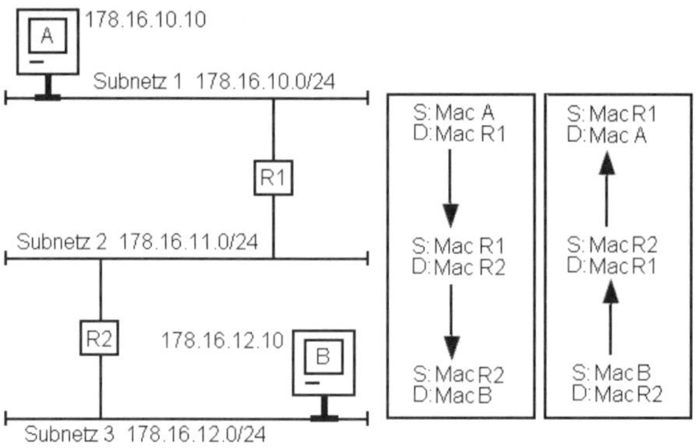

BILD 4.6 Adressierungsdaten (Layer II) der Frames auf dem Weg (linker Kasten A zu B, rechter Kasten der Rückweg). Die IP-Adressen im Kuvert Layer III bleiben immer gleich. Jeder Router entfernt jedoch das Layer II-Kuvert und generiert mit den aktuellen Daten ein neues. So wird die Brücke zwischen Layer II und III realisiert. (S: Source, D: Destination)

Die Angaben über den Sender und den Empfänger auf dem Brief entsprechen dem Layer III, also den IP-Adressen, und verändern sich nie. Die Adressen der Transportcontainer entsprechen den Layer II-Adressen, also den MAC-Adressen, und ändern sich bei jedem Knotenpunkt der Weiterleitung, bei jedem Hop. (Und um das Bild ganz rund und komplett zu machen, der Transport der Container per Bahn, Flugzeug, Schiff oder LKW, entspricht dem Layer I.)

Aus diesem Grund ist ein rein geswitchter Verkehr auch performanter. Ein Router muss alle Pakete bis Layer III auspacken und verarbeiten, er muss die Kuverts abpacken, bis er die Layer III-Informationen bekommt, ein Switch lediglich bis Layer II.

Preamble	SFD	DMAC	SMAC	Length	Data	Padding	FCS
Preamble	SFD	DMAC	SMAC	Type	Data	Padding	FCS

Nochmals zur Erinnerung: Der Router muss die S- und DMAC-Einträge im Ethernet-Frame austauschen (beziehungsweise das Kuvert entfernen und neu generieren), er verändert also die Daten des Layer II-Kuverts. Nur so kann A mit B über Router und die entsprechenden Layer II-Segmente hinweg kommunizieren. Alle Daten, die für die höheren Layer interessant sind, befinden sich im Data-Teil. Der Router ist absolut nicht interessiert daran, was dort untergebracht ist, ebenso wie sich der Switch nicht um Layer III-Informationen kümmert. Der Router will einfach nur weiterleiten, ihn interessieren lediglich die Adressen. Trotzdem muss er die Layer II-Informationen verändern.

Nun sind fast alle Daten beisammen, die wir brauchen, um mit dem Internet/Intranet kommunizieren zu können. Unsere Rechner benötigen eine weltweit eindeutige IP-Adresse, eine Subnetzmaske, die angibt, in welchem Netzwerk sich diese befindet, und einen Default Gateway, einen Router, der unsere Daten aus unserem Subnetz heraus in die weite Welt transportiert. Die Layer II-Adresse bekommen wir vom Hersteller der Netzwerkkarte automatisch. Die Broadcast-Adresse ergibt sich aus unserem Netzwerk und der Subnetzmaske. Die IP-Adresse vergeben wir, die Netzwerker.

4.3.2 Router-Loopback-Adressen

Wer ein großes, hochvermaschtes Netzwerk betreibt, das viele redundante Wege kennt, sollte dafür sorgen, dass die Router gut erreichbar bleiben. Gute Router bieten dies an; sie bieten die Möglichkeit, virtuelle Adressen für das Gerät selbst zu vergeben und nicht nur für die Interfaces des Routers, die unsere Netze definieren.

Sind diese Adressen geroutet, ist der Router von überall her erreichbar, selbst wenn ein Interface eines Netzes, das er definiert, nicht mehr erreichbar wäre. Meist verwendet man dazu Adressen mit einer Single-Host-Route, also eine Subnetzmaske von /32, sprich 255.255.255.255, die im Routing publiziert wird.

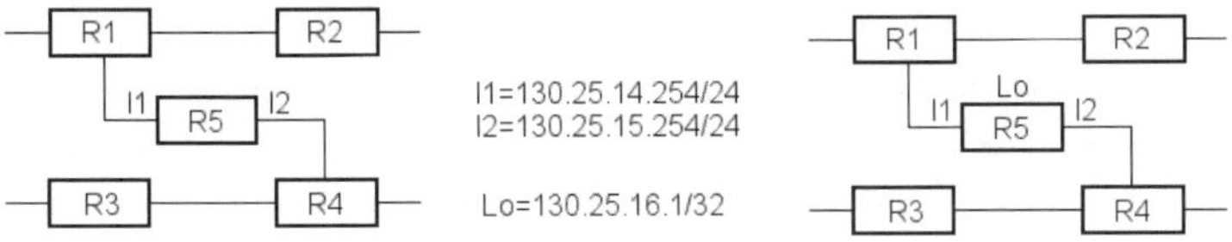

BILD 4.7 Im linken Beispiel hat der Router zwei Interfaces I1 und I2. Nimmt man eines als Referenz für den Router, etwa für eine Betriebsüberwachung, ist der Router insgesamt für das Management nicht mehr erreichbar, wenn dieses Netz nicht funktioniert. Rechts hat der Router ein im Routing publiziertes Loopback. Er wird immer erreichbar sein, solange nur ein Interface erreichbar ist.

4.4 Reservierte und spezielle Adressen

Wie gesagt, sind im Internet die IP-Adressen im Bereich von 0.0.0.0 – 255.255.255.255 möglich. Neben den „offiziellen" Adressen, die von Geräten weltweit verwendet werden, gibt es bestimmte Adressbereiche, die besondere Bedeutungen haben. Einige sind für „normale" Endstationen nicht vorgesehen.

Die offiziellen Adressklassen sind:

0.0.0.0 bis 127.255.255.255:	Klasse A
128.0.0.0 bis 191.255.255.255:	Klasse B
192.0.0.0 bis 223.255.255.255:	Klasse C
224.0.0.0 bis 239.255.255.255:	Klasse D
240.0.0.0 bis 255.255.255.255:	Klasse E

Die Klassen D und E sind für den „normalen Kunden" nicht relevant.

Heute werden die Klassen nicht mehr so streng gehandhabt. Durch die Möglichkeit, Netze fast beliebig segmentieren zu können, ist dies aufgeweicht. Früher aber konnten die Routing-Protokolle nur streng nach Klassen segmentieren.

4.4.1 Multicast-Adressen/Testadressen

In der Klasse D befinden sich die Multicast-Adressen. Im Gegensatz zum Uni- oder Singlecast, einer direkten Sendung an eine dedizierte Adresse, und zum Broadcast, einer Sendung an alle, ist ein Multicast eine Rundsendung an eine Gruppe von Adressen. Will zum Beispiel ein Router allen anderen Routern eine Mitteilung senden, wäre es eine unnötige Netzwerklast, wenn er an jeden Router einen separaten Unicast senden würde. Ebenso wäre es unnötig, alle anderen (Nicht-Router) im Netzwerk mit einem Broadcast zu beschäftigen. Daher sendet er dasselbe Paket einfach an die Gruppe (Adresse) „alle Router".

Das Multicasting wird immer aktueller, da so ein Streaming zum Beispiel von Video- und Audiodaten möglich wird. Würde ein Server einen Videodatenstrom an zehn interessierte Rechner gleichzeitig in zehn Unicast-Strömen senden, wäre der Netzwerkverkehr immens. Ein Broadcast-Stream würde jeden Rechner belasten, ob er nun gemeint ist oder nicht. Daher sendet man solche Datenströme an eine Multicast-Gruppe in einem einzigen Datenstrom. Jeder, der an diesen Daten interessiert ist, kann sich in den Strom einschalten.

Die Klasse E ist für Entwicklungs- und Testzwecke reserviert. Wir wollen hier in diesem Rahmen nicht näher darauf eingehen.

4.4.2 Private Adressen

Für bestimmte Zwecke, Tests, Adresstranslation (siehe unten), Netzwerke, die isoliert, also nicht mit dem Internet verbunden sind, etc. gibt es in jeder Klasse einen Adressbereich, der im Internet normalerweise nicht geroutet wird. Das heißt, diese Adressen werden von den (Provider-)Routern normalerweise nicht weitergeleitet. Sie nennt man daher „private Adressen". Sie sind niemandem zugeteilt, und jeder darf sie frei verwenden. Schon daher dürfen sie im Internet nicht verwendet werden, sie können hundertfach an verschiedenen Stellen im Einsatz sein. Ein weltweites Routing kann aber nur funktionieren, wenn die Adressen eindeutig lokalisierbar sind. Dazu dürfen sie natürlich nicht doppelt oder mehrfach im Einsatz sein.

Für die einzelnen Klassen sind das die folgenden Bereiche:

Klasse A	10.0.0.0	-	10.255.255.255
Klasse B	172.16.0.0	-	172.31.0.0
Klasse C	192.168.0.0	-	192.168.255.255

4.4.3 APIPA – Automatic Private IP Addressing

Bei der IANA ist ein Adressbereich reserviert, der für einen Mechanismus der automatischen Adressvergabe vorgesehen ist. Ist ein Rechner so konfiguriert, dass er seine IP-Adresse nicht fix vorgegeben hat, sondern beim Start von einem speziellen Server zugewiesen bekommt (DHCP, siehe unten), und dieser Server ist beim Start nicht erreichbar, dann benutzt dieser Rechner eine beliebige Adresse aus dem APIPA-Bereich. Er ermittelt mit Broadcasts an alle die erste freie Adresse in diesem Bereich und reserviert sie für sich. Man plante diesen Mechanismus, der heute in nahezu fast allen Betriebssystem-Versionen implementiert ist, als einen Fehlermechanismus bei einem Ausfall des Adressservers und als ein Feature namens Ad-hoc-Networking. Letzteres sollte es ermöglichen, einfach beliebige Rechner mit Konzentratoren (HUBs, Switches) zusammenzustecken und im Netzwerk miteinander kommunizieren zu können, ohne etwas konfigurieren zu müssen. Der APIPA-Bereich ist aber ein Teil der „privaten Adressen“ und niemandem zugeteilt. Das heißt, er kann weltweit beliebig oft in Verwendung sein und darf deshalb nicht ins Internet geroutet werden. Somit können Rechner, die in diesem Bereich von Adressen angesiedelt sind, lediglich in der eigenen Broadcast-Domäne miteinander kommunizieren.

Der APIPA-Bereich umfasst die Adressen:

169.254.0.1 bis 169.254.255.255.

Die Subnetzmaske ist immer 255.255.0.0, alle sind also in einem Subnetz. Gibt es Störungen im Netzwerk und Endgeräte haben auf einmal solche Adressen, ist dies ein großer Hinweis darauf, dass der DHCP-Server (siehe unten) nicht funktioniert.

4.4.4 Superprivate Adressen

In der Liste der offiziellen Adressen gibt es eine Lücke. Es ist der Bereich von 127.0.0.0 – 127.255.255.255. Diese Adressen haben eine besondere Bedeutung. Es sind sogenannte Loopback-Adressen. Jeder Netzwerkadapter hat eine solche. Sie ist notwendig, um Netzwerkapplikationen testen zu können, ohne vernetzt zu sein. Ein Paket mit dieser Adresse wird vom Netzwerkadapter nicht ins Netz geleitet, sondern sofort wieder zurück. Somit erscheint es, als wäre es vom Netzwerk hereingekommen. Viele interne Prozesse, Client-Server-Lösungen etc. senden auf Netzwerkebene Daten, obwohl sie nur (oder auch) für den eigenen Rechner selbst bestimmt sind. Damit diese nicht auf das Netz gelangen, werden sie an die interne Loopback-Adresse gesendet. Hat ein Rechner mehrere Adapter, bekommen sie der Reihe nach aufsteigende Loopback-Adressen. Diese Adressen werden nicht geroutet und sollten nie als konfigurierte Adressen eingesetzt werden. Da sie jeder hat, sind sie auch niemandem zugeteilt. Die erste Adresse, 127.0.0.1, wird im Fachjargon „Localhost“ genannt. Jeder Host hat sie. Zum Beispiel mit ping 127.0.0.1 bekommt man die Antwort der eigenen Maschine.

4.5 Das IP-Paket

Das Layer III-Paket, das ja im Datenteil des Frames (Layer II-Paket) untergebracht ist, ist eigenständig. Wie gesagt, interessiert es einen Switch nicht, was im Datenteil des Frames untergebracht ist. Ein Router packt das Layer II-Kuvert ab, um an die Layer III-Informationen zu kommen. Dann baut er es neu auf und versendet es.

Wie sieht nun ein IP-Paket aus? Ein IP-Paket besteht aus einem definierten Header (Kopf), gefolgt von den Nutzdaten. Im Data-Teil liegen wiederum alle Kuverts und Daten der höheren Layer.

Version	IHL	TOS	Length
Ident	Flags		Offset
TTL	Protocol		Header-CS
Version	IHL	TOS	Length
Sender-IP-Address			
Destination-IP-Address			
Options/Padding			
Data			

Jede Zeile entspricht einer Datenmenge von 32 Bit. Sie werden nacheinander versendet. Die einzelnen Felder bedeuten (die Zahlen bedeuten die Länge in Bit):

Version:	4	Version des IP-Protokolls, im Moment ist Version 4 der Standard, Version 6 in der Entwicklung
IHL:	4	Internet Header Length, Länge des Kopfes
TOS:	8	Type of Service. Priorität und Eigenschaften des Paketes, diese Option ist selten genutzt. (Heute bei QoS, Quality of Service)
Length:	16	Die Gesamtlänge des IP-Paketes. Subtrahiert man hier den Wert des IHL oben, erhält man die Gesamtlänge der Nutzdaten im IP-Paket. Gleichzeitig ist hier das Limit. Ein IP-Paket kann maximal so lang sein, wie dies mit insgesamt 16 Bit beschrieben werden kann: 2^{16} = 65535Byte.
Ident:	16	Die Nummerierung der Pakete. In einem Datenstrom werden diese fortlaufend nummeriert. So kann die richtige Reihenfolge beim Empfänger wiederhergestellt werden.
Flags:	3	Das Feld Flags beinhaltet drei Bit, die gesetzt werden können, hier ist unter anderem die Fragmentierung kodiert (siehe unten).
Offset:	13	Fragment-Offset, Lage des Fragments im ursprünglichen IP-Paket (siehe unten)
TTL:	8	Time to live, das „Verfallsdatum“ des Paketes
Protocol:	8	Hinweis auf das enthaltene Layer IV-Kuvert
Header-CS:	16	Checksumme zur Prüfung der Integrität des IP-Headers
Sender-IP:	32	IP-Adresse des Senders
Dest.-IP:	32	IP-Adresse des Empfängers. Handelt es sich um einen Multicast-Stream, steht hier eine Multicast-Adresse, bei einem Broadcast die Broadcast-Adresse.
Opt./Pad.:	2	Daten zur Statistik, zu dem Routing, zu Diagnosezwecken, dem Auffüllen bis zur genauen Bitgrenze
Data:	–	Transportierte Nutzdaten

Zwei der Optionen betrachten wir etwas genauer.

4.5.1 Das Verfallsdatum TTL

Im IP-Paket sehen wir ein bestimmtes Datenfeld: TTL, Time To Live. Es ist eminent wichtig. Kann eine Zieladresse nicht gefunden werden, würden Pakete sonst unter Umständen endlos im Internet kreisen. Damit dies nicht passiert, bekommen die Pakete ein „Verfallsdatum" in Sekunden. Bei jedem Hop (Überqueren eines Routers) erniedrigt der Router die TTL mindestens um eins. Wird sie null, leitet der nächste Router das Paket nicht mehr weiter, sondern löscht es. In der Regel ist der Startwert 64.

4.5.2 Fragmentierung von IP-Paketen, MTU

Ein IP-Paket kann bis zu 65 535 Byte lang werden. Nur wenige Netzwerke können Pakete dieser Größe transportieren. Die MTU, Maximum Transport Unit, gibt an, wie groß ein Datenpaket sein darf. In der Regel sind das bei Ethernet 1500 Byte (Payload, sprich Nutzdaten. Mit allen Headern und Trailern ist die Maximalgröße 1518 Byte). Ist das Paket größer, muss es zur Versendung zerlegt und auf viele Pakete verteilt werden. Dies nennt man Fragmentierung. Daher sind in jedem Paket Kontrollfelder gesetzt, die dies beschreiben, es sind die Felder Flags und Offset. Flags gibt vor allem an, ob ein Paket fragmentiert wurde oder nicht. Ist es fragmentiert, wird im Offset die ursprüngliche Lage des Fragmentes im Paket angegeben. Mit dieser Information kann das Paket am Bestimmungsort wieder zusammengesetzt (reassembliert) werden, selbst wenn die Fragmente nicht in der richtigen Reihenfolge ankommen.

Daten	Header

Daten 1	F: 1 OS: 1
Daten 2	F: 1 OS: 2
Daten 3	F: 1 OS: 3

Ein Bit des Feldes Flags hat eine besondere Bedeutung, das „Don't Fragment"-Bit. Ist es gesetzt, darf ein Router keine weitere Fragmentierung vornehmen. Sind die empfangenen Pakete größer als die MTU des Netzwerkes, in das er weiterleiten muss, muss er das Paket verwerfen. Dies hat zur Diagnose wichtige Aspekte. Erzeugt man Testpakete mit konstant abnehmender Größe und gesetztem Don't fragment-Bit, kann man so die maximale MTU einer Weitverbindung ermitteln (MTU-Path-Discovery). Sobald die Pakete ihr Ziel erreichen, ist die maximale MTU der Gesamtverbindung erreicht.

4.6 Routing – die weltweite Wegfindung

Woher kennt nun ein Router den Weg durch die weite Welt? Wie geschieht es, dass ein neu angeschlossenes Netzwerk im Internet automatisch erreichbar wird, ohne dass jemand etwas konfigurieren muss?

Die Router geben sich ständig gegenseitig Auskunft darüber, welche Netze an ihnen jeweils angeschlossen sind und welche Netze ihre Nachbarn kennen. Sie kommunizieren dabei miteinander über Routing-Protokolle. Diese sind hochkomplex, und einige sind im Einsatz. Für Weitverkehrsrouting bis weltweit sind es andere als in lokalen Netzwerken. Sie hier alle zu beschreiben, würde in diesem Rahmen zu weit führen. Hierfür sei auf die weiterführende Literatur verwiesen. Wir wollen hier lediglich das „Wie" qualitativ ansehen und die wichtigsten Aspekte kennenlernen, um den Vorgang des Routings an sich zu verstehen.

Ähnlich den guten Switches, welche die Layer II-Topologie des Netzwerkes berechnen und speichern, bilden die Router aus den ausgetauschten Informationen Routing-Tabellen, mit denen sie sich die möglichen Wege auf Layer III merken. Im Gegensatz zu den Switches sind Router in der Lage, auch redundante Verbindungen zu handhaben und sogar über mehrere Wege gleichzeitig zu senden, um Last zu verteilen. Das Ziel der Routing-Protokolle ist, ein vermaschtes Netzwerk handhaben zu können, mit vielen Redundanzen. Bei einem Ausfall von Routern soll das Netz selbstkonvergent sein, sprich in der Lage, automatisch selbstständig neue Wege zu finden.

4.6.1 Distance Vector und Link State

Hauptsächlich werden zwei große Klassen von Routing-Protokollen unterschieden. Bei Distance Vector-Protokollen tauschen die Router ihre eigenen Routing-Tabellen mit ihren direkten Nachbarn aus, bei Link-State-Protokollen senden die Router Informationen über ihre angeschlossenen Segmente zu allen Routern in einer definierten Routing-Domäne. Letztere sind wesentlich flexibler und können besser auf Änderungen reagieren, sie sind aber wesentlich CPU-aufwendiger. Ein modernes Routing-Protokoll betrachtet heute nicht mehr nur die Anzahl Hops zum Ziel, sondern auch Parameter wie Geschwindigkeit, konfigurierte Kosten (zum Beispiel teure Einwahlleitungen werden nur benutzt, wenn andere nicht zur Verfügung stehen), Load-Balancing etc. Bandbreite und Kosten sind die Hauptparameter zur Entscheidung der Wegfindung.

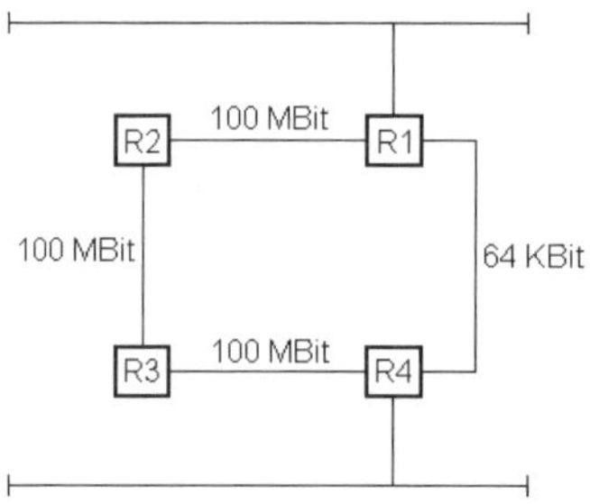

BILD 4.8 Moderne Routing-Protokolle bewerten nicht nur die Anzahl Hops. Hier im Beispiel würde der Netzwerkverkehr vom oberen zum unteren Netzwerk über R1, R2, R3 und R4 verlaufen, obwohl hier wesentlich mehr Hops dazwischen sind. Alle Router „wüssten" aber, dass im Falle eines Ausfalles von R2 oder R3 ein weiterer, langsamerer Weg zur Verfügung steht.

Wie wissen nun weltweit alle Router, wo welche Netzwerke sind und wie der Weg dorthin gefunden werden kann? Der Aufbau von Routing-Tabellen ist nur in begrenztem Maße möglich. Die Routing-Tabellen können nicht alle Router der Welt beinhalten. Die Vorgabe war ja, ein selbstkonvergentes, vermaschtes und weltweites Netzwerk zu entwickeln, das bei einem Ausfall von Teilen selbst neue Wege sucht und weiter funktioniert. Sollte die IANA neue Adressbereiche vergeben und diese werden in den Einsatz gebracht, muss dies weltweit automatisch publiziert werden. Es wäre unmöglich, dies in allen Routern der Welt mit der Hand zu konfigurieren.

Die Lösung waren Protokolle, über welche die Router untereinander austauschen, welche Netzwerke sie „kennen". So wie es in einem Subnetz einen Default Gateway gibt, so müssen auch Gruppen von Routern Gateways kennen, die ihnen verraten, wo es in die weite Welt geht. Ein Besitzer einer Klasse-B-Adresse muss und wird diese in Subnetze zerlegen. Er muss über einen Provider am Internet angeschlossen sein, nicht jeder bekommt einfach einen direkten Internet-Anschluss ins Haus. Die Weitverkehrsverbindungen sind teuer. Die Weitverkehrsnetze unter sich arbeiten wiederum mit speziellen, eigenen Routing-Protokollen. Wir wollen im Rahmen dieses Buches nicht über das eigene Netzwerk hinausgehen, sondern betrachten die Welt schematisch.

4.6.2 Statisches und dynamisches Routing, nah und fern

Die Router tauschen ihre Netzwerkinformationen untereinander aus und lernen so die Topologie des Netzwerkes. Dies geschieht dynamisch, kommt ein neues Subnetz hinzu, wird dies von dem Router, an dem es konfiguriert wurde, an die anderen weitergegeben.

Es ist nun auch möglich, Routen statisch als Administrator zu definieren. Dies sollte in der Regel (in abgeschlossenen Bereichen) nicht benutzt werden, da eine Veränderung der Netzwerk-Topologie mit der Hand nachgeführt werden müsste. Eine Ausnahme jedoch gibt es, die Verbindung zum Provider und weltweite Verbindungen. Die Router der großen Provider haben Routing-Tabellen mit bis zu 120 000 Einträgen. Es sind aber auch Geräte, die von der Preisklasse für eine kleine Firma nicht in Frage kommen.

Weltweit werden in den Weitverkehrsverbindungen meist ganze Klassen und Netze geroutet, dies aber fast immer statisch. Es ist weltweit nicht möglich, alle Routing-Informationen in allen Routern dynamisch zu führen, die Routing-Tabellen wären viel zu groß, um sie sinnvoll bearbeiten zu können. Daher ist hier wiederum ein mehrstufiger Prozess nötig, um weltweit kommunizieren zu können.

In der Regel pflegen die eigenen Router einer Organisation daher nur die Routen innerhalb der eigenen Adressklasse. An den Grenzroutern, welche die Verbindung zum Provider herstellen, wird folgende statische Route eingetragen: „Route alles, das nicht zu deinem Adressbereich gehört, zum Provider". Das ist praktisch der Default Gateway des eigenen Router-Netzwerkes. So entstehen verschiedene Routing-Domänen, in denen die eigenen Subnetze und Adressen geführt werden. Ebenfalls ist es so möglich, dass jede Organisation selbst bestimmen kann, welches Routing-Protokoll sie intern verwendet. Die Provider unter sich bilden wiederum eigene Weitverkehrs-Routing-Domänen mit eigenen Routing-Protokollen, die Informationen über ganze Netzwerke austauschen. So entsteht eine weltweite Stufenhierarchie, die einen weltweiten Informationsaustausch ermöglicht. Durch die dynamischen

Lernprozesse und viele redundante Wege wird das Ziel erreicht, dass beim Ausfall von Routern selbstkonvergent neue Wege durchs Internet gefunden werden und ein Verkehr möglich bleibt.

Klassische Routing-Protokolle innerhalb der Domänen sind RIP, Router Information Protocol, OSPF, Open Shortest Path First, und IGRP, Interior Gateway Routing Protocol etc. Ältere Routing-Protokolle konnten Netzwerke nur in 8-Bit-Segmente unterteilen. Hier waren virtuelle C-Klasse-Adressen die unterste Grenze der Segmentierung. Moderne Protokolle können, wie oben angeführt, fast beliebig segmentieren. Dies nennt man wie gesagt VLSM, Variable Length of Subnet Masks.

Wie angesprochen, lernen Router Wege im Netzwerk entweder durch Kommunikation mit anderen Routern oder durch statische Routen und Konfiguration. Es gibt inzwischen sehr viele Routing-Protokolle. Viele sind proprietäre Protokolle, die von den Router-Herstellern entwickelt wurden. Die Kompatibilität mit anderen ist hier meist nicht das erste Ziel der Entwicklung. Es empfiehlt sich daher, sich in dynamisch gerouteten Umgebungen einen definierten Hersteller zu wählen und zu versuchen, eine möglichst homogene Umgebung aufzubauen. Für Routing-Protokolle gibt es genug spezialisierte Literatur. Im Exkurs „Beispiel eines Routing-Vorganges“ ist schematisch ein Lernen der Router nach einem Distance-Vector-Verfahren beschrieben.

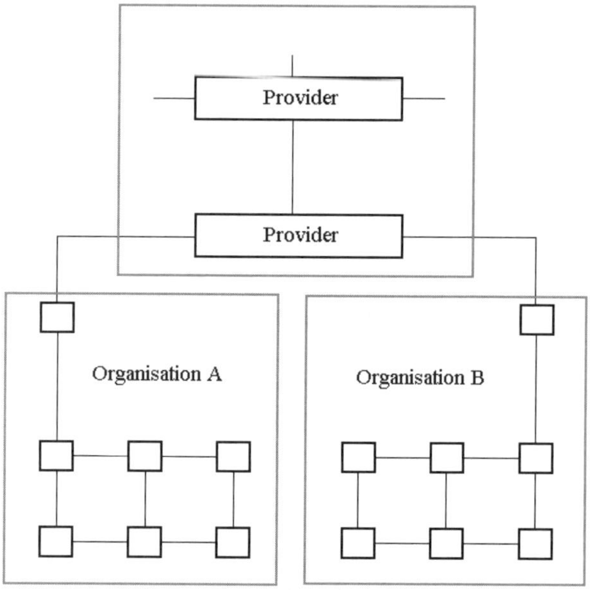

BILD 4.9 Die Organisationen A und B haben zum Beispiel je Klasse B-Adressen. Innerhalb ihrer eigenen Routing-Domäne (graue Kästen) betreiben sie ihr eigenes Routing-Protokoll und segmentieren ihr Netzwerk durch eigene Router in Subnetze. In diesen Bereichen wird in der Regel dynamisch geroutet. Ein Router (oder mehrere) ist mit der Fernverbindung an den Provider angeschlossen, diese Verbindungen werden in der Regel statisch geroutet. Die Provider unter sich bilden ein über-geordnetes Netzwerk, in dem nun nicht die einzelnen Netze der Klassen, sondern ganze Netzwerke geroutet werden.

4.6.3 Beeinflussung der Routen, Failover

Will man den Weg der Daten nicht frei dem Routing-Protokoll übergeben (dynamisches Routing), kann man als Administrator bei guten Routern eingreifen. Ein Beispiel ist die statische Route zum Provider. Aber noch mehr ist mit guten Geräten möglich. Stehen mehrere Wege zum Ziel zur Verfügung, kann durch Konfiguration beeinflusst werden, wie geroutet wird. Dies bedeutet nicht unbedingt, statisch zu routen, sondern es können die „Entscheidungen" des Routing-Protokolls beeinflusst werden, zum Beispiel indem man Verbindungen mit „Kosten" belegt. Diese Kosten fließen in die Berechnungen der Routen ein, so dass nicht mit statischen Routen gearbeitet werden muss, um gewollte Wege festzulegen. Ein klassisches Beispiel sind Failover-Verbindungen über ISDN. Diese will man nur im Notfall aktivieren, da sie sehr teuer sind. Hat man nun eine 128-KBit/s-Standleitung und ein ISDN-Dial-up-Interface in einem Router, sind die Wege absolut gleichwertig, was die Geschwindigkeit betrifft. Durch Konfiguration von hohen Kosten auf dem Dial-up-Interface kann erreicht werden, dass dieses nur einwählt, wenn die Standleitung defekt wird (Dial-on-Demand-Routing). Bei guten und modernen Routern sind sehr viele Parameter der Routing-Protokolle konfigurierbar.

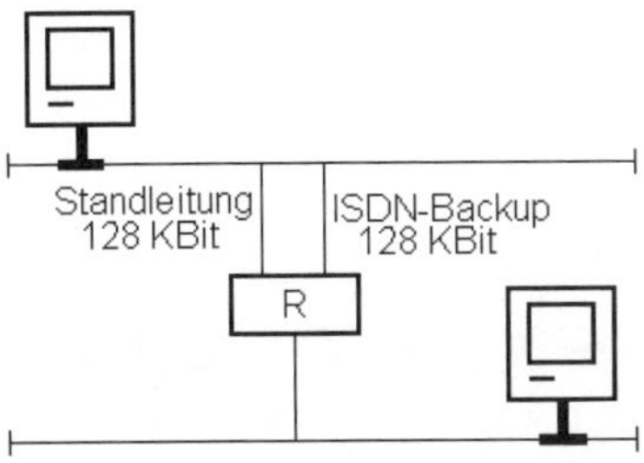

BILD 4.10 Ein Beispiel einer Situation, in der das Routing-Protokoll beeinflusst werden sollte (wenn es diese Aufgabe nicht selbst meistert). Der Router R hat zum oberen Netzwerk zwei Verbindungen, eine fix und eine über ISDN-Einwahl. Beide sind gleich schnell. Der ISDN-Backup ist als Failover gedacht, wenn die Standleitung ausfällt. Dadurch, dass auf der ISDN-Verbindung „Kosten" konfiguriert werden, wird sichergestellt, dass diese teure Verbindung vom Router nur aufgebaut wird, wenn die Standleitung Störungen hat (Dial-on-Demand-Routing).

4.7 QoS - Quality of Service

Die Regelung von Routen und schnelleren Wegen als bevorzugte Verbindung kann auch essentiell sein. Einige Services benötigen eine definierte Bandbreite, um befriedigend zu funktionieren. Einige Beispiele sind kritische Überwachungen, Sprachtransport (Voice over IP, s. u.) und Mediastreaming, sprich die Übertragung von Filmen, etc.

Gute Router bieten daher die Möglichkeit an, solche Dienste in der Weiterleitung zu favorisieren oder definierte Teile der Bandbreite einer Verbindung für sie dediziert freizuhalten. Die erstere Möglichkeit ist ein Kann, die zweite ein Muss. Bei einer Favorisierung kann es trotzdem dazu kommen, dass ein Service nicht funktioniert. Bei einer definierten Reservierung von Bandbreite aber wird garantiert, dass dieser Service funktioniert, der andere

Datenverkehr wird bei einer starken Belastung der Verbindung dann langsamer. In diesem Fall spricht man von QoS, dem Quality of Service.

In professionellem Umgebungen ist dieser QoS ein Muss, da hier nicht akzeptiert werden kann, dass zum Beispiel ein Telefonieren über das Netzwerk manchmal funktioniert und manchmal nicht.

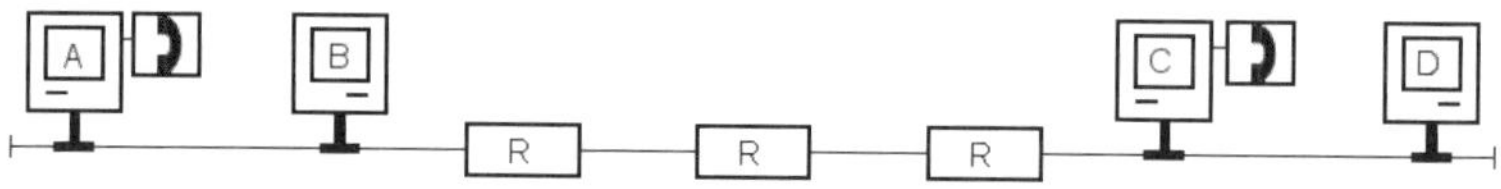

BILD 4.11 Wollen zwei Clients, hier A und C, über ein geroutetes Netzwerk Daten übertragen, die eine gewisse Bandbreite fordern, hier Telefonie, ist dies nicht garantiert. Starten nun B und D grosse Dateitransfers oder sonstige Kommunikation, die die Bandbreite der Verbindung verbraucht, kann der Sprachverkehr erheblich gestört werden oder zum Erliegen kommen.

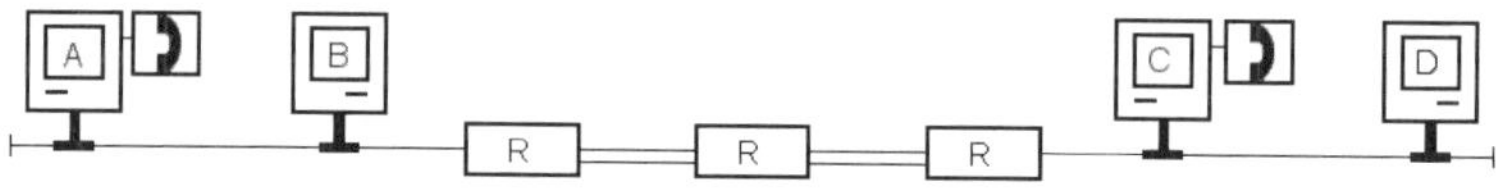

BILD 4.12 Teilen aber die Router die Verbindung in reservierte Bandbreiten, ist der Service garantiert. Egal welche Transfers andere Rechner im Netz starten, werden die notwendigen Kapazitäten für die Telefonie immer freigehalten.

■ 4.8 Das Domain Name System (DNS)

Um den Layer III abschließen zu können, fehlt noch ein Parameter. Hosts im Internet besitzen nicht nur eine Adresse, sondern in der Regel auch einen Namen. IP-Adressen sind schwerer zu merken als Namen. Daher bekamen die Rechner und Geräte im Netzwerk Namen. Diese sind ebenfalls streng reglementiert und hierarchisch organisiert wie die IP-Adressen. Es ist möglich, für einen Range von Adressen die verschiedensten Namensräume zu registrieren. Es muss lediglich gewährleistet sein, dass die Zuordnung der Namen zu den Adressen und umgekehrt weltweit funktioniert.

Betrachten wir wieder ein Beispiel. Eine Firma „Netz Dummie“ mit zwei Tochterunternehmen bekommt die Klasse-B-Adresse 132.150.0.0/16 zur Verwaltung. Sie möchte als Namen „net.dummie“ einsetzen. Sind die Namen frei, können sie reserviert und eingesetzt werden. Der Namensraum ist hierarchisch. Wäre die Firma zum Beispiel in der Schweiz angesiedelt, bekäme sie den Namen „dummie.ch“, wäre sie in Deutschland, den Namen „dummie.de“ zur Verwaltung. Ab diesem Moment darf nur sie weltweit diesen Namen benutzen, aber nicht verändern, er ist vorgegeben. Wie bei den Subnetzmasken darf sie ihn aber erweitern, nur der Teil „dummie.ch“ ist fix. Töchter der Firma könnten also problemlos für sich eigene klingende Namensräume bekommen wie „net.dummie.ch“, „sub.net.dummie.ch“ oder „finanz.dummie.ch“ etc. Rechner innerhalb dieser Namensräume bekämen dann das entsprechende Suffix ihres Namens angehängt, zum Beispiel „www.net.dummie.ch“ oder „pc01.net.dummie.ch“ oder zum Beispiel in der Finanzabteilung „pc05.finanz.dummie.ch“. Wiederum darf der Name also beliebig erweitert, aber, entsprechend dem Netzwerkteil der IP-Adresse oder Subnetzmaske, der fix zugeteilte Teil nicht verändert werden.

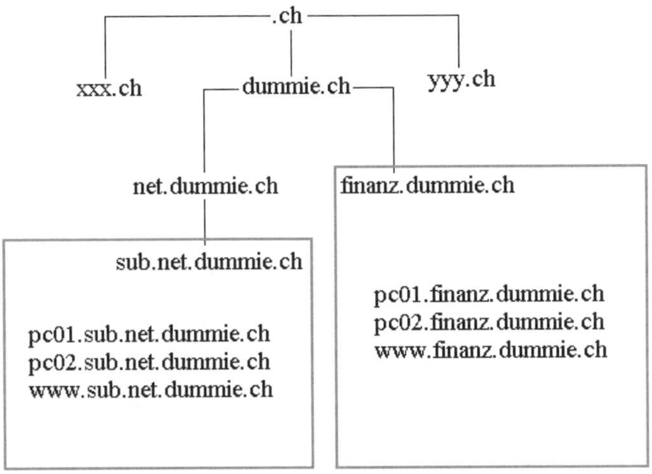

BILD 4.13 Der hierarchische Namensraum. Wie bei der Delegation von IP-Adressen werden hier Namensräume vergeben. Der Kunde darf den Namen erweitern, seinen Namensstamm aber nicht verändern. Durch Erweiterung können neue Räume abgebildet werden, in denen die Rechner weltweit eindeutige Namen erhalten.

4.8.1 Zuordnung von Namen zu Adressen

Zu Beginn des Internets wurden die Namen und ihre zugehörigen IP-Adressen zentral in Hostfiles gepflegt, die man herunterladen konnte. Mit der Explosion der Anzahl der Rechner war dieser Weg bald nicht mehr gangbar. Die Hostfiles existieren heute noch und haben durchaus noch ihre Berechtigung in kleinen isolierten Netzwerken und zu Testzwecken. Weltweit aber musste ein Weg gefunden werden, um Namen und IP-Adressen auflösen zu können. Eine zentrale Datenbank hätte Anfragen der gesamten Welt nicht verarbeiten können und wäre heute auch nicht mehr zentral managebar. Daher musste ein Verzeichnissystem entwickelt werden, ein System verteilter Datenbanken, das Domain Name System, DNS.

Jeder, der Namen und IP-Adressbereiche registriert und zur Verwaltung bekommt, muss einen Nameserver führen, der weltweit zur Verfügung steht. Ohne diesen wäre er über die Namen im Internet nicht erreichbar. Das System musste so aufgebaut sein, dass der Verwalter der IP-Adressen selbst in der Lage ist, die Namen zu vergeben und zu verwalten. Gleichzeitig muss diese Information aber weltweit zur Verfügung stehen. Das DNS ist ein hierarchisches Datenbanksystem mit Verweisen, die Namensanfragen routen. Durch den Namen referenziert sich jedes Objekt selbst eindeutig im Baum. Weltweit gibt es verteilt die sogenannten Root-Nameserver „." (im Moment 14 Stück), die den weltweiten Aufbau kennen. Sie verweisen auf die Nameserver der nächsten Ebene, an welche die Top-Level-Domains delegiert sind. Diese wiederum delegieren Namensräume an wieder andere Nameserver. Jeder DNS-Server hat per Default die Root-DNS-Server eingetragen und kann Anfragen an sie richten.

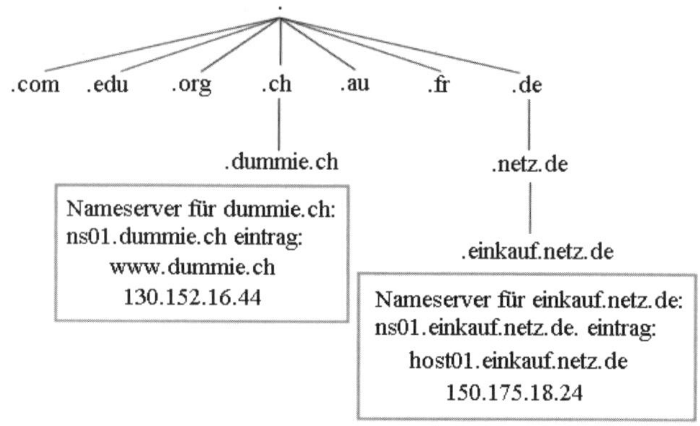

BILD 4.14 Schematischer Aufbau des DNS-Systems. Zentral existieren die Root-DNS-Server „.". Sie stellen die Wurzel des Baumes dar. Sie delegieren Namensräume an andere Nameserver, in ihnen sind die Verweise konfiguriert, welcher Nameserver welche Top-Level-Namensräume betreut. Zu Beginn war das Internet auf Amerika begrenzt. Heute ist der Standard, dass zum Beispiel in Europa die Landeskennung als größte Namensinstanz eingesetzt wird. Von diesen DNS-Servern zeigen nun Delegationen (Verweise) an wiederum untergeordnete Nameserver, welche die Subdomänen dieser Namensräume verwalten, bis herunter zum Inhaber einer IP-Adressklasse, der dann die Zuordnungseinträge seiner Namen zu den IP-Adressen seines Adress-Ranges pflegt.

4.8.2 Auflösung der Adressen, Forward Lookup

Möchte nun in Bild 4.14 die Station „host01.einkauf.netz.de" die Webseiten auf dem Server „www.dummie.ch" erreichen, muss sie die IP-Adresse des Webservers ermitteln. Nur sie ist im Internet gültig, die Namen dienen lediglich unserer Bequemlichkeit. Als Erstes stellt sie eine Anfrage an ihren eigenen DNS-Server, der bei ihr konfiguriert ist, der für den Namensraum „einkauf.netz.de" verantwortlich ist, zu dem sie selbst gehört. Dieser weiß nichts von einem solchen Namen und fragt bei der übergeordneten Instanz nach, dem Nameserver für „netz.de". Hat dieser keine Ahnung, fragt er einen „."-Server. Dieser weiß es auch nicht, hat aber einen Delegationsverweis, wer für „.ch" verantwortlich ist. Dieser Nameserver weiß nun, an wen „dummie.ch" delegiert ist. Dort findet sich die IP-Adresse und wird zurückgesandt. „host01.einkauf.netz.de" kann so die Adresse der anderen Station ermitteln, obwohl die Datensätze völlig getrennt verwaltet werden. Dieser Vorgang der Adressauflösung nennt man Resolving, das Programm, das für uns im Hintergrund und transparent diese Anfragen verarbeitet, Resolver. So existiert ein weltweiter Verbund von Datenbanken mit Namens- und Adresseinträgen, die überall in einer hierarchischen Baumstruktur zur Verfügung stehen. Ohne das DNS-System wäre das Internet heute nicht mehr betreibbar. Letztendlich können, so zum Beispiel bei Webservern, etliche Namen einer Adresse zugeordnet sein.

Der Bereich, in dem der Administrator selbst die Namen kontrolliert, nennt man eine Administrationszone.

Wie in Bild 4.10 deutlich zu sehen ist, referenziert sich ein Rechner selbst durch seine Stellung in der Hierarchie. Der komplette Name inklusive aller Suffixe ist weltweit eindeutig, dies ist dadurch sichergestellt, dass die Namensräume lediglich erweitert werden dürfen, nie verkleinert. Somit kann es Tausende Rechner weltweit geben, die den Namen „pc0001" tragen. Durch die unterschiedlichen Suffixe sind sie trotzdem eindeutig unterscheidbar. Ein Rechner „pc0001.einkauf.netz.de" ist eindeutig ein anderer Rechner als „pc0001.lager.dummie.de", obwohl sie denselben Namen haben. Will man daher einen Rechner referenzieren, muss der komplette DNS-Name angegeben werden. Sehen wir nochmals kurz in Bild 4.13 nach. Der komplette Name ergibt sich, von unten nach oben aus dem Verzeichnis entnommen, aus dem Namen und allen anderen Namensteilen der übergeordneten Hierarchien. Da die oberste Hierarchie die „."-Server sind, ist der letzte Namensteil ein Punkt. Dies wird oft übersehen oder falsch gemacht. Der sogenannte Fully Qualified Domain Name, FQDN, der Name, der einen Rechner im DNS weltweit eindeutig referenziert, endet mit einem Punkt. Die korrekte Namensangabe wäre also für unsere Beispielrechner: „pc0001.einkauf.netz.de." und „pc0001.lager.dummie.de."

Das DNS-System erfüllt noch einen weiteren sehr wichtigen Dienst. Durch spezielle Einträge in den Servern werden nicht nur Adressen und Namen von Hosts geführt, sondern auch von Mail-Domains (MX-Records, Mail-Exchange). Über das DNS werden E-Mail-Server und ihre Domänen aufgelöst. Damit kann E-Mail weltweit zugestellt werden.

Diesen Vorgang der Auflösung, dass IP-Adressen zu Namen gefunden werden, nennt man den Forward Lookup. Das DNS teilt die Namensdomänen in sogenannte delegierte Namenszonen ein. Genauer gesagt, eine Zone ist definiert durch den Namensraum, der von einem Nameserver verwaltet wird. Sie kann dabei mehrere Namensdomänen und Hierarchien umfassen. In Bild 4.14 ist der gesamte Namensraum „einkauf.netz.de" an einen eigenen Nameserver delegiert. Daher gehört alles, was unter diesen Namensraum „xxx.einkauf.netz.einkauf.de" gehört, mit Subdomänen, zur Zone „einkauf.netz.de". Gäbe es keine Delegation, wäre der Nameserver „netz.de" dafür verantwortlich und dieser Namensraum in seiner Zone.

Die gesamten Informationen zur Auflösung von Adressen aus Namen werden in der Forward Lookup-Zone eines Nameservers geführt. Die Namensdomänen werden durch die Punkte im Namen getrennt, die Zonen durch die Verwaltungsbereiche der Nameserver. Nameserver können redundant betrieben werden. In der Regel ist das DNS ein Master-Slave-System, das heißt, ein Nameserver führt die Datenbank und gibt sie an die anderen zum Abgleich weiter. Einen solchen Abgleich durchzuführen bedeutet, die Zoneninformationen an die anderen (redundanten) Nameserver abzugeben. Daher nennt man dies einen Zonentransfer. Er wird auch in der Reverse Lookup-Zone (siehe unten) vorgenommen.

Aus Sicherheitsgründen kann konfiguriert werden, wer berechtigt ist, einen solchen Zonentransfer zu erhalten, und wer nicht.

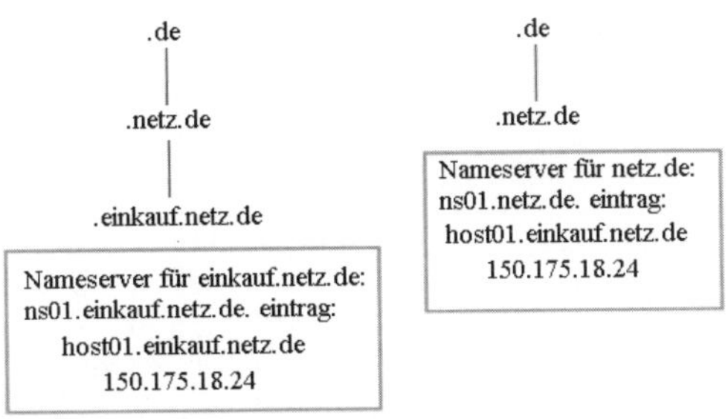

BILD 4.15 Der Verwaltungsbereich eines Nameservers in Bezug auf den Namensraum nennt man eine Zone. Ist der Namensteil „einkauf.netz.de" an einen eigenen Nameserver delegiert, bildet er eine neue Zone (links). Ist er nicht delegiert, wird er vom übergeordneten Nameserver „netz.de" mit verwaltet, gehört also zu seiner Zone.

4.8.3 Auflösung der Namen, Reverse Lookup

Die Auflösung eines Namens aus einer IP-Adresse nennt man Reverse Lookup, die zuständige Namenszone die Reverse Lookup-Zone. Wer welche Namen hat, ist registriert. Wer welche IP-Adressen besitzt, ebenfalls. Also war die Lösung elegant und einfach. Ein Namensraum wird aufgespannt, der genug Platz für alle möglichen IP-Adressen bietet und genauso delegiert wird wie die Namensräume. Das heißt, jeder, der einen Nameserver führt, muss zwei Namensräume pflegen, den seiner klingenden Namen in der Forward Lookup-Zone und den an ihn delegierten korrespondierenden Teil der Reverse Lookup-Zone, der „in-addr.arpa-Domain“. Die in-addr.arpa-Domain hat 256 Subdomänen. Jede dieser hat wiederum 256 Subdomänen. Und so geht es noch zwei Stufen weiter. Damit ist der gesamte Range aller möglichen IP-Adressen abgebildet.

Eine Host-Adresse kann also über die Baumstruktur leicht ermittelt werden. In der untersten Ebene, wie in der Forward Lookup-Zone auch, ist der Eintrag, welcher Name zu dieser Adresse gehört.

Ein Problem besteht, das nicht sofort sichtbar ist. In einer Verzeichnisstruktur wird eine Information durch den Ort der Information selbst referenziert. Information wird also von unten nach oben gesucht. Die hervorgehobene Adresse wäre also, ganz analog zu den Namen der Forward Lookup-Zone betrachtet: 132.134.15.131.in-addr.arpa. Jetzt beginnt das Problem, die IP-Adresse wird von links nach rechts gelesen immer genauer; der Name aber von rechts nach links.

131.154.16.4 www.einkauf.dummie.ch

Sehen wir das Beispiel genauer an. 131.154.X.X/16 entspricht einer gesamten B-Klasse von Adressen. 16 bezeichnet ein Subnetz und die 4 die genaue Adresse des einzelnen Rechners. Also wird die IP-Adresse von links nach rechts immer genauer.

Anders ist es beim Namen. „.“ bedeutet die Root-Domain. „.ch“ bedeutet irgendwo in der Schweiz. „dummie“ ist schon genauer, „einkauf“ eine Abteilung und „www“ der dortige Webserver. Der Name wird also von rechts nach links immer genauer.

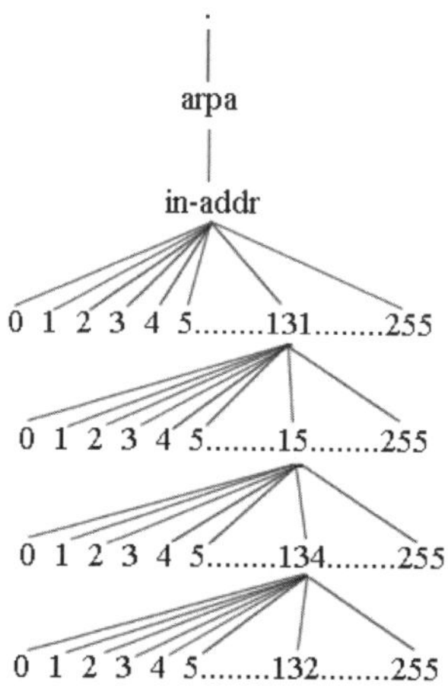

BILD 4.16 Die in-addr.arpa-Domain. In vier Stufen gibt es Subdomänen, die je 256 weitere enthalten. Somit kann der gesamte Raum aller IP-Adressen in dieser Domäne abgebildet werden. Zur Übersichtlichkeit ist hier jeweils nur einer der je 256 Äste expandiert.

Dies bedeutet, wenn wir Teile der „in-addr.arpa-Domain“ delegieren wollten, wie wir das bei den Namen tun, wäre dies unmöglich. Es kann im Baum nur (siehe Forward Lookup-Zone) von oben nach unten delegiert werden. Delegiert man in der ersten Stufe der Hierarchie alles, was unter 132 ist, würde das bedeuten, alle Rechner der Welt zu delegieren, deren IP-Adresse mit 132 endet! Dies wäre absolut sinnlos! Die Systeme müssen daher aneinander angepasst werden, die Suchrichtungen müssen letztendlich gleich verlaufen. Nur so ist es möglich, Teile der „in-addr.arpa-Domain“ genauso zu delegieren wie die Namen. Um dies zu erreichen, wird mit einem kleinen, aber gewitzten Trick gearbeitet. In der Reverse Lookup-Zone wird die Adresse umgekehrt. Ein Rechner der Forward Lookup-Zone und seine IP-Adresse korrespondieren mit der umgekehrten IP-Adresse der „in-addr.arpa-Domain“. Die Zuordnung ist immer noch absolut eindeutig. Der Beispiel-Host „132.134.15.131.in-addr.arpa“ hat also in der Forward Lookup-Zone die IP-Adresse: 131.15.134.132. Besitze ich nun die Verwaltung der B-Klasse-Adresse 131.15.X.X/16, bekomme ich im DNS die Zone X.X.15.131-in-addr.arpa zur Verwaltung delegiert, die auf meinem Nameserver geführt werden muss.

4.8.4 Namen auflösen, nslookup

Wollen wir auf der Kommandozeile ermitteln, ob eine Adresse oder ein Name im DNS eingetragen ist, können wir dies mit einem kleinen Hilfsprogramm testen. Sobald wir mit dem Internet verbunden sind, können wir mit „nslookup ip-adresse“ die Forward Lookup-Zone oder mit „nslookup name“ die Reverse Lookup-Zone des DNS abfragen. Dieses Programm werden wir uns in Kapitel 14, „Praxisübungen“ noch genauer ansehen.

4.8.5 Automatische Vergabe von Adressen, DHCP

Die IP-Adressen und notwendigen Parameter müssen nicht immer von Hand fest vergeben werden. Bei mobilen Geräten, wie zum Beispiel Notebooks, kann dies lästig werden. Es ist daher möglich, die Angaben automatisch zu beziehen. Für diesen Zweck wurde das DHC-Protokoll, das Domain Host Configuration Protocol, DHCP, entwickelt. In der Netzwerkkonfiguration bekommt der Client keine feste Adresse zugewiesen und ebenfalls keinen Default Gateway und keine Subnetzmaske, er wird einfach auf „DHCP“ (vielerorts heißt diese Option „Adressen automatisch beziehen“) konfiguriert. Startet das Betriebssystem, sendet es eine Anfrage ins Netzwerk. Diese nennt man einen DHCP-Request. Ist nun ein Server erreichbar, der dafür konfiguriert wurde, Adressen zu verteilen, sieht dieser dieses Paket und antwortet mit einem Adressangebot, also offeriert eine Adresse aus einem Pool, der ihm dafür zur Verfügung steht. Dies ist die DHCP-Offer. In ihr sind bei korrekter Konfiguration ebenfalls die nötigen Informationen zu der Subnetzmaske und zu dem Default Gateway enthalten. Darüber hinaus, wenn es im Server konfiguriert ist, können auch noch viele andere Angaben wie zu den Nameservern, WINS-Servern (siehe unten) und etliches mehr mitgegeben werden. Der Client nimmt nun das Angebot an und sendet einen DHCP-ACK (Acknowledge) zurück. Ab dann benutzt er diese Daten. Der Server markiert diese Adresse aus seinem Pool als vergeben, er trägt in seiner Datenbank einen sogenannten Lease ein. Ist der Pool erschöpft, kann kein weiterer Client mehr Adressen beantragen.

Damit die Adressen wieder frei werden, sobald der Client abgeschaltet wurde, besitzen die Adressen ein „Verfallsdatum“, das auf dem Server eingetragen wird, die Lease Time. Ist sie abgelaufen, muss der Client eine Verlängerung beantragen. Kommt dieser Antrag nicht, zum Beispiel weil die Maschine abgeschaltet wurde, legt der Server die Adresse wieder in den Pool für die nächste Anfrage bereit.

Aus Gründen der Sicherheit und anderen lässt sich der Lease an eine MAC-Adresse binden. Das bedeutet einerseits, dass man veranlassen kann, dass nur bekannte Rechner Leases bekommen, andererseits kann man so bewirken, dass ein Client immer dieselbe Adresse bekommt, trotz dynamischer Zuteilung (oder beides). Die MAC-Adressenbindung als Sicherheitsfunktion hat leider Lücken. Einerseits ist es heute bei vielen Netzwerkadaptern (leider) möglich, die MAC-Adresse selbst zu konfigurieren. Damit ist die eindeutige Identität eines Netzwerkgerätes über die MAC-Adresse nicht mehr gegeben. Andererseits hindert DHCP nicht daran, dass jemand eine unbenutzte Adresse im Netzwerk ausfindig macht und sich diese fest konfiguriert. Die Router wissen später nicht, ob eine Adresse über DHCP bezogen oder selbst vergeben wurde.

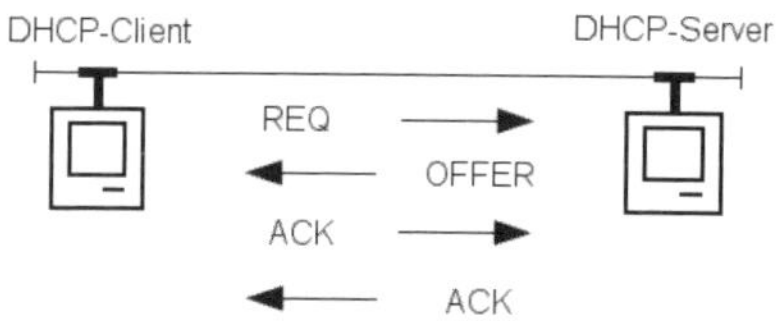

BILD 4.17 Bei DHCP bootet ein Rechner ohne Konfiguration. Er fragt diese über das DHC-Protokoll bei einem DHCP-Server an. Hat dieser freie Adressen in seinem Pool, „verleast“ er sie an den Client.

Sehr oft wird DHCP verwendet, wenn mobile Geräte ständig in verschiedenen Subnetzen eingesetzt werden, zum Beispiel Notebooks in verschiedenen Gebäuden einer Firma und/oder zu Hause. Mit DHCP müssen die Adressdaten nicht laufend geändert werden. Ein DHCP-Server muss nicht unbedingt ein Server oder PC sein, die meisten Router bieten heute diesen Service an, sodass der Router selbst der DHCP-Server sein kann.

4.8.6 DHCP-Relay

Soll DHCP über einen Router hinweg in ein anderes Subnetz angeboten werden, muss der Router als DHCP-Relay konfiguriert werden. Router trennen Broadcast-Domänen, lassen Broadcasts also nicht durch. Ein DHCP-Request ist aber eine Broadcast-Anfrage. Schlechte Implementierungen von Routern bridgen die Anfrage einfach weiter. Bridging bedeutet bei einem Router, dass man konfigurieren kann, dass er bestimmte Protokolle nicht routet, sondern unverändert einfach über seine Interfaces weitergibt. Damit verhält er sich für diese Protokolle wie ein Layer II-Gerät. Der Nachteil ist, dass dies nur ins nächste Subnetz möglich ist. Vor dem übernächsten steht ja wieder ein Router. Man müsste also an allen Routern bis zum DHCP-Server diese Anfragen bridgen, sprich den Broadcast in andere Subnetze weiterleiten. Genau das aber ist unerwünscht. Bei guten Routern verläuft dies anders. Ist ein DHCP-Relay konfiguriert, „verpackt“ der Router diese Anfrage (dies wird im Fachjargon verkapselt genannt, ein Protokoll wird verpackt in einem anderen transportiert. So können zum Beispiel nicht routbare Protokolle in IP verkapselt geroutet werden). Er verwandelt den Broadcast in einen Unicast und routet diesen an den DHCP-Server weiter. Ab dann geht dies auch ohne Konfiguration über mehrere Subnetze. Ein Unicast wird ganz normal geroutet. Der DHCP-Server sendet die Offer als Unicast zurück. Somit wird es möglich, mit einem DHCP-Server mehrere Subnetze zu bedienen, ohne die DHCP-Anfrage als Broadcast bridgen zu müssen.

Ohne diese Möglichkeiten bliebe nur übrig, in jedem Subnetz (Broadcast-Domain) einen eigenen DHCP-Server zu betreiben.

Elegant ist natürlich die Lösung, die Router selbst als DHCP-Server zu betreiben. Damit muss kein Server gewartet und keine Relays müssen konfiguriert werden, lediglich die Konfigurationen der Router werden erweitert. Hier ist in großen Szenarien mit vielen Subnetzen abzuwägen, was günstiger ist, eine zentrale Verwaltung mit Relays oder eine dezentrale Verwaltung an vielen Routern.

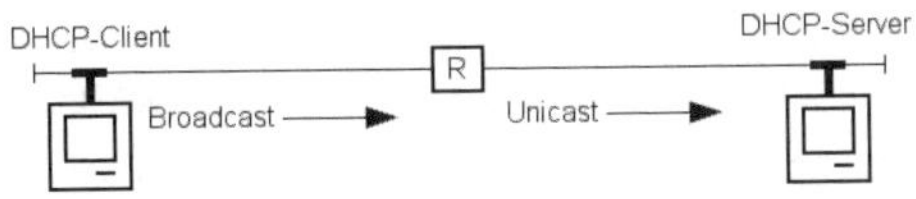

BILD 4.18 Bei DHCP über Router hinweg, sprich einem DHCP-Server in einem anderen Subnetz, muss der Router als DHCP-Relay konfiguriert werden. Sendet ein Client nun eine Anfrage als Broadcast, gibt sie der Router als Unicast an den DHCP-Server weiter. Router leiten Broadcasts nicht weiter. Somit muss nicht in jedem Subnetz ein DHCP-Server betrieben werden.

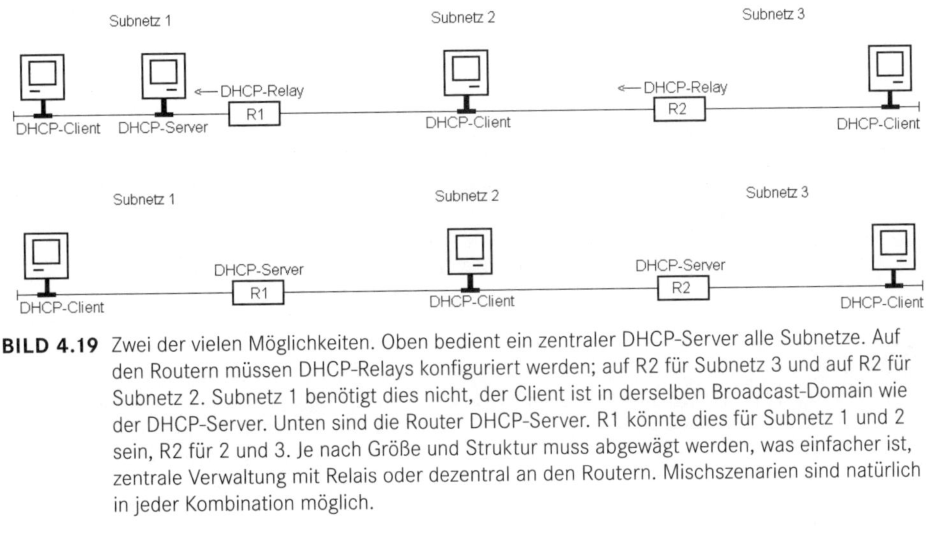

BILD 4.19 Zwei der vielen Möglichkeiten. Oben bedient ein zentraler DHCP-Server alle Subnetze. Auf den Routern müssen DHCP-Relays konfiguriert werden; auf R2 für Subnetz 3 und auf R2 für Subnetz 2. Subnetz 1 benötigt dies nicht, der Client ist in derselben Broadcast-Domain wie der DHCP-Server. Unten sind die Router DHCP-Server. R1 könnte dies für Subnetz 1 und 2 sein, R2 für 2 und 3. Je nach Größe und Struktur muss abgewägt werden, was einfacher ist, zentrale Verwaltung mit Relais oder dezentral an den Routern. Mischszenarien sind natürlich in jeder Kombination möglich.

4.8.7 Windows-Namen

Microsoft und IBM entwickelten das SMB-Protokoll (Server Message Block) zum Freigeben von Ressourcen und Druckern in Netzwerken. Mit SAMBA wird es inzwischen von der gesamten Unix-/Linux-Welt unterstützt.

Dieses Protokoll arbeitet zwar auf Layer V des OSI-Modells, es bringt aber Implikationen bis herunter zu Layer II mit sich. Das NetBios, das ursprüngliche Transportprotokoll, ist nicht routingfähig, es wurde für kleine Broadcast-Netzwerke entwickelt. Mit zunehmender Entwicklung der Netzwerke musste es angepasst werden. Es wurde also gekapselt, das heißt, in routingfähige Protokolle zum Versand eingepackt. Somit war es möglich, auch über Router hinweg mit NBT (NetBios over TCP/IP) kommunizieren zu können.

Eines war jedoch noch zu lösen, NetBios benutzt einen eigenen Namensraum, der völlig unstrukturiert ist. Seit Windows 2000 aufwärts gibt es diese Unterschiede nicht mehr, aber der Namensraum wird immer noch weiter benutzt, der DNS-Name und der sogenannte NetBios-Name sind nun identisch (im Vordergrund, über das GUI ist es nicht mehr möglich, unterschiedliche IP- und Netbios-Namen zu konfigurieren, über die Registry aber immer noch). Zur Rückwärtskompatibilität und aufgrund vieler Applikationen, die ihn immer noch nutzen, ist der NetBios-Namensraum aber noch voll aktiv. Zur Auflösung der NetBios-Namen muss in Umgebungen, die nicht ausschließlich homogen sind (NT, SAMBA, Win2000, W2K3, Mac), ein eigener Nameserver betrieben werden, der Windows Internet Name Service, WINS. Beim Start meldet sich jede Station bei ihm an, mit NetBios-Namen und IP-Adresse. Somit kann die IP-Adresse zum NetBios-Namen durch Anfrage an diesen WINS-Server aufgelöst werden.

Der NetBios-Name ist völlig unstrukturiert und besteht aus 15 Zeichen (und im Hintergrund ein 16., das wir nicht benutzen dürfen, Windows verwendet es intern für Dienstekennungen). Daher können Windows-Rechner auch heute keine Namen benutzen, die länger sind. Diese historische Altlast aus NT-Zeiten muss heute leider noch streng beachtet werden, um erhebliche Probleme in Netzwerken mit SAMBA und Windows/SMB zu vermeiden.

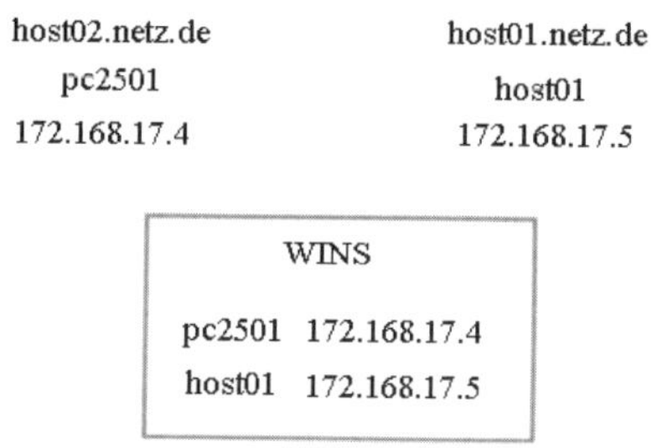

BILD 4.20 Links oben ein Rechner aus der alten NT-Welt. Der DNS-Name (host02.netz.de) und der NetBios-Name (pc2501) mussten nicht übereinstimmen, hatten nichts miteinander zu tun. Rechts ein heutiger Windows-Name. Er ergibt sich aus dem Beginn des DNS-Namens (host01). Beide melden sich mit Namen und IP-Adresse am WINS-Server an. Andere Rechner können dort anfragen und die IP-Adressen zu den NetBios-Namen erfragen. Da IP im Gegensatz zu NetBios routbar ist, können so über NetBios-over-IP trotzdem eine Namensauflösung und ein Datentransport stattfinden.

In Netzwerken, die mehr als ein Subnetz umfassen, muss ein WINS-Server geführt werden, um Namenskollisionen in der NetBios-Welt zu vermeiden. Über Router hinweg werden Broadcasts nicht weitergeleitet, und die Rechner sehen sich nicht sofort automatisch. Dies kann zu sehr unschönen Konflikten und Effekten führen. Leider ist nicht abzusehen, dass dies bald geändert wird. Wer also noch größere Mischumgebungen oder ältere SAMBA-Umgebungen betreibt, sollte WINS einsetzen.

Da ein WINS-Server nichts kostet, keine großen Ressourcen verbraucht und in der Betreuung sehr genügsam ist, wird geraten, einen WINS-Server mitzuziehen, ob er nun auf den ersten Blick notwendig ist oder nicht. Er stört nicht und hilft, manchmal relativ undurchsichtige Effekte zu unterbinden.

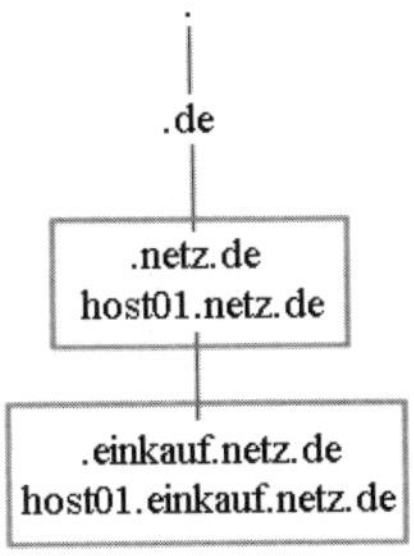

BILD 4.21 In der DNS-Welt sind beide Rechner, obwohl beide den Namen host01 besitzen, eindeutig identifizierbar. Sie sind durch ihre Stellung im Verzeichnisbaum referenziert. Der FQDN ist unterschiedlich. Der NetBios-Name aber wird lediglich aus dem ersten Namensteil entnommen. In der NetBios-Welt gäbe es hier eine Kollision, beide Rechner würden host01 heißen und wären nicht unterscheidbar.

4.9 Single-, Broad- und Multicast

Neben der Sendung von Daten an eine einzelne Adresse, dem Uni- oder Singlecast, und der Sendung an alle in der Broadcast-Domäne, dem Broadcast, gibt es noch eine andere Adressierung, die Sendung an eine Gruppe von Adressen, den Multicast. Er hat eine erhebliche Bedeutung.

Gute Beispiele sind die (auch) automatisierte Verteilung von Software oder Video-/Audio-Streaming. Wollen zum Beispiel in einem Praktikumsraum mit 25 PCs 16 Teilnehmer eines Kurses einen Lehrfilm ansehen, müsste ein Multimedia-Streaming-Server 16 Single-cast-Datenströme an 16 Adressen gleichzeitig versenden. Das Netzwerk wäre völlig überlastet.

Eine andere Variante wäre, diesen Datenstrom als Broadcast an alle zu versenden. Damit gäbe es nur einen Datenstrom. Der große Nachteil wäre, dass jede Station alle Pakete ansehen muss, die an die Broadcast-Adresse versendet werden, ob sie betroffen ist oder nicht. Damit wäre ihr Interface laufend ausgelastet, obwohl der Datenstrom nicht für sie gedacht ist.

Hierfür musste eine Lösung gefunden werden. Gerade im Multimedia-Bereich werden solche Datenströme immer häufiger. Daher werden die Daten in einem Stream an eine besondere Adresse gesendet. Der Server sendet an eine Multicast-Adresse. Jeder Client, der teilnehmen will, nimmt die Daten an diese Adresse an. Andere Rechner sehen ein hohes Netzwerkaufkommen, können die Pakete aber schon aufgrund ihrer Adresse auf tiefster Ebene verwerfen. Für die Multicast-Adressierung auf Layer III ist die IP-Adressklasse D reserviert, der Adressbereich von 224.0.0.0 bis 239.255.255.255.

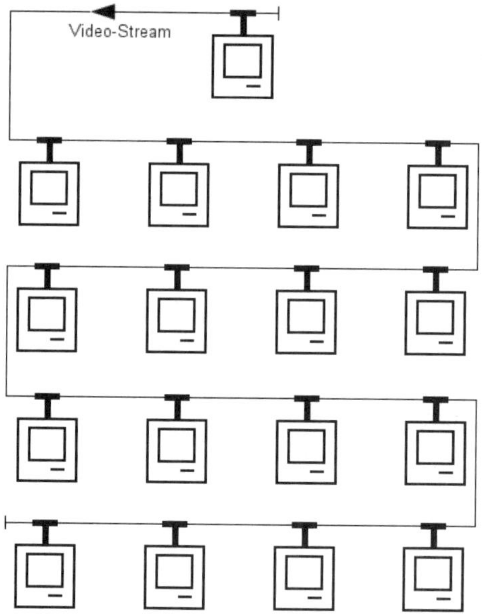

BILD 4.22 Ein Streaming-Server müsste entweder so viele Datenströme versenden, wie Clients da sind, oder müsste den Video-Stream broadcasten. Beides wäre sehr ineffizient. Gäbe es in diesem Subnetz Rechner, die den Stream nicht wollen, müssten sie doch bei einem Broadcast jedes Datenpaket ansehen; ein Broadcast muss von allen beachtet werden.

Ein schönes Beispiel sind die Router, sie tauschen untereinander Routing-Informationen aus. Dies tun sie über Multicasts, also Sendungen an die Gruppe „alle Router". Einige der Multicast-Adressen sind fest für Dienste, wie zum Beispiel für die Routing-Protokolle, reserviert. Andere sind bestimmten Streaming-Varianten zugeteilt.

Multicasting wird auch im Informationstransfer immer interessanter. Es ist wesentlich effektiver, einen Datenstrom nur einmal an eine große Gruppe von Interessenten zu versenden als mehrfach an viele einzelne. Viele Beispiele gibt es auch im größerem Maßstab, so zum Beispiel der Abgleich von Distributions- oder Mirrorservern etc.

Die Multicast-Adressen können in den meisten Anwendungen konfiguriert werden, sodass es möglich ist, mehrere Ströme gleichzeitig an verschiedene Zielgruppen zu versenden. Nichtsdestotrotz kann ein Multicast-Strom so effektiv sein, dass er die gesamte Bandbreite blockiert und für alle anderen Teilnehmer im Netzwerk die Übertragung sehr langsam wird beziehungsweise sogar ganz abbricht. Hier muss der Datenstrom des Streaming-Servers kontrolliert und limitiert werden.

Dafür können Programme und Geräte eingesetzt werden, welche die Datenrate eines Rechners begrenzen, oder es kann mit Kompressionsverfahren versucht werden, die übertragene Datenmenge zu limitieren.

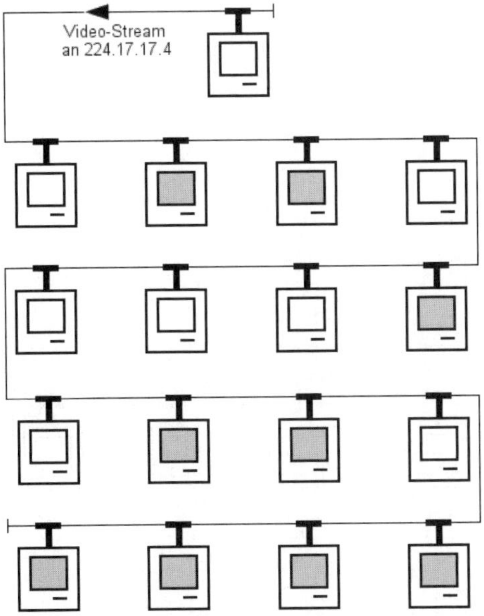

BILD 4.23 Eine Client-Server-Applikation sendet einen Multicast-Stream an eine dedizierte Multicast-Adresse. Die Clients, die daran teilnehmen wollen (hier grau markiert), erfragen die Adresse beim Server oder kennen sie über die Applikation und satteln sich dann auf den Stream auf. Die Daten werden in einem einzelnen Strom gesendet. Alle, die nicht betroffen sind, sehen zwar konstanten Verkehr, aber sehen schon an der Adresse, dass sie nicht gemeint sind.

4.9.1 Broad- und Multicast auf Layer II und III

Hier stellt sich die Frage, wie ein Multicast oder auch ein Broadcast auf Layer II gehandhabt werden.

Auf Layer III ist es klar: Multicasts bekommen Multicast-Adressen, und Broadcasts gehen an die Broadcast-Adresse des Subnetzes, die höchste Adresse.

Auf Layer II aber regieren die MAC-Adressen. Hier ist es ebenso geregelt, auch hier gibt es Multicast-Adressen und eine Broadcast-Adresse. Die Broadcast-Adresse auf Layer II ist, wie auf Layer III, die höchstmögliche, also ff:ff:ff:ff:ff:ff. Jeder Broadcast auf Layer II wird an sie gerichtet, zum Beispiel ein ARP-Request. Für Multicasts ist, wie auf Layer III, ein Adressbereich fest reserviert. Diesen verwendet kein Hersteller für seine Geräte. Es sind die Adressen von 01:00:5e:00:00:00 bis 01:00:5e:7f:ff:ff.

Wiederum brauchen wir diese zweistufige Adressierung, um über die Subnetzgrenzen hinwegzukommen. Wie dies möglich ist, werden wir noch genauer betrachten.

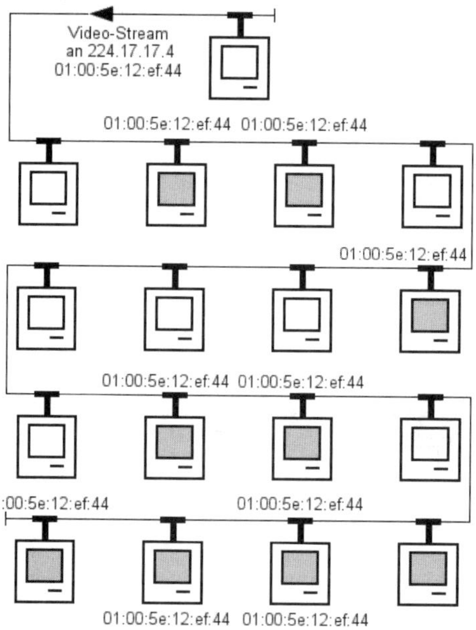

BILD 4.24 Die Adressierung eines Multicast-Streams auf Layer II und III gehorcht im Prinzip denselben Regeln wie die bekannte IP- und MAC-Adressierung im Singlecast-Bereich. Der Streaming-Server versendet an cinc Layer III-Multicast-Adresse. Innerhalb einer Broadcast-Domäne wird dieser eine Layer II-Adresse zugeordnet. Jeder Client, der am Multicast-Stream teilnehmen will, hört neben seiner eigenen und individuellen MAC-Adresse auf diese Multicast-MAC-Adresse als zweite

Im Gegensatz zu den Broadcasts können die Multicasts geroutet werden. Will man einen Broadcast über mehrere Subnetze verteilen, muss der Router bridgen, sprich alle Pakete einfach auf Layer II weitergeben. Dies sollte man vermeiden, da man damit die Broadcast-Domänen unnütz vergrößert. Ein Multicast aber muss geroutet werden können, da er sonst nur in einem Subnetz einsetzbar wäre. Das würde bedeuten, dass zum Beispiel jedes Subnetz einen eigenen Video-Streaming-Server bräuchte.

Hier gibt es ein Problem. Ein Multicast-Stream hat zwar eine Layer III-Adresse, aber kein dediziertes Ziel. Es gibt keinen Host auf Layer III, der diese IP-Adresse hätte. Ebenso gibt es kein Netzwerk dieser Adressen, das irgendwo physikalisch existiert. Wohin solche Datenströme geroutet werden, muss daher an den Routern bewusst konfiguriert werden. Nativ ist diese Funktion deaktiviert, da Multicasts sonst das gesamte Netzwerk über Layer III überschwemmen würden. Ein Multicast-Stream über mehrere Subnetze hinweg muss also bewusst kanalisiert und „geführt" werden. Ein Router ist nicht alleine in der Lage zu entscheiden, wohin dieser Datenstrom geleitet werden muss.

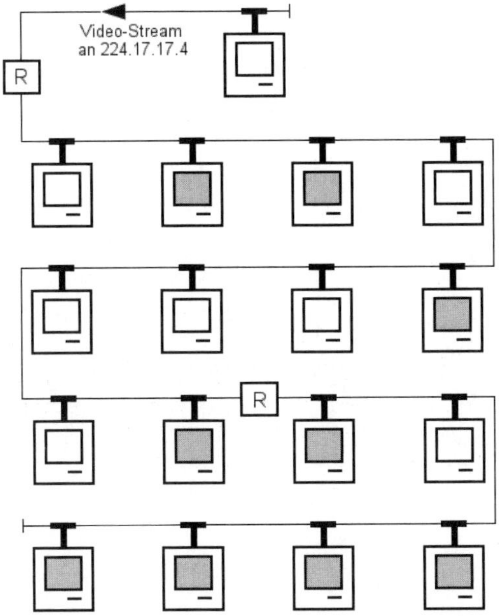

BILD 4.25 Die Interessenten an einem Multicast-Stream müssen in verschiedenen Subnetzen angesiedelt werden können. Sonst müsste in jeder Broadcast-Domäne ein eigener Streaming-Server stehen. So aber wird der Multicast auf Layer III ganz normal von den Routern (R) geroutet, auf Layer II in eine Multicast-MAC-Adresse abgebildet und so allen zur Verfügung gestellt. Welche Router Multicast-Streams weitergeben, muss bewusst konfiguriert werden. Ein Multicast-Stream hat kein dediziertes Ziel und würde das gesamte Netz überschwemmen, wenn ihn alle Router einfach weitergeben würden.

Ein Multicast-Routing muss also speziell konfiguriert werden.

Interessant wird es auch auf Layer II. Ein einfacher Switch kann einen Multicast nicht von einem Broadcast unterscheiden, er kann keine Layer III-Adressen interpretieren. Er sieht einen Multicast wie einen Broadcast und gibt die Pakete also an alle Ports wie einen Broadcast aus, der Stream ist monodirektional, die Switches können keine Empfänger-MAC-Adressen lernen. Dadurch, dass es aber dedizierte Layer II-Multicast-Adressen gibt, gibt es Implementierungen, die es ermöglichen, einen Multicast-Stream auf Layer II nicht einfach als Broadcast-Stream zu switchen. Genauso gibt es Möglichkeiten, einen Multicast-Stream auf Layer III nur dorthin zu routen, wo Interessenten sind. Diese Implementierungen sind meist proprietär und setzen entweder homogene Herstellerumgebungen oder definierte Standards voraus. Einige Hersteller bieten hier über die Standards hinausgehende Möglichkeiten an.

Als Faustregel gilt, ein Multicast wird bei Standardumgebungen auf Layer II gehandhabt wie ein Broadcast und auf Layer III so weit geroutet, wie erlaubt wird.

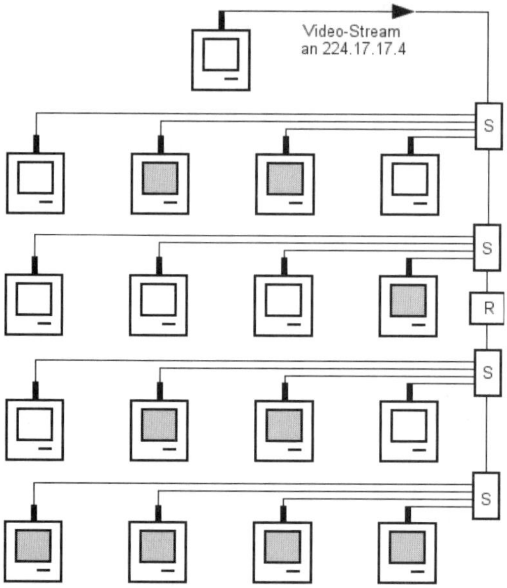

BILD 4.26 Bei Standardumgebungen ohne spezielles und meist proprietäres Multicast-Handling wird der Multicast auf Layer II wie ein Broadcast abgehandelt. Ist ein Router im Netzwerk, muss an ihm Multicast-Routing erlaubt werden. (S: Switch, R: Router)

Daher ist ein effektives Multicast-Handling in Umgebungen mit einfachen Switches und Routern oder in stark inhomogenen Umgebungen, bezogen auf die Netzwerkgeräte, sehr schwierig. Wer sehr viel Multicast einsetzt, sollte dies vor dem Design des Netzwerkes beachten. Ein Switch kann einen Multicast-Stream nicht selbst beurteilen, dazu fehlen ihm die Informationen auf Layer III. Alleine auf Layer II kann er nicht entscheiden. Eine Multicast-Layer II-Adresse kann er nicht lernen und darf es auch nicht, wir erinnern uns, dass es ein Switch als Fehler sieht, wenn er eine MAC-Adresse an mehreren Ports erkennt. Es gibt nun Implementierungen, in denen die Router mit den Switches über spezielle Protokolle Multicast-Informationen austauschen. Sie bekommen dann vom Router die Eigenschaften der Multicasts mitgeteilt und können in ihren MAC-Tabellen die Layer II-Multicast-Adressen dort eintragen, wo Clients angeschlossen sind, die an einem Multi-cast-Stream teilnehmen möchten. Ebenso kann auf Layer III kanalisiert werden. In einem vermaschten Routernetz tauschen die Router Multicast-Informationen unter sich aus. Bemerken sie, dass hinter einem bestimmten Interface keine Clients sitzen, leiten sie den Multicast-Strom nicht über dieses Interface weiter (diese Art der Verkehrskanalisierung nennt man auch Pruning). Damit verhindern sie, dass unnötiger Verkehr fließt.

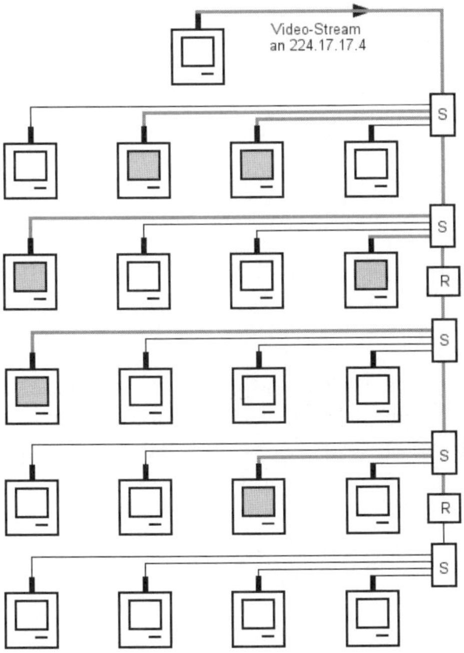

BILD 4.27 Es existieren sehr gute Lösungen, um Multicast-Umgebungen zu handhaben. Ist eine Kommunikation zwischen Client, Server, Switch und Router möglich, kann der Multicast-Stream gut kanalisiert werden. Die Switches geben ihn dann nur noch an die Ports aus, hinter denen teilnehmende Clients sitzen (grau), und die Router routen ihn dann nur so weit, wie Bedarf besteht. Hier leitet der unterste Router den Stream nicht weiter, da keine Interessenten in diesem Subnetz sind (Pruning). Nicht beteiligte Clients und Subnetze sind daher ungestört.

Diese Implementierungen sind hier jedoch stark herstellerabhängig. Für bessere Geräte spricht auch, dass spezielle Router und Switches Hardware-Decoder (ASICs, Application-Specified Integrated Circuits) für Multicast-Handling und Multilayer-Switching besitzen. Ihre Performance ist dabei um Klassen besser als die einer reinen Softwarelösung. Billige Switches können, da sie Multicasts wie Broadcasts behandeln, schnell überlastet werden und die Performance des Netzwerkes bis zum Stillstand beeinträchtigen.

Beim Netzwerk zu Hause ist dies alles meist ohne Bedeutung. Sehr viel Multicast-Verkehr kann aber schon eine kleine Firma beeinträchtigen, da ohne spezielle Verfahren dort die Netzwerkbelastung schnell zu hoch wird. Wer also viel und häufig damit arbeiten muss, zum Beispiel mit Video-Streaming an viele verteilte Clients, sollte sich die Anschaffung von geeigneten Geräten überlegen. Wenn dies nicht möglich ist, sollte man versuchen, alle Clients getrennt von nicht betroffenen Rechnern in einem Subnetz zu halten.

4.10 PING und TRACEROUTE – die kleinen Helfer

Um die Erreichbarkeit und den Weg zu anderen Rechnern testen zu können, gibt es zwei kleine Hilfsprogramme. Das erste ist das Programm „ping“. Wird einem Rechner ein „ping“ geschickt, antwortet er mit einem „pong“. Das heißt, mit dem Kommandozeilenbefehl „ping ip-adresse“ oder „ping name“ lässt sich testen, ob ein Netzwerkgerät oder Rechner läuft und erreichbar ist.

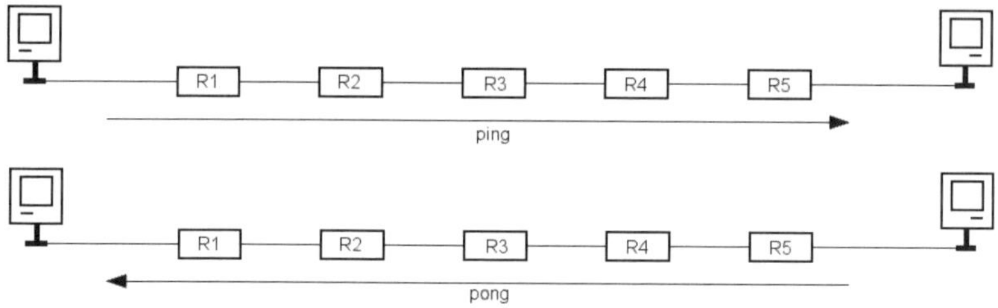

BILD 4.28 Ein Rechner sendet einem anderen einen „ping". Dieser antwortet, wenn nicht durch Konfiguration oder einer Firewall verboten, mit einem „pong". Neben der reinen Erreichbarkeit werden noch weitere Parameter der Verbindung ausgegeben, siehe Teil Praxis.

„Traceroute" unter Unix/Linux, „Tracert" unter Windows, ist ein Programm, das eine Zieladresse sucht und alle Hops, sprich alle überquerten Router zurückgibt. Dies kann sehr hilfreich bei Problemen sein, gerade bei Routing-Problemen. Hier wird mit dem Parameter TTL gespielt, der Time-to-Live. Die Anfrage an eine Zieladresse wird mit steigender TTL von eins an immer wieder verschickt. Solange, bis das Ziel erreicht wird, oder nicht. Bekommt ein Router ein Paket zur Weiterleitung, dessen TTL null ist, gibt er dem Sender ein Fehler-Feedback zurück und löscht das Paket. Somit wird Hop für Hop der Weg des Paketes über die Router ermittelt.

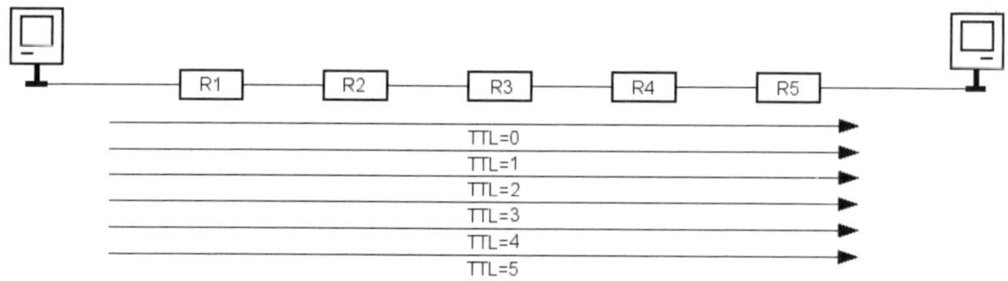

BILD 4.29 Der Sender sendet Anfragen an den Empfänger. Die erste mit einer TTL von null, dann aufsteigend, bis das Ziel erreicht wird.

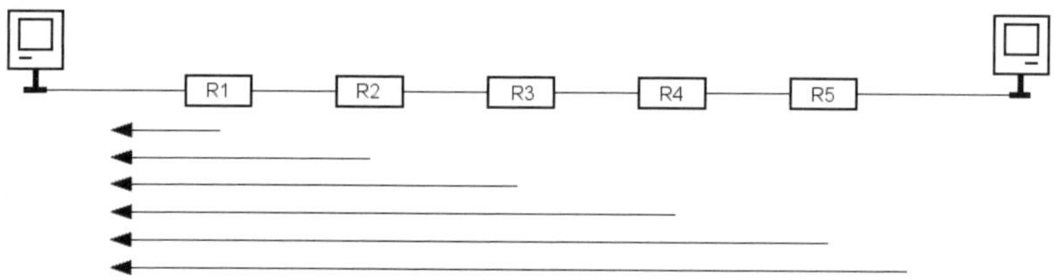

BILD 4.30 Jeder Router, der eines der Testpakete mit einer TTL von null bekommt, löscht es und gibt einen Fehlerfeedback zurück. So lässt sich Hop für Hop der Weg untersuchen.

Beispiele zu diesen Programmen gibt es in Kapitel 14, „Praxis/Übungen".

Damit ist unsere Reise durch den Layer III beendet. Wie anfangs gesagt, das OSI-Modell ist ein Modell und nirgends starr implementiert. In den nächsten Kapiteln werden wir, um das Henne-Ei-Problem weiter aufzulösen, höhere Layer kennenlernen und noch andere Informationen bekommen. Wir werden dabei viele Rückgriffe in tiefere Layer machen – diese jetzt aber voll verstehen.

5 Layer IV – die Transportschicht

Die Transportschicht ist die erste Schicht, die direkt mit bestimmten Services kommuniziert. Das IP-Protokoll bietet einen verbindungslosen Transport der Daten an, das heißt ohne jegliche Sicherung. Die Integrität der Daten wird auf Layer IV von TCP, dem Transmission Control Protocol, oder Protokollen höherer Schichten überwacht. Neben diesem sicheren Weg gibt es auf Layer IV ein verbindungsloses Protokoll, das UDP, das User Datagram Protocol. Beide haben ihre Berechtigung. Selbstverständlich gibt es noch sehr viel mehr Protokolle auf Layer IV, die sich der Dienste der ersten drei Layer bedienen. Hier wollen wir uns aber auf die gängigen, für uns tagtäglich sichtbaren konzentrieren.

5.1 Ports und Sockets

Das IP-Protokoll auf Layer III sorgt für den Transport der Daten über die weite Welt. Hier werden die Wege über das weltweite Internet ebenso gesucht wie die Wege zwischen den Subnetzen eines Intranets in einer großen Firma (Routing). IP sorgt also für den Verkehr von Endpunkt zu Endpunkt. Auf Layer IV nun werden die Daten den entsprechenden Services übergeben. Diese Information über angesprochene Services ist die sogenannte Portnummer. Jeder Service kommuniziert über einen virtuellen Verbindungskanal, hat per Konvention eine bestimmte Nummer zugewiesen bekommen, die sie identifiziert. Viele dieser Nummern sind fest zugeteilt, etliche Applikationen handeln diese Nummern aber auch dynamisch aus. Die Portnummer kann 16 Bit lang sein, sie liegt also im Bereich von $0 - 2^{16}$ (von 0 - 65 535).

Die Ports von 0–1023 sind fest vergeben und werden weltweit geregelt, sie werden auch „Well-known Ports“ genannt. Von 1024 - 49152 sind sie zum Teil definiert, man nennt sie „Registred Ports“, und viele sind für Applikationen reserviert. Die Ports von 49152 - 65 535 sind frei zur dynamischen Verwendung vorgesehen.

Weiter unten werden wir sehen, dass man Services gezielt sperren kann, wenn man ihre Portnummern kennt.

Hier ein paar Beispiele für fixe Portnummern:

20	FTP	Dateitransfer
21	FTP	Dateitransfer-Control
22	SSH	Secure Shell
23	Telnet	Remote-Konsole
25	SMTP	E-Mail-Verkehr
53	DNS	Domain-Name-Server-Anfragen
80	HTTP	World Wide Web Service

Will nun ein Rechner Verbindung mit einem anderen aufnehmen, sucht er sich dynamisch einen Port über 1024 aus, der frei ist, als Source-Port und sendet an den Zielport des Kommunikationspartners. Dieser ist in der Regel ein „Well-known Port". Ist der Service dort aktiv, werden ihm anhand der Portnummer die Daten übergeben. Die Antwort erfolgt an den Source-Port des Senders. Eine Kombination aus IP-Adresse und Portnummer nennt man im Fachjargon einen Socket. Der Port wird dabei an die IP-Adresse direkt angehängt, getrennt durch einen Doppelpunkt, so zum Beispiel 192.168.17.4:80. Die Verbindung zwischen zwei Rechnern ist also durch ein Socketpaar Source-IP-Adresse:Port – Destination-IP-Adresse:Port eindeutig im ganzen Internet charakterisiert. Ein Socketpaar kann nicht doppelt auftreten. Hier muss zwischen UDP und TCP unterschieden werden. Gleiche Portnummern bedeuten hier nicht immer die gleichen Services! Ein guter Vergleich ist der Weg eines Briefes. Der Familienname (IP-Adresse) sagt uns, in welchen Briefkasten er ausgeliefert werden muss. Der Vorname (Service) gibt an, für wen in diesem Haus oder der Wohnung der Brief dediziert bestimmt ist. Der Empfänger weiß genau, wohin er die Daten zurücksenden muss, Name und Vorname des Absenders sind ebenfalls auf dem Brief vermerkt.

BILD 5.1 Rechner B ist ein Webserver, A möchte sich seine Webseiten ansehen. Also sucht er sich einen freien Port aus (hier willkürlich 5500) und sendet eine Anfrage an Bs Webserverport 80. Damit ist für B sofort klar, dass sein Webserver gemeint ist. Er antwortet an Port 5500 von A. Damit ist die Verbindung eindeutig charakterisiert. Den Zielport auf A kennt er von der Anfrage.

Somit kann ein Server viele Services an viele Clients gleichzeitig anbieten. Durch die Socketpaare ist immer eindeutig, wer gemeint ist.

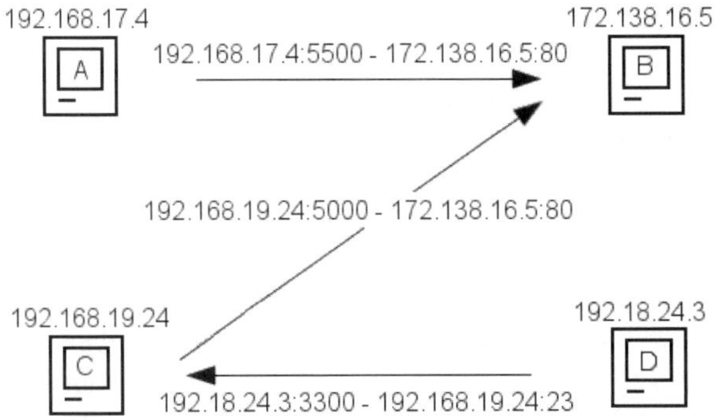

BILD 5.2 Rechner A und C bauen eine Verbindung zu Bs Webserver auf. Gleichzeitig verbindet D per Telnet zu C. Durch die Socketpaare weiß jeder genau, welcher Datenstrom zu wem und zu welchem Service gehört. Daher ist ein Server auch in der Lage, einen Service vielen gleichzeitig anzubieten, er kann sie leicht unterscheiden.

Die Portnummern begegnen uns im normalen Betrieb nicht sichtbar. Die Applikationen, die wir benutzen, kennen die Ports, die sie brauchen, und senden die Portnummer automatisch mit. Ein Webbrowser zum Beispiel setzt automatisch :80 hinter die Ziel-IP-Adresse und ein Telnet-Client automatisch :23 etc. Viele Server erlauben, die Well-known Ports absichtlich nicht zu verwenden, sondern andere einzustellen. Dies hat Security-Aspekte. So ist es zum Beispiel möglich, einen administrativen Webserver auf einem anderen Port zu betreiben. Dieser ist ab dann nur erreichbar, wenn der Port bekannt ist. Dann muss er aber auch im Browser angegeben werden, damit die Webseiten sichtbar werden.

5.2 Das Transmission Control Protocol

Viele Daten (wahrscheinlich inzwischen alle) müssen sicher, also integer und fehlerfrei, übertragen werden. Zum Beispiel darf der Download einer Datei keine Fehler enthalten, sie wäre korrupt.

Die Datenpakete eines Datenstromes werden, wie wir oben gesehen haben, unterwegs fragmentiert, reassembliert, sie erreichen das Ziel unter Umständen über verschiedene Wege und in der falschen Reihenfolge. TCP ist die Kontrollinstanz, welche die Daten wieder richtig zusammensetzt und im OSI-Modell nach oben an die Applikationen weiterreicht. Dabei kontrolliert TCP, ob alle Pakete eingetroffen sind, und fordert verlorene vom Sender nach. Dafür wird eine Sequenznummer der Pakete geführt. Das Datagram (Layer IV-Paket) beinhaltet die Portnummer, also Informationen, welche Services angesprochen werden sollen. Somit ist TCP ebenfalls in der Lage, ein Multiplexing zu steuern – über eine IP-Verbindung können mehrere Applikationen gleichzeitig kommunizieren.

TCP überprüft am Zielort die verschiedenen Pakete, setzt die Datenströme wieder korrekt zusammen und weist sie den Kommunikationspartnern zu.

5.2.1 Das TCP-Datagram

TCP nennt man deshalb ein verbindungsorientiertes Protokoll, da „bewusst“ eine virtuelle Verbindung zwischen Sender und Empfänger etabliert wird. Bevor irgendwelche Daten versendet werden, wird überprüft, ob der Partner erreicht werden kann. Bestätigt dieser, wird in einem Mehrschritt-Verfahren diesem ebenfalls rückbestätigt, dass die Verbindung möglich ist, und dann erst wird gesendet.

Am Ende der Übertragung wird die Verbindung „bewusst“ (eher gezielt) wieder abgebaut. Gleichzeitig findet eine Flusskontrolle statt. Laufen die Pufferspeicher des Empfängers voll, sendet dieser eine Nachricht, der Sender hört daraufhin auf zu senden, bis er wieder die Mitteilung bekommt, dass der Empfänger wieder bereit ist. Dann setzt er die Sendung der Daten fort.

Das TCP-Datagram wird von einem Header begrenzt und liegt im Datenteil des IP-Paketes. TCP ist ein sehr sicheres Protokoll. Bezahlt wird dies natürlich durch einen gewissen Overhead.

Senderport		Empfängerport	
Sequenznummer			
Bestätigungsnummer			
Header Length	unbenutzt	Flags	W-Size
Checksum		Urgent	
Options/Padding			
Data			

Jede Zeile entspricht einer Datenmenge von 32 Bit. Sie werden nacheinander versendet. Die einzelnen Felder bedeuten (die Zahlen bedeuten die Länge in Bit).

Senderport:	16	Portnummer der sendenden Applikation
Empf.-port:	16	Portnummer der empfangenden Applikation
Sequenz:	32	Nummerierung der Datenpakete im Datenstrom
Best.-Nr.:	16	Bestätigungsnummer. Jedes einzelne Paket wird vom Empfänger bestätigt. Diese Nummer gibt an, welches Paket richtig angekommen ist.
Header Length:	4	Länge des TCP-Headers in 32-Bit-Blöcken
unbenutzt:	6	Hier ist nichts kodiert, dieses Feld war für Erweiterungen und Optionen reserviert.
Flags:	6	Hier sind sechs Ein-Bit-Flags untergebracht. Sie haben folgende Bedeutung:
	1	URG: Urgent-Pointer. Ist dieses Bit gesetzt, muss das Paket sofort bearbeitet werden und wird nicht im Puffer abgelegt. Es wird für dringende Anforderungen, zum Beispiel zur Sendung von Steuer- und Kontrollzeichen, verwendet.
	1	ACK: Acknowledgement. Nicht bei jedem Paket ändert sich die Acknowledgement-Nummer fortlaufend (siehe unten). Dieses Flag gibt an, dass bisher alles richtig empfangen wurde und die Acknowledgement-Nummer gültig ist.

	1	PSH: Das Push-Flag veranlasst, dass ein Datenpaket direkt an den Destination-Port ausgeliefert wird, auch wenn im Multiplexing andere eine frühere Berechtigung hätten.
	1	RST: Reset. Ist es nötig, eine TCP-Verbindung zu beenden oder abzuweisen, wird das RST-Flag gesetzt.
	1	SYN: Synchronisation. Dieses Flag wird bei Aufbau einer Verbindung gesetzt. Es ist praktisch wie das Klingeln des Telefons. Der Empfänger nimmt dann die Verbindung an oder weist sie ab.
	1	FIN: Sind alle Daten übertragen, senden sich beide Partner gegenseitig ein Paket mit gesetztem FIN-Flag. Damit wird die Verbindung gezielt abgebaut und beendet.
W-Size:	16	Mit der Window-Size teilt der Empfänger dem Sender mit, wie viele Bytes an Daten er senden darf, um ein Überlaufen des Empfangspuffers zu verhindern.
Checksum:	16	Die Checksum ist eine Quersumme, die ermöglicht, die Integrität des Headers zu überprüfen.
Urgent:	16	Der Urgent-Pointer gibt zusammen mit der Sequenznummer die genaue Lage des Paketes im Datenstrom an (bei gesetztem Urgent-Flag).
Opt./Pad.:	32	Options/Padding. Hier können optionale Daten mitgesendet werden. Liegen keine vor, wird bis zur 32-Bit-Grenze mit Nullen aufgefüllt (Padding).
Data:	–	Hier sind die Daten der höheren Layer

5.2.2 TCP-Verbindungen

Eine TCP-Verbindung wird gezielt auf- und abgebaut. Jedes Datagram hat eine Sequenznummer, die es eindeutig im Datenstrom charakterisiert. Der Empfänger quittiert jeweils den Empfang jedes Paketes. Fehlende oder korrumpierte Pakete werden daher nochmals versandt.

TCP sammelt die Pakete in einem Zwischenspeicher, setzt den Datenstrom wieder korrekt zusammen und reicht ihn an die Portnummer weiter, für die er bestimmt ist. Dort „warten" die entsprechenden Applikationen auf Daten (zum Beispiel Telnet, FTP, WWW etc.). Da mehrere Applikationen gleichzeitig miteinander kommunizieren können, verteilt TCP ebenfalls die Pakete auf die verschiedenen Datenströme, regelt also das Multiplexing. Wird eine Telnet-Anfrage an einen Rechner gerichtet und ist dort ein Telnet-Server installiert, sendet der Sender an Port 23 der Zielmaschine. So ist es möglich, dass ein Telnet-Server viele Telnet-Verbindungen gleichzeitig ausführen kann, auch wenn nur eine Portnummer dafür zur Verfügung steht. Die Socketpaare sorgen dafür, dass alle Verbindungen im gesamten Internet immer eindeutig zugeordnet werden können.

BILD 5.3 Multiplexing auf TCP-Ebene. Die Datenströme der Applikationen werden getrennt und den entsprechenden Ports (Applikationen) übergeben.

Der Aufbau der Verbindung erfolgt im ersten Schritt durch das Senden eines Anfragepaketes „SYN" (Synchronize) zur Feststellung der Kommunikationsbereitschaft. Der Empfänger antwortet darauf mit einem OK-Paket „SYN, ACK" (Acknowledge). Dieses OK wird seinerseits mit einem weiteren OK (ACK) rückbestätigt. Dies bedeutet, dass vor der Sendung eindeutig festgestellt wird, in einem dreistufigen Prozess, dass beide Kommunikationspartner bereit sind, und beide bestätigen sich dieses wechselseitig.

Die Verbindung ist damit synchronisiert. Ab diesem Moment werden dann die Sequenznummern hochgezählt. Jedes Paket wird vom Empfänger dediziert bestätigt. Bleibt diese Bestätigung aus, sendet der Sender dieses Paket nochmals, so lange, bis ein Timeout auftritt oder die Bestätigung eintrifft. Ist alles gesendet, wird die Verbindung gezielt abgebaut. Auch dies wird gegenseitig bestätigt.

TCP kann anhand der Sequenznummern erkennen, ob die Daten in der richtigen Reihenfolge eingetroffen sind, und kann fehlende nachfordern und den Datenstrom korrekt an die entsprechende Applikation weitergeben.

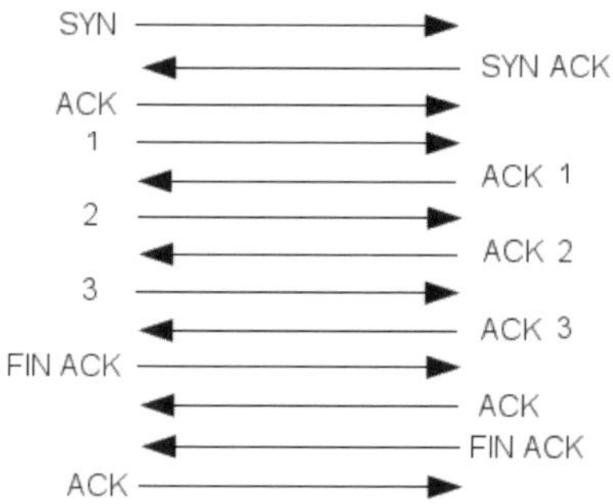

BILD 5.4 Schematischer Verlauf einer TCP-Verbindung. Die Verbindung wird mit einer Anfrage aufgebaut. Haben beide Partner wechselseitig bestätigt, dass sie kommunizieren können, wird begonnen zu senden. Jedes Paket wird mit seiner Sequenznummer quittiert. Am Ende wird die Verbindung mit wechselseitiger Bestätigung gezielt wieder abgebaut. Fehlende Pakete werden neu angefordert.

Es wäre nun sehr zeitraubend, wirklich jedes Paket einzeln zu bestätigen. Daher gibt es die Möglichkeit, die Pakete im Block zu quittieren. Ein Block von Paketen wird versendet. Das letzte wird bestätigt, wenn alle vorhergehenden korrekt angekommen sind. Wenn nicht, wird das letzte korrekt angenommene Paket quittiert. Die Größe der Blöcke wird ausgehandelt.

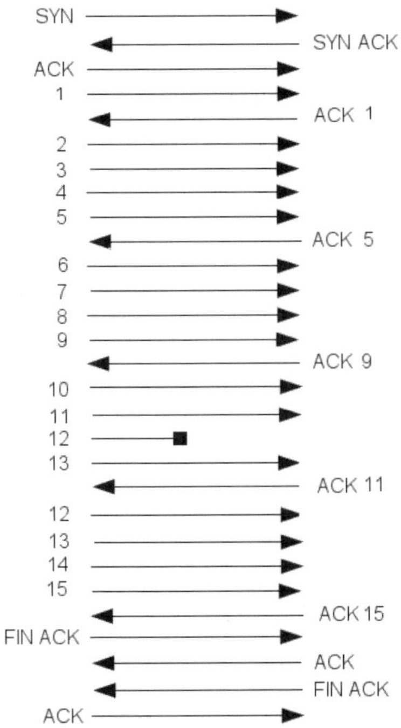

BILD 5.5 Blockquittierung. Der Sender sendet mehrere Pakete. Kommen diese alle richtig an, quittiert der Empfänger das letzte. Kommt es zu einem Fehler, wird das letzte richtige Paket quittiert, und der Sender sendet die anderen nach. Die Größe der Blöcke (Framing) wird dynamisch ausgehandelt.

5.3 Das User Datagram Protocol

Neben der sicheren Welt des TCP gibt es auf Layer IV das UDP, das User Datagram Protocol. Hier gibt es keine Möglichkeit für den Sender zu kontrollieren, ob die Daten korrekt übermittelt wurden. Die Daten werden einfach versendet und direkt an den Zielport des Empfängers ausgeliefert. Eine Kontrolle der Verbindung erfolgt nicht.

Was für einen Sinn hat ein solches Protokoll? Eine völlig unsichere Datenverbindung macht doch keinen Sinn. Warum also UDP?

Die einzelnen Applikationen hinter den Ports müssen hier für die korrekte Übertragung sorgen. Ein Beispiel ist SMB, das Protokoll für Windows-Freigaben und Drucker. Es benutzt zum Teil UDP und übernimmt selbst auf Layer V die Kontrolle. Eine zweite Kontrolle auf Layer IV wäre also unnützer Overhead.

Des Weiteren wird UDP verwendet, wenn eine Kontrolle der Verbindung keinen Sinn ergeben würde. Ein Boot- oder DHCP-Server ist entweder erreichbar oder nicht. Sendet ein Client fünf Anfragen ins Netz, ohne eine Antwort zu bekommen, dann ist der DHCP-Server nicht präsent. Ein Versuch, für eine solche Anfrage eine gezielte Verbindung aufzubauen, wäre überflüssig. Daher hat UDP in der Datenübertragung durchaus seine Berechtigung und ist als schlankes und schnelles Protokoll auf Layer IV bereits im Einsatz.

5.3.1 Das UDP-Datagram

Das Datagram setzt sich wiederum aus einem Header- und Datenteil zusammen:

Senderport	Empfängerport
Länge	Checksum
Data	

Jede Zeile entspricht einer Datenmenge von 32 Bit. Sie werden nacheinander versendet. Die einzelnen Felder bedeuten (die Zahlen bedeuten die Länge in Bit):

Senderport:	16	Portnummer der sendenden Applikation
Empf.-port:	16	Portnummer der empfangenden Applikation
Länge:	16	Länge des Datagrams, Header und Data
Checksum.:	16	Prüfsumme zum Integritätstest

5.4 Security auf Layer III und IV, Router und Firewall

Mit dem Verständnis der Portnummern ist es uns nun möglich, die gängigsten Security-Maßnahmen zu verstehen.

Will man, dass zum Beispiel bestimmte Webserver nur intern im eigenen Netzwerk zu sehen, andere Services aber erreichbar sind, wie zum Beispiel ein FTP-Server, sperrt man auf dem Router, der die Verbindung zu anderen Netzen herstellt, alle Zugriffe auf den Port 80 dieser IP-Adresse von außen nach innen. Somit ist der Rechner in allen anderen Anwendungen erreichbar, aber nicht mehr für WWW-Verkehr. Innerhalb des eigenen Netzes hätte dies keinerlei Auswirkungen. Analog gilt dies für alle anderen Anwendungen mit festen Portnummern.

Auf Layer III kann an den Routern nach IP-Adressen gefiltert werden. Damit werden alle Zugriffe auf (oder von) bestimmte(n) Adressen verboten.

Feiner unterschieden werden kann auf Layer IV. Hier ist es nun möglich, einen dedizierten Port zu sperren, also Regeln auf Serviceebene einzuführen. Dies kann für UDP und TCP getrennt getan werden. Es ist also möglich, einen Port für UDP zu sperren, für TCP aber offen zu halten und umgekehrt. Die Geräte, an denen die Sperren angebracht werden, sind Router und Firewalls. Sperrt man nun alle Ports über 1024, werden alle Anwendungen unterbunden, die dynamische Ports benutzen. Diese Schutzmöglichkeiten, die Router und Firewalls bieten, sind sehr effektiv und sollten eingesetzt werden. Router und Firewalls müssen also in der Lage sein, Layer IV-Informationen zu beurteilen.

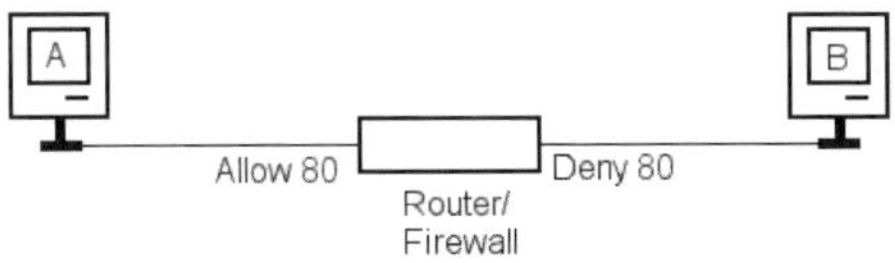

BILD 5.6 Rechner A und B sind in verschiedenen Subnetzen, die durch einen Router oder eine Firewall verbunden sind. Port 80 ist auf der einen Seite gesperrt, auf der anderen erlaubt. Die Folge ist, wenn beide Rechner Webserver betreiben würden, könnte A den Webserver von B erreichen, B den von A jedoch nicht.

5.4.1 Unterschiede zwischen Router und Firewall

Eine Firewall ist im Prinzip nichts anderes als ein Router, jedoch mit einer invertierten Weiterleitungsphilosophie. Ein Router ist maximal offen, bestrebt, hat also das Ziel, so viel als möglich Daten weiter zu transportieren. Hier müssen gewünschte Beschränkungen bewusst konfiguriert werden (sogenannte Access-Control-Lists, ACL). Unerwünschter Verkehr muss also bewusst durch Konfiguration verboten werden.

Eine Firewall verhält sich genau andersherum. Hier ist jeglicher Verkehr von vornherein verboten. Will man bestimmte Daten weiterleiten, muss dies explizit durch Konfiguration erlaubt werden.

5.4.2 Zonen einer Firewall

Die Interfaces einer Firewall sind in der Regel nicht wie bei einem Router alle einfach gleichberechtigt. Hier gibt es oft ein „Security-Gefälle", das konfigurierbar ist. Generell gilt, sofern nichts anderes konfiguriert ist, dass der Verkehr von Zonen höherer in Zonen niedrigerer Sicherheit erlaubt ist. Dies erleichtert die Implementierung eines effektiven Schutzes, ohne dass zu viel explizit konfiguriert werden muss.

Durch eine richtige Positionierung der Firewall (oder mehrerer) innerhalb eines Netzwerkes lässt sich dieses sehr viel effektiver schützen als durch die einfache Einrichtung von Access-Control-Listen an Routern.

Im Hintergrund machen Firewalls noch weit mehr als diese. Mehr darüber weiter unten. Das „Gefälle" der Zonen lässt sich durch Konfiguration beeinflussen. Hier kann sehr fein abgestimmt werden, was erlaubt ist oder nicht. In Umgebungen, die sicher sein sollen oder müssen, sollte der Einsatz von Firewalls auf jeden Fall überlegt werden. Auf jeden Fall dann, wenn das eigene Netzwerk direkt am Internet angeschlossen und nicht anderweitig vor Zugriffen von außen geschützt ist.

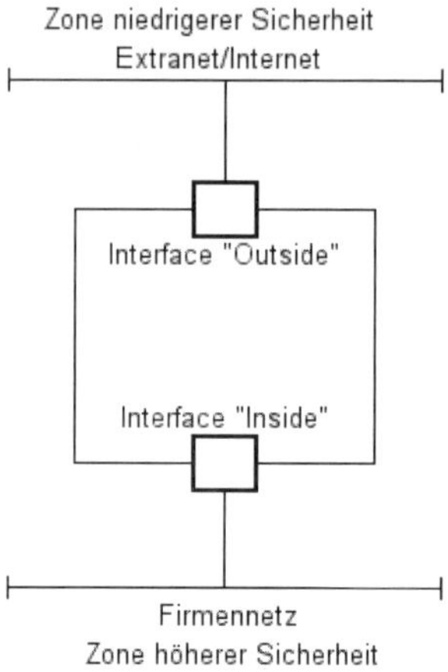

BILD 5.7 In der Regel wird bei einer Firewall Verkehr von Zonen höherer Sicherheit in solche niederer erlaubt. So soll von der Firma aus auf andere Netze zugegriffen werden können, aber nicht andersherum. Ein Router macht diese Unterschiede nicht, er hält sich an seine Access-Control-Listen und behandelt die Interfaces gleichwertig.

5.4.3 Mehr Intelligenz bei der Weiterleitung/DMZ

Ein Router routet alle Datenpakete, wenn dies nicht durch Access-Listen verboten ist. Eine Firewall ist da penibler. Sie blockt auch Verkehr, wenn er vom Regelset her erlaubt wäre, aber nicht vertrauenswürdig ist.

Treffen zum Beispiel TCP-ACK-Pakete ein, obwohl vorher kein SYN-Paket ausgetauscht wurde, oder treffen Pakete ein, die Adressen tragen, die eigentlich hinter anderen Interfaces der Firewall angesiedelt sein sollten, blockt die Firewall den Verkehr ab.

Eine Firewall führt genau Buch über alle Datenpakete und Verbindungen und beurteilt sie (Stateful Firewall). Einen Verkehr, der logisch nicht einwandfrei ist, verwirft sie aus Sicherheitsgründen. Diese Protokollierung muss sie schon alleine daher durchführen, damit das Regelset nicht zu extrem wird. Man bedenke, dass eine Datenkommunikation immer bidirektional ist. Das bedeutet, wer einen Webserver anfragt, bekommt natürlich auch eine Antwort, welche die Firewall hereinlassen muss. Sie muss feststellen, ob der Datenstrom des Webservers im Internet hereindarf, weil er von innen angefordert wurde, oder ob ein Angreifer versucht einzudringen. Bei Routern müssen die Access-Filter bewusst in beiden Richtungen angelegt werden. Eine gute Firewall führt Buch und weiß, welche Datenströme von innen angefordert und welche unerwünscht sind.

Um ein Netzwerk noch besser schützen zu können, bieten Firewalls besondere Zonen an, die man DMZ nennt (demilitarisierte Zone). Die Philosophie dabei ist, Server, die von außerhalb des Intranets erreichbar sein müssen (WEB-, FTP-Server etc.), nicht innerhalb des Intranets durch Ausnahmen im Firewall-Regelset zugänglich zu machen, sondern von vornherein keine „Löcher" ins Intranet zu bieten. Die übliche Konfiguration ist, aus Sicherheitsgründen nur einen Zugriff von innen nach draußen zu erlauben. Für jeden Rechner, der vom Internet her erreichbar sein soll, müssten also Erlaubnisregeln gesetzt werden. Diese aber bieten Eindringlingen die Möglichkeit, ins Intranet zu gelangen.

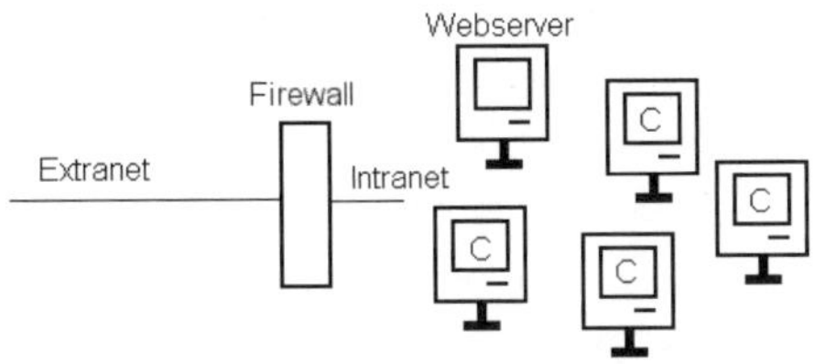

BILD 5.8 Stünde unser Webserver im selben Netz wie unsere Clients C, müssten wir in die Firewall ein „Loch auf Port 80 des Webservers bohren", damit dieser vom Extranet her abgerufen werden kann. Ein Eindringling aber, der es schaffen würde, den Webserver zu hacken, hätte die anderen Rechner völlig schutzlos vor sich.

Daher werden diese Server in Zonen (Subnetze) gestellt, die außerhalb des Intra- und Extranets liegen. Hier kann ein völlig eigenes Regelset gefahren werden, ohne das Intranet zu gefährden. In den Schutz des Intranets müssen keine „Löcher" in der Firewall geöffnet werden.

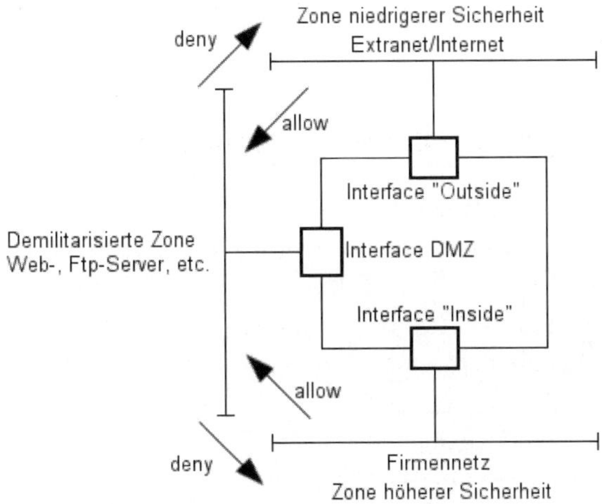

BILD 5.9 Server, die von außen her zugänglich sein müssen, werden nicht durch Löcher (Ausnahmeregeln) im Regelset der Firewall im Intranet zugänglich gemacht, sondern in eine separate Zone ausgegliedert, die DMZ. Wie durch zwei Dioden geschützt, können diese von innen erreicht und gewartet und gleichzeitig von außen in ihren Services erreicht werden. Ein Zugang von außen ins Intranet durch ein Eindringen in einen Rechner der DMZ aber ist unmöglich. Damit ist die Security wesentlich erhöht. Obwohl Services nach außen angeboten werden, kann der Zugriff auf das Intranet von außen völlig unterbunden werden. Von außen in die DMZ werden nur die Adressen und Ports der publizierten Services geöffnet.

Dies ist eine immense Steigerung der Sicherheit. Die Gefahr darf nicht unterschätzt werden. Wird ein Rechner innerhalb des eigenen Netzwerkes „gehackt", hat der Eindringling über ihn freien Zugang zu allen anderen Firmenrechnern. Die Firewall würde in diesem Fall nichts nutzen. Wird aber durch die Einrichtung einer DMZ vermieden, irgendwelche Services von außen durch Regelausnahmen in der Firewall im Intranet zu nutzen, kann dies nicht passieren. Wird ein Rechner in der DMZ „gehackt", sind lediglich die anderen Rechner der DMZ bedroht, aber nicht die Firmenrechner. Ausnahmen in der Firewall sollten daher strikt vermieden werden.

5.4.4 Firewall-Philosophien

Das in Bild 5.9 gezeigte Szenario ist nicht das einzig mögliche. Zum Einsatz von Firewalls gibt es verschiedene Philosophien, je nach Bedarf und Umgebung.

Die DMZ kann verschiedenartig positioniert werden. Ebenso kann mit mehreren Firewalls gearbeitet werden. Die beiden gängigsten Szenarien sind breit im Einsatz.

Zum ersten kann die DMZ zwischen das Extra- und Intranet positioniert werden. Dies erfordert jedoch zwei Firewalls.

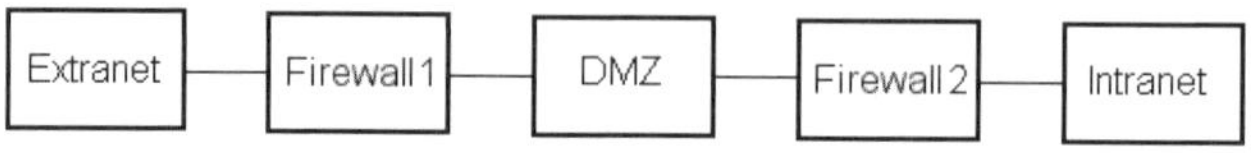

BILD 5.10 Hier wird die DMZ zwischen zwei Firewalls positioniert.

An Firewall 1 werden die Regeln so gelegt, dass alle Server in der DMZ in ihren Services von außen her erreichbar sind und alle Dienste, die ins Intranet müssen, freigeschaltet sind. Firewall 2 „macht dann dicht“. Sie lässt nur noch durch, was absolut notwendig ist. Somit kann gut konfiguriert werden, was von innen in die DMZ erlaubt ist, um eine Wartung der Rechner zu ermöglichen.

Nachteilig ist hier, dass die Regeln immer an zwei Firewalls synchron gehalten werden müssen. Bei Änderungen eines Regelsatzes einer Firewall muss unbedingt bedacht werden, wie sich dies auf die Regeln der anderen auswirkt.

Andererseits kann die DMZ (oder mehrere), wie oben beschrieben, außerhalb des direkten Weges positioniert werden.

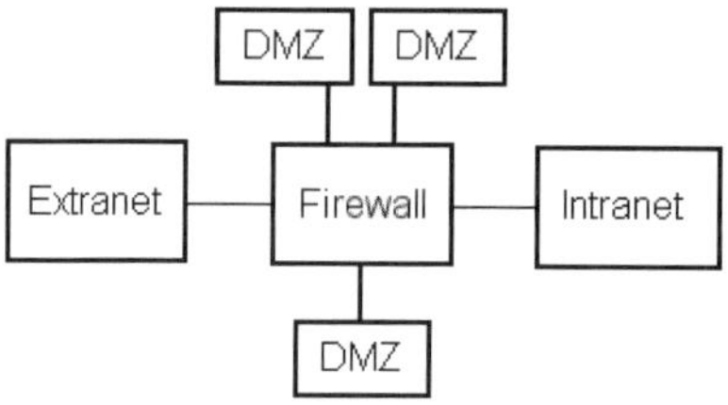

BILD 5.11 Die DMZ (oder mehrere) wird, wie oben gezeigt, außerhalb des direkten Weges vom Intra- ins Extranet positioniert.

Dies erleichtert die Einrichtung mehrerer DMZs, die unterschiedlich und sehr fein im Regelsatz getunt werden können.

Welches Szenario eingesetzt wird, hängt von vielem ab. Eine kleine Umgebung wird mit der ersten Variante zufrieden sein. Firewalls haben einen von der Menge der Interfaces abhängigen Preis. Zwei kleine Standard-Firewalls sind wesentlich günstiger als eine große mit mehreren Interfaces. Viele setzen auch einfach zwei Linux-Rechner mit je zwei Netzwerkkarten ein. Bis zu einem gewissen Verkehrsaufkommen leisten diese ohne Probleme alles, was nötig ist.

Wer mehrere DMZs braucht, sollte die zweite Variante einsetzen. Was für Geräte und/oder welche Szenarien nötig sind, entscheiden auch der Geldbeutel und die Performance. Ein Großunternehmen mit breitbandigem Internetanschluss muss ein gutes Gerät benutzen, dass die Regeln mit ASICs abarbeitet. Ein PC oder Server schafft dies ab einem gewissen Verkehr nicht mehr und wird zum Flaschenhals.

5.5 NAT, PAT und Masquerading

Die Adressen im Internet werden langsam knapp. Daher wird am Nachfolger, der IP-Version VI, gearbeitet, die einen wesentlich größeren Adressraum bieten wird. Aber noch ist diese Version nur zu Testzwecken im Einsatz. Große Adressklassen stehen nicht mehr zur Verfügung. In der Anfangszeit des Internets wurden sie großzügig vergeben, niemand rechnete mit einer derartigen Explosion der Menge der Rechner am Internet, und heute möchten sie die Besitzer natürlich nicht mehr zurückgeben. Daher mussten Methoden gefunden werden, um die Adressen weiter zu „strecken".

Hinter den folgenden beschriebenen Verfahren stehen aber auch Security-Überlegungen.

Das erste Verfahren war NAT, die Network Address Translation. Ein Router oder eine Firewall ist in der Lage, die Adressen auf den Datenpaketen zu ändern. Führt er Buch über seine Änderungen, können die Antwortpakete den Weg zurück finden, der Router/Firewall muss dies zurück ändern, bevor er die Daten ins eigene Netz zurückgibt. Die Übersetzung ist eins zu eins. So ist es möglich, dass in einer Firma 50 Rechner betrieben werden, die in einem privaten Adressbereich untereinander voll kommunizieren können. Einige von ihnen werden mit NAT nach außen in gültige Adressen umgesetzt und sind so voll mit dem Internet kommunikationsfähig. Ein Vorteil neben dem Sparen von Adressen ist die Security, nicht jeder Rechner ist mit dem Internet verbunden oder von außen erreichbar. Die interne Netzwerkstruktur bleibt verborgen.

Diese Übersetzung ist wie gesagt eins zu eins. Sie spart nur Adressen, wenn nicht alle Rechner eine Verbindung mit dem Internet benötigen. Müssen alle kommunizieren können, muss ein anderer Weg gegangen werden.

Natürlich erwuchs der Wunsch aller User mit der Zeit, mit dem Internet verbunden zu sein. Daher ist NAT heute nur noch selten im Einsatz.

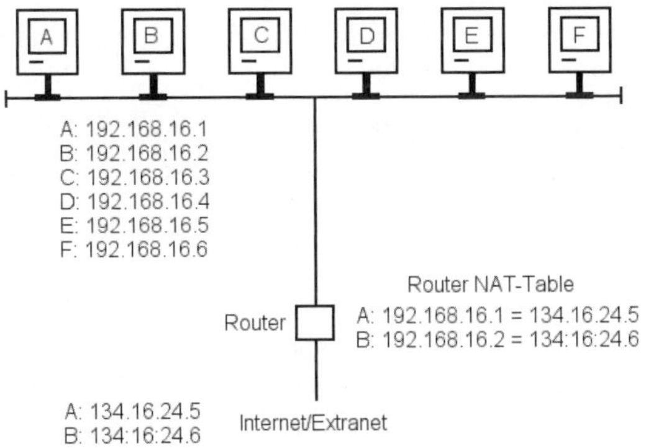

BILD 5.12 Der Router hat eine NAT-Tabelle konfiguriert bekommen. Kommen nun die entsprechenden Source-Adressen an, schreibt er sie in offizielle Adressen um und leitet sie ins Internet weiter. Kommen Antworten zurück, übersetzt der Router diese zurück in die privaten Adressen, bevor er sie ins Firmennetz weitergibt. Rechner A und B hätten also sowohl vollen Kontakt zum Internet als auch zum Intranet. Nur A und B sind von außen erreichbar und haben Zugriff ins Extranet. Dies verläuft für alle Beteiligten absolut transparent. Die Portnummern sind hier nicht betroffen, sie werden übergeben und mitgeschickt. Selbstverständlich kann hierfür auch eine Firewall eingesetzt werden.

Die Weiterentwicklung von NAT ist PAT, Port and Address Translation, auch NAT Overload oder IP-Masquerading genannt. Hier werden nicht eins zu eins private in offizielle Adressen übersetzt, sondern mehrere private in eine einzelne gültige Adresse. Dies ist möglich, wenn zusätzlich zu den Adressen auch die Portnummern umgeschrieben werden. Wie funktioniert das?

In jedem Datenpaket sind die Source-Adresse und der Source-Port genauso wie die Destination-Adresse und der Destination-Port enthalten, schließlich brauchen wir Sockets zur Kommunikation. Ersetzt nun der Router/die Firewall in jedem Datenpaket nach außen die Angaben zu den Adressen und zum Source-Port des Senders und führt darüber genau Buch, kann er/sie die Antworten auf dem Rückweg wieder zu den dedizierten Rechnern zurückleiten und die ursprünglichen Adressen und Ports wieder eintragen. Für die Rechner geschieht dies absolut transparent, sie bemerken überhaupt nichts von dieser Übersetzung.

Da sich sowohl die Adressen als auch die Ports ändern, bleibt die eindeutige Zuordnung erhalten, auch wenn der Source-Port derselbe sein sollte. Hier zeigt sich mal wieder vor allem die Stärke von Hardware-Routern beziehungsweise Firewalls, also Geräten der etwas besseren Klasse. Sie besitzen ab einer gewissen Güte (und einem gewissen Preis) ASICs (Application-Specified Integrated Circuits), also Hardware-Decoder für diese Aufgaben. Eine Software-Firewall oder ein Software-Router wird hier bei größeren PAT-Tabellen schnell am Ende der Performance angelangen.

Rechner, die durch PAT umgesetzt werden, sind vom Extranet her nicht erreichbar. Betreibt eine Firma Server oder Rechner, die von außen erreicht werden müssen, muss sie für diese NAT betreiben und statische Routen einrichten, ihnen offizielle Adressen geben oder, selbstverständlich die beste Idee, eine DMZ einrichten.

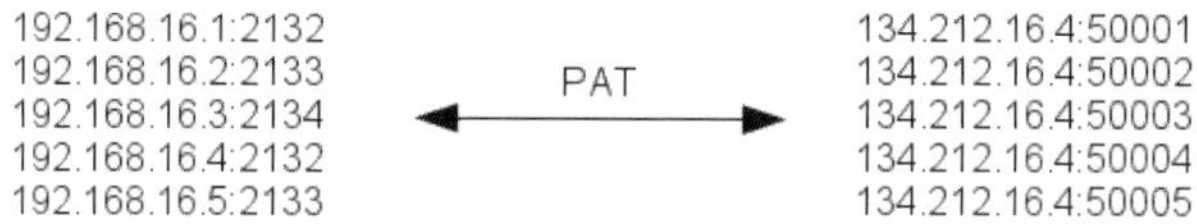

BILD 5.13 PAT: Der Router ersetzt die Portnummern der Pakete und führt darüber Buch. Gleichzeitig schreibt er alle privaten Adressen in eine gültige mit einer neuen Portnummer um. Kommen die Antworten zurück, weiß der Router anhand seiner Port-Tabelle, welche Quelladresse gemeint ist, und kann Adresse und Portnummer wieder zurücksetzen. Für den User ist dies völlig transparent. Dies bleibt auch eindeutig, wenn die Source-Ports dieselben sein sollten. Die Source-IP-Adressen sind immer noch unterschiedlich. Dadurch, dass der gesamte Socket gespeichert wird, kann auf dem Rückweg eindeutig unterschieden werden.

Bei PAT müssen die Source-Ports umgeschrieben werden und nicht die Destination-Ports. Zur Erinnerung sehen wir uns nochmals eine definierte Verbindung, zum Beispiel eine Telnet-Session, an. Die sendende Maschine sendet ihre Anfrage an einen Telnet-Server. Sie nimmt einen Source-Port über 1024 und sendet an den Telnet-Server, Port 23. An Port 23 erkennt die Zielmaschine, dass ihr Telnet-Server gemeint ist, nicht der FTP- oder Webserver etc. (Ports 21 bzw. 80). Somit besteht die Verbindung aus folgendem Socket:

Source:	130.128.17.4:5000	sendet zum Telnet-Port	140.125.13.4:23
Antwort:	140.125.13.4:23	Telnet-Session an	130.128.17.4:5000

PAT muss die Source-Ports ersetzen, da sonst die Zielmaschine nicht wüsste, was für ein Service gemeint ist. Der Source-Port ist frei gewählt, der Destination-Port benennt den gesuchten Service am Ziel. Er darf keinesfalls verändert werden.

Im Sprachgebrauch hat es sich durchgesetzt, von NAT zu reden, ob nun mit NAT oder PAT gearbeitet wird. PAT ist heute eigentlich die Regel, da die Provider selbst an der Adressknappheit leiden und den Kunden meist nur wenige oder eine einzige offizielle Adresse zur Verfügung stellen. Meist wird das PAT sogar vom Provider selbst erledigt, und die Kunden bekommen von vornherein private Adressen.

6 VLANs – virtuelle Netze

Das Trennen der Broadcast-Domänen hatte nicht nur Gründe des Broadcast-Verkehrs, sondern auch Gründe der Security. An einem Router oder einer Firewall können auf Layer III und IV sehr feine Access-Control-Listen eingesetzt werden, die den freien Zugriff auf bestimmte Ressourcen gezielt erlauben oder verbieten. Daher wäre es wünschenswert, diese Regelsätze nicht nur logisch, sondern auch „geografisch“ verteilen zu können. In einer Firma kann es Büros der gleichen Abteilung in verschiedenen Gebäudeteilen geben. Schön wäre es, wenn man diese alle je in ein Subnetz nehmen könnte und so die Regeln nur einmal definieren müsste, nämlich an dem Router, der das entsprechende Subnetz definiert.

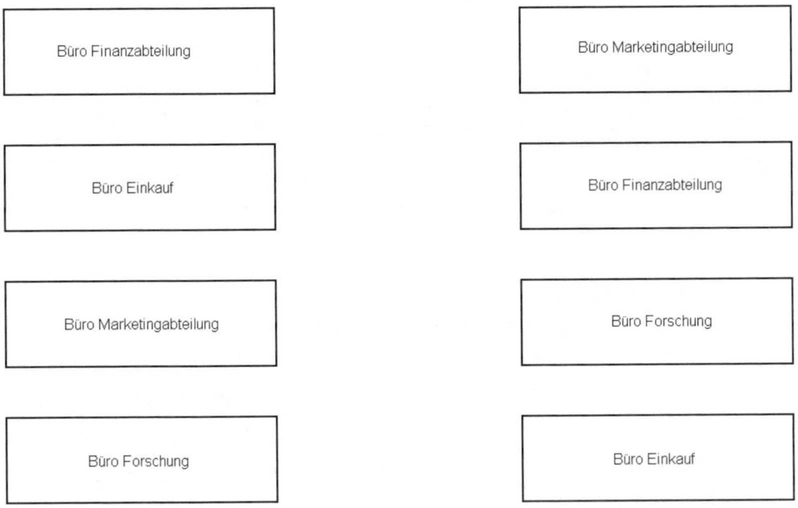

BILD 6.1 Die Büros einer Firma sind nicht nach Abteilungen konzentriert, sondern diese sind im Gebäude verteilt. Auf den Forschungsserver soll nur die Abteilung Forschung Zugriff haben. Schön wäre es, wenn man dies zentral definieren und an den Zielort transportieren könnte.

In einem solchen Szenario müsste man mit klassischen Lösungen viel und teure Hardware einsetzen. Entweder müsste man viele Router verbauen und die Access-Listen an jedem einzelnen pflegen, oder man müsste enorm viel Backbone-Verkabelung und eine große Zahl an Konzentratoren beschäftigen. Meist ist hier die Zahl der vertikalen Verbindungen in einem Gebäude bereits der begrenzende Faktor. Ein Umzug der Abteilungen wäre günstiger.

Heute aber will man eben Dinge wie mobile Büros, Ad-hoc-Arbeitsplätze für Home-Office-Mitarbeiter oder Reisende, wenn diese im Stammhaus sind.

Gleichzeitig will man eine perfekte Security und eine saubere Zugangskontrolle.

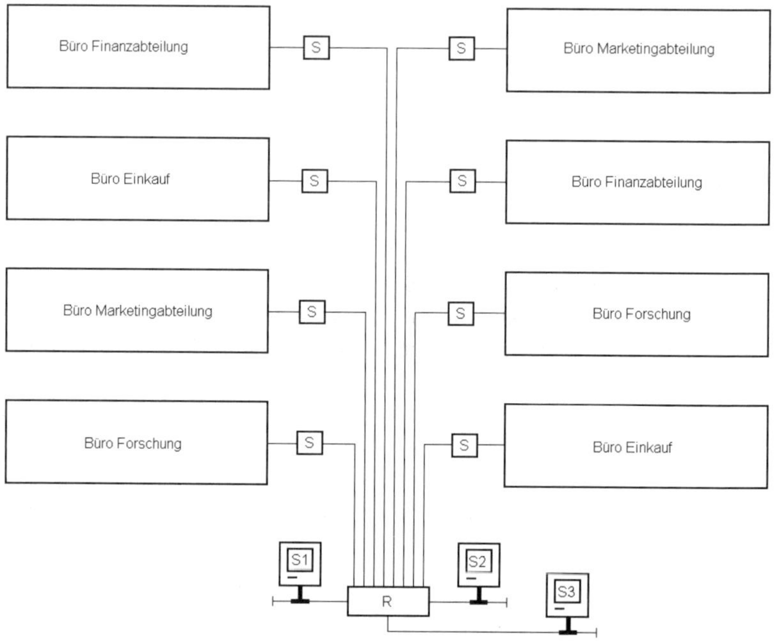

BILD 6.2 Wollte man eine perfekte Zugangskontrolle zu den Servern S1, S2 und S3 und eine saubere Trennung der einzelnen Abteilungen nach klassischer Konfiguration, müsste im Gebäudeverteiler ein Router platziert werden, der genug Interfaces dafür hat. Hier können die Access-Filter gesetzt werden. Die Server und Abteilungen müssten je in eigene Subnetze. Jeder Konzentrator (S wie Switch) müsste von einem Router-Interface erschlossen werden. Bei einer Mischbesetzung der Büros sogar mehrere pro Büro.

Router-Interfaces sind sehr teuer. Die Preise für die Geräte steigen enorm mit der zunehmenden Zahl an Ports. Man könnte auch alles durch verschiedene Konzentratoren erschließen. So könnte man im Keller vier Switches einsetzen, welche die Stockwerk-Switches erschließen.

Eine dritte Lösung wäre, auf jedem Stock einen Router zu planen. Dann hätte man die absolute Kontrolle, aber auch sehr viele Geräte, die konfiguriert werden müssen. Trotzdem müssten dann in den Stockwerken noch Konzentratoren eingesetzt werden, um alle Arbeitsplätze erschließen zu können.

Ein Problem aber bleibt bestehen. Bei jeder Mutation der Arbeitsplätze muss alles nachgeführt werden. In diesem Fall sogar physikalisch, also durch Umstecken von Kabeln. Dies ist nicht nur mühsam, sondern auch zu teuer.

Meist ist diese Lösung gar nicht möglich, da es in den Gebäuden nicht genug vertikale Verbindungen gibt.

Die Ansprüche der Anwender aber verlangten genau solche, moderne Szenarien: eine Nutzung der Infrastruktur des Netzwerkes in einer hochflexiblen Umgebung zu einem erschwinglichen Preis.

6.1 VLAN-Kennung, Tags

Daher setzt sich ein weiterer Standard immer mehr in der Welt der Netzwerke durch, das VLAN-System, Virtual Local Area Network.

In modernen Netzwerken ist die Infrastruktur geswitcht. Hubs werden nicht mehr oder nur noch sehr selten eingesetzt. Auf Layer III des Netzwerkes arbeiten Router, welche die Broadcast-Domänen und Subnetze verbinden, auf Layer II die Switches und Bridges. Viele Firmen haben den Wunsch, sehr oft aus Gründen der Security, verschiedene Abteilungen in verschiedenen Broadcast-Domänen zu organisieren, sprich in verschiedenen Subnetzen zu halten. Somit kann an den Routern oder Firewalls, die diese Netze verbinden, über Access-Listen ein sehr hohes Maß an Sicherheit erzeugt werden. Gleichzeitig kann es auch sehr sinnvoll sein, Rechner bewusst in einer Broadcast-Domäne zu halten, zum Beispiel bei Streaming(Multicast)-Lösungen. Oft wird dieser Wunsch durch die bestehenden Gebäude-Topologien verwehrt. Daher haben die Hersteller der Netzwerkgeräte ein Verfahren entwickelt, mit dem beides realisierbar ist.

Zuerst war die Idee die, den Verkehr schon auf Layer II zu segmentieren – Router sind wesentlich teurer als Switches, und die geswitchte Weiterleitung ist wesentlich schneller, ein Switch muss die Kuverts nur bis Layer II auspacken, ein Router bis Layer III. Wäre ein Switch nun in der Lage, den Verkehr nach festen Kriterien kanalisieren zu können, ließe sich das Netzwerk nach Geografie und Topologie gleichzeitig segmentieren.

Im ersten Schritt wurden die Switches befähigt, die Daten nach weiteren Kriterien zu analysieren. An einem Switch konnten nun definierte Bereiche eingerichtet werden, die untereinander kommunizieren durften, und andere, denen das nicht erlaubt war, die VLANs, Virtual Local Area Networks.

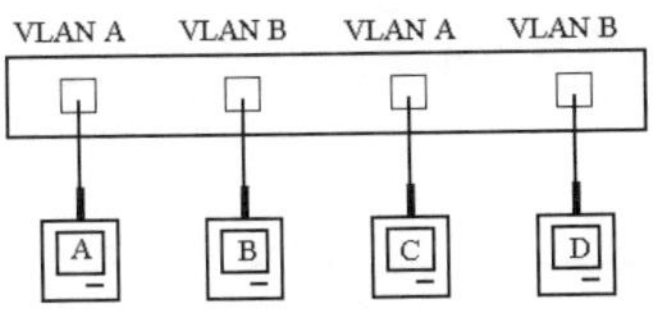

BILD 6.3 Am Switch wird festgelegt, welcher Port in welchem Segment ist. Der Switch leitet dahingehend die Pakete weiter. Rechner können nur mit Rechnern kommunizieren, die im selben Segment (VLAN) angesiedelt sind. Ein Verkehr zwischen den Segmenten ist in dieser Konstellation nicht möglich.

Der Switch bekam also die Möglichkeit und Autorität zu bestimmen, wer für wen erreichbar war und wer nicht. Dies hat nichts mit einer Adressierung auf Layer II oder III zu tun. Ein Switch kann mit Layer III-Adressen nichts anfangen. Auch wenn sich dies VLAN nennt, ist es für den Switch kein Netzwerk, davon hat er keinen Begriff.

Woher wissen die Switches nun, wer in welchem Segment angesiedelt ist? Der Switch packt das Paket bis auf Layer II aus. Dort musste die Kennung angebracht werden. Sie wurde im Ethernet-Frame zwischen dem Adressblock und dem Type-/Length-Field untergebracht, sie ist vier Byte lang (nach 802.1q VLANs, es gibt auch andere Verfahren).

Präamble	SFD	DMAC	SMAC	VLAN	Type	Data	Padding	FCS

Man sagt, das Paket ist tagged, wenn es eine Segmentkennung (VLAN) trägt. Das Paket wird dadurch nach dem Standard 802.1q für VLANs statt 1518 Byte 1522 Byte lang. Hier muss

Vorsicht walten! Ältere Switches und Hubs erkennen dies nicht an und verwerfen diese Pakete, da sie für den Standard Ethernet zu groß sind!

Anhand dieser Kennung erkennen die Switches, zu welchem Segment welches Paket gehört. Die Anschlussports des Switches werden konfiguriert. Hier gibt es zwei mögliche Alternativen.

Die Switches bekommen eine Tabelle mit MAC-Adressen und den ihnen zugehörigen Kommunikationsbereichen. In den MAC-Adresstabellen sehen sie, wo welcher Rechner angeschlossen ist, und leiten ihm die Pakete für sein Segment zu (auf MAC-Adressen basierende VLANs).

Die andere Methode ist, dass der Administrator den Switches durch Konfiguration mitteilt, welcher Port zu welchem Segment gehört. Letzteres wird zum Standard, da es statisch ist und nicht erfordert, dass bei einem Ersatz der Hardware nachkonfiguriert werden muss (portbasierende VLANs).

Bei beiden muss konfiguriert werden, welche Segmente (VLANs) überhaupt erlaubt sind und akzeptiert werden.

6.2 Trunks

Diese VLAN-Tags sind nur bei der Verbindung Switch-zu-Switch im Paket enthalten. Kommen sie am Zielport an, entfernt der Switch die Tags, bevor er die Frames an die Endrechner schickt. Sendet ein Rechner, der in einem bestimmten VLAN ist, fügt der Switch den Tag ein, bevor er das Paket an den nächsten Switch verschickt. Die Endclients bekommen von diesem Vorgang also überhaupt nichts mit.

Eine Verbindung zwischen Switches, die VLANs, also getaggte Pakete, transportiert, nennt man einen Trunk.

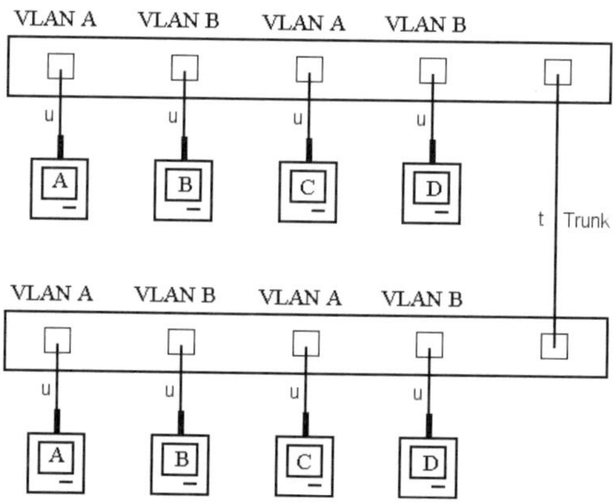

BILD 6.4 Kommen die Frames in den Switch herein, werden sie mit dem Tag versehen. Von Switch zu Switch (Trunk-Link) werden die Pakete mit der VLAN-Kennung transportiert. Erst wenn sie den Switch in Richtung „Nicht-Switch-Endgerät“ verlassen, wird der Tag entfernt. Der Client bekommt von diesem Vorgang also überhaupt nichts mit (u: untagged, t: tagged). Die Tags existieren nur im Verkehr zwischen den Switches.

Wie oben erwähnt, dies ist wichtig, muss hier darauf geachtet werden, dass ältere Geräte diese Pakete manchmal nicht weiterleiten, da sie zu groß sind, nach 802.1q 1522 statt 1518 Byte. Daher sollte, besonders bei älteren Geräten, darauf geachtet werden, dass einfachere Konzentratoren in der Lage sind, solche Pakete weiterzuleiten.

6.3 Verkehr zwischen VLANs

So wie in Bild 6.4 beschrieben, könnten alle Rechner im VLAN A untereinander kommunizieren, ebenso alle untereinander im VLAN B. Ein Rechner im VLAN A könnte aber nicht mit denen in VLAN B und umgekehrt Daten austauschen. Ein Switch ist ein Gerät auf Layer II, er kann nicht routen. Die Trennung in verschiedene Segmente musste aber einen Layer höher angesetzt werden. Diese Aufgabe kann daher nur ein Router durchführen. VLAN A und B sind also auf Layer III getrennt, also verschiedene Netzwerke. Wird eine Kommunikation erwünscht, muss ein Gerät eingesetzt werden, das auf Layer III arbeitet, ein Router, der in jedem VLAN ein Interface besitzt.

Hier muss genau unterschieden werden. Obwohl die VLANs verschiedene Netze sind, weiß der Switch davon nichts. Er kann die Layer III-Adressen nicht interpretieren. Für ihn sind dies einfach Frames mit Tags darin, die er nach den Kriterien, die wir konfiguriert haben, auf seine Ports verteilt. Dass die Rechner in verschiedenen VLANs in verschiedenen Netzen sein können, davon weiß er nichts.

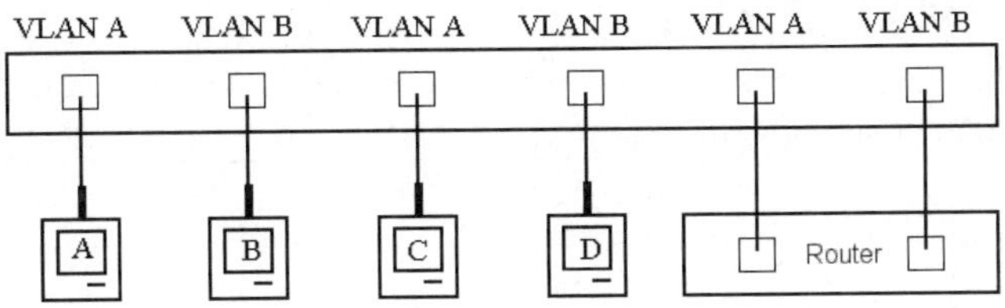

BILD 6.5 Wird ein Router angeschlossen, der in jedem VLAN ein Interface hat, können alle wieder untereinander kommunizieren.

Ebenso weiß der Router nichts davon, dass die Frames „vorsortiert" aus dem Switch kommen. Die Tags sind ja entfernt, wenn das Frame den Switch verlässt, sie sind nur in der Verbindung zweier Switches im Frame (Trunk).

Der Router sieht also virtuell eine Verbindung zu zwei Switches, die in verschiedenen Subnetzen sind. Er routet die Daten ganz normal. Der Switch sieht nichts vom Routing, das ist Layer III. Er schickt ein Frame zu einem Interface heraus, das er ungetaggt an den Router abgibt. Der Router nimmt das Frame auf, schaut nach der IP-Adresse des Zieles und routet das Paket an ein anderes Interface. Das Frame kommt nun in einen anderen Port des Switches herein. Dieser versieht es mit dem Tag des dort konfigurierten VLANs und leitet es weiter. Am Ziel werden alle Tags entfernt, und die Daten werden an das Endgerät ausgegeben.

Der Router merkt also nichts vom Tagging und der Switch nichts vom Routing. Der Switch arbeitet auf Layer II, ihn interessieren lediglich MAC-Adressen. Dass die Trennung in VLANs automatisch einer Trennung auf Layer III gleichkommt, wird klar, wenn man die Konsequenzen betrachtet. Durch die Konfiguration von VLANs wird ein Switch virtuell in mehrere Geräte geteilt. Da von einem VLAN nichts in ein anderes abgegeben wird, funktionieren natürlich auch keine Broadcast-Protokolle mehr, so auch kein ARP-Request. Daher kann erst wieder die Instanz den Verkehr weiterleiten, welche die Broadcast-Domänen trennt und verbindet – der Router.

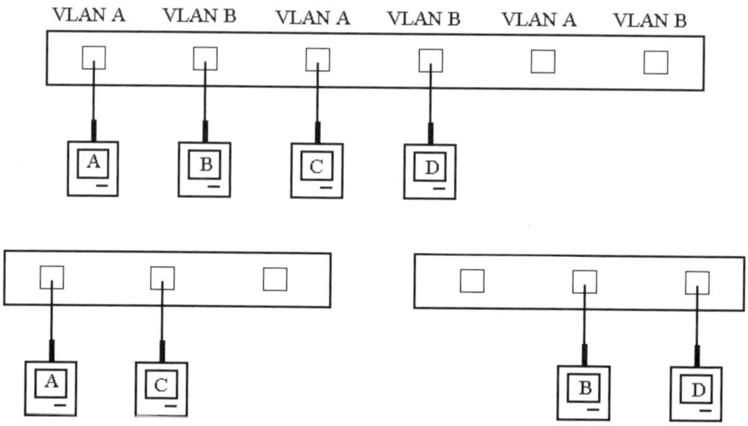

BILD 6.6 Das Konfigurieren von VLANs trennt den Switch virtuell in verschiedene Geräte. Dass dies eine Trennung auf Layer III bedeutet, wird dadurch bedingt, dass auch keine Broadcasts zwischen den VLANs abgegeben werden.

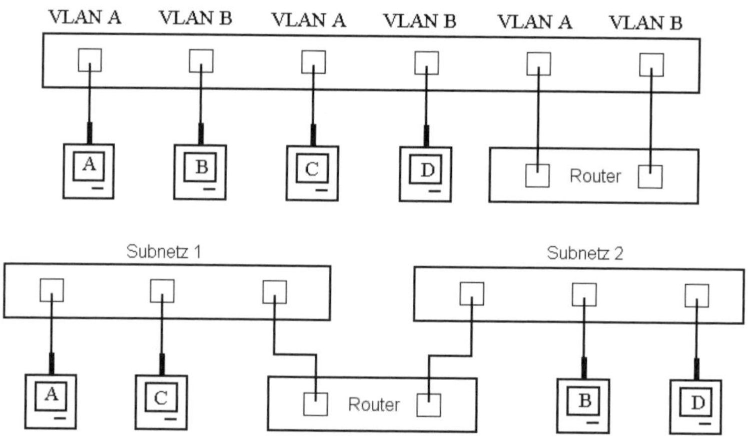

BILD 6.7 Beide Bilder oben sind einander äquivalent. Der Router sieht keinen Unterschied. Die Konfiguration der VLANs teilt den Switch virtuell in zwei. Die Layer III-Adressen interessieren den Switch nicht. Er kümmert sich lediglich um die MAC-Adressen. Ohne ein Router-Interface in jedem VLAN könnten diese nicht miteinander kommunizieren.

6.4 VLAN-Transport, Trunk zum Router

Moderne Router sind in der Lage, das Tagging zu verstehen. Man kann sie also einarmig an den Switch anschließen. Dies spart teure Router-Interfaces. Auch diese Verbindungen nennt man Trunk-Links. Die Router empfangen alle Pakete tagged wie ein Switch und erledigen intern das Routing. Je nach den Einträgen in der Routing-Tabelle versehen sie die Pakete mit dem richtigen, neuen Tag, bevor sie sie an den Switch zurückgeben. Intern funktioniert dies, als ob es wirklich pro Subnetz ein Interface gäbe. Unter diesen virtuellen Interfaces wird ganz normal geroutet.

Für den Switch sieht es so aus, als habe der Router den Tag ausgetauscht. Endgeräte bekommen von diesen Vorgängen nichts mit. Die Tags sind schließlich nur auf den Trunk-Links im Frame.

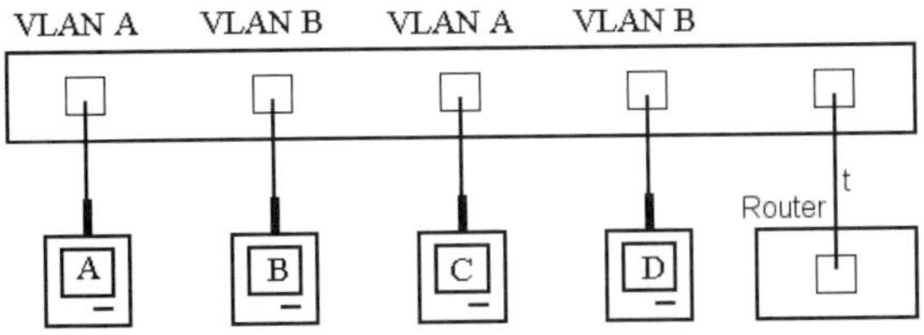

BILD 6.8 Moderne Router sind in der Lage, die Layer II-Informationen zu lesen. Sie können einarmig angebunden werden und so den gesamten Verkehr routen. Sie sind in der Lage, durch einen Trunk-Link angeschlossen zu werden. Der Switch übergibt die Pakete tagged an den Router. Der sucht das Destinationssubnetz und ändert dementsprechend den Tag. Dann gibt er das Paket an den Switch zurück.

6.5 Vorteile der VLANs

Durch diese Methode ist es nun möglich, verschiedene Subnetze an verschiedenen Stellen in einem Gebäude zu konfigurieren oder Rechner in den gleichen Räumen in verschiedenen Subnetzen zu halten. Durch Konfiguration der Switchports und den Patchanschluss der Rechner kann der Administrator bestimmen, in welchem Subnetz welche Anschlussdose ist. Es ist nun kein Problem mehr, ein Büro im achten Stock in dasselbe Subnetz zu konfigurieren, mit denselben Security-Einstellungen wie im ersten Stock. Verteilte Büros der Abteilungen können wieder in denselben Layer II-Bereichen abgebildet werden. Dies ist dann möglich, wenn eine lückenlose Layer II-Struktur besteht.

Wer eine „lückenlose" Layer II-Struktur in einem Gebäude besitzt, kann also frei definieren, welche Subnetze an welchen Switchports definiert sind, und damit sein Netzwerk sowohl geografisch als auch topologisch abbilden.

Access-Listen müssen nur einmal pro Subnetz definiert werden. Ab dann können einfach die dementsprechenden Rechner den verschiedenen Subnetzen zugeordnet werden. Durch die Möglichkeit, einzelne Subnetze an dedizierte Switchports zuweisen zu können, können diese überall in der Layer II-Struktur implementiert werden.

Ebenso flexibel kann ohne jegliche Änderung an Geräten ein Umzug von Mitarbeitern oder Abteilungen im Gebäude angepasst werden. Durch die Möglichkeit, Router mit einem Trunk an einen Switch anzuschließen, können teure Router mit vielen Interfaces eingespart werden. Die Menge benutzbarer Netzwerke ohne Änderung der Hardware ist auf einmal kein Problem mehr.

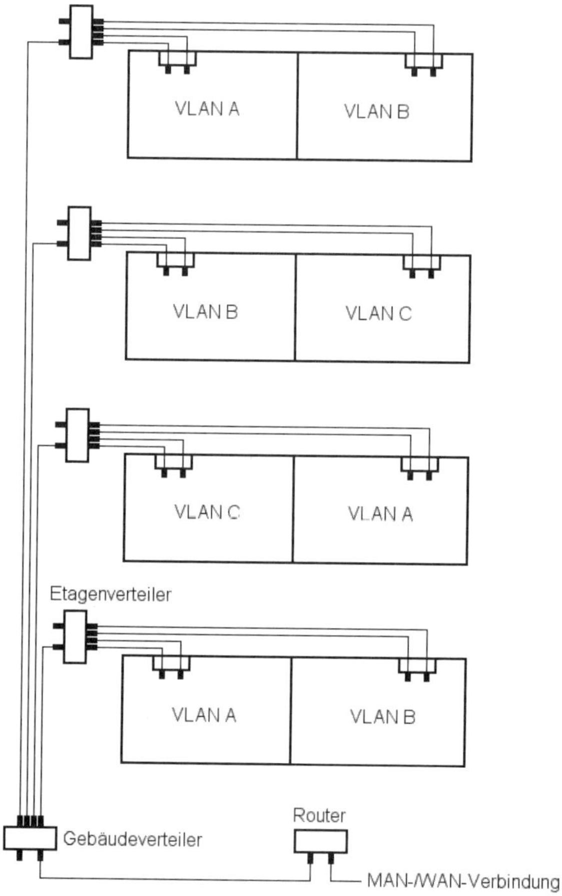

BILD 6.9 In einer voll geswitchten Umgebung mit VLANs können in den Büros eines Gebäudes die verschiedensten Subnetze definiert werden. Somit lassen sich zum Beispiel Büros von Abteilungen, obwohl in ganz anderen Gebäudeteilen untergebracht, in dasselbe Subnetz konfigurieren. Der Router routet den Verkehr zwischen den VLANs und stellt die Verbindung nach außen.

■ 6.6 Grenzen der VLANs

Über Router hinweg lassen sich Tags in der Regel nicht transportieren. Sind zum Beispiel zwei Gebäude durch Router verbunden, können in der Regel nicht in beiden dieselben VLANs benutzt werden. Dies würde das Gleiche bedeuten, als wenn dasselbe Subnetz an verschiedenen Routern definiert wäre (es gibt bereits Implementierungen, die das können, hier können VLANs auch über Layer III-Grenzen hinweg gekapselt und überallhin transportiert und realisiert werden). Eine Verbindung von Router zu Router ist eine reine Verbindung auf Layer III. Router können VLANs routen, die direkt an sie angeschlossen sind. Moderne Netzwerk-Core-Geräte sind eine Mischung aus Switch und Router. Hier ist alles in einem Gehäuse untergebracht.

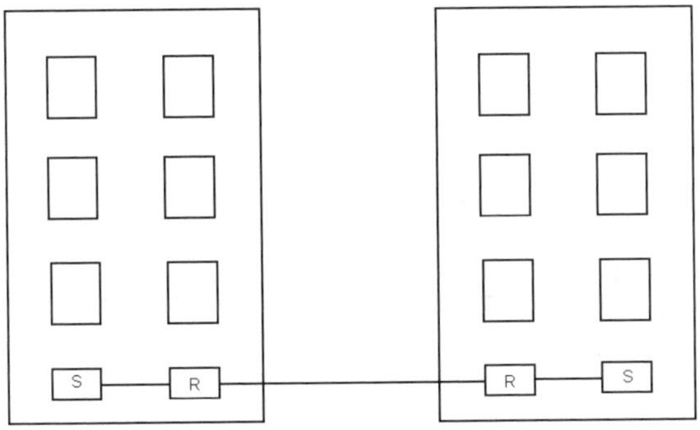

BILD 6.10 Werden ganze Gebäude oder Firmenteile miteinander verbunden (auch über VPN an entfernten Standorten), handelt es sich in der Regel um MAN- oder WAN-Verbindungen. Diese sind auf Layer III geroutet, sie müssen ja auch mit der weiten Welt kommunizieren. Hier sind die Grenzen des VLAN-Transports. VLANs werden in der Regel nur in reinen Layer II-Umgebungen transportiert. Das bedeutet, dass eine reine Router-Verbindung auch reine Layer III-Daten transportiert. In den Gebäuden können beliebige VLANs verwendet werden. Es gibt Verfahren, mit denen sich die VLANs gekapselt über Layer III übertragen lassen. Dies ist aber oft unklug, es gibt nur einen Default Gateway in jeder Broadcast-Domäne. Zum Routing müssen also alle Daten wieder zurück übertragen werden.

6.7 Bemerkungen zu VLANs

Es gibt definierte Standards zu VLANs. So beschreibt eben 802.1q die heute häufigste Implementierung zu VLANs. Hersteller, die ihre Geräte als 802.1q-gerecht designen, versprechen also, dass sie mit anderen dieses Standards kompatibel sind. In der Regel ist dies auch so, aber dies ist auch mit Vorsicht zu genießen. Sobald es herstellerspezifische Erweiterungen gibt, ist die Kompatibilität schnell vorbei. Dies kann zu äußerst merkwürdigen Effekten führen. Andere Hersteller haben ziemlich eigene Vorstellungen von VLANs. VLANs sind eben nicht immer VLANs, auf die Standards kommt es an.

So gibt es Switches, die verschiedene Betriebsmodi haben, nämlich VLAN oder nicht. Hier ist aber nicht das oben Erklärte gemeint, sondern zum Teil kuriose Features. Einige meinen damit, dass sie mit ihren Geräten die größeren, getaggten Frames ignorieren, andere sehen VLANs als einfache Trennung zur Erhöhung der Sicherheit an.

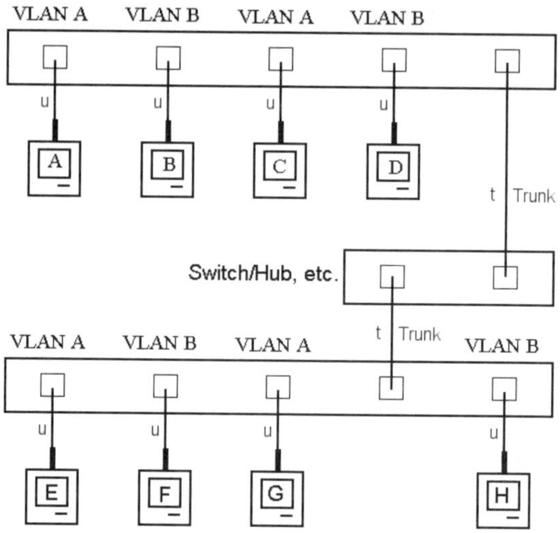

BILD 6.11 Manche Hersteller nennen ihre Geräte „VLAN-fähig“, da diese in der Lage sind, Trunks weiterzuleiten, sprich, dass sie Frames mit einer Größe von 1522 Byte weiterleiten. Hier wird ein Trunk vom oberen Switch an den unteren weitergegeben. Der Switch/Hub in der Mitte akzeptiert, dass die Frames getaggt sind, das bedeutet aber noch lange nicht, dass er „VLANs kann“.

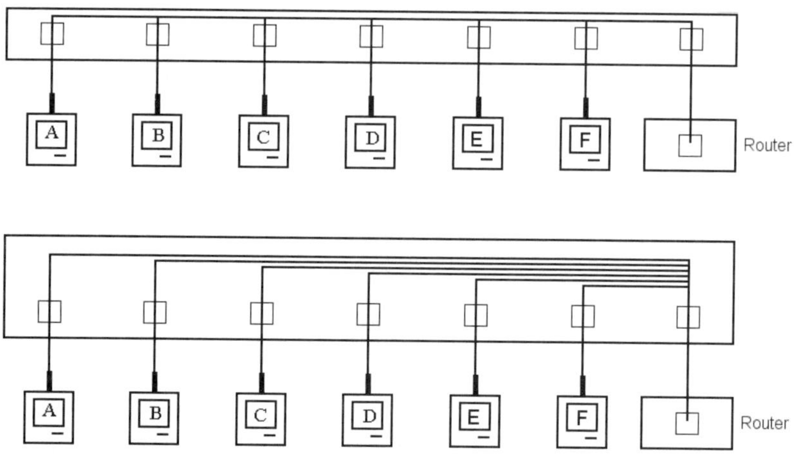

BILD 6.12 Andere wiederum sehen VLANs als Security an. Oben darf jeder am Switch mit den anderen kommunizieren, ebenfalls mit dem Router und damit mit der weiten Welt. Unten ist der Switch im Modus „VLAN“. Das bedeutet, dass alle mit der Welt reden können, untereinander aber nicht – ob im selben Subnetz oder nicht.

Es gibt viele Implementierungen, aber mit der Vorstellung der VLANs als Virtual Local Area Networks haben sie nichts zu tun. Hier muss streng unterschieden und die Kompatibilität muss peinlich beachtet werden. Das Beste ist, wie immer, entweder auf die Standards zu achten oder aber, vor allem wenn Erweiterungen verwendet werden, eine herstellerhomogene Umgebung aufzubauen.

6.8 Erweiterungen der VLAN-Umgebungen

Viele Hersteller bieten gute und sinnvolle Erweiterungen an. Im Wechselspiel mit anderen Geräten kann dies zu ziemlich seltsamen Effekten führen. Andererseits bieten sich in gerade größeren Umgebungen bei einem homogenen Szenario sehr gute Möglichkeiten. Zur Vollständigkeit seien hier einige aufgezeigt. Aber merke, der Standard nach 802.1q sind getaggte Frames! Die Erweiterungen sind meistens proprietär. Das heißt nicht, dass es nicht funktioniert, die Implementierungen zu mischen, aber es bedeutet, dass es auch große Probleme geben kann, wenn die Erweiterungen in gemischten Umgebungen verwendet werden. Meist muss hier die Konfiguration der Switches genauestens geprüft werden.

6.8.1 Spanning-Tree

Wir erinnern uns: In einer Layer II-Umgebung kann ein Loop zu einem absoluten Zusammenbruch führen. Dagegen hilft uns der Spanning-Tree. Er wird von den Switches verwaltet und berechnet. Haben nun unsere Switches mehrere VLANs, haben sie auch mehrere Layer II-Umgebungen zu verwalten. Damit gibt es auch die Frage, ob der Spanning-Tree über alle Subnetze berechnet wird, also über die gesamte Layer II-Umgebung, oder VLAN für VLAN (PVST, Per VLAN Spanning Tree).

Dies zu entscheiden, hängt von der Menge der VLANs und der Ausbreitung der Layer II-Umgebung ab. Wie gesagt, nicht alle geswitchten Umgebungen bieten diese Unterscheidung an. In großen Umgebungen kann dies aber durchaus ein entscheidender Performance-Parameter sein.

6.8.2 Pruning

In einer großen Layer II-Umgebung kann es durchaus passieren, dass VLANs nicht an allen Orten gebraucht werden. Wir erinnern uns, VLANs können wir uns als Layer III-Netze vorstellen, die geroutet werden. Nun wäre es sinnlos, die Geräte mit Broadcasts zu belasten, wenn diese keine Kunden haben. VLAN-Pruning ist eine Funktion, die dafür sorgt, dass Broadcasts für Broadcast-Domänen nicht an Switches weitergeleitet werden, die diese VLANs nicht konfiguriert haben. Damit wird die Bandbreite im Medium entlastet. Ein Switch muss einen Broadcast, wie einen ARP-Request, an alle Ports ausgeben, die in einem VLAN sind. Hat er aber keine Ports in diesem VLAN, ist die Weiterleitung des Broadcasts unnötig.

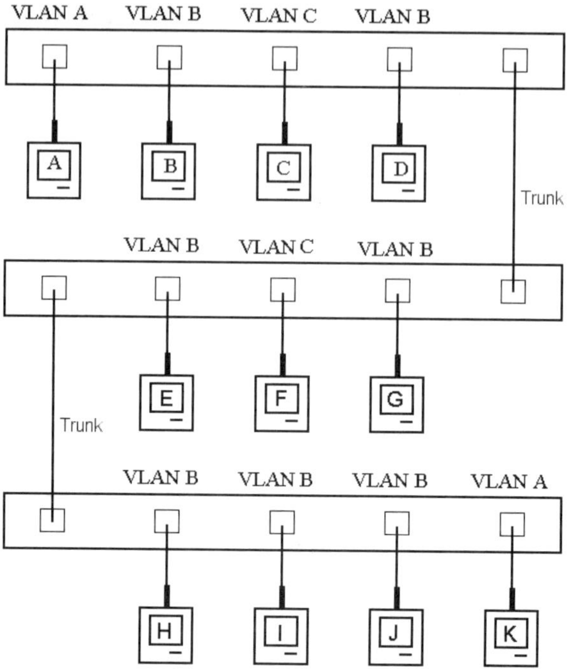

BILD 6.13 Der unterste Switch hat keinen Port im VLAN/Subnetz C. Broadcasts in diesem Subnetz sind also für seine „Kunden" überflüssig. Pruning sorgt dafür, dass diese nicht diesen Switch belasten.

6.8.3 Eigene IP-Adresse für Switches

Moment? Ein Switch ist ein Layer II-Gerät! Er kann eine IP-Adresse haben? Haben wir das jetzt alles falsch verstanden? Was macht ein Layer II-Gerät denn mit einer IP-Adresse, einer Layer III-Adresse?

Gute Switches bieten einen Zugang zur Wartung an; nicht nur über eine lokale Schnittstelle, sondern auch über das Netzwerk. Management-Systeme und Administratoren können so auf die Geräte zugreifen, auch über Subnetzgrenzen hinweg. In größeren Systemen, besonders bei geografischer Ausbreitung, ist dies ein Muss. Über proprietäre Software, Webinterfaces oder Telnet/SSH kann der Administrator oder ein Management-System auf das Gerät zugreifen und alle Daten abrufen, natürlich auch Fehlermeldungen und Engpässe. Geräte, die dies nicht bieten, unterliegen der „Turnschuh-Wartung". Das Betriebssystem des Switches bietet hier Netzwerkschnittstellen an. Die IP-Adresse hat mit der Funktion nichts zu tun! Sie ist nur zur Wartung da. Um sie über VLANs oder andere Netze erreichen zu können, benötigt es selbstverständlich einen Router oder eine Management-Station im selben Subnetz/VLAN. Ein Switch kann die Layer III-Weiterleitung nicht! Muss er über andere Netze erreicht werden, muss ein Router helfen.

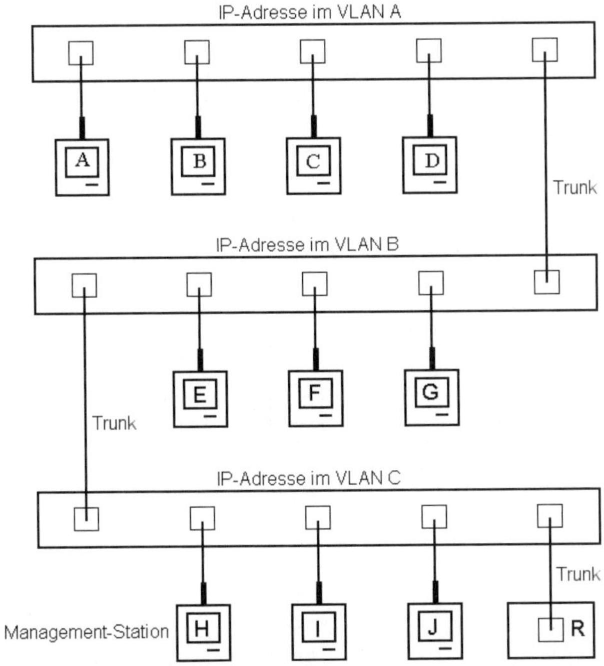

BILD 6.14 Drei Switches mit diversen VLANs. Jeder hat eine Adresse in einem VLAN. Damit ist jeder erreichbar, für Management-Zwecke, wenn der Router, der als Trunk angebunden ist, alle VLANs routet. Mit seiner Funktion hat die Layer III-Adresse im Switch absolut nichts zu tun. Sie dient nur zur Erreichbarkeit, wenn Layer III-Grenzen dazwischen liegen. Der Switch verhält sich dieser Adresse gegenüber wie jeder normale Host.

Es empfiehlt sich natürlich, ein Management-VLAN über alle Switches zu legen. Damit sind sie alle in einem Layer II-Segment. Die VLANs, die sie verwalten und die irgendwo geroutet werden, sind davon absolut nicht betroffen. Die großen Vorteile eines getrennten Management-VLANs für Netzwerkgeräte liegen auf der Hand. Selbst wenn in einem VLAN sehr viel Verkehr oder Störungen sind, kann der Switch immer noch problemlos erreicht werden. Weiter können durch Access-Listen die Zugänge zu den Geräten sehr stark begrenzt werden. Für den Kunden sind sie nicht mehr im Netz sicht- und erreichbar. Dies ist ein wichtiger Sicherheitsfaktor, da ein von einem Hacker übernommener Switch ein Sicherheitsrisiko darstellt. Erstens kann er durch Änderungen an der Konfiguration das Netzwerk lahmlegen, andererseits sich selbst an gewünschte Ports VLANs konfigurieren und belauschen, in denen normalerweise niemand etwas verloren hat.

6.8.4 Lernfähige Umgebungen

Große Hersteller wie Cisco Systems bieten hervorragende Erweiterungen an. Hier lassen sich Layer II-Umgebungen in VLANs nicht nur hervorragend abbilden, sondern auch verwalten. Hier kann weiter fein strukturiert werden.

Als ein Beispiel seien hier VLAN-Domänen genannt. In einer Layer II-Umgebung kann hier explizit konfiguriert werden, wer welche VLANs transportieren kann und darf, völlig unabhängig vom Routing. Mehr noch, die VLANs müssen nicht an jedem Switch eigens konfiguriert werden, sondern die Geräte sind in der Lage, die vorhandenen VLANs von anderen Switches zu lernen. Die Administratoren müssen dann nur die Ports der Switches den entsprechenden VLANs zuordnen. Sie müssen nicht mehr jedem Switch sagen, welche VLANs es gibt. Ein Switch ist „der Chef" der Umgebung, er verwaltet diese.

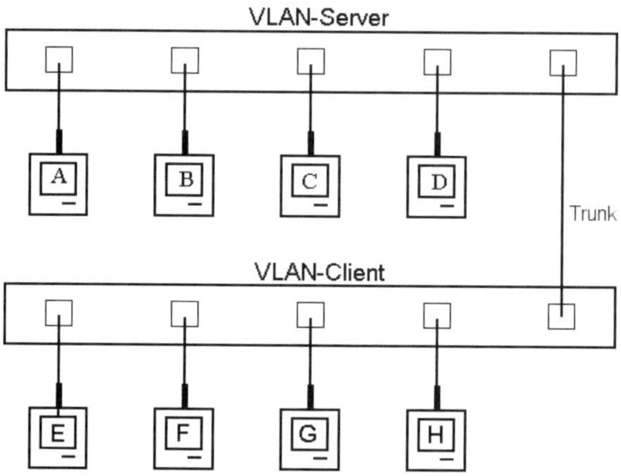

BILD 6.15 Der obere Switch ist der VLAN-Server. An ihm werden alle VLANs einer Layer II-Umgebung definiert. Werden neue Switches in die Umgebung eingebracht, zum Beispiel der untere oder weitere, muss nichts konfiguriert werden. Er lernt die bestehenden VLANs über den Trunk mit einem proprietären Protokoll. Der Administrator muss nur noch die Ports der Clients in die richtigen VLANs legen, alles andere erfolgt automatisch, solange die Switches derselben „VLAN-Domäne" angehören.

6.8.5 Delegation der VLAN-Verwaltung

Ebenso kann bei guten Switches genau konfiguriert werden, welche VLANs über einen Trunk transportiert werden dürfen. Damit kann der Administrator die Verwaltung von Switches delegieren. Wäre unten im Beispiel das VLAN C schützenswert, könnte trotzdem delegiert werden. Es wird vom unteren Switch zwar gelernt, aber keine Pakete für es weitergeleitet. Der Subadmin hätte keinen Zugriff darauf.

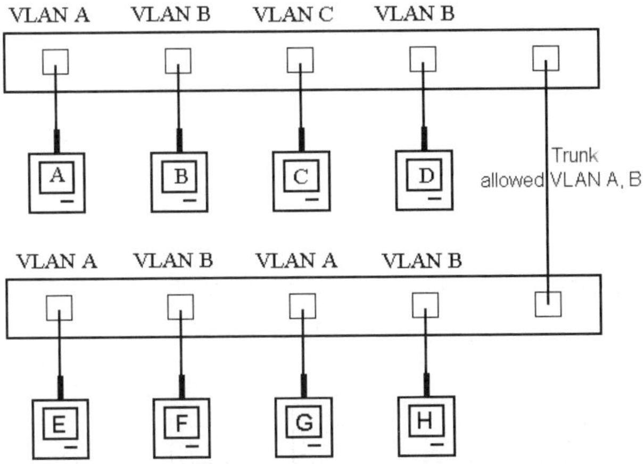

BILD 6.16 Bei erweiterten Features kann bestimmt werden, welche VLANs über einen Trunk gelernt und transportiert werden dürfen. VLAN C darf hier nicht zum unteren Switch transportiert werden.

6.8.6 Default/Native VLAN

Hier gibt es ein kleines Durcheinander. Viele Hersteller führen ein dediziertes „Default VLAN“ oder „Native VLAN“, zum Beispiel Cisco Systems das VLAN mit der Nummer 1.

> **HINWEIS:** VLAN-Tags sind einfach Nummern! Ein Switch weiß nicht, dass Netzwerkbereiche dahinterstecken. Erst der nächste Router kann dies beurteilen. Ein Switch arbeitet auf Layer II. Er weiß nichts von Netzen.

Es ist das Einzige, das untagged ist, und wird in der Regel als Management-VLAN eingesetzt. Es ist Vorsicht geboten. Viele Hersteller (auch Cisco) lassen das als Konfigurationsoption offen. Hier kann festgelegt werden, welche VLANs getaggt und welche nicht in die Trunks geschickt werden. Diskrepanzen an dieser Stelle können zu merkwürdigen Effekten führen. Wer in verschiedenen Switches die native VLANs auf verschiedene Nummern legt, verbindet Netze miteinander, die normalerweise nur über einen Router untereinander erreichbar wären. Dies kann zu heftigen Störungen im Netzwerk sowie Routing/Switching und zu Sicherheitslöchern führen.

Für einen Switch ist der Tag lediglich eine Nummer. Er bestimmt daraus und aus seiner Konfiguration, an welchen Port er welche Daten senden muss. Alles andere ist ihm unbekannt.

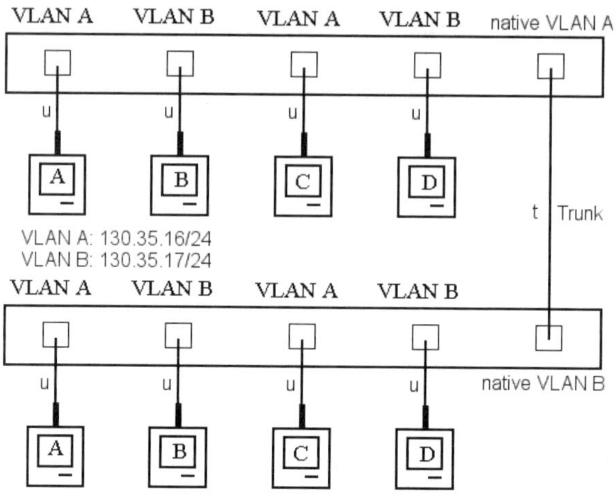

BILD 6.17 Native VLAN-Mismatch. Auf dem oberen Switch ist am Trunkport VLAN A als native konfiguriert, auf dem unteren B. Dadurch sind diese Pakete auf dem Trunk untagged. Beide Switche nehmen sie als native an, sprich A und B sehen sich auf Layer II.

6.8.7 Fazit

Wie schon oft in diesem Buch verbleibt die Erkenntnis, dass es in professionellen und großen Umgebungen lohnenswert ist, eine gewisse Herstellerkonsequenz zu beachten, und dass es sich lohnt, innerhalb dieser Umgebungen auf die gebotenen Features zu achten. Weiter sieht man hier einmal mehr, dass der falsch gesparte Euro enorme Kosten nach sich ziehen kann. Manpower ist immer noch das Teuerste. Administratoren sollten besser entwickeln als Löcher zu stopfen.

7 VPN – virtuelle private Netzwerke

Immer mehr ein Thema wird das sogenannte VPN. VPN bedeutet Virtual Private Network. Wie muss man sich dies vorstellen? Als ein „Private Network“ bezeichnet man ein abgeschlossenes Netz, das von außen durch andere Netzwerke nicht zugänglich ist, zum Beispiel ein gut geschütztes Intranet einer Firma. Die Daten dort müssen geschützt sein, außer den Mitarbeitern, die sie bearbeiten, darf niemand Zugriff auf sie haben. Aber immer mehr wird zum Thema, Home-Offices einzurichten oder Reisenden den Zugriff auf Firmendaten erlauben zu müssen. Genauso wichtig ist es, einen sicheren Datenaustausch zwischen Filialen von Firmen zu ermöglichen.

Früher wurde dies im Falle von Home-Offices und Reisenden durch gesicherte Einwahlverbindungen (PPP) realisiert, im Falle von Firmenverbünden über Mietleitungen (Standleitungen). Inzwischen gibt es ein Bandbreitenproblem. Die ISDN-Geschwindigkeit ist heutzutage nicht mehr ausreichend. Die Miet- und Standleitungen sind in Weitverkehrsverbindungen enorm teuer.

Die Idee war, das Internet als Transportvehikel zu nutzen. Über ADSL etc. gibt es heute viele Möglichkeiten, sich mit dem Internet mit hoher Bandbreite fast überall zu verbinden. Nahe liegend war nun, eine verschlüsselte, gesicherte Verbindung über das Internet zu einer Datenressource aufzubauen, die abhörsicher ist. Einen Internetzugang gibt es heute fast überall. Kosten fallen nur für die initiale Verbindung an, die Kosten für die verbindende Infrastruktur entfallen, das Internet transportiert unsere Daten. Die Anschlusskosten fallen nur noch lokal an, Einwahlverbindungen im Weitbereich, geschweige denn international, können umgangen werden.

7.1 Tunnel

Eine solche Verbindung nennt man einen Tunnel, da die Verbindung wie ein gesicherter Schlauch durch das Internet verläuft.

Am Firmennetzwerk sitzt ein VPN-Gateway, der mit dem Internet verbunden ist. Ein Reisender oder Home-Office-Mitarbeiter verbindet sich über einen lokalen Provider mit dem Internet, egal wo und wie auf der Welt. Über einen Soft- oder Hardware-Client nimmt er mit dem

VPN-Gateway seiner Firma Kontakt auf. Beide handeln einen Schlüssel aus, mit dem der folgende Datenverkehr verschlüsselt wird.

Durch den Tunnel bekommt der Client eine Adresse aus dem Firmennetzwerk zugewiesen. Damit wird der Client virtuell ein Mitglied des Firmennetzes, so als ob er dort im Gebäude direkt angeschlossen wäre.

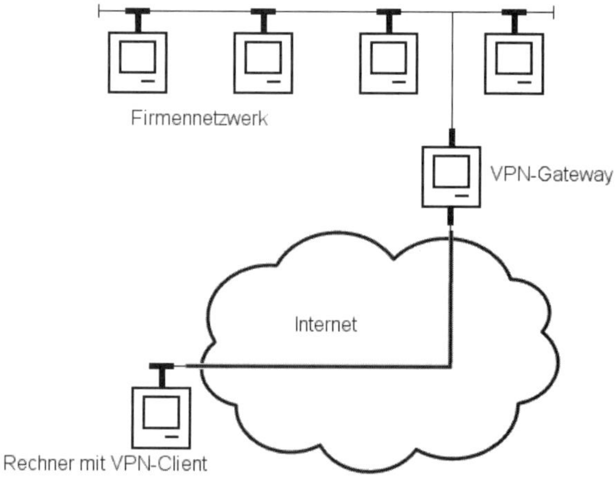

BILD 7.1 Ein Reisender verbindet sich wo auch immer auf der Welt mit dem Internet und stellt über seinen VPN-Client eine Verbindung mit dem Firmennetzwerk her. Beide handeln eine verschlüsselte Verbindung aus. Das Transportmedium ist das Internet. Kosten für Standleitungen oder teure Einwahlverbindungen entfallen.

Daher auch der Name „Virtual Private Network". Die verschlüsselte Verbindung ist wie ein gesicherter Schlauch (oder Tunnel) durch das Internet.

Werden ganze Standorte miteinander verknüpft, läuft die Kommunikation über zwei VPN-Server (Gateways), die miteinander kommunizieren und ganze Netzwerke ständig verbinden. Somit ist es möglich, entfernte Filialen sicher zu verbinden oder Reisenden einen freien Zugriff zu ermöglichen. Die Verbindung ist für die Clients völlig transparent.

An den Endpunkten des Tunnels wird die Verschlüsselung decodiert, man sagt, der VPN-Tunnel wird terminiert. Das Firmennetzwerk sieht nur einen „normalen" unverschlüsselten Verkehr, genauso die Applikationen des Nutzers.

Kosten fallen nur lokal am Ort der Einwahl (oder einem sonstigen Zugang) an. Während früher zum Beispiel ein Einwahlserver am Firmenstandort zur Verfügung stand und sich ein Reisender mit einem teuren Ferngespräch einwählen musste, kann er nun jeden lokalen Zugang zum Internet benutzen - zum Ortstarif.

Der Datentransport verläuft über das „freie" Internet. Der einzige Nachteil ist, dass hier keine garantierte Bandbreite zur Verfügung steht. Die Qualität der Verbindung ist dem Zugriff der Nutzer entzogen.

Heute sind die Verbindungen im Internet jedoch qualitativ so gut, dass meistens über einen breitbandigen Zugang wesentlich mehr Performance erzielt werden kann als über jede Einwahlverbindung.

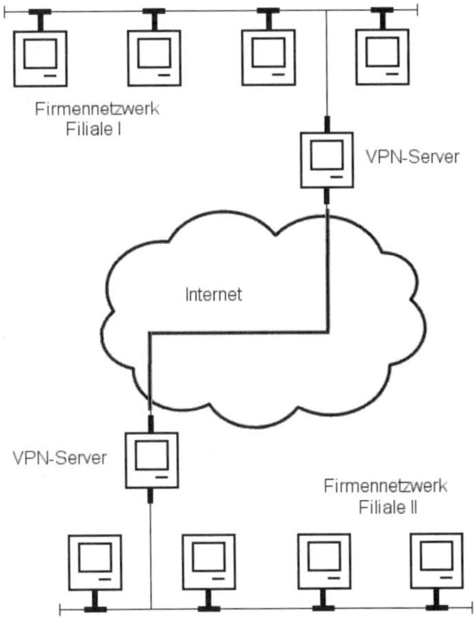

BILD 7.2 Werden ganze Netze miteinander verbunden, übernehmen zwei VPN-Server die Verbindung. Für die Netzwerke der Filialen ist dies transparent. Für sie ist es, als ob sie am gleichen geografischen Standort wären. Kosten für eine WAN-Verbindung fallen nicht an. Implementiert werden kann dies über spezielle Server oder über Router und Firewalls mit VPN-Funktion.

7.1.1 Security

Das Internet ist inzwischen der „wilde Westen". Hacker, Würmer, Viren, Trojaner und etliches mehr tummeln sich dort, immer auf der Suche danach, Schaden anzurichten. Ist es daher sinnvoll, auf die hohen Kosten eigener Infrastruktur zu verzichten und das freie Internet als Transportmedium zu verwenden?

Eine VPN-Verbindung ist nicht zwangsweise verschlüsselt. Man kann solche Tunnels auch unverschlüsselt aufbauen. Dies aber nur zur Information, dies ist nicht unsere Intention. Wir wollen einen gesicherten Verkehr, denn VPN gilt heutzutage mit geeigneten Verschlüsselungsverfahren als so gut wie absolut sicher. Die Verschlüsselung ist wählbar.

Verschiedene Verschlüsselungen gelten heute als absolut unknackbar. Man müsste jahrelang den Verkehr mithorchen, um die Verschlüsselung decodieren zu können. Da die sehr guten VPN-Implementierungen regelmäßig die Schlüssel wechseln und über den Tunnel verschlüsselt austauschen, kann davon ausgegangen werden, dass eine solche Verschlüsselung nicht decodiert werden kann. Der einzige Nachteil besteht im Overhead des Datenverkehrs. Die Encryption und Decryption des gesamten Datenstromes verschlingt natürlich erheblich Prozessorressourcen. Bei Verbindungen von ganzen Netzen miteinander setzt man daher in den VPN-Servern Hardware-Encoder und -Decoder ein. Heute gilt IPSec als die beste Protokollsuite, um VPN-Tunnel aufzubauen, und ist zum Standard geworden. VPN-Verbindungen können auch über PPTP (Point-to-Point Tunneling Protocol), L2F (Layer 2 Forwarding), L2TP (Layer 2 Tunneling Protocol) und andere aufgebaut werden. Diese sind aber bei weitem nicht so sicher wie IPSec, weshalb wir im Folgenden nur hierauf genauer eingehen wollen.

7.1.2 Mechanismus

Der Verbindungsaufbau folgt einem strikten Schema. Der Client nimmt über das Internet Verbindung zum VPN-Server auf. Die Art des Netzzuganges (PPP, ADSL, Wireless etc.) ist dabei ohne Bedeutung.

Dann muss sich der Client am Server authentifizieren. Dies kann durch verschiedene Verfahren geschehen, zum Beispiel durch Username/Passwort, durch Chip-Karten, biometrischen Scan (Iris, Fingerabdruck etc.) oder andere Mechanismen. Erst dann wird der gesicherte, verschlüsselte Tunnel aufgebaut. Vorher müssen viele Parameter untereinander ausgehandelt werden, die Art der Verschlüsselung, die Gültigkeitsdauer der Schlüssel, die Länge der Schlüssel etc. Die Verschlüsselung der Pakete erfolgt durch das ESP-Protokoll (Encapsulating Security Payload).

Die Schlüssel dafür können manuell verwaltet werden. Dies ist jedoch umständlich. Heute verwendet man dazu meist ein eigenes Protokoll, das IKE-Protokoll (Internet Key Exchange). Die Suite der Protokolle, die IPSec definieren, dient dazu, die Daten sicher über die unsichere Welt des Internets zu transportieren.

Die vier wichtigsten Prüfkriterien sind die Verschlüsselung, die Echtheit des Absenders, die Unverfälschtheit der Daten sowie die Verwaltung der benutzten Schlüssel.

7.1.3 Split oder Closed Tunnel

Die meisten VPN-Implementierungen bringen eine eigene Firewall mit sich. Sobald der Tunnel steht, wird jeglicher Verkehr nur noch ausschließlich durch den Tunnel erlaubt. Alles andere, ein- und ausgehender Verkehr, wird gesperrt.

Dies hat Sicherheitsgründe, aber auch Nachteile. So sind zum Beispiel Netzwerkdienste am lokalen Standort (Netzwerk) des Clients, wie zum Beispiel Netzwerkdrucker, Shares und Faxserver, nicht mehr erreichbar.

Die meisten VPN-Clients können auch so konfiguriert werden, dass sie lokalen Verkehr trotzdem erlauben. In diesem Fall spricht man von einem „Split Tunnel". Dies sollte vermieden werden, da dabei die absolute Sicherheit aufgebrochen wird.

HINWEIS: Ein Client, der über VPN verbunden ist, ist virtuell ein Bestandteil des Firmennetzes. Dringt ein Hacker in diesen Rechner ein, hat er vollen Zugriff, nicht nur auf den lokalen Rechner, sondern auf das gesamte Intranet der Firma. Als Mitglied dieses Netzbereiches ist er virtuell „vor Ort". Alle Sicherheitsmechanismen, die das Firmennetzwerk schützen, greifen nicht mehr. Der Rechner ist virtuell direkt im Netz. Der VPN-Kunde ist virtuell ein Mitglied des Firmennetzwerkes, er taucht also hinter der Firewall auf! Mit „Open/Split Tunnel" öffnet man somit unkontrollierte Wege ins eigene Netzwerk. Bei Closed Tunnel ist dies nicht möglich, sobald der Tunnel aufgebaut wird, ist der Rechner von seinem lokalen Netzwerk und dem Internet völlig isoliert.

Daher kommt auch dem VPN-Client, in Soft- und Hardware, eine besondere Bedeutung zu. Er muss genauso geschützt und behandelt werden wie ein Passwort oder sonstiger Zugangsschutz. Ein VPN-Zugang, der weitergegeben wird, öffnet Tür und Tor!

7.1.4 Modi der Datenverschlüsselung

IPSec verwendet zwei Methoden des Datenschutzes, die verschiedene Sicherheitsstufen bieten – aber auch natürlich verschiedene Belastungen der VPN-Server. Höhere Sicherheit muss natürlich mit mehr Verarbeitungsaufwand der Ver- und Entschlüsselung bezahlt werden. Wieder einmal muss betont werden, dass sich hier auch finanziell die Spreu vom Weizen trennt. Ein VPN-Gateway mit Hardware-Codecs zur Ver- und Entschlüsselung ist zwar teurer, aber wesentlich performanter als Geräte, die das ausschließlich in Software erledigen.

Einmal wird nur der Datenteil des IP-Paketes verschlüsselt. Alles andere bleibt unverändert. Dies nennt man den Transportmodus.

Andererseits kann das gesamte Paket verschlüsselt werden. Es braucht dann selbstverständlich einen neuen IP-Header. Dies ist der Tunnelmodus, der üblich ist, da so auch die Unverfälschtheit des IP-Headers geprüft und gewährleistet werden kann.

IP Header	ESP-Header	Daten (verschlüsselt)	ESP-Trailer

IP-Header	ESP-Header	IP-Header (verschlüsselt)	Daten (verschlüsselt)	ESP-Trailer

Oben wird nur der Datenteil verschlüsselt. Ein ESP-Header und -Trailer (Encapsulating Security Payload) kennzeichnen den Dateninhalt. Der ursprüngliche IP-Header bleibt erhalten. Unten wird in höherer Sicherheit gearbeitet. Der IP-Header wird mit verschlüsselt und ein neuer generiert. Damit ist die Zuverlässigkeit des gesamten Paketes gewährleistet.

Die erstere Variante empfiehlt sich nur, wenn die Sicherheit nicht absolut sein muss.

7.1.5 VPN durch Firewalls

In eine VPN-Verbindung Firewalls einzuschalten, ist nicht geeignet, um die Sicherheit zu erhöhen. Die Verbindung ist im Closed Tunnel sowieso nur Punkt zu Punkt zwischen Server und Client beziehungsweise zwischen VPN-Servern möglich. Daher senkt eine Firewall lediglich die Performance. Da der gesamte Inhalt der Pakete verschlüsselt ist, kann auch mit Prüfmechanismen höherer Layer nichts erreicht werden. Sollte VPN trotzdem über Firewalls verlaufen, müssen die Ports offen gehalten werden, durch die kommuniziert wird. Diese hängen vom Aufbau der IPSec-Protokollsuite ab.

7.1.6 Andere Tunneltechniken

Eine weitere Form von gesichertem Verkehr etabliert sich derzeit, die Übertragung über SSL (Secure Socket Layer). Dieses Verfahren wurde hauptsächlich für eine Nutzung mit einem Webbrowser entwickelt, über SSL können aber auch andere Transporte gesichert werden wie FTP, Telnet oder IMAP. SSL stellt einen Zwischenlayer zwischen TCP und den Transportprotokollen dar. Der Server, zum Beispiel ein Webserver, ist hier das Tunnelende. Der Client authentifiziert sich direkt an ihm. Die Daten werden verschlüsselt übertragen. Applikationen, die kein Webinterface besitzen, müssen über Plug-ins gesteuert werden, die sie bedienbar machen. Der große Vorteil ist, dass webfähige Applikationen ohne die Installation eines VPN-Clients oder einer Hardware-Box bedient werden können.

7.2 Verschlüsselung

Die Funktion der Verschlüsselung ist zwar hochinteressant, gehört aber nicht als Hauptthema in dieses Buch. Es gibt ausgezeichnete Werke zur Kryptologie. Lediglich der Vollständigkeit halber und vor allem zum Verständnis sollen hier die gängigen Verfahren kurz qualitativ vorgestellt und erklärt werden.

7.2.1 Symmetrische Verschlüsselung

Bei der symmetrischen Verschlüsselung wird zum Ver- und Entschlüsseln jeweils derselbe Schlüssel verwendet. Der Vorteil ist, dass es die schnellste Methode darstellt. Der große Nachteil ist, dass der Schlüssel mehr oder weniger geheim vom Sender zum Empfänger geschickt werden muss. Schließlich benötigt der Empfänger die Information, wie verschlüsselt ist, damit er den Text wieder herstellen kann. Hierbei liegt das größte Risiko in der Sendung dieser Daten. Bei der Übersendung könnte der Schlüssel „mitgelauscht" werden.

Dies kann man sich wie eine Geheimschrift vorstellen. Nahezu alle haben wir als Kinder solche entworfen und benutzt. Sei es eine Ersetzung von Buchstaben durch Zahlen oder eine Verschlüsselung durch Ersetzen von Buchstaben durch andere nach strengen Regeln oder Zahlen, die besagen, welche Wörter in einem bestimmten Buch gemeint sind.

Verfahren wie DES und 3DES (Data Encryption Standard) arbeiten symmetrisch.

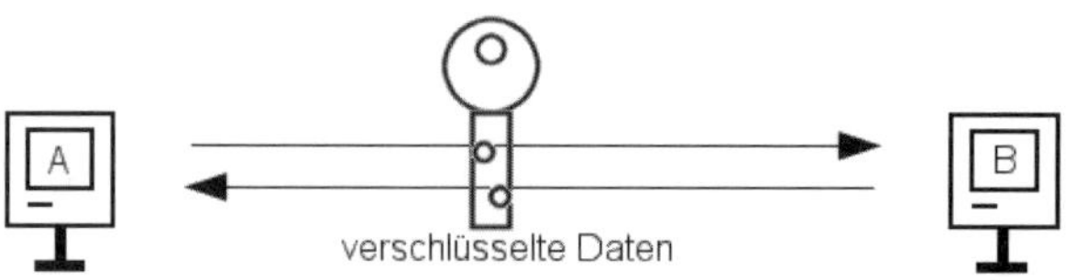

BILD 7.3 Bei der symmetrischen Verschlüsselung muss A seinen Schlüssel an B versenden oder B irgendwie geheim zukommen lassen. Ab dann kann B Daten verschlüsselt an A versenden und As Daten lesen, und auch A ist in der Lage, die Daten auf dem Rückweg wieder zu entschlüsseln. Das große Risiko hier ist, dass der Schlüssel unverschlüsselt ausgetauscht werden muss.

Ein weiteres Risiko ist, dass der Schlüssel in der Regel während der gesamten Übertragung (Geheimbotschaft) derselbe bleibt. Je nach der Länge des Schlüssels kann jemand, der den Datenstrom ablauscht, den Code knacken, wenn er genug Daten gesammelt hat. Dies muss nicht ad hoc sein, es ist auch möglich, den gesamten Verkehr mitzulesen, zu speichern und dann in Ruhe zu bearbeiten. Insbesondere gilt dies bei Funknetzwerken, die schon von ihrer Betriebsweise her sehr schwer zu schützen sind. Auf diese wird unten noch besonders eingegangen.

Die symmetrischen Standardverfahren, wie sie vor allem günstigere Geräte, besonders im Wireless-Bereich, anbieten, sind daher für die Übertragung kritischer Daten ungeeignet. Hier genügt ein normaler, leistungsstarker PC, um die Verschlüsselung in kurzer Zeit zu knacken.

7.2.2 Asymmetrische Verschlüsselung

Mithilfe spezieller mathematischer Algorithmen lassen sich aus einer Zahl zwei Schlüssel derart berechnen, dass sie nicht voneinander hergeleitet werden können. Es ist also unmöglich, aus einem den anderen zu berechnen. Wird nun ein Datenpaket mit einem Schlüssel verschlüsselt, lässt es sich nur mit dem anderen wieder entschlüsseln.

Da mit dem Verschlüsselungsschlüssel niemand etwas anfangen kann, außer Daten zu verschlüsseln, kann er bedenkenlos verschickt oder sogar freigegeben werden.

Möchte nun Person B Daten an Person A versenden, holt sich B den Verschlüsselungsschlüssel von A, der frei zugänglich ist, und verschlüsselt die Daten mit diesem und versendet sie. Nur A hat den Entschlüsselungsschlüssel und ist in der Lage, die Daten wiederherzustellen.

Daher nennt man ersteren Schlüssel den „Public Key“, letzteren den „Private Key“. Er muss geheim bleiben, da sonst jeder die Daten wiederherstellen kann. Dieses Verfahren nennt man RSA-Verfahren. Der Entschlüsselungsschlüssel verbleibt immer lokal beim Besitzer, kann also nicht „mitgelauscht“ werden.

Der große Nachteil an der asymmetrischen Verschlüsselung ist der große mathematische Aufwand, sprich, das Verfahren erfordert viel Zeit und Prozessorleistung.

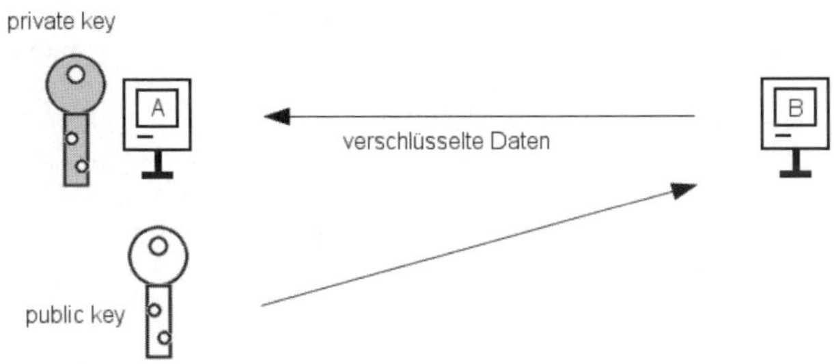

BILD 7.4 Bei der asymmetrischen Verschlüsselung wird kein Schlüssel gefährdet verschickt oder übertragen. B holt sich den frei zugänglichen Public Key von A. Diese Übertragung ist ohne jedes Risiko, da mit diesem Schlüssel nur ver-, aber nicht entschlüsselt werden kann. B verschlüsselt die Daten mit dem Public Key von A und versendet sie an A. Dieser kann die Daten mit seinem Private Key wiederherstellen. Der private Key wurde nie übertragen.

7.2.3 Hybrid-Verschlüsselung

Aufgrund der hohen Systemanforderungen der asymmetrischen Verschlüsselung verwendet man in der Praxis hybride Verfahren, die beide, symmetrisch und asymmetrisch, gleichzeitig nutzen und kombinieren. Auch hier sind zwei Schlüssel im Einsatz.

Hier wird zuerst ein symmetrischer Schlüssel erzeugt. Dieser wird asymmetrisch verschlüsselt (jeweils über einen Private Key) und an den Empfänger versendet. Der folgende Datenverkehr wird mit dem gesichert übertragenen symmetrischen Schlüssel verschlüsselt, den nur der Empfänger wieder auspacken kann. Dieser symmetrische Schlüssel (Session Key) kann im Hintergrund beliebig oft gewechselt und jeweils asymmetrisch verschlüsselt ausgetauscht werden, sodass ein Mithörer des Verkehrs die Schwächen der symmetrischen Verschlüsselung nicht ausnutzen kann.

Das Verfahren gilt als ebenso sicher wie reine asymmetrische Verschlüsselung, wenn der Session Key oft genug gewechselt wird. In der Praxis wird in Umgebungen, die sicher sein sollen, die Hybrid-Verschlüsselung verwendet.

Sie bietet nahezu dieselbe Sicherheit bei weit weniger Anspruch an Prozessorleistung. Die Schlüsselverwaltung und Zeitdauer der Gültigkeit der Schlüssel kann bei vielen Geräten konfiguriert werden. Bei guten Geräten sind die Standardeinstellungen als praktisch sicher einzustufen.

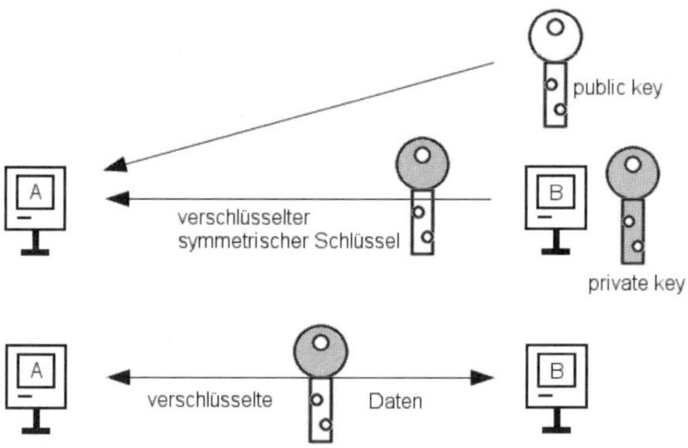

BILD 7.5 Bei der Hybrid-Verschlüsselung wird nach beiden Verfahren gearbeitet. Im ersten Schritt holt sich A den Public Key von B. A erzeugt einen symmetrischen Schlüssel und verschlüsselt diesen mit Bs Public Key. Dann sendet er diesen verschlüsselten Schlüssel an B. B kann diesen mit seinem Private Key entschlüsseln. Somit haben A und B denselben symmetrischen Schlüssel. Auf diese Art ist er nie gefährdet gewesen und kann ohne Risiko über das Internet versendet werden. Dieser symmetrische Schlüssel wird in festgelegten Zeitabständen immer wieder neu generiert und asymmetrisch verschlüsselt ausgetauscht. Somit ist beides gegeben, die absolute Sicherheit und hohe Performance. Die symmetrischen Verfahren sind hundertfach schneller als die asymmetrischen.

8 Wireless LAN, Funknetze, Voice

Der Netzwerkanschluss ohne „Kabelsalat" und physikalische Konzentratoren setzt sich explosionsartig durch. Während noch vor ein paar Jahren die Zahl der Computer viel geringer war und auch nur wenige Haushalte Computer besaßen, ist der Computer heute ein normales Gerät geworden.

Immer mehr setzt es sich durch, dass mehrere Computer pro Haushalt vorhanden sind und alle einen Internetanschluss wünschen. Somit hat das Thema Netzwerk auf einmal Einzug in die Privathaushalte gehalten.

Da die meisten keine strukturierte Netzwerkverkabelung zu Hause haben und auch nicht verlegen lassen möchten, ist das Funknetzwerk eine günstige und einfache Alternative. Inzwischen setzt sich immer mehr durch, öffentliche Gebäude, Bahnhöfe, Schulen, Universitäten etc. mit sogenannten Hotspots (öffentlich zugängliche Funknetzzugänge) auszurüsten, um jedermann, der mit dem Laptop oder Smartphone unterwegs ist, die Möglichkeit zu verschaffen, sich mit dem Internet zu verbinden.

Ein riesiger Nachteil ist die Sicherheit. Hier sorgt fehlendes Know-how der Heimanwender für große Risiken. Meist ist der durchschnittliche Heimanwender kein Computerexperte. Wenige bedenken, dass ein Netzwerk eine Kommunikation in beiden Richtungen erlaubt. Wer sein Funknetz völlig ungeschützt betreibt, riskiert, dass sich jeder auf der Straße vor dem Haus einklinken kann und Vollzugriff auf sämtliche Netzwerkressourcen hat. Sehr viele Rechner zu Hause sind in der Regel nicht einmal durch ein Passwort geschützt, ebenso die Access-Router, Netzwerkdrucker etc.

Im gewerblichen Umfeld, bei Praxen, Kanzleien, Firmen etc., kann dies sogar erhebliche juristische Konsequenzen haben. Hier muss auf jeden Fall vermieden werden, dass zum Beispiel Kunden- oder Patientendaten auf einmal offen für die Welt liegen.

Das sogenannte War-Driving („kriegsmäßiges Herumfahren") ist weit verbreitet. Hier fahren Hacker mit einem Laptop auf den Knien herum und suchen offene Funknetze, die sie benutzen, um ihr illegales Hobby über den Anschluss anderer auszuüben. Sie sind dabei in der Regel sicher. Es wird selten gelingen, sie zu erwischen.

Meist ist dies mit dem sogenannten War-Chalking („kriegsmäßiges Kreidezeichnen") verbunden. Diese Hacker benutzen die gefundenen, offenen Anschlüsse nicht nur für sich selbst, sondern hinterlassen Kreidezeichnungen, die anderen Hackern Hinweise über Verschlüsselungen, Zugang etc. geben, um ihren Kollegen den Zugang zu erleichtern.

In den Wohngebieten mancher Großstädte hat man in Testmessungen bereits Stadtviertel gefunden, die eine bis zu 25 % ungeschützte Netzabdeckung geboten haben. Daher sollte man seinen Internetanschluss, sofern man ihn über ein Funknetz in der gesamten Wohnung/Haus propagiert, auf jeden Fall vor unbefugter Nutzung schützen. In der Regel lesen wir in der Presse von Viren und Trojanern und Schadsoftware, sogenannter Malware, die große Schäden anrichten. Dies ist aber nur die Spitze des Eisberges und nur ein kleiner Teil der negativen Seiten der Netzwerke.

HINWEIS: Ein Hacker möchte in der Regel nichts kaputt machen, sondern unerkannt bleiben und fremde Ressourcen nutzen.

Sei es, dass er (oder immer im Hintergrund natürlich auch sie) die Prozessorleistung nutzen will, die er nicht hat, oder aber einfach Speicherplatz. Illegale Daten lagern sich am besten dort, wo sie nicht verfolgbar sind. Sind illegale Daten, Spionage, Pornografie etc. aufzubewahren, dann am besten dort, wo nicht verfolgt werden kann, wer sie dort gelagert hat. Der Besitzer des Rechners ist dann erheblich gefordert zu beweisen, dass er nicht der ist, der sie besorgt und gespeichert hat. Im Internet existieren ganze Verzeichnisse, wo wer ungeschützt ist, und viele Illegale tauschen sich, völlig unbemerkt von den Besitzern der Ressourcen, dort aus. Oben haben wir erfahren, dass PAT und Firewalls uns davor schützen, dass von außen zugegriffen wird. Dies kann ausgehebelt werden. Das Problem sind vor allem Trojaner und Backdoor-Programme, die mit E-Mail und vielen anderen Mechanismen verteilt werden. Sie werden im Hintergrund unbemerkt installiert und öffnen eine Verbindung von innen nach außen, auf die sich die Autoren dieser Programme aufsatteln. Damit ist jede Firewall und jedes PAT umgehbar. Erhebliche Pools von solchen meist unbemerkten Schadprogrammen sind Shareware und Peer-to-Peer-Applikationen zum Austausch von Software, Filmen und Musik.

Das hier Gesagte gilt natürlich für alle Netzwerkzugänge. Mit Wireless wird aber in der Regel sehr unachtsam umgegangen, daher sei es hier erwähnt. Zum Glück haben auch die Provider reagiert. Funkrouter werden heute standardmäßig mit eingeschalteter Verschlüsselung ausgeliefert.

Der Datenaustausch über Funk ist längst ein Klassiker. Die Telefonie ist hier schon seit Langem etabliert. Fast jeder hat ein Handy, zu Hause wird schon lange schnurlos telefoniert. Die Verfahren sind unterschiedlich, aber sie wachsen zusammen. Bald wird es keinen Unterschied mehr geben. Schon jetzt gibt es Handys, die sich des Handynetzes bedienen, wenn man unterwegs ist, sich aber zu Hause in die Feststation einbuchen, sobald sie erreichbar ist. Sprich, ab dann wird über das Festnetz telefoniert.

Immer mehr wird Voice over IP ein Thema und damit das Internet/Intranet immer mehr zum Transportmedium für Sprache. Der Dienst löst sich vom Draht. Das Handy als Zugangsmedium zum Internet ist ebenfalls etabliert. E-Mail, Browsing, Modemfunktion etc. sind heute etabliert. Daher werde ich Voice over IP hier in diesem Kapitel mit behandeln, die Verschmelzung ist im Gange und bereits nahe Zukunft.

8.1 Access-Points und Antennen, Anschlüsse

Wie bei jedem Dienst über Funk muss es einen Sender und einen Empfänger geben. Wie beim Funktelefon auch, geht die Datenübertragung in beide Richtungen. Das heißt, der Funknetzwerkadapter des PC oder Notebooks ist genauso Sender und Empfänger wie der „Sender", der sogenannte Access-Point, das Gerät, das die Verbindung zum physikalischen Netzwerk herstellt.

Es gibt auf dem Markt die verschiedensten Antennentypen mit den verschiedensten Abstrahlungscharakteristiken. Welche geeignet sind, muss aus der Topologie der Umgebung mit Sachverstand entschieden werden.

So gibt es beispielsweise Richtantennen, die in einer definierten Richtung strahlen, weiter Antennen mit kugelförmiger Abstrahlung und solche mit birnenförmiger Charakteristik.

Für ein normales WLAN zu Hause reicht meist die mitgelieferte Standardantenne. Wird professionell verfunkt, müssen die Räume funktechnisch vermessen werden, um später Zonen zu vermeiden, die ohne Empfang sind. Clientseitig gibt es viele Lösungen, es gibt PCI-Netzwerkadapter, USB-Adapter, PCMCIA-Karten und Mini-PCI-Adapter. In den meisten Notebooks und Smartphones ist heute WLAN fest eingebaut.

8.2 Störungen

Störmöglichkeiten gibt es viele. Wir können hier nur die wichtigsten Effekte betrachten. Meist handelt es sich um Störstrahlungen oder Hindernisse, wenn ein Funknetz nicht funktioniert.

Sind andere Funknetze derselben Frequenz in der Nähe, stören sich ihre Signale gegenseitig. Dies ist durch Wahl einer anderen Frequenz zu beheben (siehe unten).

Neben der Signaldämpfung durch die Entfernung haben Hindernisse natürlich einen Störeffekt. Ein Funknetzwerk verläuft nur bei Sichtverbindung perfekt. Hierbei ist auch das Material entscheidend. Betonwände mit ihrer Stahlmatteneinlage wirken wie ein Faradaykäfig. Dies sieht man deutlich, wenn Handys in Betongebäuden oft kein Netz finden. Daher ist die vertikale Anbindung über Stockwerke meist kritischer als horizontal über mehrere Räume hinweg, da in den Decken meist mehr Metall verarbeitet ist als in den Wänden. Ebenso können thermisch isolierende Fenster Funkkiller sein, sie sind oft mit einer unsichtbaren Metallschicht bedampft.

Die Störungsquellen im Funkbereich sind immens, ein Effekt, der immer mehr zunimmt. Nicht nur andere Funknetze, auch Wetterphänomene, elektrische Schaltungen, Entladungen aller Art, Mikrowellenherde, Leuchtstoffröhren, Bluetooth und vieles mehr können ein Funksignal stören.

8.2.1 Interferenzen, Multipath-Effekt

An Hindernissen, Wänden, Decken und Böden kann es nicht nur zu einer Dämpfung des Signals kommen, sondern auch zu Reflexionen und dadurch zu Interferenzen. Es kann passieren, dass in einem Raum ein Funk-Interferenzmuster entsteht, das dafür sorgt, dass im Zentimeterbereich Zonen entstehen, die guten Empfang haben, abgewechselt mit Zonen ganz ohne Empfang. Hier kann ein kleines Ausrichten des Empfängers oder der Antennen des Access-Points oft große Qualitätsunterschiede im Empfang bewirken. Sind sehr viele Hindernisse zu überwinden, muss vermessen oder probiert werden, wo der günstigste Ort für den Access-Point ist und wie die Antennen auszurichten sind. Durch Reflexionen sieht eine Empfänger-Antenne dasselbe Signal mehrfach, wie ein Echo, zeitverzögert. Dies nennt man den Multipath-Effekt. Die primären und die reflektierten Signale stören sich.

Abhilfe schafft hier, die Reflexionsbedingungen zu ändern, was nicht leicht ist, da dies Decken-, Boden- und Wandbeläge, also bauliche Gegebenheiten, betrifft.

Weiter kann man, wenn die Entfernungen kurz sind und ein Signal guter Qualität vorliegt, die Sendeleistung des Access-Points drosseln. An nahezu allen Geräten ist dies möglich. Dadurch werden die Reichweite der Reflexionen und die Häufigkeit der Echos zurückgedrängt.

Eine dritte Möglichkeit ist der Einsatz von Access-Points mit sogenannter Antennen-Diversity. Dies ist ein Verfahren, bei dem der Access-Point mit zwei Antennen arbeitet und die Signalqualität pro verbundenem Client misst. Er sendet dann nur über die Antenne, welche die bessere Verbindung hat. Sind die Antennen leicht gerichtet, können so Multi-Path-Effekte vermindert werden, da die meisten Reflexionen in der Regel aus verschiedenen Richtungen kommen.

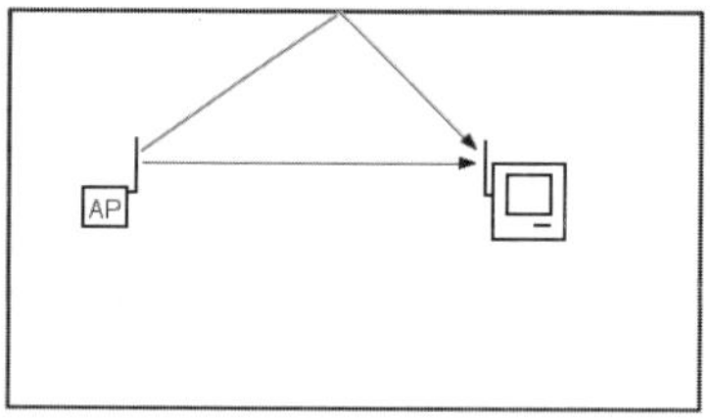

BILD 8.1 Der Multi-Path-Effekt. Eine ungerichtete Antenne strahlt in alle Richtungen aus. Wird ein Signal zum Beispiel an einer Wand reflektiert, erreicht es den Empfänger mehrfach. Der zurückgelegte Weg und damit die Laufzeit unterscheiden sich. Die Signale stören sich. Ein Interferenzmuster entsteht. Ist die Phasenverschiebung so groß, dass sich die Signale auslöschen, empfängt der Empfänger nichts mehr.

8.2.2 Hidden-Node-Problem

WLAN funktioniert als Shared Medium, ähnlich dem Verkehr über Thin-Wire. WLAN ist immer halbduplex. Eine Antenne kann nur senden oder empfangen.

Das Zugriffsverfahren ist hier CSMA/CA (siehe oben). Der Client „horcht" also vor der Sendung, ob die Frequenz frei ist. Stehen zwei Clients nun so weit auseinander, dass sie zwar den Access-Point erreichen, sich aber gegenseitig nicht empfangen können, senden sie, und

Kollisionen treten ein. Hier kann nur eines helfen: Der Access-Point selbst muss als Vermittler über das Verfahren RTS/CTS (Ready to Send/Clear to Send, siehe oben) oder andere die Sendungen der Clients koordinieren. Er muss auf Anfrage publizieren, ob das Medium zur Verfügung steht oder nicht.

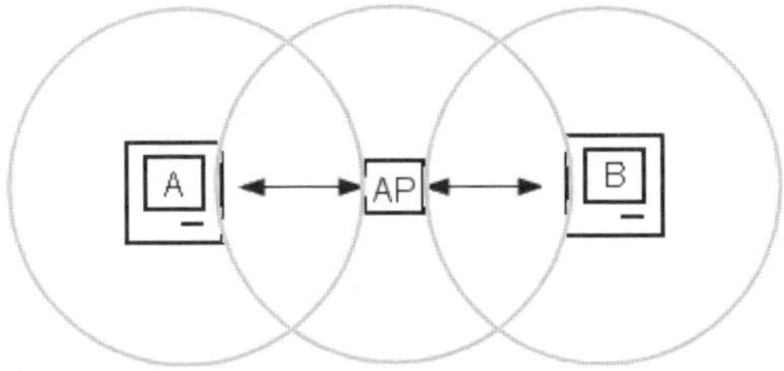

BILD 8.2 Das Hidden-Node-Problem. Jeder Sender hat eine definierte Reichweite (graue Bereiche). Beide Rechner, A und B, können den Access-Point erreichen, sie „sehen" einander aber nicht. Daher können sie auch nicht wissen, wann der andere sendet. Hier muss der Access-Point vermitteln.

8.2.3 Generelles

Die Möglichkeiten der Störungen sind vielfältig. Als Regel gilt, zu Hause und im Privatbereich reicht es, die Mittel zu benutzen, die mit den Access-Points und Adaptern geliefert werden. Fast alle haben Monitore (meist Software) zur Messung der Signalqualität, die mehr oder weniger genau sind.

Wird aber professionell im gewerblichen Bereich verfunkt, muss vorher funktechnisch ausgemessen werden, insbesondere auch nach baulichen Veränderungen im Nachhinein. Hier müssen professionelle Messmethoden eingesetzt werden, da die Störungen oft sehr schwer zu identifizieren sind.

Besonders gilt dies, wenn Roaming (die Übergabe eines Clients von einem Access-Point zum anderen beim örtlichen Wechsel des Clients) eingesetzt werden soll. Hier dürfen sich die Funkbereiche der Access-Points nicht zu dicht überlappen.

Ebenso muss genau vermessen werden, wenn eine häufige Überlappung von Funkzellen zu erwarten ist, die verschiedenen Netzen angehören. Die Anzahl der möglichen Frequenzen ist gering, und sie müssen sinnvoll so abgewechselt werden, dass keine Störungen auftreten. Hier muss ein sogenannter Flächenwabenplan in der Planung erstellt werden.

8.3 Die Funkzelle und die Kanäle

Jeder Access-Point hat eine gewisse Reichweite. Den Raum um den Access-Point, in dem mit ihm verbunden werden kann, sprich die Reichweite seines Senders, nennt man seine Funkzelle. Werden mehrere verschiedene Funknetze auf engem Raum betrieben, zum Beispiel in Mehrfamilienhäusern, können sich die Funkzellen überschneiden, und es kann durch diese Störungen zu einer drastischen Reduktion der Verbindungsgeschwindigkeit kommen. Für diese Fälle kann man die Access-Points auf verschiedene, festgelegte Funkkanäle (Frequenzen) einstellen. Alle Teilnehmer eines Funknetzes müssen denselben Kanal benutzen.

Sollten mehrere Kanäle in der Umgebung unbelegt sein, ist es das Beste, den weitest entfernten zu benutzen, um die Störeinflüsse zu minimieren.

Die Access-Points und Empfänger schalten sich bei niederem Signalpegel automatisch in der Geschwindigkeit zurück, bevor der Empfang zum Erliegen kommt. Daher ist es kein Hardware- oder Konfigurationsfehler, wenn die Geschwindigkeit, die angezeigt wird, nicht die maximal mögliche des Access-Points ist. Hier muss gleichzeitig auf die Qualität der Verbindung geachtet werden.

8.4 Betriebsmodi

Funknetze lassen sich in zwei verschiedenen Modi betreiben: einerseits im Ad-hoc-, andererseits im Infrastrukturmodus.

Im Ad-hoc-Modus ist das Funknetz ein Peer-to-Peer-Verbund von Wireless-Adaptern. Einen Access-Point gibt es nicht. Alle sind gleichberechtigt. Dies ist zum Beispiel eine schnelle Methode, um Notebooks kurzerhand zu verbinden, um schnell und einfach Daten auszutauschen, Konferenzen abzuhalten oder PDAs zu synchronisieren. Das Ad-hoc-Netz ist in der Regel isoliert, sprich nicht mit anderen Netzen verbunden.

Im Infrastrukturmodus wird über Access-Points kommuniziert. Der Access-Point ist in der Regel die Verbindung zum physikalischen Netzwerk, daher wird ein Internet-Zugang über WLAN in der Regel immer im Infrastrukturmodus sein. Im Infrastrukturmodus kommunizieren alle mit und über den Access-Point. Im Standard 802.11a (Standards s. u.) gibt es nur den Infrastrukturmodus, bei 802.11 b und g beide. Die Access-Points stellen hier die zentralen Verteiler dar.

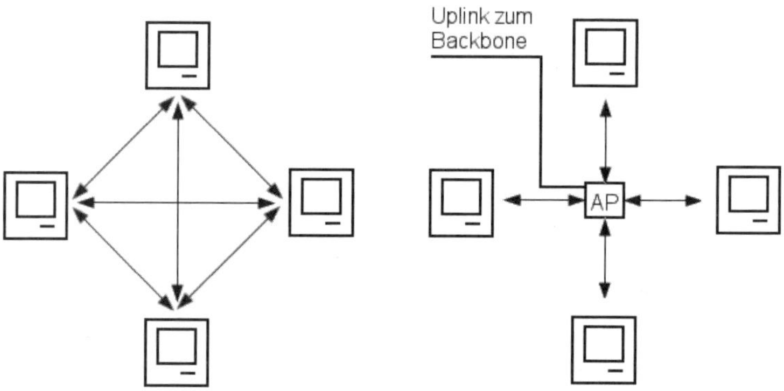

BILD 8.3 Im Ad-hoc-Modus (links) gibt es keinen Access-Point. Alle Funknetzadapter sind gleichberechtigt, und jeder kommuniziert mit jedem (Bild links). Im Infrastruktur-Modus verläuft die gesamte Kommunikation über den (oder mehrere) Access-Points (Bild rechts). Während Netze im Ad-hoc-Modus isoliert sind, kann im Infrastrukturmodus durch einen Uplink vom Access-Point aus die Verbindung zu einem kabelgebundenen Netzwerk hergestellt werden.

8.5 Namen, das Beacon

Jedes Funknetz hat einen Namen, die sogenannte SSID (Service Set IDentifier), der es identifiziert.

Jeder Access-Point sendet in der Regel von sich aus in regelmäßigen Abständen ein kleines Datenpaket aus, das die Parameter des Netzes wie die SSID, den Verschlüsselungsmodus etc. enthält. Dieses Paket nennt man Beacon. Damit kann jeder, der eine Funknetzwerkkarte hat, das WLAN „sehen".

Will man sein Netz besser absichern, kann man die Aussendung der SSID unterdrücken (SSID-Broadcast abschalten). Nun sieht man die Kennung nicht mehr und muss den Namen explizit kennen, um sich verbinden zu können. Das ist aber ein schwacher Schutz, auf den Sie sich nicht verlassen sollten.

8.6 Verschlüsselung

Als Verschlüsselung wird standardmäßig im WLAN-Bereich WEP (Wired Equivalent Privacy) angeboten. Dies ist ein symmetrisches Verschlüsselungsverfahren. Es wird mit Schlüsseln von 64 oder 128 Bit gearbeitet. Dieses Verfahren gilt heute als nicht mehr sicher. Selbst der 128-Bit-Schlüssel lässt sich mit einem schnellen Rechner in kürzester Zeit berechnen, wenn der Datenverkehr mitgelesen werden kann - bei WLAN ist dies fast nie sicher zu verhindern.

Um die Sicherheit zu erhöhen, hat die Wi-Fi-Alliance (siehe unten) ein neues Verfahren entwickelt, das WPA-Verfahren (Wi-Fi Protected Access). Es funktioniert genauso wie WEP, ändert aber regelmäßig automatisch die Schlüssel im Hintergrund und erschwert damit die Berechnung bis zur Unmöglichkeit.

Hierbei wird das TKIP-Protokoll (Temporary Key Integrity Protocol) verwendet, das die Schlüssel verwaltet. Die Alterung eines Schlüssels kann nach der übertragenen Datenmenge oder der Zeit eingestellt werden.

Wenn möglich, sollte WPA2 eingesetzt werden und nicht das unsichere WEP. Wer es absolut sicher will, verzichtet auf beide und verbindet den Client mit dem Access-Point über VPN.

Dies ist besonders im Firmenumfeld zu empfehlen. Hierbei kann der Access-Point selbst der Terminator für den VPN-Tunnel sein. Einige Geräte bieten diese Funktion an. Ansonsten kann der Tunnel irgendwo im Backbone an einem Router oder VPN-Server enden.

8.7 Aufbau eines Infrastruktur-WLAN

Im Infrastrukturmodus verläuft die Kommunikation über den Access-Point. Dieser stellt die Verbindung zum physikalischen Netz dar. Es gibt auf dem Markt eine derartige Fülle von Geräten unterschiedlichster Implementierungen und Bauarten, dass hier keine Standardbeschreibung abgegeben werden kann. Sie alle zu diskutieren ist nicht möglich.

Die Access-Points können in allen möglichen Bauarten gekauft werden. Sie gibt es mit Funktionen von der reinen Bridge ins Netzwerk bis hin zum vollwertigen Router oder einer Firewall. Manche lassen sich je nach ihrer Funktion konfigurieren.

Während im Heimumfeld meist der Wireless-Router, mit integriertem Switch für den Anschluss von Ethernet-Kabeln für Desktop-PCs, manchmal sogar mit DSL-Modem zum Kombi-Gerät integriert, vorherrscht, wird im gewerblichen Umfeld bei der Verfunkung mehr die Variation als transparente Bridge als Access-Point eingesetzt. Hier übernimmt der Access-Point fast nur noch eine Antennenfunktion ohne eigene Intelligenz. Services wie das Roaming (Weiterreichen eines Clients von Access-Point zu Access-Point bei Bewegung), Routing, Switching, VLANs, Access-Control und DHCP-Services werden im Hintergrund von zentralen, leistungsfähigen Geräten übernommen. Die Umgebung wird dadurch auch wesentlich leichter zentral zu managen, da die Konfigurationen nicht an vielen Acess-Points verteilt vorgenommen werden müssen, sondern lediglich einmal an den zentralen Geräten. Ebenso können die Zugangsberechtigung, Verschlüsselungen und vieles andere mehr zentral eingerichtet und terminiert werden.

In der Regel übernehmen dies Appliances, sogenannte Wireless-LAN-Controller. Wer viele Sender in verschiedenen Gebäuden betreibt, wird ohne sie nicht auskommen, die Funkumgebung ist sonst nicht mehr zu managen. Die modernen Appliances regeln auch automatisch die Funkkanäle, die Sendestärke etc. Sie wechseln automatisch die Frequenzen, wenn Störungen auftauchen. In der Regel sind diese Lösungen proprietär. Das heißt, man muss sich auf einen Hersteller festlegen. Die Vorteile sind in großen Umgebungen aber immens. Wer möchte ein Software-Update an 200 Geräten in acht Gebäuden Stück für Stück durchführen?

Inwieweit diese Trennung oder Integration der Services und Geräte infrage kommt, muss von Fall zu Fall entschieden werden. Ein solches Funksystem ist in das Security-Konzept einer Firma zu integrieren.

Zu Hause sollte man dafür sorgen, dass die eigene Umgebung geschützt ist, aber so einfach strukturiert als möglich bleibt. Hier ist dafür zu sorgen, dass die eigenen Daten nicht zugänglich sind, keine illegalen Daten heimlich „gelagert“ werden können, zum Beispiel durch geeignete Passwörter und Verschlüsselung. Ebenso sollte kein Missbrauch mit dem Internet-Anschluss ermöglicht werden.

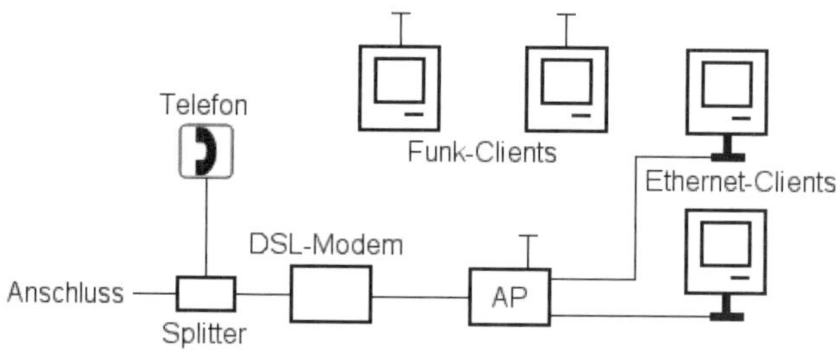

BILD 8.4 Der mögliche Aufbau eines Netzwerkes zu Hause oder in kleinen Umgebungen. Am Telefonanschluss werden per Splitter das DSL- und das Telefonsignal getrennt. Das DSL-Modem decodiert das Signal und stellt Ethernet zur Verfügung. Der Access-Point (AP) ist hier ein integriertes Kombi-Gerät. Er ist NAT-Router, Firewall und DHCP-Server in einem Gerät, hat mehrere geswitchte Ports für PCs, die über Kabel angeschlossen werden, und ist gleichzeitig Wireless-Access-Point. Alle Netzwerkfunktionen sind hier in einem einzigen Kombi-Gerät zusammengefasst.

Es ist zwar „nett“, anderen seinen Internetzugang frei zur Verfügung zu stellen. Die juristischen Konsequenzen aber sollten mit bedacht werden. Wenn von einer IP-Adresse aus juristisch relevante Vorgänge oder sogar Straftaten verübt werden, ist der Besitzer der Adresse im Erklärungszwang. Die Transaktionen im Internet werden von den Providern geloggt. Bei einem Vergehen kann der Provider sagen, wer wann welche Adresse hatte, aber es ist in der Regel durch PAT etc. nicht möglich, das Endgerät genau zu identifizieren. Die Vorsicht im privaten Umfeld muss nicht übertrieben werden, der mögliche Schaden sollte aber ebenfalls nicht unterschätzt werden.

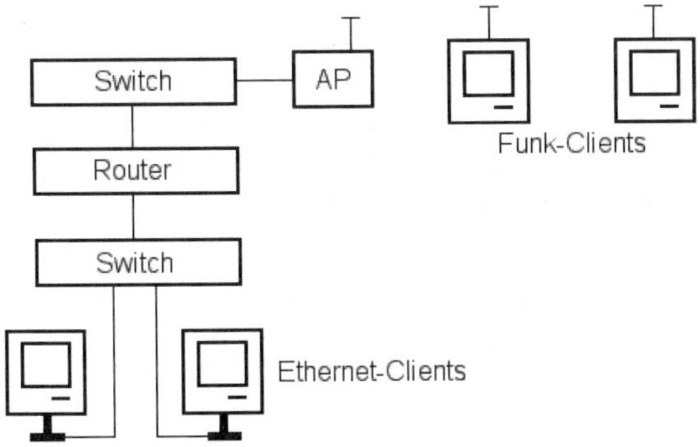

BILD 8.5 Der mögliche Aufbau einer größeren, professionellen Umgebung. Die Access-Points (AP) sind hier einfache Bridges ohne große Funktionalität und Intelligenz. Die Services wie DHCP, Firewall, Routing, Switching etc. werden von den sehr viel leistungsfähigeren Core-Switches und Routern übernommen. Aus Sicherheitsgründen werden die Funk-Clients in einem gesonderten Subnetz geführt, nicht zusammen mit den fest angeschlossenen Rechnern. Somit kann auf dem Router (oder einer Firewall) gezielt für Security gesorgt werden. Für die Funk-Clients können so leicht höhere Sicherheitskriterien angewandt werden. In gewerblichen Umgebungen sollte auf jeden Fall VPN eingesetzt werden. Der Router stellt die Verbindung zum Backbone oder Internet her (nicht eingezeichnet). In großen Umgebungen regelt ein weiteres Gerät, der WLAN-Controller, die Access-Points.

8.8 Stromversorgung der Sender

Ein Access-Point braucht, selbstverständlich, eine Stromversorgung. Theoretisch muss also ein Stromkabel mit dem Netzwerkkabel, das den Access-Point erschließt, verlegt werden. Um dies zu vermeiden, gibt es Power over Ethernet, auch Power-Injection genannt. Hier wird die Versorgungsspannung über das Ethernet-Kabel in den Access-Point geführt.

Power-Injection gibt es in verschiedenen Varianten. Einmal wird ein Koppler zwischengeschaltet (Power-Injector), der Strom bezieht und einspeist, im anderen Fall liefert bereits der Switch, an dem gepatcht wird, von sich aus den Strom über die Anschlussports (PoE, Power over Ethernet). PoE wird auch angewandt, um IP-Telefone mit Strom zu versorgen.

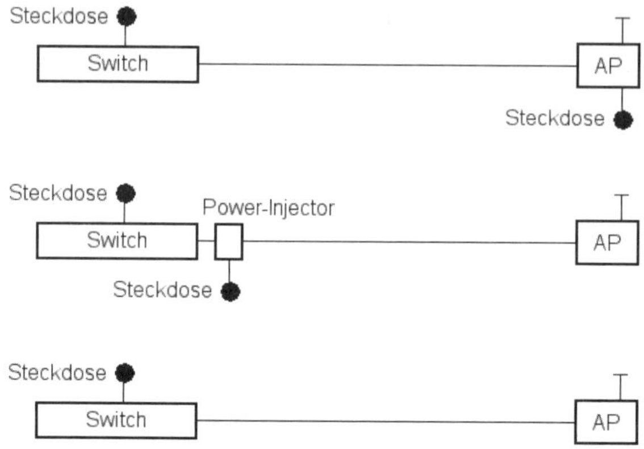

BILD 8.6 Es gibt mehrere Möglichkeiten, einen Access-Point (AP) mit Strom zu versorgen. Herkömmlich muss eine Stromversorgung bis an den AP geführt werden, er steckt schlichtweg in der Steckdose (oben). Mit dem Verfahren Power over Ethernet wird der Strom über das Netzwerkkabel geleitet. Dies kann einmal dadurch geschehen, dass man einen Power-Injector dazwischen patcht, der Strom aus der Steckdose bezieht und ins Netzwerkkabel einspeist (Mitte), oder der Switch, an dem der AP angeschlossen ist, speist den Strom direkt aus seiner eigenen Stromversorgung ein.

Bei PoE ist noch Vorsicht geboten. Bei den ersten Implementationen wurde der Strom für die Sender über die ungenutzten Adern des Netzwerkkabels geleitet. Wir erinnern uns, bei Fast Ethernet benötigten wir vier Adern, ein Netzwerkkabel hat acht. Dies war aber nicht immer möglich. Um Geld zu sparen, hat man früher oft zwei Netzwerkdosen mit einem Kabel erschlossen, mit Doppeldosen. Hier sind alle acht Adern in Nutzung. Mit der Entwicklung des N-Standards mussten sich die Hersteller jedoch etwas einfallen lassen. Ein Access-Point nach N-Standard bietet eine Brutto-Datenrate von bis zu 600 MBit/s. Daher müssen diese Access-Points mit Gigabit-Ethernet erschlossen werden. Hier sind sowieso alle acht Adern im Betrieb. Dies wurde gelöst, Strom und Signal werden in die Kabel eingekoppelt und am Ziel wieder elektronisch abgekoppelt. Diese Verfahren funktionieren auch über Doppeldosen. In der Übergangsphase aber sollte man sicherstellen, welchen Standard eine Stromquelle liefert, um Schäden zu vermeiden. PoE arbeitet mit 48 Volt, hier riskiert man eventuell große Schäden, wenn man alte und neue Standards mischt.

8.9 Mesh

Eine Besonderheit bei der Verfunkung ist das Meshing. Dies wird vor allem im Freien eingesetzt. Hier wird nicht jeder Access-Point an das kabelgebundene Netz angeschlossen, sondern nur einer oder einige. Die anderen werden per Funk angeschlossen. Praktisch ist dies zum Beispiel auf großen Plätzen, es müssen keine Netzwerkkabel verlegt werden. Die Stromversorgung der Access-Points kann zum Beispiel über Straßenlaternen erfolgen, damit müssen gar keine Kabel verlegt werden. In der Regel wird ein Funkbackbone in 802.11a (siehe unten) zwischen den Access-Points aufgebaut und per 802.11g (siehe unten) mit den Endgeräten kommuniziert.

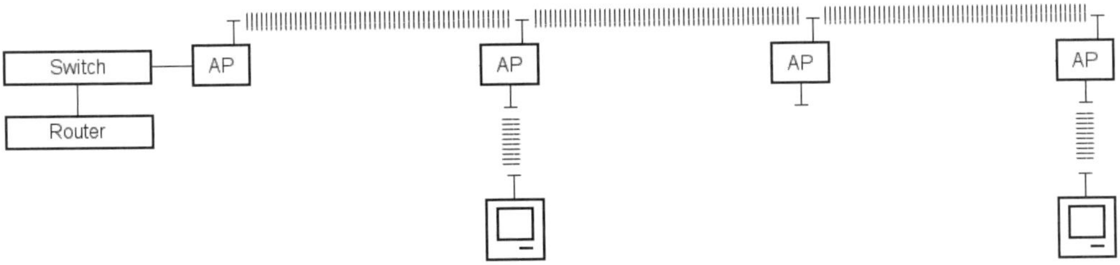

BILD 8.7 Ein Mesh-Verbund. Ein AP ist an das Netzwerk per Kabel angeschlossen. Über Funk sind die anderen erschlossen. In der Regel wird der Mesh mit 802.11a (siehe unten) als Backbone aufgebaut. Die Kommunikation mit den Endgeräten verläuft über 802.11g (siehe unten).

8.10 Wi-Fi und Proprietäres

Viele Hersteller waren mit dem Standard nicht zufrieden und wollten höhere Übertragungsraten und Extrafunktionen. Dies ist mit proprietären Methoden wie einer Kanalbündelung oder mit Kompressionsverfahren möglich. Wie bei allem hat dies neben den Vorteilen aber auch Nachteile. Es können bei proprietären Verfahren nur Access-Points und Adapter dieser Firmen und Verfahren miteinander eingesetzt werden. Eine Kompatibilität gibt es hier nicht. Meist wird angeboten, dass sich die Adapter bei einem Fehlen der erweiterten Implementierungen automatisch auf den Standard zurückschalten.

Daher hat sich eine Gruppe von Firmen zusammengeschlossen und die WECA-Vereinigung (Wireless Ethernet Compatibility Alliance) gebildet. Diese vergibt das Wi-Fi-Logo (Wireless Fidelity). Wer es verwenden will, muss seine Geräte und Adapter einem Test unterziehen lassen. Sind diese absolut kompatibel, werden sie zertifiziert.

Das Wi-Fi-Logo besagt also, dass zum Beispiel die Adapter eines Herstellers garantiert an den Access-Points anderer anbinden können, wenn alle zertifiziert sind.

Dieses Zertifikat ist jedoch freiwillig. Trägt es ein Gerät nicht, bedeutet dies nicht, dass es nicht kompatibel ist. Auch gibt es viele Geräte, welche die Erweiterungen ihrer Hersteller haben und unter sich mit höherer Geschwindigkeit kommunizieren können, dies mit anderen Wi-Fi-Geräten aber nur nach Standard tun.

Auch hier gilt wiederum dasselbe wie bei der festen Infrastruktur. In gewerblichen Umgebungen sollte man auf eine gewisse Homogenität achten, entweder mit zertifizierten Standards oder mit einer Festlegung auf einen Hersteller.

Wer viel unterwegs ist und in vielen verschiedenen Umgebungen andocken will, sollte sich an die Standards halten.

8.11 Voice over IP

Über ein Netzwerk lassen sich bekanntlich nicht nur statische Daten im Sinne eines reinen Informationsaustausches übertragen, sondern mit der ständig größer werdenden Bandbreite, die zur Verfügung steht, auch dynamische Echtzeitdaten wie Video und Sprache. Versendet man eine Datei, ist nichts zu bemerken, wenn die Qualität der Verbindung schlecht ist; es wird nur wahrgenommen, dass „es langsamer" ist. Verworfene und defekte Pakete werden neu versendet. Die Übertragungsprotokolle sind sehr effizient in der Fehlerkorrektur. Videoströme und Sprache aber sind äußerst empfindlich. Bilder ruckeln und bekommen Farbfehler/Pixelfehler, wenn Pakete verloren gehen oder es Verzögerungen in der Übertragung gibt. Sprachdaten werden sehr schnell unverständlich. Es treten unerwünschte Echos auf, Störgeräusche und vieles mehr. Da die Bandbreite von WLAN in den letzten Jahren stark erhöht wurde, ist auch Voice over Wireless im Kommen. Daher habe ich VOIP hier integriert.

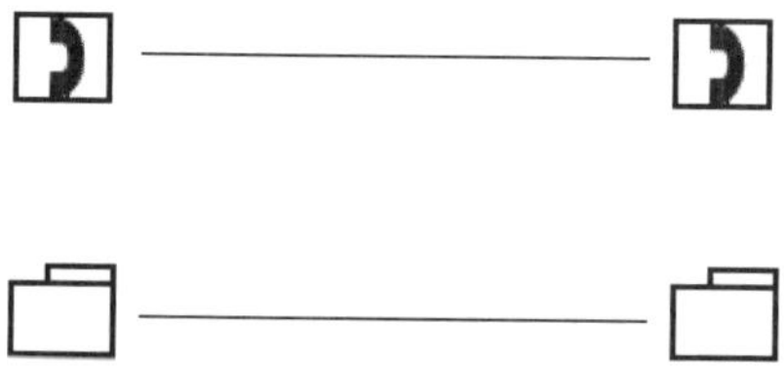

BILD 8.8 Werden Dateien übertragen (unten), spielt es oft keine Rolle, wenn vereinzelt Fehler auftreten. Bei Echtzeitdaten aber, wie Sprache, muss der Datenstrom in beiden Richtungen eine gewisse Qualität besitzen.

8.11.1 VoIP im Privatbereich

Voice over IP (VoIP) wird zusehends immer attraktiver und immer mehr genutzt. War dies mit einem Modem als Internetanschluss früher aufgrund der Geschwindigkeit nicht vernünftig möglich, ist es heute mit den schnellen DSL-Anschlüssen meist problemlos machbar. Mit zunehmender Bandbreite etabliert sich die Telefonie über das Internet. Wer einen Anschluss mit Flatrate besitzt, telefoniert in der Regel kostenlos, egal wohin. Schematisch funktioniert das nach einem Anmeldesystem.

Die Teilnehmer verbinden sich mit einem Voice-Server-Verbund im Internet, sie melden sich an. Will nun jemand einen anderen erreichen, prüft der Voice-Server, ob dieser Teilnehmer angemeldet ist. Ist dies der Fall, schickt der Server dem Anrufenden ein Signal, dass er dabei ist, die Verbindung zu starten. Dieser hört das Freizeichen. Dem zu erreichenden Teilnehmer schickt der Server ein Anrufsignal, sein Telefon läutet. Kommt die Verbindung zustande, zieht sich der Server zurück. Die Verbindung läuft nun direkt von einem Teilnehmer zum anderen. Wird das Gespräch beendet, melden sich beide als wieder frei an.

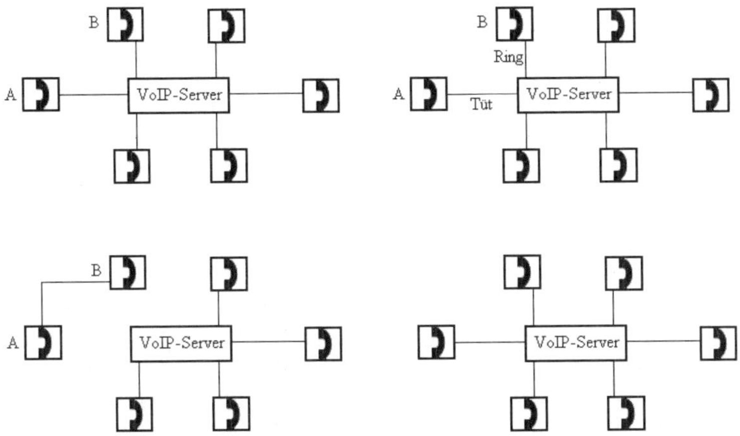

BILD 8.9 Die Kunden melden sich bei den Servern als parat an (links oben). Möchte nun A B erreichen, schickt er dem Server einen Request. Dieser prüft, ob B angemeldet ist. Wenn ja, schickt der Server A ein O. K., A hört das Anrufzeichen. Bei B klingelt das Telefon (rechts oben). Ist die Verbindung etabliert, werden die Codecs, Parameter etc. ausgehandelt und der Server zieht sich aus der Kommunikation zurück, sie ist nun end-to-end (links unten). Wird die Verbindung beendet, melden sie sich als wieder frei zurück (rechts unten).

Es gibt auch kostenpflichtige Gateways, die ermöglichen, dass ein Internet-Telefon ins Festnetz (oder Mobilfunknetz) telefonieren kann und umgekehrt.

Als Endgeräte fungieren in der Regel ein PC mit Headset und der nötigen Software (auch Soft-Phone genannt), ein IP-Phone oder ein Mobiltelefon (WLAN).

Ein IP-Phone hat den Vorteil, dass nicht immer ein PC laufen muss, um erreichbar zu sein. Da die IP-Adressen in der Regel dynamisch sind, kann von den meisten Anbietern eine sogenannte SIP-Adresse bezogen werden. Somit ist man am Dienst namentlich präsent, egal wo man ist und welche Adresse man hat. SIP selbst bietet noch keine Möglichkeit zu telefonieren. SIP ist das Session Initiation Protocol. Die Daten der Sprache müssen digitalisiert und codiert werden, meist wird auch noch eine gewisse Kompression angewandt, bevor man sie über das Internet auf die Reise schicken kann. Das SIP-Protokoll handelt die Verbindung aus, überträgt die nötigen Informationen über die verwandten Codecs, mit denen codiert wurde, etc. Die Datenübertragung regelt dann meist das Real-Time Transport Protocol RTP, das die Daten über UDP überträgt.

Es gibt noch viele andere Verfahren. Skype ist zum Beispiel ein solcher Dienst, der weit verbreitet ist. Dies ist aber closed source. Der große Vorteil von SIP-Anbietern und SIP-Adressen ist, dass man weltweit unter derselben Nummer erreichbar ist.

8.11.2 VoIP im Firmenbereich

VoIP als Ersatz der klassischen Telefonie setzt sich auch im professionellen Umfeld immer mehr durch. Meist wird migriert, wenn die Telefonanlagen ersetzungsbedürftig werden. VoIP als Ersatz der klassischen Telefonanlagen ist initial meist eine sehr große Investition. Im Gegensatz zum Privatumfeld können hier Qualitätsschwankungen oder schlecht verständliche Sprache nicht geduldet werden. Daher müssen meist spezielle Router eingesetzt werden, die den Transport garantieren können (Quality of Service, QoS). Durch die stark erhöhten Bandbreiten in den letzten Jahren werden die Netze (besonders im Backbone) aber immer schneller. Daher kann auch ohne QoS gearbeitet werden, wenn einfach genug Bandbreite zur Verfügung steht.

Weiter braucht es Server, die die Telefonate verwalten und abwickeln, und natürlich die dazu ausgebildeten Techniker. Der große Vorteil ist, dass nun Netzwerk und Telefonie über ein und dasselbe Medium übertragen werden können. Die meisten Hersteller von IP-Phones bieten bereits WLAN-Telefone an. Hier kann auch das Wireless-LAN als Medium benutzt werden.

Im professionellen Umfeld werden auch Netzwerkgeräte verwendet, die eine priorisierte Abhandlung von Voice-Paketen sicherstellen können. Die Stromversorgung der Telefone muss geregelt werden. Wer nicht für jedes Telefon eine Steckdose verbrauchen will, muss diese über das Netzwerk speisen, dies erfordert spezielle Switches oder Geräte (siehe PoE, Power over Ethernet). Dies ist auch meist der Grund für die hohe Anfangsinvestition.

8.12 Powerline – eine Alternative

Wer keinen Kabelsalat haben will, aber auch das Funknetz scheut, kann sich durch eine weitere einfache Methode behelfen, durch die Stromleitung. Powerline ist ein Standard, der entwickelt wurde, um Daten über normale Stromleitungen zu übertragen.

Das Signal wird dabei aufmoduliert und am Empfängerort wieder ausgefiltert. Nötig sind für eine Kommunikation also mindestens zwei Powerline-Bridges.

Die Übertragungsrate liegt bei ca. 80 MBit/s (zum Teil schon bei 200 MBit/s, auch diese Technologie wird ständig weiterentwickelt).

Wie beim Funknetz kann jeder „mithören", der Zugriff zur selben Stromleitung hat. Daher empfiehlt es sich, die Datenübertragung zu verschlüsseln.

Probleme kann es mit diesem Verfahren geben, wenn der Sender und der Empfänger (sprich zwei Geräte oder Netzwerke, Datenübertragung im Netzwerk ist eigentlich immer bidirektional, beide sind Sender und Empfänger) an verschiedenen Linien (Phasen) der Stromversorgung angeschlossen sind. Oft kann das Signal die Phasentrennung nicht überspringen. Hilfe bietet da ein guter Elektriker. Mit sogenannten Phasenkopplern kann der Signalübergang erreicht werden.

Ebenso sollte kein aktiver Stromzähler zwischen Sender und Empfänger sitzen. Viele von ihnen sind als Rückstreufilter gebaut, um den Stromunternehmern eine störungsfreie Fernwartung ihrer Knotenpunkte über das eigene Netz zu ermöglichen. Daher werden von den Versorgungsunternehmen an den Übergängen zu den Endverbrauchern meist alle Frequenzen herausgefiltert, die nicht vom Stromlieferanten herrühren.

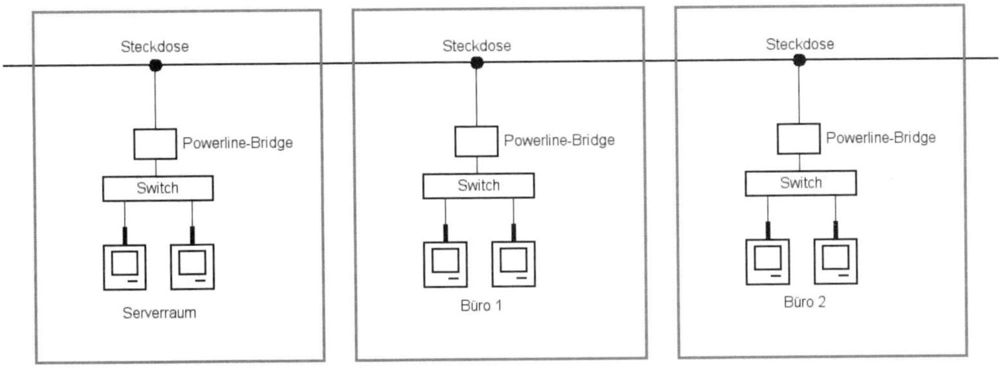

BILD 8.10 Vernetzung über Powerline-Bridges. Der Datentransport erfolgt über die herkömmliche Steckdose. Die verbundenen Räume müssen an einer Phase hängen, oder es muss mit Phasenkopplern gearbeitet werden. Wer keine abgeschlossene Umgebung hat, sollte die Daten verschlüsselt übertragen. Wie bei jedem Shared Medium kann jeder, der Zugang zu einer Steckdose hat, den Verkehr mithören.

8.13 Zukunft

Das Internet wird immer mehr zur Übertragung aller möglichen Informationen genutzt. Ob Daten, Voice, Fax oder Media-Streaming, ob wireless oder drahtgebunden - es ist zu erwarten, dass in einigen Jahren alle diese Dienste zusammenwachsen oder zumindest verschmelzen. Schon heute gibt es Anbieter, die Telefon, Fernsehen und Internet über einen Anschluss anbieten. Moderne DSL-Router verfügen bereits heute über Anschlüsse für die Internet-Telefonie. Über die Satellitenschüssel werden schon heute IP-Daten versendet. Die Dienste wachsen immer mehr zusammen.

Mit Verfahren wie WiMAX, DVB-T, DVB-S, WLAN, LTE etc. trennt sich die Verbindung auch zusehends von den Drähten. Ich vermute, dass es in naher Zukunft irgendwann nur noch ein Multifunktionsgerät geben wird, einen Anschluss, wahrscheinlich wireless, der alles in einem leisten wird, Telefon, Radio, Fernsehen, Internet etc. Schon heute ist das Tethering weit verbreitet. Hier wird z.B. über UMTS eine Verbindung vom Smartphone zum Internet hergestellt. Das Smartphone „spielt“ dann Access-Point. Der Besitzer kann sich nun mit einem oder mehreren Geräten mit WLAN verbinden und diese Verbindung nutzen (wer das ungeschützt macht, erlaubt natürlich jedem anderen auch zu verbinden).

Die Entwicklung, die die Technologien zusammenwachsen lässt, ist bereits deutlich erkennbar.

8.14 Standards und Parameter

Inzwischen gibt es viele verschiedene Standards im Bereich WLAN, und viele sind in der Entwicklung. Ständig wird an höheren Geschwindigkeiten und besseren Verbindungen gearbeitet. Es gibt hier auch einige proprietäre Verfahren, die zum Beispiel über Verfahren wie die Kanalbündelung etc. höhere Geschwindigkeiten erlauben – meist auf Kosten der Kompatibilität.

Wireless-LAN ist nicht „Ethernet over Funk", sondern eine eigene Implementation in der 802-Familie. Mit 802.11 wurde 1997 von der IEEE ein Standard für Funknetzverbindungen im 2,4-GHz-Band mit Geschwindigkeiten von 1 MBit/s und 2 MBit/s beschrieben. Dazu gab es noch eine physikalische Schnittstelle für Infrarot, die nie richtig entwickelt wurde. Die sehr geringe Reichweite und die Tatsache, dass direkte Sichtverbindung notwendig ist, machte diese Schnittstelle unbrauchbar.

Heute sind wesentlich höhere Verbindungsgeschwindigkeiten möglich beziehungsweise im Test. Ein ganz großes Problem bei der Entwicklung von Funkstandards war die Unverfälschtheit der übertragenen Informationen. Während im Anfang des Radios Rauschen und Störungen alltäglich waren (und in manchen analogen Bändern heute noch sind), kann bei der Datenübertragung nicht akzeptiert werden, dass Bits verfälscht werden. Natürlich ist es schöner, Mozart ohne Rauschen zu hören, aber Sprache und Musik sind im Verständnis auch bei einer relativ hohen Fehlerrate brauchbar.

Daher musste schon in den Kinderschuhen der Wireless-Datenübertragung dafür gesorgt werden, dass Störungen gefiltert und korrigiert werden können. Es gibt heute sehr viele Standards im Bereich 802.11. Viele sind für den Endkunden transparent, die Buchstaben gehen schon bis 802.11z. Ich möchte hier nur die beschreiben, die tagtäglich im Einsatz sind.

8.14.1 802.11

802.11 wurde im ISM-Frequenzband (Industrial, Scientific, Medicine) angesiedelt, das lizenzfrei von allen benutzt werden kann. Daher ist es dort „eng" geworden. In diesem Frequenzbereich tummeln sich aufgrund der kostenlosen Nutzung Bluetooth, Heim-Audio- und Videosysteme, Garagentorsteuerungen, Bewegungs- und Feuermelder, Alarmanlagen etc.

Der verfügbare Frequenzbereich erstreckt sich über 14 Kanäle mit einem Abstand von 5 MHz mit den Mittelfrequenzen von 2412 MHz bis 2472 MHz. Hier gibt es regionale Unterschiede, Kanal 14 ist zum Beispiel nur in Japan zugelassen, 12 und 13 in Europa, in Amerika sind nur die Kanäle 1 – 11 erlaubt.

TABELLE 8.1 Kanäle im ISM-Band

	1	2	3	4	5	6	7	8	9	10	11	12	13	14
Amerika												X	X	X
Europa														X
Japan														

Die Mittelfrequenzen sind: 2412, 2417, 2422, 2427, 2432, 2437, 2442, 2447, 2452, 2457, 2462, 2467, 2472 und 2477 MHz.

Aufgrund der oben beschriebenen Forderung, unverfälscht und fehlerfrei zu übertragen, können die Kanäle nicht eng genutzt werden. Für die Übertragung benötigen wir eine „Kanalbandbreite" von ca. 20 MHz um die Mittelfrequenzen herum, im Standard 802.11 werden 30 MHz gefordert. Ab dann kann sichergestellt werden, dass sich die Kanäle nicht überlappen, also gegenseitig stören. Warum so breite Kanäle um eine Mittelfrequenz herum? Dafür müssen wir in die Technik der Funkübertragung hineinschauen.

8.14.2 Bandspreizung

Um Datensignale per Funk übertragen zu können, müssen sie „vorbereitet" werden. Die Unverfälschtheit muss gewährleistet sein, sei es durch Prüfmechanismen oder andere Kontrollen, zerstörte oder gestörte Daten müssen erneut angefordert werden. Sinnvoll ist, schon im Vorfeld die größten Störmöglichkeiten zu minimieren. Man wählte dazu das Verfahren der Bandspreizung, das in der Militärfunktechnik schon lange bekannt war. Zur Minimierung der Störungen wird das Signal zuerst gespreizt, dann auf die Trägerfrequenzen aufmoduliert und übertragen.

Was bedeutet nun gespreizt? 802.11 beschreibt zwei Verfahren, von denen eines in Betrieb gegangen ist (DSSS).

8.14.2.1 DSSS, Direct Sequence Spread Spectrum

Bei DSSS wird eine Datensequenz mit einem bestimmten Bitcode bearbeitet, in der Funktechnik sagt man, gescrambelt. Das bedeutet, Bit für Bit wird die Information vor der Sendung mit XOR-Operationen gegen einen festgelegten Bitcode codiert. Und zwar mit einer höheren Bitrate als die eigentliche Sendung. Das eigentliche Signal wird also über die Frequenzen „verschmiert". Die Intensität des Signals sinkt dabei. Dies nennt man Chipping und die Coderate die Chipping-Frequenz.

Die XOR-Funktion ist eine logische Funktion wie AND oder OR. Hat man eine Schaltung mit zwei Eingängen und einem Ausgang, bekommt bei AND der Ausgang den Wert eins, wenn beide Eingänge den Wert eins haben. Bei OR bekommt der Ausgang den Wert eins, wenn einer der beiden Eingänge oder beide den Wert eins haben. Bei XOR (exclusive-or) bekommt der Ausgang nur dann den Wert eins, wenn die Eingänge unterschiedliche Zustände haben.

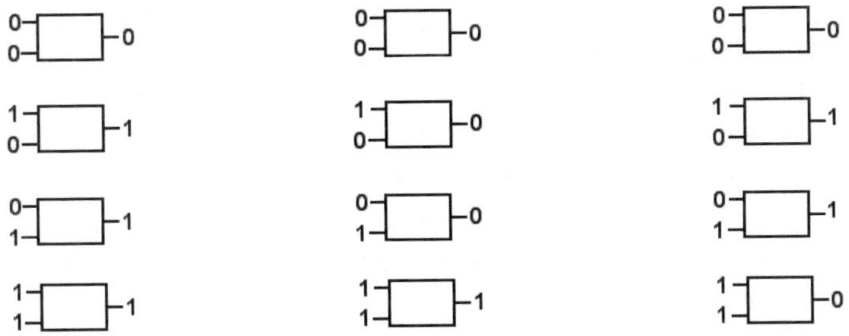

BILD 8.11 Drei neuronale Zellen mit den Funktionen OR (links), AND (Mitte) und XOR (rechts). Bei XOR wird der Ausgang nur eins, wenn die Eingänge unterschiedliche Werte haben.

Chippt man nun ein Signal aus zwei Bit mit einer 8-Bit-Chipping-Sequenz, könnte dies zum Beispiel so aussehen: Wir wollen die Zustände 0 und 1 übertragen, die Chipping-Sequenz sei 00110011:

Zu sendende Bits:	0	1
8-Bit-Spreizung:	0000000011111111	
Chipping-Sequenz:	0011001100110011	
Ergebnis XOR:	0011001111001100	

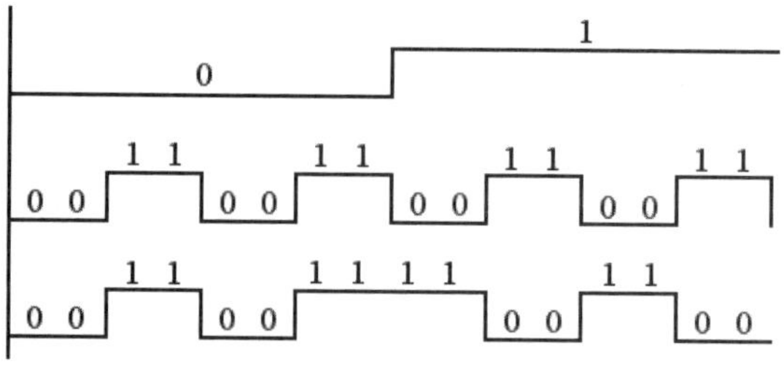

BILD 8.12 Das Chipping. Die ursprünglich zu sendende Bitfolge 0 1 (oben) wird mit dem Bitcode 00110011 (Mitte) gescrambelt. Das Ergebnis ist der Bitcode, der zur Sendung aufmoduliert wird (unten).

Am Empfänger kommt nun „der Trick“: Wie man mathematisch beweisen kann (was wir aber hier nicht tun werden), erhält man bei XOR-Operationen den ursprünglichen Bitcode zurück, wenn man dieselbe XOR-Operation mit derselben Chipping-Sequenz erneut durchführt. Das gespreizte Signal wird also entspreizt.

Gescrambelte Folge:	0011001111001100	
Chipping-Sequenz:	0011001100110011	
Ergebnis (XOR):	0000000011111111	
Integrative Entspreizung:	0	1

Die ursprüngliche Bitrate des Ursignales (also unserer 0 und 1) nennt man die Sampling-Periode. Das Ergebnis der XOR-Operation wird in Stücke der Sampling-Periode zerlegt und integrativ ausgewertet. Also: $8 \times 0/8 = 0$ und $8 \times 1/8 = 1$.

Was macht das für einen Sinn? Hier passieren zwei Dinge von größter Bedeutung. Zum einen gibt es hier eine Möglichkeit einer Fehlererkennung und -korrektur. Wäre unser entspreiztes Signal nun in der ersten Sampling-Periode 00000100, wüssten wir, dass das nicht sein kann. Innerhalb einer Periode müssen alle Bits gleich sein, denn wir haben dasselbe Bit acht Mal gechippt. Daher können wir sicher davon ausgehen, dass hier eine Störung passiert ist und das Ergebnis 00000000 sein muss. Ist die Störung zu groß, sodass nicht mehr eindeutig entschieden werden kann, muss die Übertragung nochmals angefordert werden. Ansonsten kann der Fehler korrigiert werden.

Zum anderen haben wir noch einen weitreichenden Effekt in der Funktechnik. Durch das Chipping wird das Signal auf verschiedene Frequenzen verteilt und damit in der Intensität geringer. Es kann sogar im Rauschen untergehen. Im Militärfunk erhoffte man sich damit, Funksendungen verstecken zu können. Nur wer den Chipcode und die Sampling-Rate kennt, kann das Signal wiederherstellen.

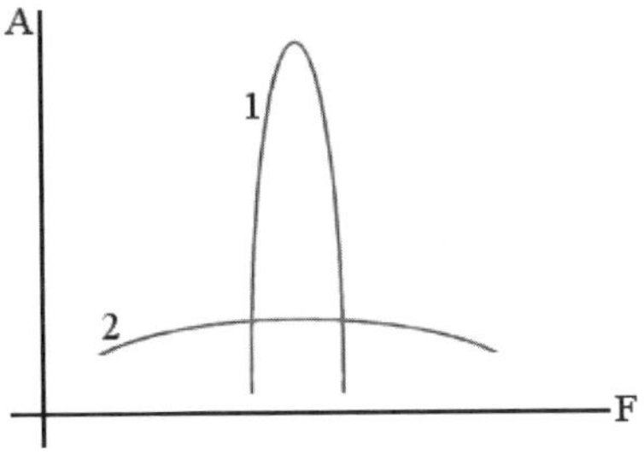

BILD 8.13 Das ursprüngliche Signal (1) wird durch das Chipping auf mehrere Frequenzen verteilt (2). Die Intensität sinkt dabei stark ab. Hier schematisch, die Fläche unter beiden Signalen sollte dieselbe sein. Das Signal ist als solches kaum noch zu sehen.

Ein Störsignal ist meist engbandig. Der Sender codiert störungsfrei. Der Empfänger erhält das Signal mit einer Störung. Durch das erneute Chipping wird das ursprüngliche Signal wiederhergestellt, die Störung aber wird nur einmal vom Empfänger gechippt, sprich „verschmiert", und sinkt in der Intensität weit ab, wird bedeutungslos oder kann gefiltert werden. Dadurch werden Störungen eliminiert.

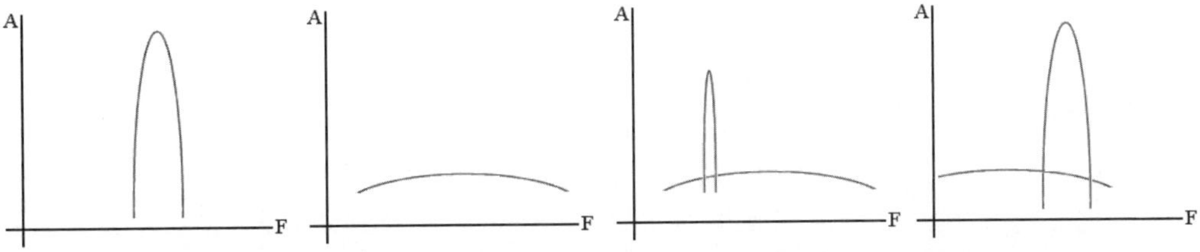

BILD 8.14 Bild links: das ursprüngliche Signal. Mitte links: das gespreizte Signal. Mitte rechts: eine Störung wird eingestreut. Rechts: Durch das Chipping wird das eigentliche Signal wiederhergestellt, die Störung aber unterdrückt.

Die Signale werden also zweifach bearbeitet, einmal gespreizt und dann auf die Trägerfrequenzen aufmoduliert. Zur Modulation kommen noch Fehlerkorrekturmechanismen. Die einzelnen Modulationsverfahren werde ich nicht ausführlich beschreiben. Sie arbeiten mit Phasen- und Amplitudenmodulation. Das ist extrem komplex, führt tief in die Mathematik und Physik, das ist genug Stoff für ein eigenes Buch, das überlasse ich Büchern zur Funktechnik.

Die Kombination aus Codierungs-, Modulationsverfahren und Fehlerkorrekturmechanismen bestimmt die einzelnen Geschwindigkeitsraten, die in einem Standard möglich sind. Automatisch werden diese an die bestehenden Verhältnisse angepasst. Sind Verbindungen schlecht oder das Signal schwach, werden Modulationen verwendet, die eine geringere Datenrate bieten, aber robuster sind; ist die Verbindung gut, werden Verfahren gewählt, die eine höhere Informationsdichte pro Zeiteinheit übertragen.

Jetzt verstehen wir, warum es zum Beispiel heißt bei 802.11a und g gibt es folgende feste Übertragungsraten, auf die sich die Geräte selbst einstellen, je nach Signalgüte:

MBit/s	Modulation	Korrektur
6	BPSK	1/2
9	BPSK	3/4
12	QPSK	1/2
18	QPSK	3/4
24	16-QAM	1/2
36	16-QAM	3/4
48	64-QAM	2/3
54	64-QAM	3/4

(Für Interessierte: BPSK: Binary Phase Shift Keying, QPSK: Quadrature Phase Shift Keying, QAM: Quadrature Amplitude Modulation)

Die Kanäle sind also in 5-MHz-Abständen definiert, wir brauchen aber für eine Übertragung 30 MHz Abstand. Das bedeutet, wir haben in diesem Frequenzband (ISM) nur drei überlappungsfreie Kanäle, nämlich 1, 7 und 13. In der Literatur wird oft von 1, 6 und 11 gesprochen. Das liegt daran, dass es viele Übersetzungen aus der amerikanischen Literatur sind, dort sind die Kanäle 12 und 13 nicht zugelassen.

HINWEIS: Einige Geräte, die für den amerikanischen Markt gebaut sind, können die Kanäle 12 und 13 technisch gar nicht nutzen. In Europa stehen daher für sie bei Standardumgebungen (1, 7, 13) lediglich zwei Kanäle zur Verfügung.

8.14.2.2 FHSS

Der Standard 802.11 beschreibt ein weiteres Verfahren der Bandspreizung, FHSS, Frequency Hopping Spread Spectrum. Hier wird nach einem festgelegten Muster die Trägerfrequenz gewechselt. Genauso muss der Empfänger nach demselben Muster auf diesen Frequenzen empfangen. Tritt nun eine Störung auf einer Frequenz auf, geht nur ein kleiner Teil der gesendeten Information verloren und muss nachgefordert werden. Treten Störungen in einer Frequenz häufig oder dauernd auf, kann diese vom Hopping ausgeschlossen werden. Für Interessierte: Bluetooth arbeitet nach FHSS.

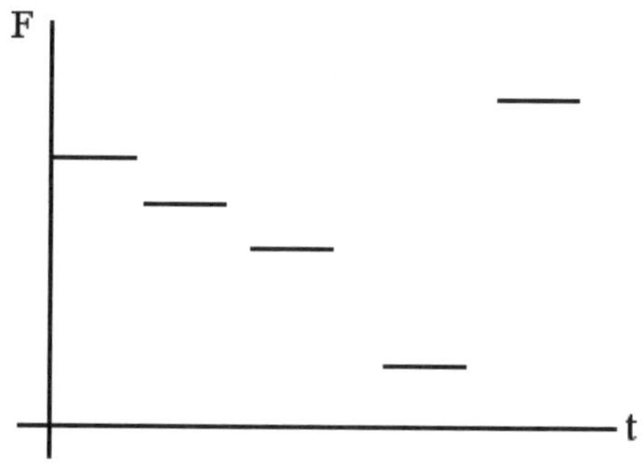

BILD 8.15 FHSS. Der Sender springt nach einem festen Muster auf verschiedenen Trägerfrequenzen. Der Empfänger muss dieses Muster kennen und genauso auf den verschiedenen Frequenzen empfangen. Frequenzen, die mit Störungen behaftet sind, können durch einen Wechsel des Musters ausgeklammert werden.

8.14.3 802.11b

1999 wurde mit 802.11b die Spreiztechnik DSSS zu HR-DSSS (High-Rate Direct Sequence Spread Spectrum) erweitert, was nun Geschwindigkeiten von 5.5 und 11 MBit/s erlaubte.

8.14.4 802.11a

1999 wurde parallel mit 802.11a ein neues Fenster im-5 GHz-Band erschlossen. Man wollte der Überfüllung des 2,4-GHz-Bereiches ausweichen. Durch eine völlig andere Technik der Codierung, OFDM (Orthogonal Frequency Division Multiplexing) statt DSSS, waren nun Raten bis 54 MBit/s möglich. Das neue Frequenzband hatte nicht die Last der vielfältigen Nutzung durch andere Funktechniken, aber „Geburtsschwierigkeiten“ unter anderem technischer Art. Es dauerte relativ lange, bis die Hersteller der Sender und Endgeräte 802.11a großflächig unterstützten. Die Frequenz ist höher, die Wellenlänge damit kürzer. Damit ist auch die Materialdurchdringung geringer.

Im 5-GHz-Band gibt es nationale Unterschiede. Nicht überall sind alle Bereiche freigegeben. In Europa sind es die Bereiche 5,15 GHz bis 5,35 GHz und 5,47 GHz bis 5,725 GHz. In den USA stehen zwölf jeweils 20 MHz breite Kanäle zur Verfügung, in Europa insgesamt 19.

Amerika, Europa:

5180, 5200, 5220, 5240, 5260, 5280, 5300, 5,320 (MHz).

Europa:

5500, 5520, 5540, 5560, 5580, 5600, 5620, 5600, 5660, 5680, 5700 (MHz).

Amerika:

5735, 5755, 5775, 5835 (MHz).

8.14.4.1 OFDM

Mit 802.11a kam eine neue Spreiztechnik zum Einsatz, OFDM, Orthogonal Frequency Division Multiplex. Hier wird nicht mit einem Bitcode gescrambelt; hier wird ein Kanal mit 20 MHz Kanalbandbreite in 64 Subkanäle aufgeteilt, die sehr engbandig sind. 48 werden parallel zur Übertragung verwendet, vier zur Synchronisation. Am oberen und unteren Rand bleiben je sechs Subkanäle unbenutzt, sodass zwischen den Kanälen zwölf Subkanäle zur Trennung verbleiben. Jede Frequenz wird für sich moduliert. Die einzelnen Kanäle sind orthogonal zueinander, das heißt, der Frequenzmittelpunkt (Scheitel) eines Subkanals liegt genau im Nulldurchgang der benachbarten. So stören sich die Signale am wenigsten und die überlagerten Signale können am Empfänger durch Fourier-Transformation wieder leicht separiert werden. Gibt es dauernde Störungen in einem Subkanal, kann dieser gemieden werden. Intelligente Fehlerkorrekturmechanismen machen die Methode fehlertolerant. Sollte trotzdem etwas verloren gehen, muss nur ein Bruchteil nachgesendet werden.

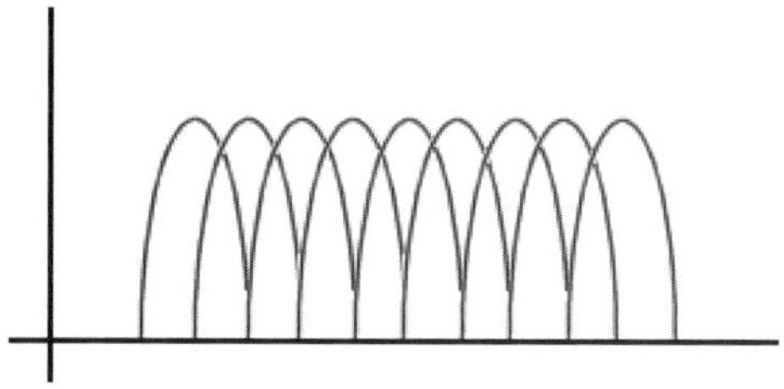

BILD 8.16 OFDM. Ein Kanal wird in Subkanäle unterteilt. Die Frequenzen werden so gewählt, dass der Scheitel eines Signales genau am Nullpunkt der benachbarten liegt. So lassen sich die überlagerten Signale beim Empfänger durch Fourier-Transformation wieder gut trennen.

8.14.5 802.11h

802.11a wurde für Amerika definiert. Um auch in Europa zugelassen zu werden, wurden Erweiterungen eingeführt. 802.11h integriert zwei Verfahren: Transmit Power Control (TPC) und Dynamic Frequency Selection (DFS).

TPC sorgt dafür, dass Sender und Empfänger den Kanal mit der besten Verfügbarkeit aussuchen und die Sendeleistung auf das benötigte Minimum drosseln.

DFS sorgt dafür, dass WLAN-Geräte sofort den Kanal wechseln, wenn Verkehr von Nicht-WLAN-Geräten detektiert wird. Dies ist der Schutz anderer Nutzer dieser Frequenzen, die Vorrang haben, sogenannte Primärnutzer. Das sind vor allem Radaranlagen. Dies war die Voraussetzung zur Freigabe der Frequenzen in Europa.

8.14.6 802.11g

2003 wurde das Codierungsverfahren OFDM in das 2,4-GHz-Band übernommen. Seither kann auch in diesem Band mit Raten von bis zu 54 MBit/s gesendet werden.

8.14.7 802.11n

Noch schneller. Ein ehrgeiziges Ziel war es, das Wired LAN in der Geschwindigkeit zu erreichen. Fast Ethernet, also 100 MBit/s, war das Ziel. 2009 wurde der Standard 802.11n veröffentlicht.

Innerhalb der gegebenen Grenzen wurden Verfahren eingeführt, die bereits aus der Militär- und Radartechnik bekannt waren. Neben der seriellen Codierung der Signale wurden räumliche Codierungen eingeführt. Bei 802.11n wird mit mehreren Antennen gearbeitet. Mit mehreren Antennen lassen sich deutliche Gewinne erzielen. Systeme mit mehreren Antennen für Sendung und Empfang sind in der Lage, auf denselben Frequenzen mehrere Datenströme zu versenden und zu empfangen, parallel. 802.11n arbeitet in beiden Bereichen, im 2,4- und im 5-GHz-Bereich, wenn möglich gleichzeitig. Die Kanalbandbreite wurde auf optional 40 MHz erweitert. Damit waren völlig neue Codierungen möglich. Aufgrund der „Enge“

im 2,4-GHz-Bereich ist es selten möglich, die 40-MHz-Breiten zu nutzen. Im 5-GHz-Bereich aber ist dies möglich.

HINWEIS: Es gibt Adapter, meist im Billig-Segment, die zwar 802.11n unterstützen, aber nur im 2,4-GHz-Bereich. Diese bringen keine Performance.

802.11n-Geräte kennen drei Modi des Betriebes: Legacy (802.11a/b/g), Mixed-Mode (802.11n und 802.11a/b/g) und Greenfield (nur 802.11n)

Greenfield schaltet alle Kompatibilitäten ab. Die Performance ist maximal. Dieser Modus sollte nur in abgeschlossenen Umgebungen eingesetzt werden. 802.11a-Geräte erkennen diese Datenströme im 5-GHz-Bereich nicht mehr als WLAN, sondern als fremden, sprich Primärnutzer, und geben die Frequenzen frei (DFS), werden also gestört.

Eine Lösung ist, Access-Points, die diese Möglichkeit bieten, im 2,4-GHz-Band auf Legacy und im 5-GHz-Band auf n einzustellen. Somit sind die nötigen Features für alle möglich.

8.14.7.1 Antenna-Diversity

Schon mit zwei Antennen kann Antenna-Diversity genutzt werden. Durch Laufzeitunterschiede in Mehrwegeausbreitungen können Interferenzen entstehen, die das Signal unbrauchbar machen oder schwächen. Hat man zwei Antennen im richtigen Abstand, bilden sich alternierende Interferenzmuster. Sendet der Sender in der Kommunikation mit dem Client nur mit einer, kann diese Störung umgangen werden.

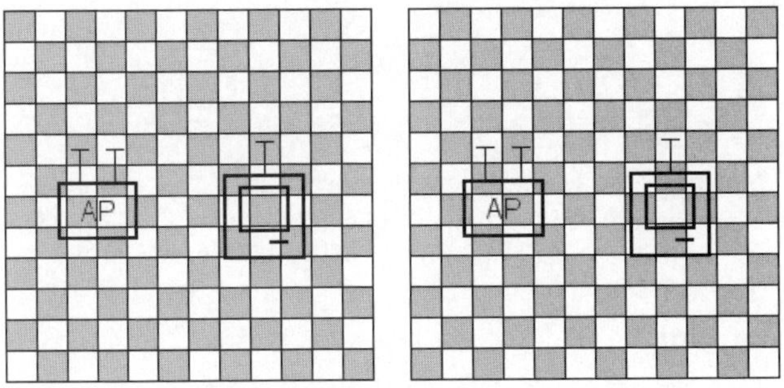

BILD 8.17 Zwei Antennen im richtigen Abstand (1/2 Wellenlänge) erzeugen alternierende Interferenzmuster. (Hier sehr symbolisch abgebildet.) Kommuniziert der Sender nur mit einer Antenne mit dem Client, ist dieser außerhalb der destruktiven Interferenz.

8.14.7.2 Gruppengewinn

Mit mehreren Antennen kann auch mehr Leistung entnommen werden. In der Funktechnik nennt man dies Gruppengewinn.

8.14.7.3 MIMO, Multiple Input Multiple Output

Der größte Vorteil mehrerer Antennen aber ist ein anderer. Hat man mehrere Antennen an Sender und Empfänger, können diese verschiedenen Datenströme gleichzeitig auf einer Frequenz versenden, je Antennenpaar einen Datenstrom. Diese Ströme nennt man Spatial

Streams. Technisch ist das möglich, da mehrere Antennen ermöglichen, räumliche Informationen zu ermitteln, eine weitere Dimension kommt hinzu.

Technisch sind zurzeit vier Streams mit vier Antennen möglich. Bei Raten von 150 MBit/s pro Stream sind Bruttoraten von 600 MBit/s für 802.11n beschrieben. Diese Adapter sind aber sehr teuer und zurzeit noch experimentell. Zwei Streams sind im Moment üblich. Hier entstehen auch Kosten im Installationsbereich. Wer auf 802.11n aufrüstet, muss eines bedenken: Um die Datenrate bieten zu können, muss der Anschluss der Access-Points angepasst werden. Sind sie mit Fast Ethernet erschlossen, also 100 MBit/s, reicht dies für die volle Performance nicht mehr aus.

MIMO kann einerseits verwendet werden, um bei einer Verbindung von zwei Geräten die Datenrate zu verdoppeln oder um mit zwei Stationen mit der vollen Bandbreite zu kommunizieren.

MIMO nutzt die Tatsache aus, dass mehrere, voneinander definiert entfernte Antennen dasselbe Signal senden. Durch die Laufzeitunterschiede, die Wege sind ja verschieden groß, kommen die Signale leicht phasenverschoben an. Aus den Laufzeitunterschieden ergibt sich eine lineare Matrix, die von ASICs gelöst werden kann. Bei MIMO müssen laufend Tuning- und Testsignale versendet werden, da sich zum Beispiel Personen im Raum bewegen oder sich der Client bewegt. Mehrwegeausbreitungen werden verwendet, um die Raumgeometrie zu erkennen.

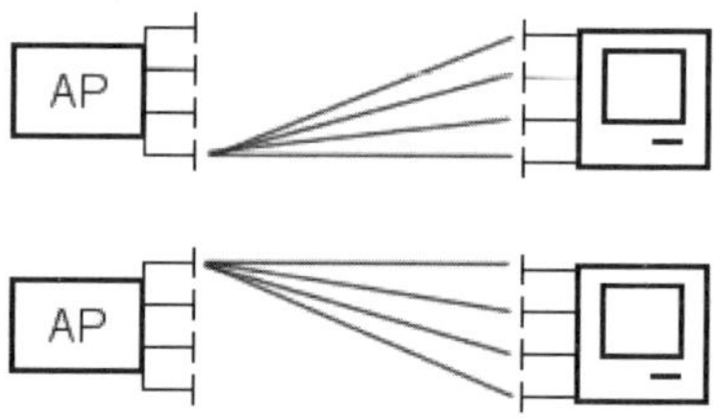

BILD 8.18 MIMO. Wird mit mehreren Antennen gesendet, trifft das Signal aufgrund der Laufzeitunterschiede leicht phasenverschoben ein. Hier im Bild sehen Sie zwei Möglichkeiten von acht. Aus diesen Informationen entsteht eine lineare Matrix, über die sich die Streams zuordnen lassen.

8.14.7.4 Beamforming

Der Einsatz mehrerer Antennen erlaubt auch, dass die Abstrahlung des Signals in Richtung des Empfängers optimiert werden kann, dies nennt man Transmit-Beamforming. Der Empfänger erhält eine höhere Eingangsleistung. Damit kann zu „gehaltvolleren" Codierungen gewechselt werden, die Übertragungsrate wird erhöht.

(Das Beamforming ist schon lange bekannt, vor allem in der Militärfunktechnik, hier heißt es „Phase-Shift-Array" und wird auch für Richtungsbestimmungen eingesetzt.) Wird ein Signal über mehrere Antennen versendet, können diese Sendungen bewusst zeitverzögert zwischen den Antennen erfolgen. Dadurch wird die Ausbreitung der Wellenfront gerichtet.

Sowohl für Beamforming als auch für MIMO muss dem Sender und Empfänger der Raum „bekannt" sein.

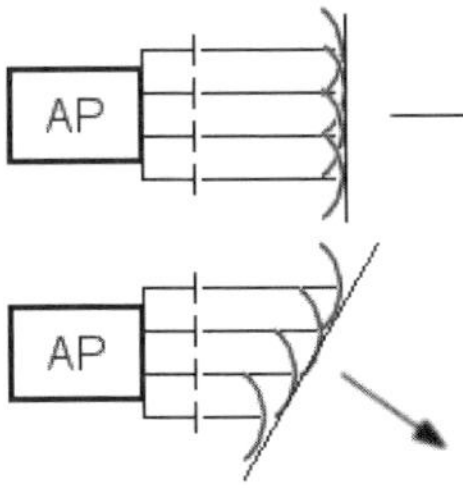

BILD 8.19 Beamforming. Wird ein Signal zeitversetzt von mehreren Antennen ausgesendet, kann die Richtung der Ausbreitung der Wellenfront gesteuert werden.

8.14.7.5 Packet-Aggregation

Bei Packet-Aggregation wird das WLAN-Frame so vergrößert, dass mehrere Datenpakete hineinpassen. Der Overhead von Headern wird reduziert. Bei häufigen Störungen entfällt der Vorteil, da nun größere Pakete mehrfach gesendet werden müssen.

8.15 Kompatibilität und Effizienz

Allen Verfahren ist eines gemeinsam. Sie konzentrieren sich auf Techniken, die eine Kanalbandbreite von ca. 20 MHz benötigen. Das bedeutet nicht, dass sie kompatibel sind, sondern dass sie in den zur Verfügung stehenden Frequenzen koexistieren können. Die Mittelfrequenzen mit ihrem Kanalband sind nahezu gleich. In Mischumgebungen wird nur häufig der Fall auftreten, dass die 40 KHz Kanalbandbreite nicht zur Verfügung stehen. 802.11n arbeitet dann nicht mit der vollen Performance. Wi-Fi-Adapter handeln aus, mit welchem Standard sie kommunizieren.

Wie oben beschrieben gibt es in allen Standards feste Übertragungsraten, die sich aus der Kombination der Codierungs- und Modulationsverfahren ergeben. Hier wird technisch immer der Weg gegangen, zwischen Geschwindigkeit und Stabilität abzuwägen. Ist ein Signal robust und klar, werden die Verfahren auf Bandbreite optimiert, ist das Signal schwach oder mit Störungen behaftet, wird die Geschwindigkeit zurückgeschaltet und mehr Wert auf Stabilität gelegt. Funknetzverfahren sind hoch komplexe, dynamische und anpassungsfähige Konstrukte. Viele dieser Techniken sind in anderen Funkverfahren ebenfalls im Einsatz, sei es GPS, UMTS oder GPRS. Die angegebenen Übertragungsraten sind immer Bruttoraten unter optimalen Bedingungen. In der Realität kann als Faustwert die Hälfte der Bruttorate bei guten Bedingungen erreicht werden.

Geräte, die nach 802.11b arbeiten, sind inzwischen Störquellen. Sie können die Codierungen von 802.11 a, g und n nicht verstehen. In Mischumgebungen muss daher allen bekannt gemacht werden, dass b-Geräte im Einsatz sind, was alle anderen stark abbremst. Schon ein b-Client kann die Performance in einem Raum zerstören. Wer High-Speed-WLAN sicher benötigt, der muss 802.11b abschalten und dafür sorgen, dass keine Geräte mehr diese Adapter benutzen.

802.11g und 802.11n benötigen eine Kanalbandbreite von 20 MHz. Daher wäre es eigentlich möglich, im 2,4-GHz-Band vier überlappungsfreie Kanäle zu nutzen, 1, 5, 9 und 13. Aber 1, 7 und 13 werden in der Regel immer noch benutzt, zur Kompatibilität mit Geräten nach 802.11b, ein Kanal also „verschenkt".

8.16 Super-High-Speed, die Zukunft

Parallel werden zurzeit zwei neue Standards bearbeitet, die eine noch größere Steigerung der Übertragungsraten ermöglichen sollen, bis hin zu 7 GBit/s. Sie werden nicht in Konkurrenz entwickelt, sondern sollen sich ergänzen.

8.16.1 802.11ac

Dies ist eine Weiterentwicklung von 802.11n im 5-GHz-Band. Die wesentlich höhere Verbindungsrate soll durch dieselben, weiterentwickelten Techniken erzielt werden. Die Kanäle werden auf 160 GHz verbreitert, es wird mit 8x MIMO gearbeitet und das Beamforming soll perfektioniert werden. Die verbreiterten Kanäle erlauben Codierungsverfahren mit wesentlich höherer Übertragungskapazität.

Es ist jedoch fraglich, ob diese Technik, außer bei hochgetunten Punkt-zu-Punkt-Verbindungen ohne Störeinflüsse, einsetzbar ist. Eine Kanalbandbreite von 160 MHz mit der ständigen „Bedrohung" von DFS scheint nicht realistisch.

Auch ist fraglich, ob bei mobilen Endgeräten ein 8x MIMO technisch und preislich machbar ist.

8.16.2 802.11ad

Hier werden völlig neue Wege beschritten, eine Kompatibilität zu anderen Standards ist nicht mehr vorgesehen. Der Standard arbeitet im 60-GHz-Band. Dort ist noch genug Platz für mehrere Kanäle mit einer Kanalbandbreite von bis zu 2 GHz.

Dieses Funkband ist ungenutzt und ebenfalls frei. Hier gibt es aber eine große Einschränkung. Bei 2,4 GHz liegt die Wellenlänge bei ca. 15 cm. Bei 5 GHz liegt sie bei ca. 7 cm. Bei 60 GHz haben wir Wellenlängen von ca. 5 mm. Eine Materialdurchdringung findet so gut wie nicht mehr statt. Vorteil: WLANs in benachbarten Räumen stören sich nicht, Nachteil: Ein Access-Point pro Raum wird nötig.

9 Netzzugang, Szenarien

Es gibt heute viele Möglichkeiten, sich mit dem Internet zu verbinden. Die gängigsten wollen wir uns genauer anschauen. Die Entwicklung, vor allem in der Bandbreite, war in den letzten Jahren enorm. War noch vor wenigen Jahren das gute alte Modem mit Geschwindigkeiten, über die man heute nur noch lacht – oder sich beschwert – die Regel, setzt sich der breitbandige Anschluss durch. Ob per Breitbandkabel, Funk, DSL und anderen, die Vernetzung der Haushalte wird langsam zur Regel. Der Internetzugang ist im Firmenbereich zum Standortfaktor geworden. Gemeinden, die keine Möglichkeiten für DSL etc. bieten können, haben es inzwischen schwer, Firmen zu überzeugen sich anzusiedeln.

9.1 ISDN/Telefon

Das gute alte Modem wird heute nur noch selten verwendet. Die Verbindungsgeschwindigkeiten per analogem Telefon sind heute nicht mehr tauglich. Meist wird die analoge Einwahl heute nur noch verwendet, um unterwegs kurz einmal E-Mail zu lesen oder Ähnliches. Jedes Smartphone ist bereits tausendfach schneller im Internet. Für eine ständige Verbindung, besonders bei Firmen, ist die analoge Einwahl überholt und wird hier deshalb nicht mehr näher behandelt. Bei ISDN (Integrated Services Digital Network) werden „Kanäle" mit einer Verbindungsgeschwindigkeit von 64 KBit/s zur Verfügung gestellt. Es sind zwei pro Standardanschluss möglich. Per Kanalbündelung kann über beide mit 128 KBit/s kommuniziert werden. Mit speziellen Modems lassen sich auch mehrere Anschlüsse bündeln. So erreicht man einigermaßen brauchbare Geschwindigkeiten, und ISDN ist heute mancherorts noch eine Alternative, da DSL noch nicht flächendeckend überall möglich ist. (Bald aber ist dies Geschichte. Die Infrastruktur und die Verfahren werden ständig weiter entwickelt. Mit VDSL gelangt man langsam in Bereiche der Ethernet-Geschwindigkeit, und DSL wird bald überall möglich sein. Ebenfalls entwickeln sich die Funkverbindungen rasend.)

In der Regel bekommt man bei der Einwahl über Telefon (PPP, analog oder ISDN) eine IP-Adresse vom Provider für diese Verbindung zur Verfügung gestellt. Um mit mehreren PCs gleichzeitig ans Netz zu kommen, muss also NAT oder PAT eingesetzt werden. (Ab hier erwähne ich nur noch NAT, es hat sich im Sprachgebrauch so durchgesetzt, gemeint ist eigentlich heute meistens PAT).

Dafür benötigt man einen Router. Diese Router haben in der Regel nicht nur eine oder mehrere Ethernet-Schnittstellen, sondern zusätzlich eine Telefon- oder ISDN-Schnittstelle. Die heutigen Geräte sind gleichzeitig DHCP-Server und oft auch Firewall, um das Intranet zu schützen. Die Betriebssoftware der Geräte überwacht das Ethernet-Segment.

Als einziger Router in diesem isolierten Netzwerk ist dieser ebenfalls das Default Gateway. Kommt eine Anfrage an eine Adresse außerhalb des Subnetzes, wählt sich der Router automatisch beim Provider ein. Die Zugangsdaten werden ihm in der Konfiguration eingespeichert. Ab dann können alle über diese Einwahlverbindung mit dem Internet (oder jedem anderen Einwahlnetz) kommunizieren. Die Verbindung muss nicht nach dem Datentransfer vom Client aus abgebaut werden, sondern dem Router wird eine Idle-Time konfiguriert. Nach einer gewissen Anzahl von Sekunden, in denen keine Daten mehr über den Router gelaufen sind, beendet dieser automatisch die Verbindung.

Eine Kanalbündelung bei ISDN kann nach Last konfiguriert werden. Wird ein größerer Datentransfer eingeleitet, wird automatisch eine weitere Linie verbunden. Die Bündelung lässt sich aber auch abschalten, wenn man sicher neben dem Netzwerkkontakt noch telefonieren können muss.

Der immense Vorteil ist, dass PC-seitig nichts mehr konfiguriert werden muss. Für die User ist alles völlig transparent. Es stellt sich so dar, als wären sie konstant mit dem Internet verbunden. Beim Analogmodem stimmt dies nicht ganz, da die Einwahl langwierig ist. Bei ISDN aber merkt der User nichts von dem Vorgang. Ist der Router nicht der DHCP-Server, sondern eine andere Maschine im Netzwerk, muss dies bei der Konfiguration mit dem NAT-Pool des Routers abgeglichen werden, ebenso wenn die Clients fix konfiguriert sind. Solche Router werden auch sehr oft als Notfallverbindung eingesetzt. Hängt eine Firma über einen DSL-Anschluss am Internet, wird oft ein ISDN-Router als Failover-Verbindung konfiguriert. Fällt der DSL-Anschluss aus, wählt der ISDN-Router automatisch eine Verbindung. Diese ist zwar langsamer und teuer, aber verfügbar (siehe auch Kapitel 4, Failover, Dial-on-Demand-Routing).

9.1.1 Wartungsverbindungen

In einem bestimmten Bereich führen auch Einwahlverbindungen noch ein Nischendasein. Fast alle Appliances, Router, Storage-Server und vieles mehr besitzen für die Konfiguration eine serielle Schnittstelle oder einen USB-Port. Hier kann sich der Administrator per Terminal mit einer Command-Line-Session anmelden und das Gerät konfigurieren oder administrieren, auch wenn große Probleme mit dem Gerät bestehen oder es initial konfiguriert werden muss. Dies gilt zum Beispiel auch dann, wenn die Netzwerkkonfiguration korrupt ist. Sind Telefonie und Netzwerk getrennt, kann per Telefonleitung über einen Terminalserver direkt auf die serielle Schnittstelle zugegriffen werden, selbst wenn das Netzwerk nicht mehr funktioniert. Da serielle Schnittstellen in der Regel mit 9600 Baud kommunizieren, ist das Telefon hier noch schnell genug. Solche Verbindungen werden meist eingesetzt, um Wartung an entfernten Standorten sicherzustellen und sind in der Fernüberwachung/Wartung durchaus noch üblich.

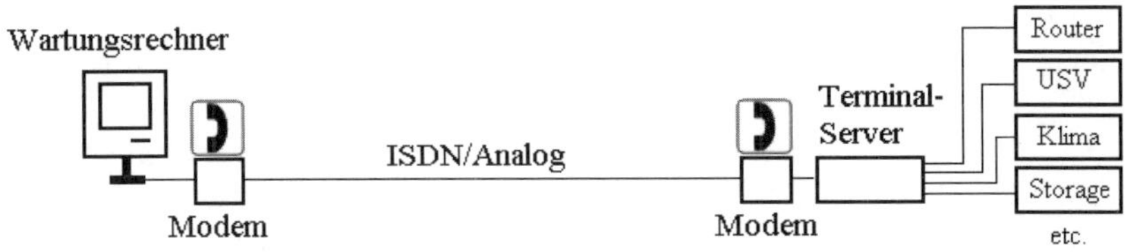

BILD 9.1 Eine Wartungs- oder Überwachungsverbindung: Ein Wartungsrechner kann sich über ein Modem in einen Terminalserver an einem entfernten Standort einwählen. Von dort hat er über die Consolen-Ports Vollzugriff auf die Geräte, auch ohne Netzwerkverbindung.

9.2 DSL/ADSL

DSL/ADSL-Anschlüsse setzen sich immer mehr durch. Die Verbindungsgeschwindigkeiten sind im Vergleich zum Telefon eine Rennbahn.

DSL (Digital Subscriber Line) und ADSL (Asymmetric Digital Subscriber Line) sind Technologien, die den Kupferdraht der Telefonleitung benutzen, aber nicht per langsamer Telefontechnologie, sondern mit eigenen Verfahren. Der Vorteil ist, dass das normale Telefon-/ISDN-Signal weiter auf dieselbe Leitung aufmoduliert werden kann, man also gleichzeitig telefonieren kann. Hier muss man nicht aus Kostengründen die Verbindung in Pausen abbauen.

Asymmetrisch bedeutet hier, dass Up- und Download verschiedene Geschwindigkeiten haben. Meist ist man mehr am Download interessiert. Hier wird ein höherer Download mit einer Reduktion des Uploads forciert. Das DSL-Signal wird am Hausanschluss durch einen sogenannten Splitter vom Telefonsignal getrennt und nach einem DSL-Modem als Ethernet weitergegeben. Die Adresse wird meist vom Provider per DHCP vergeben. Die Geschwindigkeit liegt in der Regel zwischen 768 KBit/s bis ca. 8 MBit/s, je nach Verfahren, Entfernung, Kosten und Leitungsgüte.

Mit ADSL+ und ADSL2+ gibt es inzwischen Anschlüsse mit einer Downloadgeschwindigkeit von bis zu 50 000 KBit/s. Sie sind tauglich für Telefonie, HDTV und Internet. Ihre Verfügbarkeit muss vorher beim Provider angefragt werden. Genauso muss man sich bewusst sein, dass viele Anschlüsse überbucht sind. Würden alle Kunden versuchen, die volle Bandbreite gleichzeitig zu nutzen, wäre das vielerorts nicht möglich.

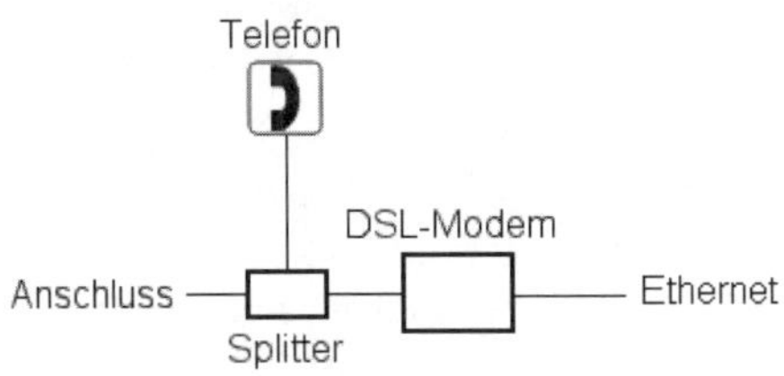

BILD 9.2 Das Telefonsignal und das Datensignal werden nach dem Hausanschluss von einem Splitter (Filter) getrennt. Damit ist es egal, ob ISDN oder analoge Telefonie verwendet wird. Das Datensignal benutzt nicht mehr die Verfahren des Telefons, sondern ist eigenständig. Das Datensignal wird als Ethernet weitergegeben.

Bei der Verbindung gilt dasselbe wie bei ADSL. Der Router oder PC authentifiziert sich beim Start einmal. Ab dann bleibt die Verbindung erhalten. Der (A)DSL-Zugang wird in der Regel nach dem genutzten Datenvolumen und/oder der Geschwindigkeit berechnet. Außerdem gibt es Verträge nach Flatrate, das heißt, die Geschwindigkeit wird festgesetzt, und die Datenmenge ist unbegrenzt. Daher werden im Router die Verbindungsdaten für die Einwahl (hier PPPoE, PPP over Ethernet) konfiguriert, sodass er wochenlang ohne Pause online sein kann. Auch hier sorgt der Router dafür, dass sich mehrere PCs einen Zugang teilen können (PAT).

9.3 Breitbandkabel

Seit einiger Zeit wird von vielen Kabelanbietern nicht nur Kabelfernsehen, sondern auch ein Internetzugang angeboten. Der Vorteil ist, dass die Verkabelung bereits vorhanden ist. Ein Kabelmodem, das neben dem Fernseher parallel angeschlossen wird, übernimmt hier die Verbindung. Anschlüsse mit Fast Ethernet werden ebenfalls angeboten, und auch hier wird die Entwicklung nicht stehen bleiben. Eine Authentifizierung ist in der Regel nicht nötig. Das Modem ist meist an seine Adresse gebunden und reicht eine Adresse des Providers durch, die unseren NAT-Pool bedient.

9.4 Stand- oder Mietleitungen

Mit der zunehmenden Geschwindigkeit von DSL werden diese Anschlüsse vor allem auch für Firmen interessant. Wer aber noch mehr Power braucht oder eine absolut sichere Verbindung will, muss sich einen Festanschluss besorgen. Dies geschieht durch eine Standleitung zu einem Provider, sie ist die beste, aber auch teuerste Anbindung.

Es gibt die Möglichkeit, Kupferleitungen von Telekommunikationsanbietern zu mieten und den Verkehr über WAN-Modems abzuwickeln. Weiter kann Glasfaser angemietet werden. In der Regel liefert der Provider die Anschlüsse bis zum Router ins eigene Netz und dazu einen Pool von Adressen für die Adressübersetzung. Nur noch sehr selten werden offizielle Adressen neu vergeben. Ob das NAT (PAT) nun vom eigenen Router vorgenommen wird oder beim Provider läuft, ist im Prinzip egal, nur müssen die Pools abgestimmt werden.

Eine spezielle Anbindung nennt sich „Dark Fiber“ oder „Dark Copper“. Hier wird eine Glasfaser oder eine Kupferleitung angemietet und selbst betrieben, nur das Medium wird gemietet, die Geräte aber werden selbst gestellt und gewartet, daher „Dark“, dunkel. Für die „Beleuchtung“, sprich den Laser, oder im Falle der Kupferleitung für das Datensignal muss selbst gesorgt werden.

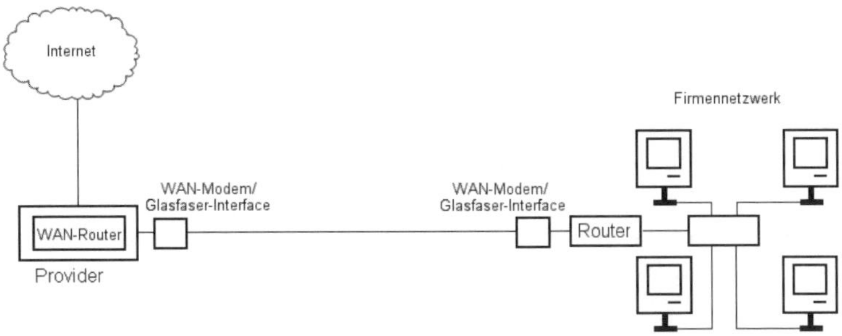

BILD 9.3 Internet-Anschluss nach Standard in Firmenumgebungen: Standleitungen aus Glasfaser oder Kupfer werden angemietet und eine ständige Verbindung zum Provider hergestellt, der die Daten ins Internet routet. Welcher Service bis wohin angeboten wird, ist Verhandlungssache.

Eingesetzt wird die „Dark Fiber“ nicht nur zum Internet-Zugang, sondern auch wenn Gebäude und Filialen über Grundstücke miteinander verbunden werden müssen, die nicht Eigentum sind, also WAN- und MAN-Verbindungen. Auf den eigenen Grundstücken kann natürlich Glasfaser selbst verlegt werden.

Es wird also nur das Medium gemietet, nicht der Dienst, den man in diesem Fall selbst implementieren muss, was natürlich günstiger ist.

Der Nachteil ist, dass bei Problemen eine schlechte Handhabe gegenüber den Besitzern der physikalischen Strecken besteht, wer ist „schuld“, wenn es nicht funktioniert? Der Betreiber der Medien oder des Dienstes?

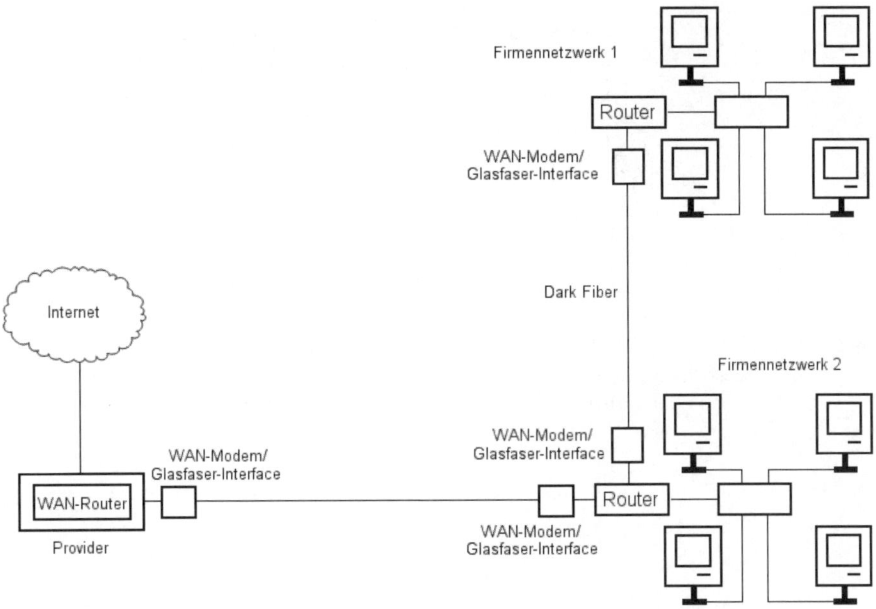

BILD 9.4 Eine Firma mit zwei Filialen. Während eine mit dem Provider über eine Standleitung verbunden ist und alle Services und Geräte bis zum eigenen Router von ihm gestellt werden, sind die Standorte mit einer Mietleitung verbunden, die von der Firma selbst betreut wird. Alle Router, Netzwerkgeräte etc. werden selbst gemanagt. Vom Provider wird hier nur das blanke Medium gemietet.

9.4.1 Fiber to the Home

In vielen Städten Europas wird derzeit die neueste Technologie als Pilot implementiert: Fiber to the Home. Sie soll nicht nur für Firmen, sondern für jedermann bereitgestellt werden. Glasfasern werden gelegt, der Internet-Anschluss mit traumhaften Bandbreiten vorbereitet und auch bereits angeboten. Die Zukunft ist klar: Fernsehen in HDTV, Internet als Rennstrecke, Video on Demand, Bildtelefonie etc. stehen damit jedem offen. Inwieweit die Bandbreite im Backbone mitwächst, bleibt abzuwarten.

9.5 Satellit

In Gegenden, die kein DSL bieten können, gibt es Alternativen. So kann ein Internetzugang auch über Satellit realisiert werden. Hierbei wird ein breitbandiger Anschluss zum Download über die Satellitenschüssel angeboten. Der Upload aber verläuft in der Regel über das Telefon und daher mit sehr reduzierter Geschwindigkeit. Der Download geht bis in den Megabit-Bereich. Es gibt sendefähige Satellitenschüsseln, die auch den Upload erledigen; hier ist kein Telefon nötig. Die Uploadraten sind aber auch hier gering (64 – 128 Kbit) und von der momentanen Auslastung des Satelliten abhängig. Gleichwohl ist es besser als kein Zugang. Ein weiterer Nachteil ist die hohe Latenzzeit. Die Kommunikation zwischen Anfrage und Antwort läuft hier völlig getrennte Wege.

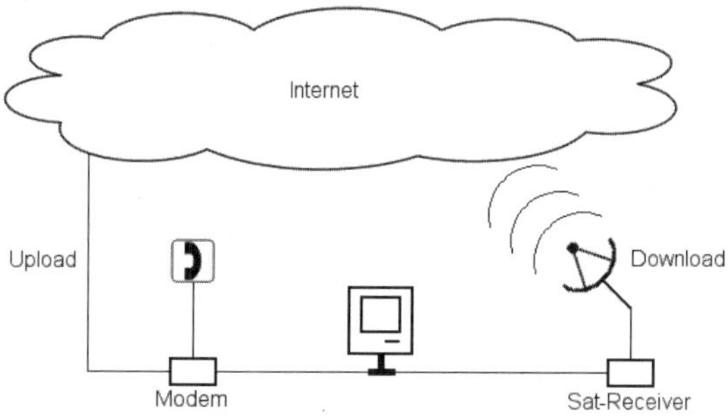

BILD 9.5 Internet-Zugang per Satellit. Der Upload der Daten erfolgt über das Telefon (oder die Schüssel), der Download über den Satellitenempfang. Nachteilig sind der langsame Upload und die hohen Latenzzeiten. Der Vorteil liegt in einer brauchbaren Downloadrate. Ebenso sind die Kosten natürlich höher als bei anderen Verfahren.

9.6 Anyconnect – das Handy-/Funkdatennetz

Fast alle Mobiltelefon-Provider bieten heute den Internetzugang über Funk mit an. Auch hier ist die Vielfalt groß und es gibt viele Möglichkeiten. So kann das Handy zum Beispiel als Modem verwendet werden und der Rechner über Kabel, Bluetooth oder Infrarot angeschlossen werden. Ebenso bieten viele Anbieter USB- oder PCMCIA-Empfänger für Notebooks an, die automatisch Verbindung aufnehmen (Surf-Stick). Das Telefon als Modem ist hier nicht mehr notwendig.

Die Handys selbst, oder zumindest die Smartphones unter ihnen, sind internetfähig geworden. Schon lange sind sie nicht mehr nur zum Telefonieren da, sondern dienen als fast vollwertige Computer.

Im Folgenden möchte ich einen kurzen Blick auf die Geschichte der Mobiltelefonie werfen. In der ersten Generation waren Frequenzen für analoge Telefonie reserviert. Diese stand am Anfang nur wenigen zur Verfügung, die Kosten waren immens und die Bandbreite minimal. Man spricht hier von 1G, Mobiltelefonie der ersten Generation. Man nannte sie A-, B- und C-Netze, je nach Entwicklung und Technologie. Ab ca. 1990 wurde das GSM-Netz etabliert (D-Netz), das Global System for Mobile Communications. Es war das erste digitale Netz für Daten und Telefonie. Dies ist die zweite Generation der Mobiltelefonie, 2G. Ab nun war es möglich, ein Mobiltelefon als Modem zu nutzen. Ab dem Jahr 2000 folgte UMTS, das Universal Mobile Telecommunications System, und damit auch die dritte Generation der Mobiltelefonie, 3G. Im Folgenden gab es viele Weiterentwicklungen, da wir es mit einem sehr dynamischen und zukunftsträchtigen Feld zu tun haben.

GSM bietet maximal 14,4 KBit/s Datenrate. Mit GPRS, General Packet Radio Service, erweiterte sich diese auf ca. 50 KBit/s. Der nächste Schritt war schließlich EDGE, Enhanced Data Rates for GSM Evolution, mit ca. 250 KBit/s.

UMTS startete mit maximal 384 KBit/s. Mit der Erweiterung HSDPA, High Speed Downlink Packet Access, kam man auf 7,2 MBit/s Download und mit der Erweiterung HSUPA, High Speed Uplink Packet Access, auf 1,5 Mbit/s Uplink. Für beide Erweiterungen gibt es Plus-Varianten, die noch schneller sind. Überall und mit voller Bandbreite stehen diese Services noch nicht zur Verfügung, aber sie sind weitläufig im Aufbau. In kurzer Zeit wird man sie überall nutzen können.

Hieran lässt sich gut erkennen, wie schnell die Entwicklung vorangeprescht ist. Heute ist ein Telefon kein reines Telefon mehr, es ist ein Smartphone. Internet, Kalender, (Bild-)Telefonie -alles steckt nun in einem Gerät. Der Laptop wird bald ausgedient haben. Die Zukunft ist „mobile“.

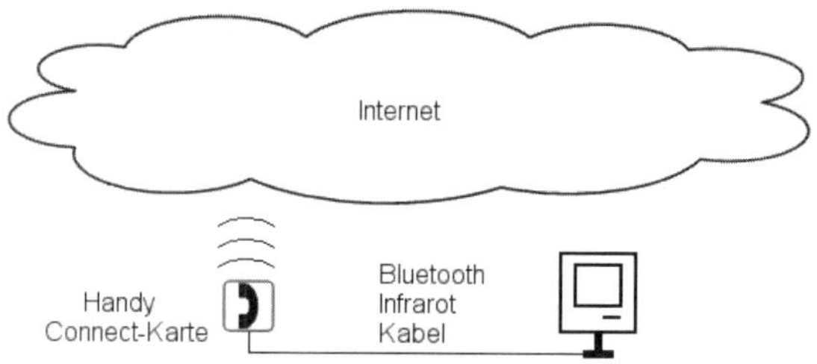

BILD 9.6 Mobiler Zugang über das Handynetz: Das Handy stellt die Verbindung her und wird als Modem genutzt. Darüber hinaus gibt es USB- oder PCMCIA-Karten, die die Funkverbindung herstellen, ohne dass ein Handy notwendig ist (Surf-Stick). Die heutigen Smartphones sind selbst internetfähig, ein Laptop wird also nicht mehr zwingend benötigt.

Vorsicht ist allerdings immer noch bei den Preisen geboten. Die Angebote schwanken je nach Anbieter von günstig bis hoffnungslos überteuert. Besonders im Ausland muss man vorsichtig sein. Hier wird zum Beispiel bei UMTS das Handy immer noch leicht zur Kostenfalle. Auch wenn man zu Hause einen sehr günstigen Zugang hat, kann es passieren, dass man je nach Netzvertrag in fremden Netzen Unsummen bezahlen muss. Hier sollte man sich vorher detailliert erkundigen! Für Vielreisende ist dieser Zugang sehr geeignet und praktisch.

9.7 WiMAX

WiMax (Worldwide Interoperability for Microwave Access) ist eine Technologie, die zur Zeit intensiv vorangetrieben wird. Es ist eine Weiterentwicklung des WLAN. WiMAX ist ein IEEE Standard (802.16).

Für WiMAX wurde ein breites Frequenzspektrum im Gigaherzbereich freigegeben. Es gibt Implementationen zur Erschließung von Richtfunk und von mobilen Endgeräten. Bei ersterer müssen die Antennen Sichtverbindung haben, bei der letzteren nicht.

Da ein breitbandiger Internetzugang immer mehr zu einem Wirtschaftsfaktor wird, hoffen vor allem Gemeinden in denen kein DSL möglich ist, auf eine schnelle Verbreitung von WiMAX. Mit gerichteten Antennen können Bandbreiten von bis zu 100 Mbit/s über rund 50 km hinweg erreicht werden.

Führende Firmen auf dem Mobilfunk und IT-Markt haben sich zum WiMAX-Forum zusammengeschlossen, um die Technologie zu fördern. Da WiMAX in der Entwicklung ist, kann nicht definitiv angegeben werden, wo genau eine WiMAX-Verbindung bereits möglich ist.

9.8 LTE

Immer mehr mobile Geräte nehmen am Internet teil. Smartphones und Tablets setzen sich durch. Für die Netzbetreiber ist abzusehen, dass die geforderte Datenmenge mit UMTS bald nicht mehr leistbar ist. Daher wird als weltweiter Standard LTE, Long Term Evolution, entwickelt. LTE ist der Nachfolger von UMTS. Beide werden koexistent sein, noch für lange Zeit. Die Datenmenge, die für Sprachtransport zum Telefonieren benötigt wird, werden GSM und UMTS noch lange verkraften. WiMAX setzt sich in Deutschland nur schleppend durch, mancherorts ist es wieder abgebaut worden, die Menge der DSL-Anschlüsse und ihre Leistung genügen (in strukturschwachen Ländern entwickelt es sich aber). LTE wird vorrangig zum Daten-, nicht zum Sprachtransport entwickelt. Es kann beides, aber der Fokus ist das mobile Internet.

LTE leistet theoretisch im Downstream ca. 300 MBit/s und im Uplink ca. 70 MBit/s. Mit MIMO und Kanalbündelungen soll bis zu 1 GBit/s erreicht werden. LTE ist aber auch ein Shared Medium. Dies sind Maximalwerte. LTE ist aber eindeutig eine Zukunftstechnologie.

9.9 Gebäudeverbindungen

Weniger im privaten Umfeld, wohl aber bei Firmen stellt sich die Frage, wie Gebäude miteinander zu verbinden sind. Insbesondere bei Mietobjekten ist es nicht immer möglich, Kabel zu verlegen. Gehört einem nicht das Land, auf dem die Gebäude stehen, kann dies sogar unmöglich sein. Wünschenswert wäre aber sicherlich, wenn man nur ein Gebäude teuer mit zum Beispiel einer Standleitung erschließen könnte, die anderen Gebäude aber selbst erschließen kann.

9.9.1 Richtfunkverbindungen

Mit normalen WLAN-Antennen versucht man, einen möglichst großen Bereich zu erschließen. Nicht so beim Richtfunk. Hier werden Antennen eingesetzt, die nur scharf begrenzt in eine Richtung senden. Nur die Verbindung soll abgedeckt werden, nichts außenherum. Richtfunkverbindungen machen nur bei Sichtverbindung wirklich Sinn. Auf jeden Fall sollte verschlüsselt gearbeitet werden. WLAN ist leicht abzuhören, auch bei Richtfunk, gewisse Streuungen und Reflexionen sind immer da.

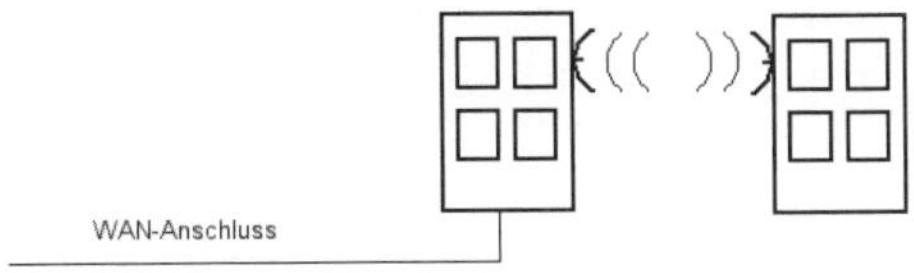

BILD 9.7 Werden Gebäude per Richtfunk verbunden, muss nur eine teure Anschlussmöglichkeit zum Provider betrieben werden.

Richtfunkstrecken sind in den meisten Ländern genehmigungspflichtig.

9.9.2 Richtlaser

Die Verbindung von Gebäuden kann auch per Laser vorgenommen werden. Hier ist die Sichtverbindung natürlich ein Muss! Es können wesentlich höhere Bandbreiten erzielt werden, als beim Funk. Richtlaser sind sehr zuverlässig, lediglich bei sehr starkem Nebel oder Schneefall kann es zu Problemen kommen.

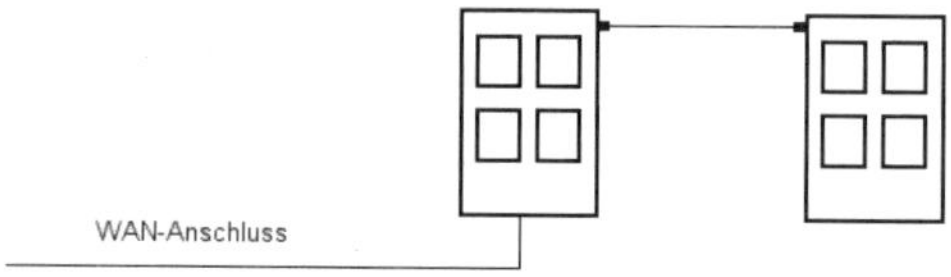

BILD 9.8 Gebäudeverbindung per permanentem Laserlink

Laserlinks über öffentliche Gelände sind in den meisten Ländern genehmigungspflichtig.

■ 9.10 Hardware

Wer einen Internetzugang hat, möchte heute normalerweise nicht nur einen PC mit dem Internet kommunizieren lassen, sondern gleichzeitig mehrere Computer, sei es zu Hause oder an einem Firmenstandort.

Eine Lösung ist, einen PC als NAT-Router (im Hinterkopf bedenken wir immer, dass es eigentlich PAT ist) zu konfigurieren und dort die anderen PCs anzuschließen. Viele Betriebssysteme bieten diese Funktion nativ an (das sogenannte Internet Connection Sharing). Dabei gibt es aber große Nachteile.

Erstens muss der PC, der das Modem (DSL, ISDN, Kabel oder analog) angeschlossen hat, immer eingeschaltet sein, wenn jemand ans Internet möchte, zweitens muss jeder, der sich verbinden will, zuerst an diesen PC und die Einwahl vornehmen (ISDN, analog). Eine Abhilfe bieten hier Router, manche sind speziell dafür entworfen. Vorteilhaft ist hier, dass es sich um meist sehr kompakte Geräte handelt, die lautlos arbeiten.

Ein weiterer Vorteil ist, dass Hardware-Router eine Elektronik besitzen, die viele Aufgaben in „Silizium" lösen, sprich, sie erledigen Aufgaben wie Routing, Zugangskontrollen, DHCP und NAT/PAT mit Hardware-Decodern. Die Performance ist dabei wesentlich besser. Ein normaler PC kommt sehr schnell an seine Leistungsgrenzen, wenn er diese Aufgaben in Software über das Betriebssystem lösen muss.

Eine Hardware-Lösung ist daher immer vorzuziehen.

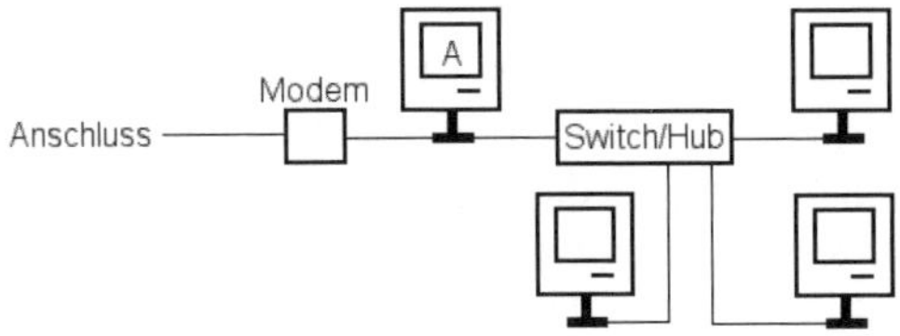

BILD 9.9 Internet Connection Sharing. Hier ist egal, um was für einen Anschluss es sich handelt, ob Breitbandkabel, DSL, Analog- oder ISDN-Modem. Rechner A bekommt die vom Provider zugewiesene Adresse. Er ist NAT-Router und DHCP-Server und teilt so seine Internet-Verbindung mit den anderen Rechnern. Nachteilig ist, dass dieser Rechner immer eingeschaltet sein muss, wenn jemand ans Internet möchte, und dass die Einwahl bei ISDN- und Analog-PPP erst an diesem PC vorgenommen und nach der Arbeit beendet werden muss, er muss also im Prinzip allen immer zugänglich sein.

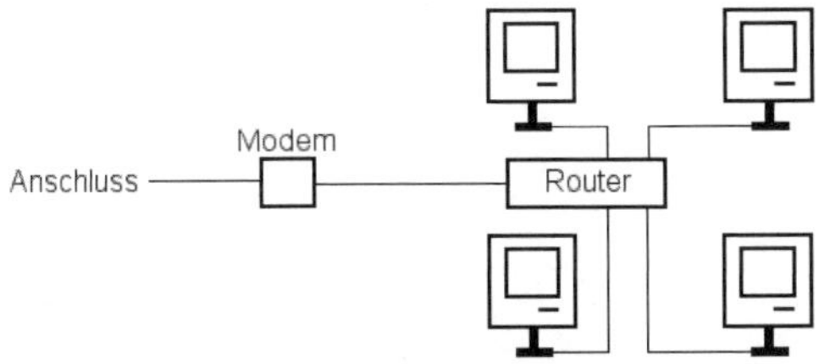

BILD 9.10 Wird ein Hardware-Router eingesetzt, können die Probleme vermieden werden. Dieser hier hat einen integrierten Switch, der die Clients bedient. Auf der anderen Seite hat er ein Ethernet-Interface für Breitbandkabel- oder DSL-Modems beziehungsweise ein Analog- oder ISDN-Interface für PPP-Verbindungen. Bei einem Breitbandkabelanschluss ist die Verbindung meist ständig. Bei DSL authentifiziert sich der Router über PPPoE, wenn er eingeschaltet wird, und holt sich seine Adresse ab. Die Zugangsdaten werden in der Konfiguration abgelegt. Bei ISDN- oder Analog-Telefon wählt sich der Router automatisch ein, wenn eine Netzwerkadresse außerhalb des eigenen Netzbereiches angefragt wird. Die Authentifizierungsdaten werden hier ebenfalls konfiguriert. Nach einer konfigurierbaren Idle-Time beendet der Router die Verbindung selbstständig. Keinerlei User-Eingriff ist notwendig und keiner der Rechner muss eingeschaltet sein. Kein User braucht einen Zugriff auf den Router oder einen anderen Computer. Der Router ist hier NAT-Router, DHCP-Server und Switch in einem.

9.11 Kombi-Geräte

Inzwischen gibt es eine große Zahl von Kombigeräten auf dem Markt, in den verschiedensten Ausführungen, vom Minirouter mit zwei Ethernet-Ports bis zum integrierten Router, der einen DSL-/ISDN-Anschluss hat, mehrere Ethernet-Ports, Access Point für Wireless und neben einer Firewall auch ein DHCP-Server ist.

Welches Gerät das Beste ist, hängt stark von seinem Einsatz ab. Sicher ist es besser, nicht für jede Funktionalität ein extra Gerät zu haben, aber immer alles zu kaufen, ist auch eine Preisfrage.

Meist bieten die Provider integrierte Lösungen fertig zum Anschluss an. Wenn diese nicht überteuert sind, sind sie zu empfehlen, da sie, bei ihm gekauft oder geleast, meist vom Support des Providers mit abgedeckt werden. Andernfalls lohnt es sich, sich im guten Fachhandel beraten zu lassen. Nicht zu empfehlen sind Beratungen in normalen Elektrogeschäften, Kaufhäusern oder Discountern. Hier ist oftmals das Personal zu wenig ausgebildet, um eine richtige Beratung durchführen zu können.

In etwas größeren Umgebungen sollte hier der Extra-Euro für eine gute Beratung ausgegeben werden. Falsche Sparsamkeit ist bei Fehlentscheidungen im Nachhinein sehr teuer.

9.12 Serverhosting

Wer nur einen oder wenige Server hat, die vom Internet her erreichbar sein und über eine hohe Bandbreite verfügen müssen, aber selbst keine supersichere oder superschnelle Anbindung braucht, kann sich Mischlösungen überlegen, um erheblich Kosten sparen zu können.

So kann dieser Server zum Beispiel bei einem Provider gehostet werden. Sprich, dieser stellt einen Rackplatz zur Verfügung und nimmt den Server bei sich an die schnelle Internet-Verbindung. Die Firma selbst kann diese Server fernwarten, zum Beispiel über VPN, und spart die Kosten für eine schnelle Anbindung. Diese Angebote sind sehr attraktiv und günstig und sollten auf jeden Fall abgewägt werden.

Mietverbindungen mit hoher Bandbreite sind in der Regel sehr teuer. Die Wartung der meisten Server benötigt diese nicht. Die Server müssen in der Regel nur den Kunden hohe Bandbreite bieten. Die Provider haben diese meist. Es sind aber oft unnötige Kosten, diese Performance bis zum Sitz einer Firma zuzukaufen.

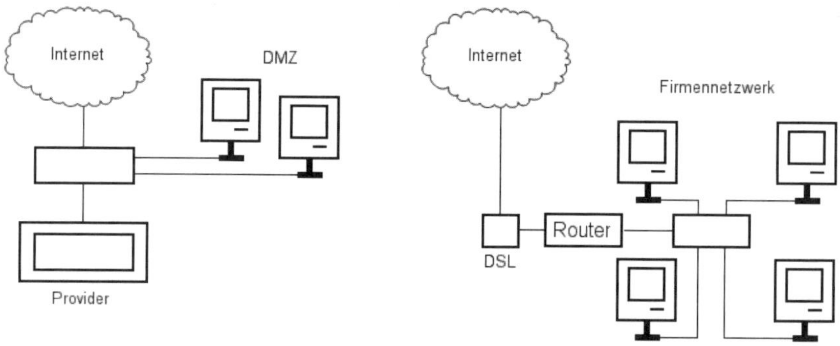

BILD 9.11 Hier geht die Firma einen günstigen Weg. Ihr Server ist in der DMZ eines Providers gehostet und mit hoher Bandbreite am Internet angeschlossen. Sie selbst bezahlt nur einen günstigen DSL-Anschluss. Der Server wird ferngewartet, zum Beispiel über eine VPN-Verbindung.

9.13 Router und Firewalls – Empfehlungen

Nahezu jedes Betriebssystem bietet heute die Möglichkeit, als Router (Software-Router) zu fungieren. Wer mehrere Rechner über einen Internet-Anschluss verbinden will, kann dies natürlich auch so tun. Die Nachteile wurden oben bereits diskutiert.

Im Firmenumfeld sollte dies nicht eingesetzt werden. Ein normaler PC besitzt eine Harddisk, also ein bewegtes Teil zur Datenspeicherung und (Aus-)Lagerung, ein Router in der Regel nicht. Er bootet von einem ROM in die Memory, alles verläuft in starrer Elektronik. Er ist wesentlich ausfallsicherer und besser vor fremdem Zugriff zu schützen. Sein Betriebssystem erfüllt alleinig nur seine Aufgaben, ganz speziell dafür entwickelt, es ist daher wesentlich schlanker und weniger angreifbar als ein PC-Betriebssystem.

Hier wird kein Internet-Browser angeboten, keine angreifbaren Applikationen. Somit ist ein Hardware-Router auch ein Security-Faktor.

Daher ist ein Router spezialisiert auf seine Aufgaben. Meist erledigt er viele Dienste mit sogenannten ASICs (Application Specific Integrated Circuits), also Hardware-Encodern und Hardware-Decodern. Diese arbeiten um ein Vielfaches schneller als Software-En- und -decoder und belasten die CPU nicht unnötig mit diesen Aufgaben. Bereits eine kleine Firma wird mit einem etwas aufwendigeren Regelsatz schnell an die Grenzen eines Software-Routers (oder Firewall) stoßen.

Darüber hinaus sind einfache Geräte schon für ca. 200 Euro erhältlich. Für Heimanwender gibt es taugliche Router schon bereits für ca. 50 Euro mit Firewall-Funktion. Wie erwähnt gibt es auch Kombi-Geräte mit jeder nur erdenklichen Kombination von Funktionen, mit integriertem Switch, WLAN-AP, Firewall und DSL-Modem. Was hier das Richtige ist, kommt zu sehr auf die einzelne Umgebung und den Einsatz an, um allgemein gültige Empfehlungen aussprechen zu können. Einen Leitsatz gibt es aber doch. Das Motto heißt KISS („Keep It Small and Simple“) – eben so einfach als möglich planen.

Im Falle eines Fehlers ist eine klare Struktur der beste Weg zu einer Fehleranalyse.

10 IP Version 6

Bereits 2005 waren drei Viertel der Adressen, die IP Version 4 bietet, vergeben. Heute ist der Adressraum nahezu aufgebraucht. Einerseits blockieren Großunternehmen und Regierungen Adressen ungenutzt, da sie zu Beginn des Internets A-Klassen zugesprochen bekamen, die sie nicht voll nutzen, aber auch nicht bereit sind abzugeben. Damals konnte sich niemand vorstellen, dass über vier Milliarden Adressen irgendwann erschöpft sein könnten. Andererseits hat die Zahl der IP-Geräte eklatant zugenommen. So ist heute nahezu jedes neuere Mobiltelefon in der Lage, über Wireless-LAN mit dem Internet zu kommunizieren, und die Zahl der Hot Spots (öffentlicher Netzzugang über WLAN) nimmt ständig zu.

Tricks wie VLSM, NAT und PAT konnten die Verknappung der Adressen etwas entschärfen, aber die Planungen für die Zukunft deuten auf einen exponentiell wachsenden Bedarf an Internetadressen hin. Es gibt Zukunftsvisionen wie den Kühlschrank, der „merkt“, wenn man das letzte Stück Butter oder die letzte Milch entnimmt, und den Einkaufszettel daraufhin automatisch erstellt. Auch die Idee, die Ablesung von Gas, Wasser und Strom direkt über das Internet und nicht mehr persönlich im Haus des Kunden vorzunehmen, zählt dazu. Alle Zukunftsvisionen haben eines gemeinsam: Es braucht Adressen.

Man hat schon früh erkannt, dass das System der Adressierung in IP V4 abgelöst werden muss. Daher begann man, ein neues Adressierungssystem zu entwickeln. IP Version 5 kam nie zum Einsatz und wir gehen hier auch nicht näher darauf ein. In der weltweiten Einführung ist nun IP Version 6.

10.1 Die IP V6-Adresse

IP V4 hat Adressen, die aus vier Byte bestehen, sprich 32 Bit. Damit lassen sich 2^{32}, also 4 294 967 296 (~4,3 Milliarden) Adressen definieren. IP V6 hat Adressen, die aus 128 Bit bestehen. Damit lassen sich 2^{128}, also $3{,}4 \times 10^{38}$ Adressen darstellen. Diese Zahl, 340 Sextillionen, ist nicht mehr vorstellbar.

Die IP V6-Adresse wird in acht Blöcken zu je 16 Bit dargestellt. Im Gegensatz zu IP V4 werden die Zahlen hier hexadezimal geschrieben. Getrennt werden die Blöcke durch Doppelpunkte.

Beispiel: fe80:0000:0000:0000:2ca8:00d4:3f57:0acf

Groß- und Kleinschreibung wird nicht unterschieden. Die Adressen können vereinfacht werden. Führende Nullen können weggelassen werden. Aufeinanderfolgende Blöcke von Nullen können mit einem „::“ zusammengefasst werden. Das vorhergehende Beispiel könnte man also auch so schreiben:

fe80::2ca8:d4:3f57:acf

Die Zusammenfassung der Null-Blöcke darf in der Adresse nur einmal erfolgen. Ein „::“ wird mit :0000: ergänzt, bis 128 Bit erreicht sind. Gäbe es mehrere Zusammenfassungen in einer Adresse, wäre sie nicht mehr eindeutig.

fe80:0000:0000:0000:2ca8:0000:0000:0acf

kann als

fe80::2ca8:0000:0000:acf

oder als

fe80:0000:0000:0000:2ca8::acf

geschrieben werden, aber nicht als

fe80::2ca8::0acf.

Die Adresse setzt sich aus definierten Teilen zusammen. Die Zahl der möglichen Netze ist derart groß, dass sie keine globale Routingtabelle mehr verarbeiten könnte. Daher besteht die Adresse aus einem globalen Routing-Präfix, das in der Regel 48 Bit lang ist, einer Subnetzkennung und der Interface-ID. Die Letztere ist immer 64 Bit lang. Das Routing-Präfix ist in sich strukturiert. Es wird so vergeben, dass nur übergeordnete Links zwischen großen Providern in der globalen Routingtabelle geführt werden müssen. Das Routing-Präfix ist wie folgt strukturiert:

FP	TLA	Res	NLA

Die Felder bedeuten:

Name	Länge (Bit)	Bedeutung
FP	3	Format Prefix, für global Unicast 001
TLA	13	Top Level Aggregation. Präfix, das Adressräume für weltweit agierende Provider definiert.
Res	8	Reserviert, um später TLA und SLA zu erweitern
NLA	24	Next Level Aggregation. Wird von Providern benutzt, um die eigene Routing-Struktur zu bilden.

Grob zusammengefasst sähe das also zum Beispiel so aus:

	2001:0db8:0000:0001:2ca8:0000:0000:0acf	
2001:0db8:0000	:0001:	2ca8:0000:0000:0acf
Routing Präfix	Subnetz-ID	Interface-ID

Internet Service Provider bekommen in der Regel ein Präfix von 32 Bit zugeteilt. Sie geben meistens Netze mit einer Größe von 48 Bit weiter, das Minimum sind 64 Bit. Eine eigentliche Subnetzmaske gibt es in IP V6 nicht mehr, sie wäre auch zu kompliziert zu schreiben. Die Subnetzkennung erfolgt, wie ja auch als Alternative zur Subnetzmaske in IP V4, durch die Bitschreibweise. Bekommt ein Provider also den Bereich

2001:0db8:0000:0000:0000:0000:0000:0000 – 2001:0db8:ffff:ffff:ffff:ffff:ffff:ffff

so kann er einem Kunden zum Beispiel folgenden Bereich weitergeben:

2001:0db8:0000:0001:0000:0000:0000:0000 – 2001:0db8:0000:0001:ffff:ffff:ffff:ffff

Kurz gesagt, der Provider bekommt den Bereich 2001:0db8::/32 und der Kunde zum Beispiel den Bereich 2001:0db8:0000:0001::/64. Als kleinste Einheit bekommt der Kunde also einen Adressbereich von 2^{64}, also 18 446 744 073 709 551 616 Adressen!

Dadurch, dass große Provider 32-Bit-Präfixe bekommen, die sie zerlegen und zu ihren Kunden routen, bleiben die globalen Routingtabellen klein. Zwischen den Providern werden nur ganze Bereiche summiert geroutet (Aggregation).

In Internet-Adressen (URLs) wird die IP V6-Adresse in eckige Klammern eingeschlossen. Dadurch wird verhindert, dass mitgegebene Portnummern fälschlicherweise als Teil der Adresse interpretiert werden (hier ein Webserver, Adresse und Port 80):

http://[2001:0db8:0000:0001:0000:0000:0000:0001]:80/

10.2 Adressierung

In IP V6 wird nicht mehr der Host als solcher adressiert, sondern seine Interfaces. IP V6 kennt, wie IP V4, verschiedene Adressentypen. Sie werden in die Gruppen Unicast, Multicast und Anycast eingeteilt. Einen Broadcast, wie wir ihn klassisch kennen, gibt es in IP V6 nicht mehr.

10.2.1 Unicast-Adressen

10.2.1.1 Link Local Unicast-Adresse

Diese Adressen werden aus dem Präfix FE80::/10 und einer 64-Bit-Interface-ID gebildet. Jedes IP-V6-Interface muss eine solche Adresse besitzen (siehe Kapitel 10.8.3, „Autokonfiguration, Stateless Autokonfiguration"). Diese Adressen werden nicht geroutet. Über sie sind also nur Hosts im selben Subnetz erreichbar. Diese Autokonfiguration sorgt dafür, dass Hosts im selben Subnetz automatisch miteinander kommunizieren können. Dies entspricht ungefähr der APIPA-Funktion bei IP V4, ist aber viel weitreichender.

HINWEIS: Ist ein Host multihomed, hat also mehrere Netzwerkkarten in verschiedenen Netzen, und es soll über Link Local-Adressen kommuniziert werden, muss festgelegt werden, über welches Interface kommuniziert werden soll, da alle Interfaces das Präfix FE80::/10 benutzen.

10.2.1.2 Global Unicast-Adresse

Dies sind die weltweit gültigen, gerouteten Adressen, mit denen ein Host im Internet kommuniziert. Der Aufbau, bestehend aus dem Routing-Präfix, der Subnetz-ID und der Interface-ID, wurde bereits besprochen. Der genaue Aufbau der Interface-ID wird später noch erklärt.

10.2.1.3 Unique Local Unicast-Adresse

Für diese Adressen ist der Bereich FC00::/7 vorgesehen. Sie entsprechen den privaten Adressen in IP V4. Viele Firmen benutzen intern aus Sicherheitsgründen private Adressen und kommunizieren per NAT/PAT ins Internet. Somit sind ihre Rechner „von außen" nicht sichtbar.

10.2.1.4 Unspecified-Adresse

Diese Adresse ist das Äquivalent zu 0.0.0.0/32 in IP V4. Hier gilt also:

0000:0000:0000:0000:0000:0000:0000:0000 /128, oder ::/128

Diese Adresse entspricht keiner Adresse. Sie wird zum Beispiel in einem DHCP-Request als Quelladresse versendet, wenn der Rechner noch keine Adresse bekommen hat.

10.2.1.5 Loopback

Das Loopback erfüllt dieselbe Funktion wie bei IP V4. In IP V4 ist es die Adresse 127.0.0.1, in IP V6 ist es ::1/128.

10.2.1.6 IP V4-kompatible Adressen

Möchte ein IP V6-Host mit einem anderen Daten austauschen, die Verbindung zwischen den Netzen ist aber IP V4, müssen die Daten getunnelt werden, sprich ein IP V6-über-IP V4-Tunnel erstellt werden (siehe auch 10.15). Damit an den Tunnelendpunkten leicht umgerechnet werden kann, gibt es die Möglichkeit, IP V4-Adressen in einer IP V6-Adresse unterzubringen. Diese besteht dann aus 96-Bit-Nullen, gefolgt von 32 Bit einer IP V4-Adresse. Das sieht dann zum Beispiel so aus:

0000:0000:0000:0000:0000:0000:131.152.2.150 oder ::131.152.2.150

Diese Schreibweise dient der besseren Lesbarkeit. In IP V6 werden die Adressen hexadezimal geschrieben, richtig ist daher: ::8398:0296. Das vorgesehene Präfix ist: ::/96.

10.2.1.7 IP-V4-Mapped-Adressen

Kommuniziert ein Host in einer Übergangsphase mit IP V4 und IP V6, spricht man von Dual-Stack. IP V4-Ziele werden mit IP V4 angesprochen, IP V6-Ziele mit IP V6. Auch hier benutzt man analog zu den IP-V4-kompatiblen Adressen solche, die sich sehr leicht umrechnen lassen. Der Aufbau ist sehr ähnlich. Die ersten 80 Bit sind Nullen, dann folgen 16 Bit FFFF, danach wieder eine ins Hexadezimale konvertierte IP-V4-Adresse, zum Beispiel: ::FFFF:8398:0296.

10.2.2 Multicast-Adressen

In IP V6 werden viele Funktionen über Multicast-Adressen und -Gruppen realisiert. Alle stammen aus dem Bereich FF00::/8. Die Reichweite eines Multicasts ist in der Adresse selbst codiert, und zwar im sogenannten Scope. Die Adresse besteht aus acht Bit F, vier Bit Flags und vier Bit Scope-Information. Die restlichen 112 Bit codieren die Multicast-Gruppe.

FF	Flags	Scope	Group-Identifier

Die vier Bit Flags bezeichnet man als 0RPT. 0 ist reserviert, R gibt an, ob ein Rendezvous-Point existiert, P wird über das Unicast-Präfix erzeugt und T gibt an, ob die Adresse permanent oder nur temporär gültig ist. Die vier Bit Scope geben die Reichweite des Muticastes an:

1	interface-local
2	link-local
3	subnet-local
4	admin-local
5	site-local
8	organisation
E	global

Es gibt verschiedene Verfahren, wie Multicast-Ströme durch ein geroutetes Netz geleitet werden. Bei gerichteten Multicast-Strömen werden Rendezvous-Points eingesetzt. Hierauf näher einzugehen würde aber zu sehr in die Tiefe führen. Meist sind im Alltag alle Flags gleich null.

Beispiele im Scope link-local:

FF02::1	All Nodes
FF02::2	All Routers

10.2.2.1 Solicited-Node Multicast-Adresse

Auf diese Adresse muss jede Node hören. Wir werden sie im Abschnitt zur Autokonfiguration noch genauer besprechen. Sie wird für jede Uni- und Anycast-Adresse eines Hosts gebildet. Dazu werden die letzten 24 Bit der IP V6-Adresse genommen, also die letzten 24 Bit der Interface-ID, und das Präfix FF02:0:0:0:0:1:FF::/104 vorangestellt.

Hat ein Rechner zum Beispiel die Adresse 2001:0db8:0000:0001:0019:99ff:fe3b:1089, dann lautet die Interface-ID (die letzten 64 Bit): 0019:99ff:fe3b:1089. Die letzten 24 Bit davon wären: 3b:10:89. Die Solicited-Node Multicast-Adresse mit ihrem Präfix würde dann wie folgt aussehen: ff02::1:ff3b:1089.

2001:0db8:0000:0001:0019:99ff:fe3b:1089

2001:0db8:0000:0001:0019:99fffe   3b:1089

ff02::1:ff   3b:1089

ff02::1:ff3b:1089

Erzeugen der Solicited-Node Multicast-Adresse: Die letzten 24 Bit der IP-Adresse werden abgetrennt und mit dem Präfix ff02::1:ff versehen.

10.2.3 Anycast-Adressen

Anycast ist ein sehr spezieller Fall von Multicast. Während Multicast eine Kommunikation von einem zu vielen ist, ist Anycast eine Kommunikation von einem in Richtung vieler, tatsächlich kommuniziert wird jedoch nur mit dem Nächsten. Eine Anycast-Adresse wird also an mehrere Hosts vergeben. Wird sie von einem Host angesprochen, kommuniziert er mit dem nächsten erreichbaren Interface, das diese Adresse hat. Welches Interface das nächste ist, wird aus dem Routing oder der Neighbor-Discovery (siehe Bild 10.1) ermittelt. Fällt das primäre aus, wird das „Nächste Nächste" angesprochen.

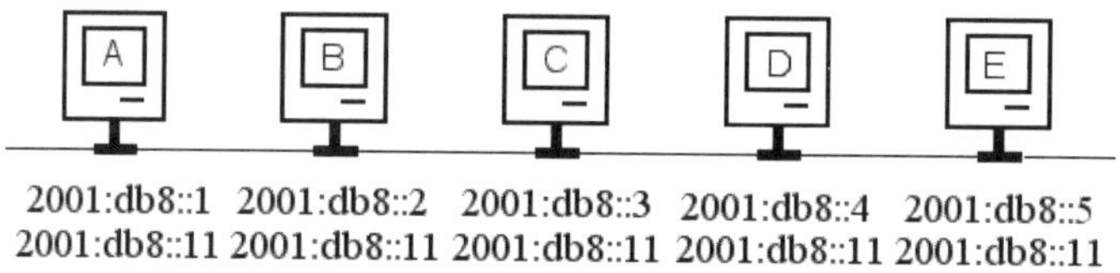

BILD 10.1 Zu seiner eindeutigen Adresse hat in diesem Beispiel jeder Host noch einmal eine Adresse, eine Anycast-Adresse. Alle Hosts haben dieselbe. Fällt einer aus, wird automatisch der Nächste angesprochen.

Da Anycast-Adressen aus dem Bereich der Unicast-Adressen stammen, sind sie von ihnen nicht unterscheidbar und die Anycast-Funktion muss konfiguriert werden. Anycast kann vielseitig eingesetzt werden, sei es in Failover-Systemen, beim Load Balancing, etc.

10.3 Adress-Zoo – welche sind notwendig?

Welche Adressen sind nun notwendig?

Ein Host braucht für jedes Interface in IP V6 eine Link Local-Adresse und eine Loopback-Adresse. Hören muss ein Host immer auf die „Alle-Hosts-Multicast-Adresse" (entspricht dem Broadcast in IP V4). Ist der Rechner Mitglied anderer Multicast-Gruppen, muss er auf diese Adressen hören. Zuletzt braucht jedes Interface noch eine Solicited-Node Multicast-Adresse Für Kommunikationen aus dem eigenen Netz heraus braucht ein Interface eine Global Unicast-Adresse.

10.4 Interface-ID

IP V6-Adressen setzen sich aus einem Präfix und der Interface-ID zusammen. Bei globalen Unicast-Adressen sitzt dazwischen noch die Subnetz-ID. Woher aber kommt die Interface-ID? Selbstverständlich kann der Netzwerk-Administrator weiterhin Adressen frei konfigurieren und vergeben, mit der Hand oder über DHCPV6. Eines der größten Ziele bei der Entwicklung von IP V6 war aber die Autokonfiguration. Dazu später mehr. So viel jetzt schon: Ein Rechner, der auf Autokonfiguration eingestellt ist, bekommt das Präfix (mit Subnetz-ID) vom nächsten Router mitgeteilt. Daraus und aus der Interface-ID wird dann die IP V6-Adresse gebildet:

Präfix, vom Router, 64 Bit	Interface-ID, 64 Bit

In IP V4 erfolgte die Ermittlung der Layer II-Adresse, also der MAC-Adresse, über ARP. In IP V6 war die Idee, die MAC-Adresse in die IP V6-Adresse mit einzubeziehen.

Wir erinnern uns: Klassischerweise ist die ID eines Netzwerkadapters die MAC-Adresse. Sie ist 48 Bit lang. Die ersten 24 Bit stellen den Vendor-Code dar, codieren also den Hersteller, die anderen 24 Bit sind eine fortlaufende Nummer. Die MAC-Adresse setzt sich also wie folgt zusammen:

Vendor-Code, 24 Bit4 Bit	Laufende Nummer, 24 Bit

Eigentlich sollte jede MAC-Adresse weltweit eindeutig sein. Heutzutage ist es jedoch oft möglich, MAC-Adressen für Adapter selbst zu definieren. Aufgrund der rasanten Nachfrage nach Adaptern weltweit (Klar – wer mehr Adressen braucht, hat auch mehr Adapter im Einsatz!) hat das IEEE-Konsortium eine Erweiterung der MAC-Adressen eingeführt, die EUI-64-Adresse (EUI = Extended Unique Identifier), welche 64 Bit lang ist. Sie wird entweder neu vergeben oder aus der klassischen MAC-Adresse berechnet. Man nennt sie auch Link Layer-Adresse. Die ersten 24 Bit der MAC-Adresse werden am linken Ende eines 64-Bit-Raumes angesiedelt, die letzten 24 Bit am Ende. Die verbleibenden 16 Bit in der Mitte werden mit FFFE aufgefüllt. Daraus resultiert eine 64-Bit-Adresse, die Link Layer-Adresse, die als Interface-ID eingesetzt werden kann und in der die MAC-Adresse eincodiert ist. Die letzten zwei Bit des ersten Bytes haben eine spezielle Funktion. Sie geben an, ob es sich um eine weltweite, eindeutige EUI-Adresse handelt, oder ob sie aus einer MAC-Adresse erzeugt wurde (u/l-Bit, universal/local). 0 bedeutet nativ EUI, 1 bedeutet erzeugt. Daher wird bei Adaptern ohne EUI das vorletzte Bit des ersten Bytes invertiert. Durch die Teilung der MAC-Adresse in der Mitte bleibt die Information erhalten, wer den Adapter gefertigt hat. Die ersten 24 Bit kodieren den Hersteller. Man nennt sie OUI, Organizational Unique, oder Vendor-Code.

	00:19:3a:45:c3:0a	
00:19:3a:	fffe	:45:c3:0a
	00:19:3a:ff:fe:45:c3:0a	
	02:19:3a:ff:fe:45:c3:0a	

Berechnung der EUI-Adresse aus der MAC-Adresse: Der OUI bleibt erhalten. Wir schreiben hexadezimal, das erste Byte ist also 00. In Bit wäre das 0000 0000. Das vorletzte Bit des ersten Byte wird invertiert, um zu zeigen, dass die ID erzeugt ist: 0000 0000 -> 0000 0010 = 02. Daraus resultiert die Interface-ID: 02:19:3a:ff:fe:45:c3:0a

Ein Nachteil besteht: Wechselt der Rechner den Adapter, ändert sich seine Adresse.

10.5 Privacy-Extension

Die Eleganz und Einfachheit der Autokonfiguration hat auch Nachteile. Dadurch, dass die Interface-ID aus der MAC-Adresse nach einem festen Schlüssel erzeugt wird, wird ein Gerät weltweit beobachtbar und verfolgbar. Ein mobiler User, der mit seinem Laptop in den verschiedensten Netzen andockt, bekommt immer ein anderes Präfix, behält aber seine Interface-ID. Daher ist er weltweit wiederzuerkennen. Es kann sogar ein richtiges Profil angelegt werden. Natürlich muss ein Server, Drucker etc. immer eine definierte Adresse haben. Ein Client aber braucht das nur innerhalb einer Session. Daher wurde die Privacy-Extension eingeführt. Ein Rechner erzeugt eine randomisierte Interface-ID, die regelmäßig gewechselt wird. Damit ist er nicht mehr verfolgbar.

Der Vorteil für den User ist der Horror für den Netzwerk-Administrator. Adressenbezogene Access-Filter, ein Tracking, wer wann welche Adresse hatte, etc. wird praktisch unmöglich. Host-Security, die bislang in IPv4 auf den Layern III und IV bequem und effizient gemanagt werden konnte, rutscht nun in den Layer II, in dem es noch wenige Möglichkeiten dafür gibt.

10.6 ICMPV6

ICMP ist ein Protokoll, das uns Hinweise auf den Zustand des Netzwerkes gibt. Sendet zum Beispiel ein Host Pakete, die zu groß für die MTU sind, erhält er vom ersten Router, der die Weiterleitung verweigert, die ICMP-Message „packet too big“. Er kann dann die Größe anpassen und erneut senden. Wird ein Paket aufgrund einer Access-Liste zurückgewiesen, kann eine „ICMP reject“-Message zurückgegeben werden. Dies ist nicht immer der Fall. Bei vielen Firewalls ist es ein gewünschtes Verhalten, solche Meldungen nicht zurückzugeben, sondern die Pakete still zu verwerfen. Der bekannteste Vertreter der ICMP-Suite ist „ping“ , der „echo request“ und sein „echo reply“. Das ICMP-Paket hat einen Header mit 32 Bit. Das sind acht Bit Typ, gefolgt von acht Bit codierten Nachrichten, und dann 16 Bit Prüfsumme.

Type	Code	Checksum
	Message	

Die interessantesten Typen sind:

1	Destination Unreachable
2	Packet Too Big
128	Echo Request
129	Echo Reply
133	Router Solicitation
134	Router Advertisement
135	Neighbor Solicitation
136	Neighbor Advertisement
137	Redirect Message

Bei allen hier aufgeführten Typen (außer Typ 1) ist der Code 0, da es keine verschiedenen Bedeutungen gibt. Type 1 heißt „destination unreachable". Hier gibt es verschiedene Codes: 0 ist „no route", 3 ist „unreachable" usw.

10.6.1 Nachbarermittlung, NDP

Wir wissen nun, welche Adresstypen benutzt werden, welche Adressen ein Rechner haben muss, und wie die Adressen zusammengesetzt sind. Wir haben aber auch erfahren, dass es keine Broadcasts und keine Subnetzmasken mehr gibt, sondern nur noch Subnetz-IDs. Wie funktioniert nun also die Kommunikation auf Layer II mit Link Layer-Adressen?

Wir erinnern uns: Wie kann ich mit anderen innerhalb und außerhalb meines Subnetzes kommunizieren? Bei IP V4 wird innerhalb des Subnetzes die Adresse eines anderen Rechners per ARP (Broadcast) aufgelöst, nach „draußen" schicken wir die Pakete an den Router, der als unser Default Gateway konfiguriert ist. In IP V6 sind die Mechanismen anders. Hier werden die Informationen über ICMPV6, dem Internet Control Message Protocol per NDP (Neighbor Discovery Protocol) aufgelöst.

10.6.1.1 Router Advertisements und Solicitation

Router senden über ihre Interfaces regelmäßig Pakete aus, in denen sie propagieren, welche Parameter das Subnetz hat, dessen Default Gateway das Router-Interface ist. Im Paket sind Informationen wie Präfix, Link Layer-Adresse, MTU etc. enthalten. Man spricht hier von sogenannten Router-Advertisements. Ihr Ziel ist die All Nodes-Multicast-Adresse FF02::1. Somit kann darauf verzichtet werden, an einem Rechner Subnetzmaske und Default Gateway zu konfigurieren. Der Rechner bekommt diese Informationen automatisch vom Router.

Startet ein Rechner neu, muss er nicht darauf warten, dass seine Interfaces diese Advertisements bekommen. Der Rechner sendet ein Fragepaket an die All Routers-Multicast-Adresse FF02::2, und der Router versendet daraufhin diese Informationen sofort. Dies nennt man Router Solicitation. Der Router schickt im Advertisement seine Link Layer-Adresse mit. Diese muss nun vor der ersten Kommunikation vom Client nicht mehr aufgelöst werden, wie es in IP V4 der Fall war (ARP).

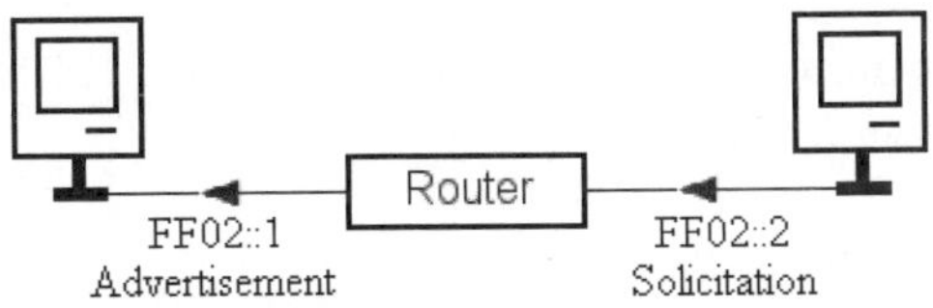

BILD 10.2 Router senden periodisch Advertisement-Pakete an die All Hosts-Multicast-Adresse, in denen sie die Parameter des Netzes propagieren. Benötigt ein Rechner diese Informationen sofort, kann er per Solicitation das Advertisement anfordern.

10.6.1.2 Neighbor Advertisements und Solicitation

Soll mit einem anderen Rechner im Subnetz kommuniziert werden, muss dessen Layer II-Adresse (Link Layer) aufgelöst werden, wenn sie nicht bekannt ist (siehe Neighbor Cache). In IP V4 war dieser Vorgang ein Broadcast, also ein ARP-Request.

In IP V6 wird dies per Multicast abgehandelt. Will eine Node mit einer anderen kommunizieren, schickt sie eine Neighbor Solicitation-Message an die Solicited Multicast-Adresse des Partners. Diese kann aus der Zieladresse, der IP V6 Unicast-Adresse des Empfängers, berechnet werden. Der Partner antwortet dann mit einem Neighbor Advertisement, in dem er seine (Link Layer-)Adresse zurückschickt. Wie bei ARP hat der Anfragende seine eigene Link Layer-Adresse in die Anfrage geschrieben, das heißt, beide können nun kommunizieren, da die Layer II-Adressen beidseitig bekannt sind.

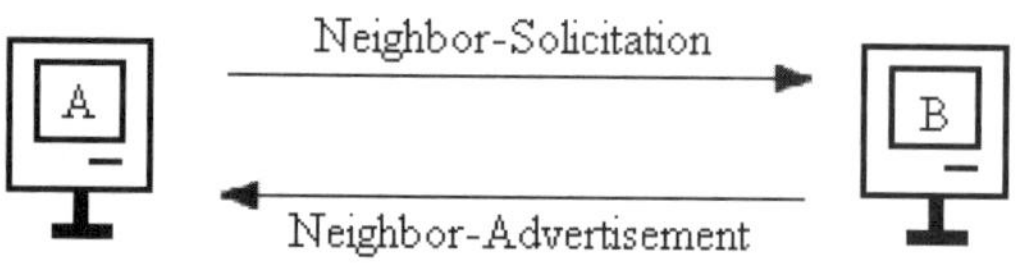

BILD 10.3 Möchte A mit B kommunizieren und findet die Adresse nicht in seinem Cache, muss er sie auflösen. Er sendet eine Neighbor Solicitation-Nachricht an die Solicited-Node Multicast-Adresse von B. In dieser gibt er seine eigenen Daten bekannt. B antwortet mit einem Advertisement, in dem seine Daten stehen. Beide tragen alle Daten in ihre Caches ein.

Startet ein Rechner neu oder ändert er seine Adresse (z. B. über die Privacy Extension), sendet er ein Neighbor Advertisement aus, diesmal aber an die All Nodes Multicast-Adresse. Auf diese Weise bekommen alle die Änderungen mit und korrigieren ihre Caches.

BILD 10.4 Ändert ein Host seine Adresse, sendet er ein Neighbor Advertisement an die All Nodes Multicast-Adresse. So bekommen alle die Änderungen mit.

10.6.2 Adress-Caches

In IP V4 wurden viele Angaben gecacht. Ein Beispiel ist die ARP-Table, die jeder Rechner führt. Auch in IP V6 muss vieles gecacht werden.

10.6.2.1 Neighbor-Cache

Im Neighbor-Cache werden Informationen zu Interfaces gecacht, an die Verkehr versandt wurde. So muss bei einer erneuten Sendung keine Auflösung gestartet werden. Gespeichert wird die IP-Adresse, die Link Layer-Adresse und ein Flag, ob der Nachbar ein Router ist oder nicht. Ebenso wird die Erreichbarkeit gespeichert.

IP V6 wurde für sehr dynamische Netze entwickelt (Mobiltelefone etc.), in denen eine sehr hohe Zahl an Devices fluktuiert. Auch Rechner können ihre Adressen ändern. Daher wird die Erreichbarkeit der gespeicherten Partner regelmäßig überprüft. Ist die Probe negativ, wird eine Neighbor Solicitation-Message gesendet. Kommt darauf keine Antwort, wird der Eintrag gelöscht.

10.6.2.2 Destination-Cache

Im Destination-Cache werden Informationen über Ziele gespeichert, mit denen Datenverkehr bestanden hat, innerhalb und außerhalb des Subnetzes.

Der Destination-Cache beinhaltet also quasi den Neighbor-Cache. Bei Zielen außerhalb des Subnetzes wird die Link Layer-Adresse des nächsten Hops gespeichert. Darüber hinaus kann auch noch mehr Information darin enthalten sein, z.B. die MTU des nächsten Links etc.

10.7 Zusammenfassung der IP V6-Adressen

Die IP V6-Adressen sind nicht mehr auf den Client zentriert, sondern auf seine Interfaces. Bislang hat die IANA (Internet Assigned Numbers Authority) folgende Bereiche festgelegt:

Loopback-Adressen:	::1/128 (entspricht 127.0.0.1 in IP V4)
Multicast-Adressen:	FF00::/8
Link Local:	FE80::/10
Unique Local:	FC00::/7
Alle anderen:	Global Unicast-Adressen

An die ISP weitergegeben hat die IANA bislang den Bereich 2000::/3, also nur einen winzigen Bruchteil des Adressraumes, der in sich aber schon riesig ist. Der Bereich 2001:db8::/32 dient Dokumentationszwecken, ist also anonymisiert und sollte keinem Interface zugewiesen werden.

10.8 Adressvergabe

Die Adressierung kann man in drei große Gruppen aufteilen: Feste Konfiguration durch den Administrator, Konfiguration über DHCPV6 oder Autokonfiguration.

10.8.1 Feste Konfiguration

Die Adressen werden vom Administrator händisch vergeben, die Multicast-Adressen dazu werden automatisch generiert.

10.8.2 DHCPV6, Stateful Autoconfiguration

Bei DHCPV6, auch Stateful Autoconfiguration genannt, wird die Link Local-Adresse generiert. Über das Router-Advertisement bekommt der Client mitgeteilt, dass er DHCP verwenden soll und macht einen entsprechenden Request.

10.8.3 Autokonfiguration, Stateless Autoconfiguration

Bei der Stateless Autoconfiguration bekommt der Client alle wichtigen Parameter über das Router-Advertisement, alles andere wird autokonfiguriert.

10.8.3.1 Automatische Adressvergabe

Sehen wir uns den Startvorgang genauer an. Startet ein Host, wird zuerst die Link Local-Adresse erzeugt, aus dem Präfix FE80 und der Interface-ID. Diese Adresse ist provisorisch. Dann wird die Solicited-Node Multicast-Adresse für die provisorische Adresse ermittelt. Sie wird überprüft (siehe 10.8.3.2). Danach schickt der Rechner eine Router Solicitation-Message an die Adresse FF02::2, die All Routers-Multicast-Group. Im Router-Advertisement, das daraufhin erfolgt, bekommt er die Daten aller Router. Zuletzt sendet er ein Neighbor-Advertisement an die All Nodes Multicast-Adresse aus. Dies wird für alle Interfaces durchgeführt. Damit ist er im Netz mit der provisorischen Adresse bekannt.

10.8.3.2 DAD, Duplicate Address Detection

Ist ein Interface auf Autokonfiguration eingestellt, muss es prüfen, ob die von ihm erzeugte Adresse eindeutig ist, bevor sie benutzt wird. Dubletten sind zwar unwahrscheinlich, aber möglich. Daher sendet der Host über das Interface eine spezielle Neighbor Solicitation-Message. In ihr ist die Source-Adresse „::“ , also nicht spezifiziert. Die Zieladresse ist die Solicited-Node Multicast-Adresse der provisorischen Adresse, die sich das Interface selbst geben will. Kommt eine Antwort zurück, in der ein anderes Interface im Subnetz seine Layer II-Adresse zurückschickt, ist klar, dass diese Adresse bereits in Gebrauch ist. Sie kann nicht verwendet werden. Kommt keine Antwort, kann die Adresse verwendet werden. Jede Adresse muss so verifiziert werden – hat eine Host mehrere Adapter, dann auch für jeden von diesen. Bei Anycast-Adressen muss DAD unterdrückt werden, es würde sonst nicht funktionieren.

10.8.4 Adresszustand

Eine IP V6-Adresse kann mehrere Zustände haben. Ist sie noch nicht über DAD verifiziert, ist sie „tentative“, also provisorisch. Ist sie verifiziert, ist sie „preferred“, also bevorzugt.

IP V6-Adressen können ein „Verfallsdatum“ haben. Ist dieses erreicht, geht die Adresse in den Zustand „deprecated“, abgelehnt, über. Sie kann weiter verwendet werden, aber neue Sessions werden mit ihr nicht mehr aufgebaut. Sind keine Sessions mehr mit dieser Adresse aktiv, wird sie entfernt.

10.9 Umnummerierung eines Netzes

Die Umnummerierung eines Netzes ist in IP V4 sehr aufwändig. Alle Clients müssen umkonfiguriert werden oder neue DHCP-Informationen bekommen. Erst wenn die Router (Default Gateway) umkonfiguriert sind, kann wieder nach außen kommuniziert werden.

Bei Autokonfiguration in IP V6 ist dies einfacher. Ein Router kann mehr als ein Präfix versenden und ein „Verfallsdatum“ kann mitgeschickt werden. In einer Übergangsphase haben die Clients also zwei Unicast-Adressen. Läuft die Lifetime des alten Präfixes ab, wird nur noch das neue verwendet, die Umnummerierung ist im Hintergrund abgelaufen.

10.10 MTU

Im Destination-Cache sind Angaben zur MTU des Zieles gecacht. In IP V4 kann jeder Router Pakete fragmentieren, die zu groß sind. Das kann auf dem gesamten Weg auch mehrfach der Fall sein. Am Ziel werden sie wieder zusammengesetzt (reassembliert). Bei IP V6 fragmentieren Router nicht mehr. In IP V6 muss sich die sendende Node selbst darum kümmern. Dazu wird eine MTU Path Recovery gestartet. Die Node sendet ein Paket an das Ziel. Landet das Paket bei einem Router, der es aufgrund der Größe nicht weiterleiten kann, sendet er eine „packet too big“-Meldung zurück. In ihr sendet er die MTU des nächsten Links in Richtung Ziel mit. Der Sender setzt seine Paketgröße auf diesen Wert herab und sendet erneut. Dieser Vorgang wiederholt sich so lange, bis das Ziel erreicht ist. In IP V6 wurden als kleinste Größe 1280 Byte festgelegt, bei IP V4 waren es 576 Byte. Router, die diese MTU nicht bieten können, werden nicht mehr angesprochen, und es müssen andere Wege gesucht werden.

10.11 Router-Redirection

Bekommt ein Router Daten zur Weiterleitung und sieht an der Routingtabelle, dass es bessere Wege zum Ziel gibt, informiert er den Sender, dass er besser einen anderen ersten Hop verwendet. Dieser trägt die Information in seinem Destination-Cache ein.

10.12 Das IP V6-Paket

Der Header des IP-Paketes wurde modular aufgebaut. In IP V6 kann es mehrere Header geben. Direkt in den Header können weitere eingebettet werden, die Routing-Informationen Protokollinformationen etc. enthalten. Die Daten (Payload) sind wie bei IP V4 angehängt.

Der Header ist einfacher aufgebaut als in IP V4, aber aufgrund der 128-Bit-Adressen größer. In jedem Header steht die Information, ob ein weiterer folgt – so lange bis die Daten folgen. Da jeder Header auf den nächsten verweist, kann der Header modular und völlig flexibel zusammengesetzt werden.

Version	Traffic-Class	Flow-Label	
	Payload-Length	Next Header	Hop-Limit
Source-Adress			
Destination-Address			
Extension-Header			
Data			

Die einzelnen Felder bedeuten folgendes:

Name	Länge in Bit	Bedeutung
Version	4	Version, hier 6
Traffic Class	6	Priorität
Flow Label	20	Labeling von Flows, Pakete aus Strömen mit gleicher Behandlung
Payload Length	16	Länge des Payloads
Next Header	8	nächster Erweiterungsheader oder Protokoll
Hop Limit	8	TTL des Paketes
Source Address	128	Quell-Adresse
Destination Address	128	Zieladresse
Erweiterungsheader	variabel	weitere Header
Data	variabel	Payload

Wichtig ist, dass es keine Prüfsumme (checksum) mehr gibt. Die Verifikation der Daten wurde höheren Protokollen übergeben. Quelle und Ziel müssen verifizieren, dass die Daten integer sind. Das erfordert mehr Aufwand bei den Nodes, entlastet aber die Router. Es gibt auch kein Fragmentation Offset mehr, das heißt, die Router fragmentieren in IP V6 nicht mehr.

10.13 VPN in IP V6

IPsec (Internet Protocol Security) ist ein Framework zur Verschlüsselung von Daten. Es wurde in IP V4 als Zusatz verwendet, um gesicherte VPN-Tunnel über das Internet aufzubauen. In IP V6 wurde es integriert. ESP (Encapsulating Security Payload) ist Teil dieser Protokollsammlung zur Verschlüsselung. Neben der Verschlüsselung kann auch die Authentizität der Daten geprüft werden, um sicherzustellen, dass sie nicht während der Übertragung verändert wurden.

Die nötigen Informationen werden über die Extension-Header ausgetauscht. Es ist dabei möglich, entweder nur den Payload oder das gesamte Paket zu verschlüsseln.

Die Verschlüsselung des Payloads sieht so aus:

IP-Header	Extension-Header	Auth-Header	ESP-Header	Payload	ESP-Trailer

Die Verschlüsselung des gesamten Paketes stellt sich wie folgt dar:

Neuer IP-Header	Neuer Extension-Header	Auth-Header	ESP-Header	Originaler IP-Header	Originale Extension-Header	Payload	ESP-Trailer

10.14 Quality of Service

In IP V4 gibt es im Header das TOS-Feld, Type of Service. Es wird selten genutzt. In IP V6 wurde es als Traffic Class, auch DS (Differentiated Service Field) genannt, übernommen. Es ist acht Bit lang.

Priority	Delay	Throughput	Reliability	Reserved

Name	Länge in Bit	Bedeutung
Priority	3	Vorrang
Delay	1	Verzögerung
Throughput	1	Durchsatz
Reliability	1	Sicherheit
Reserved	2	reserviert

In IP V6 spielt das TOS eng mit dem Flow Label zusammen. Ein Flow ist eine Sequenz von Paketen, die zu einem Datenstrom gehören, also alle gleich behandelt werden müssen. Über das Flow Label werden zusammenhängende Flows gekennzeichnet. Eine Datenverbindung mit hoher Priorität, aber mit geringem Volumen, bekommt hohe Prioritätswerte. Eine Voice- oder Multimediaverbindung braucht hohen Durchsatz, hohe Priorität und Stabilität. Das

Flow Label kennzeichnet einen Datenstrom. Diese Daten sind ganz vorne im Header verankert. Höhere Protokolle wie TCP oder UDP müssen nicht bis Layer IV auspacken, schon Layer III kann den Flow beurteilen und priorisieren.

10.15 Kommunikation beider Welten

Wird ein Netzwerk mit IP V4 und IP V6 parallel betrieben, nennt man dies einen Dual-Stack. Hier kommunizieren die IP V6-Nodes untereinander mit IP V6, und wenn sie mit IP V4-Nodes kommunizieren über IP V4. Wollen IP V6-Nodes aber kommunizieren und ein reines IP V4-Netzwerk ist dazwischen, muss getunnelt werden. Dafür gibt es einige Verfahren. Wenn man auf der Kommandozeile eines Vista- oder Windows 7-Rechners ein „ipconfig /all" absetzt, sieht man viele neue Interfaces, wenn IP V6 eingeschaltet ist. Dies sind Tunneladapter, die für diesen Zweck eingerichtet wurden.

10.15.1 Encapsulierung

Wird ein IP V6-Paket über ein IP V4-Netzwerk getunnelt, wird es encapsuliert. Dazu wird es in den Payload eines IP V4-Paketes eingebaut. Im IP V4-Netz werden die Pakete bei Bedarf am Tunneleingangspunkt fragmentiert und am Tunnelendpunkt wieder zusammengesetzt.

IP V4 Header	IP V6 Header	Data

10.15.2 Fixe und dynamische Tunnel

Die Wegfindung über das IP V4-Netz kann fest oder dynamisch konfiguriert sein. Bei fest konfigurierten Links, zum Beispiel bei einem fixen Link zwischen zwei Firmenfilialen, müssen die Router dementsprechend konfiguriert werden. Der Client bemerkt davon nichts. Beim dynamischen Tunneln muss eine IP V4-Information mitgegeben werden, damit die Routing-Umgebung der IP V4-Welt genutzt werden kann.

10.15.3 Fix, Gateway-to-Gateway-Tunneling

Beim Gateway-to-Gateway-Tunneling wird an dem Router, der die Grenze zum IP V4-Netz darstellt, fix eine Verbindung zum Ziel-Gateway konfiguriert (statische Route). Beide Grenzrouter stellen ein Gateway oder Relay dar. Sind im eigenen Netzwerk keine IP V6-Router vorhanden, kann trotzdem mit einer IP V6-Node in der Welt kommuniziert werden. Die Host wird als Dual-Stack konfiguriert und ein V6/V4-Router wird als Default-Route hinter dem Tunnelendpunkt eingetragen. Dieser leitet die Pakete dann weiter.

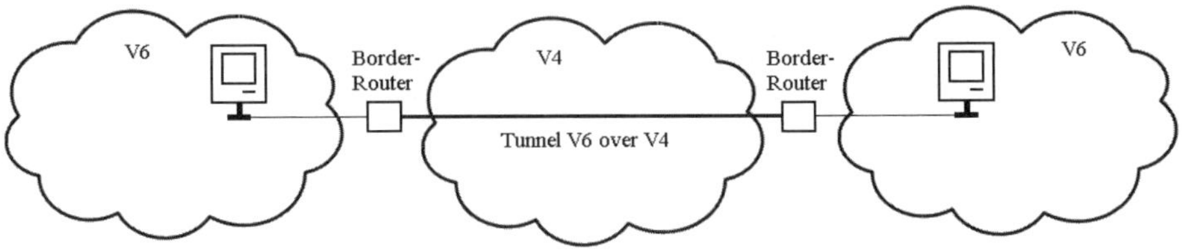

BILD 10.5 Zwei IP V6-Nodes in getrennten Netzwerken möchten kommunizieren. Ein IP V4-Netzwerk liegt dazwischen. Eine Möglichkeit ist, dass die Border-Router einen IP V6 over IP V4-Tunnel durch das IP V4-Netz aufbauen.

10.15.4 Automatische Tunnel

10.15.4.1 6to4

Bei 6to4 wird die Kommunikation über Router realisiert, die für 6to4 und IP V6 konfiguriert sind. Der 6to4-Adapter einer Node bekommt eine spezielle IP V6-Adresse, in der die Adresse des 6to4-Gateways eingebaut ist. Die IANA hat dafür die Adressen 2002::/16 freigegeben. Das 6to4-Paket bekommt folgende Adresse:

Präfix	IP V4-Adresse	Subnet-ID	Interface-ID

Anycast war noch nicht in IP V4 integriert, wurde aber als Zusatz entwickelt. Damit eine Redundanz aufgebaut werden kann, falls ein 6to4-Gateway ausfallen sollte, hat die IANA die Adresse 192.88.99.1 als IP V4-Anycast-Adresse für 6to4-Gateways reserviert. Wird diese Adresse als Gateway in die IP V6-Adresse eingebaut, wird der nächste 6to4-Gateway per Anycast bestimmt, ist dieser außer Betrieb folgt der nächste, usw.

Bei 6to4 wird das IP V6-Paket also in IP V4 encapsuliert und über „normales" Routing übertragen. Das bedeutet auch, dass die Verbindung nicht statisch ist. Der Rückweg kann auch über ein anderes 6to4-Gateway erfolgen.

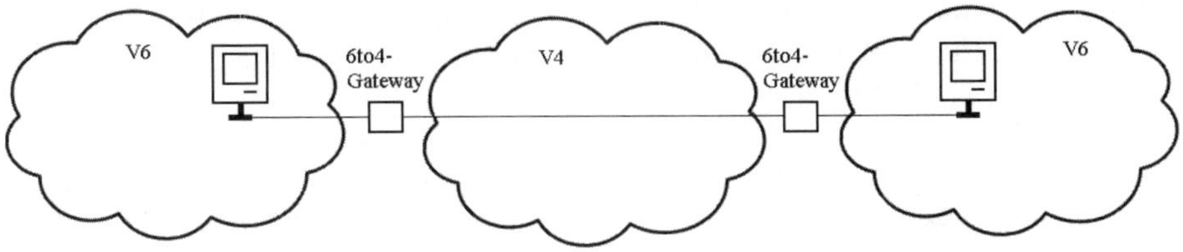

BILD 10.6 Der 6to4-Gateway encapsuliert das IP V6-Paket in IP V4. Es wird dann ganz normal geroutet. Am Zielpunkt stellt der zweite Gateway das IP V6-Paket wieder her.

10.15.4.2 ISATAP

Das ISATAP (Intra-Site Automatic Tunnel Adressing Protocol) wurde entwickelt, um eine IP V6-Kommunikation innerhalb eines Subnetzes zu ermöglichen, in dem sonst nur IP V4 gesprochen wird, es also auch keine IP V6-Router als Gateway gibt. Bei ISATAP wird eine IP V4-Adresse in der Interface-ID eingesetzt. Das Präfix ist Standard, wie in jedem „normalen"

IP V6-Netzwerk, kann aber auch Link Local sein. Die IANA hat für diesen Zweck eine Kennung im Vendor-Teil der EUI-64-Link Layer-Adressen (OUI oder Vendor-Code) registriert. Er ist 24 Bit lang und lautet 00005E. Des Weiteren wird ein Type-Feld gesetzt, das angibt, dass es sich in den letzten 32 Bit der EUI um eine IP V4-Adresse handelt. Der Code dafür ist FE.

Präfix	OUI	Type	IPV4-Adresse

Ist mein Präfix also zum Beispiel 2001:0db8::/64 und die IP V4-Adresse 131.152.2.160, dann lautet die ISATAP-Adresse 2001:db8::5EFE:131.152.2.160 bzw. 2001:db8::5EFE:8398:02A0. Die korrespondierende Link Local-Adresse wäre FE80::5EFE:8398:02A0. Da die IP-Adresse im Link Layer eincodiert ist, können alle im Subnetz miteinander kommunizieren. Soll mit IP V6 ins Internet kommuniziert werden, wird ein Gateway benötigt. Das kann ein 6to4-Router oder ein Router mit ISATAP-Interface sein. Ein Adresskonflikt im Internet tritt nicht auf, wenn offizielle, registrierte IP V4-Adressen verwendet werden. Sie sind Global Unique und die damit gebildeten IP V6-Adressen automatisch auch. Bei ISATAP können aber auch private IP V4-Adressen verwendet werden, wenn der Gateway-Router NAT anbietet.

10.15.4.3 Teredo

Das Teredo-Verfahren ist eine Besonderheit. Es gibt Konfigurationen, in denen 6to4 nicht möglich ist. Dies ist der Fall, wenn mehrere IP V4-NATs zwischen den Kommunikationspartnern sitzen. Ein weiterer Grund ist die Encapsulierung. Wird IP V6 über IP V4 getunnelt, ist im Header als Protocol Type 41 eingetragen, das heißt, IP V6 ist encapsuliert. Die meisten NAT-Implementationen übersetzen aber nur Protocol Type 6 und 17, TCP und UDP. Teredo hingegen encapsuliert IP V6 in UDP. Im Paket werden alle NAT-Informationen der Quelle mitgegeben, sodass ein Rückweg durch das NAT möglich wird. Ein externer Teredo-Server ist notwendig. Dies ist ein IP V6/V4-Host mit einem Teredo-Adapter. Die Kommunikation beginnt, indem der Client durch das NAT einen Teredo-Server kontaktiert. Dieser übermittelt ihm einen IP V6 Präfix, aus dem er seine Adresse aufbaut. Mit dieser Adresse und der Hilfe des Teredo-Servers kann der Client nun einen anderen Teredo-Client kontaktieren oder einen IP V6-Host. IP V4/V6-Router, die einen Teredo-Adapter besitzen, können Pakete zwischen IP V6-Clients und Teredo-Clients im IP V4-Netz weiterleiten. Man nennt sie Teredo-Relay. Teredo benutzt UDP, um NAT zu durchtunneln. Dies kann zur Wirkungslosigkeit aller Access-Filter führen.

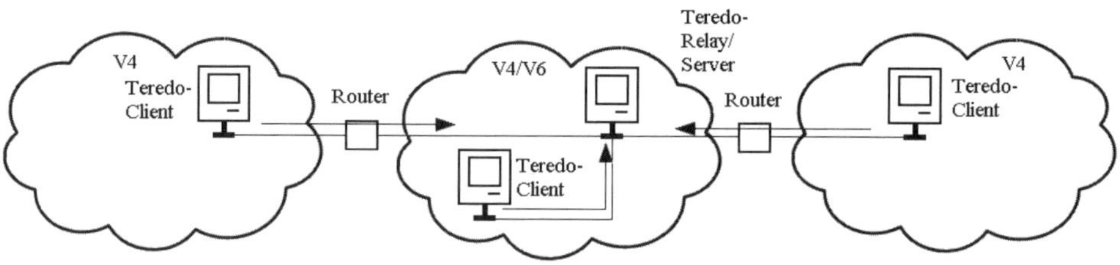

BILD 10.7 Im ersten Schritt nehmen die Teredo-Clients Kontakt zu einem Teredo-Server auf (UDP, IP V4). Dies kann auch über NAT erfolgen.

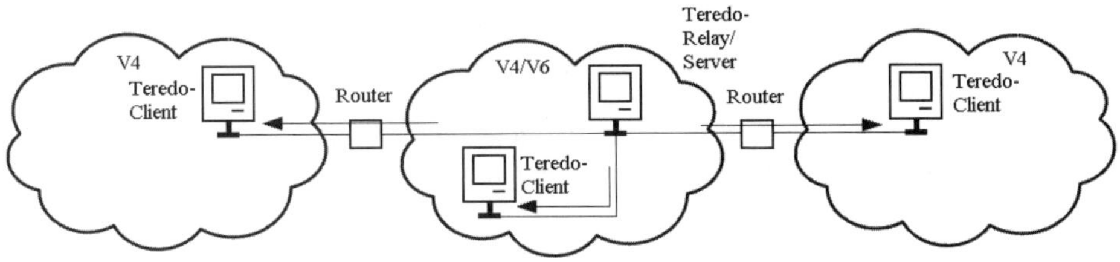

BILD 10.8 Der Teredo-Server sendet den Clients ein IP V6-Adresspräfix zu, aus dem sie sich eine IP V6-Adresse zusammensetzen.

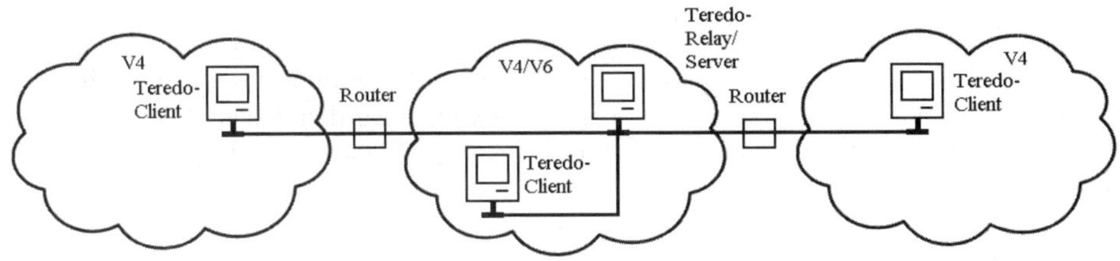

BILD 10.9 Ab diesem Zeitpunkt können die Teredo-Clients ihre IP V6-Pakete encapsuliert in IP V4 UDP an das Teredo-Relay senden. Dieses reicht sie weiter. So können Rechner in einem IP V4-Netz eine IP V6-Kommunikation aufbauen. Durch den Teredo-Server kann nicht nur mit anderen Teredo-Clients kommuniziert werden, sondern auch mit IP V6-Hosts. Da die Verbindungen der Clients „von innen nach außen" aufgebaut werden und der Teredo-Server als Relay fungiert, ist diese Kommunikation auch durch NAT und Firewalls möglich. Was die Sicherheit anbelangt, ist dies ein Albtraum.

10.16 DNS in IP V6

Natürlich musste auch das DNS angepasst werden. Die Adressen sind nun weitaus größer. Es wird aber weiterhin mit Ressource Records gearbeitet. Der A-Record heißt bei IP V6 AAAA-Record (sprich Quad-A). Die Reverse Lookup-Zone ist gleich geblieben, sie besteht weiterhin aus der umgekehrten IP-Adresse. Die Domäne heißt jedoch nicht mehr IN-ADDR. ARPA, sondern IP6.ARPA. Die Teilung in delegierbare Subdomains liegt nicht mehr bei acht Bit, sondern bei vier. Daher wird die umgekehrte IP-Adresse in 32 durch Punkte getrennten Ziffern dargestellt. Erinnern wir uns an IP V4:

Der Rechner rudi1.test.com hat die IP-Adresse 192.168.17.4. Im DNS sieht das so aus:

Forward: rudi1.test.com. 3600 IN A 192.168.17.4

Reverse: 4.17.168.192.in-addr.arpa. 3600 IN PTR rudi1.test.com.

(IN: Internet, 3600: TTL, Time to Live, A: Host-Record, PTR: Pointer).

In IP V6 sieht das so aus:

Forward: rudi1.test.com. 3600 IN AAAA 2001:db8::1

Reverse:
1.0.0.0.0.0.0.0.0.0.0.0.0.0.0.0.0.0.0.0.0.0.0.0.8.b.d.0.1.0.0.2.ip6.arpa.3600 IN PTR rudi1.test.com.

10.17 DHCPV6

Privacy-Extension, Autoconfiguration etc. – das sind alles tolle Neuerungen in IPv6. Für den Netzwerk-Administrator sind sie jedoch der Horror. Access-Filter etc. bei Adressen, die alle zehn Minuten wechseln? DHCP war in IP V4 schon eine elegante Methode der dynamischen Adressvergabe. Eine Bindung der IP-Adresse an die MAC-Adresse erlaubt eine Kontrolle, wer wann welche Adresse hat.

DHCPV6 ermöglicht dies ebenso. Es kann so konfiguriert werden, dass nur derjenige eine Adresse bekommt, dessen EUI-Adresse registriert ist – und das ohne Privacy-Extension. Einen Verlust stellt das nicht dar, da das nur eine Verfolgbarkeit im eigenen (Firmen-)Netz bedeutet. Ohne DHCP oder mit offenem DHCP in Public-Umgebungen ist die Privacy-Extension wieder da.

Eine der größten Neuerungen – alle haben darauf gewartet – ist die Möglichkeit, Änderungen sofort auszulösen. Wie in IP V4 können viele Parameter über DHCP weitergegeben werden. In IP V4 ist aber die Lease Time der Faktor, von dem abhängt, ab wann Änderungen wirksam werden. Erst bei der Erneuerung des Leases oder einem Neustart werden auch neue Parameter aktiv. In IP V6 gibt es eine neue DHCP-Nachricht an alle Nodes: DSI, DHCP Server-Initiated Reconfiguration. Eine solche Nachricht veranlasst die Clients, ohne Ansicht der Lease Time sofort alle Parameter neu vom Server anzufragen. Sprich: Änderungen, Erweiterungen etc. werden sofort wirksam.

10.18 Zusammenfassung

IP V6 ist nicht nur eine Erweiterung des Adressraumes. IP V6 bietet viele neue Features an, die aus den Beschränkungen von IP V4 erkannt wurden. Vor allem sind es die Bedürfnisse an Mobility, Service Class, Dynamik, Flexibilität und Sicherheit. IP V6 kommt, ist jetzt schon im Einsatz und wird sich auf lange Sicht etablieren.

HINWEIS: Viele Router „können" IP V6. Aber noch bearbeiten sie das Routing in Software. Sie haben noch keine ASICs (Application-Specific Integrated Circuits), die Routing, Access-Listen etc. in Hardware abarbeiten. Diese Geräte kommen mit ihrer CPU sehr schnell an ihre Grenzen, wenn die Belastung groß wird. Wer im professionellen Rahmen IP V6 einführen will, muss abklären, ob alle Netzwerkgeräte wirklich „IP V6-ready" sind.

11 Netzwerkspeicher

Sinn und Zweck eines Netzwerkes ist nicht nur der Austausch von Daten, sondern auch die gemeinsame Bearbeitung. Werden Daten auf einem zentralen System gehalten, muss ein Backup nur an einer Stelle durchgeführt werden. Die Datenmengen, die gespeichert werden, wachsen exponentiell, auch zu Hause im Privatbereich. Filme, Musik, Urlaubsbilder etc. haben zu einem Anwachsen der gelagerten Datenmengen geführt. Wer früher 36 Bilder auf einem Diafilm pro Urlaub hatte, bringt heute mit den Digitalkameras Hunderte bis Tausende von Aufnahmen und Filmen in bester Qualität – und damit Größe – mit nach Hause. Jedes Smartphone hat inzwischen eine Kamera. Längst haben viele – oder jeder – in einem Haushalt einen eigenen PC oder Laptop, der gemeinsame Familien-PC für alle, den man früher aus Kostengründen hatte, hat ausgedient. Natürlich bringt das den Wunsch, gemeinsam auf diese Daten zugreifen zu können, auch in Privathaushalte. Für Firmen ist eine zentrale Datenspeicherung schon seit Langem essenziell. Netzwerkspeicher bieten die Möglichkeit, Daten nicht auf dem PC lokal, sondern auf einem zentralen Speichermedium zu lagern und zu bearbeiten, wie zu Beginn schon erläutert. Dies macht es letzten Endes, wie wir sehen werden, sogar unnötig, überall einen „richtigen PC“ zu haben.

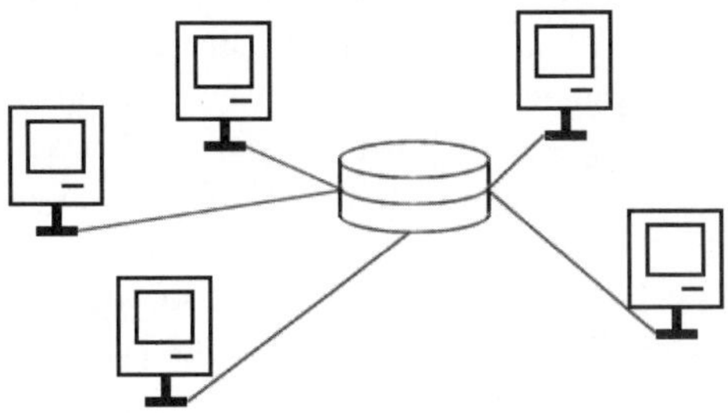

BILD 11.1 Dateien nicht auf vielen PCs gleichzeitig zu lagern und zu bearbeiten, ist ein verständlicher Wunsch. Statt viele Kopien auf mehreren Geräten abzulegen, ist es sinnvoller, Dateien einmal zentral abzulegen – mit Zugriff für alle.

■ 11.1 Dateiübertragung, TFTP und FTP

Die einfachste Methode ist, Dateien an einem zentralen Platz zu lagern, wo sie nach Bedarf heruntergeladen werden können. Sie werden dann lokal bearbeitet und nach getaner Arbeit wieder zentral abgelegt. Dies wurde schon sehr früh realisiert.

11.1.1 TFTP – Trivial File Transfer Protocol

Sehr einfach ist die Übertragung mit TFTP, dem Trivial File Transfer Protocol. TFTP benutzt UDP als Übertragungsprotokoll. Ein TFTP-Server hört auf Port 69 UDP auf Verbindungsanfragen. Ein TFTP-Client kann nun die in einem konfigurierten Verzeichnis des Servers liegenden Dateien zu sich herunter- oder auf den Server heraufladen. Die Sicherheit, sprich Zugriffsberechtigungen, bietet das Betriebssystem, auf dem der TFTP-Server läuft. TFTP ist sehr breit im Einsatz. Konfigurationsdateien von Netzwerkgeräten wie z. B. von Routern und Switches werden per TFTP gesichert und verteilt. Ebenfalls werden Betriebssystemupdates und -versionen der Geräte so eingespielt. Werden PCs zentral gemanagt, wird per TFTP ein Mini-Betriebssystem geladen, das Updates oder die initiale Installation der Geräte ermöglicht. TFTP ist wirklich trivial. Der Befehlssatz ist sehr reduziert. Es ist nur möglich, Dateien herauf- oder herunterzuladen. Da TFTP über UDP abgewickelt wird, muss der TFTP-Server dafür sorgen, dass Fehler in der Übertragung korrigiert werden.

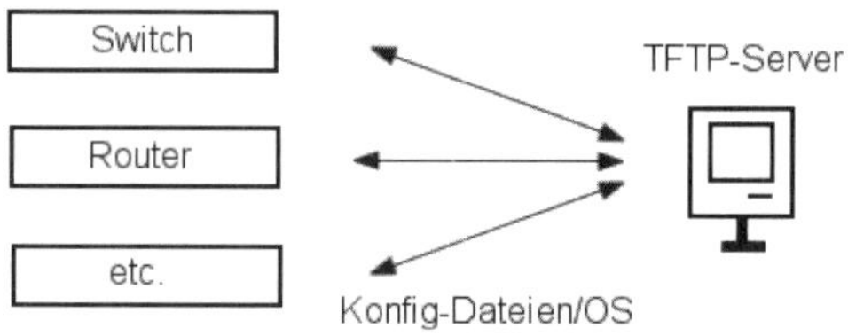

BILD 11.2 Netzwerkgeräte beziehen ihr OS und ihre Konfigurationsdateien in der Regel per TFTP, ebenso werden sie gesichert. Ein zentraler TFTP-Server verwaltet diese.

11.1.2 FTP – File Transfer Protocol

Komfortabler ist die Übertragung von Dateien per FTP, dem File Transfer Protocol. Dieses benutzt TCP als Übertragungsprotokoll. FTP bietet im Gegensatz zu TFTP einen erweiterten Befehlssatz. Es ist möglich, sich die Dateien im entfernten Verzeichnis listen zu lassen, Dateien dort zu löschen, Unterverzeichnisse anzulegen etc. Bei FTP wird über zwei Kanäle kommuniziert. Es gibt einen Steuer- und einen Datenkanal. Über ersteren werden ausschließlich Steuerkommandos ausgetauscht, über den anderen ausschließlich Daten. Eine FTP-Verbindung verläuft, wie folgt.

Im ersten Schritt baut der Client eine Verbindung von einem Port über 1024 zum Steuerport (Control Port) des FTP-Servers auf Port 21 auf. Nach dem ACK des Servers teilt der Client dem Server seinen Datenport über den Steuerkanal mit. Im nächsten Schritt initiiert der Server von seinem Datenport 20 aus die Datenverbindung über diesen Kanal. Ab dann läuft der Datenverkehr über den Datenkanal und alle Befehle und Antworten über den Steuerkanal.

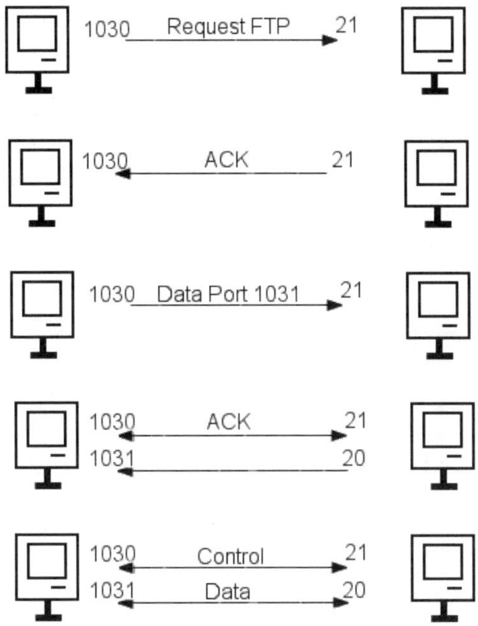

BILD 11.3 Der Client fragt am FTP-Server eine Verbindung auf Port 21 (Control) an. Der Ausgangsport des Sockets ist ein beliebiger Port über 1024, hier 1030. Der FTP-Server bestätigt die Verbindung mit einem ACK. Der Client teilt ihm nun mit, auf welchem Port er für Daten empfangsbereit ist, hier 1031. Der FTP-Server initiiert danach eine Datenverbindung von seinem Port 20 (Data) zum Datenport des Clients. Danach können Daten transferiert werden.

Probleme gibt es dann, wenn der Client hinter einem NAT arbeitet. Eine Verbindung „von außen" durch ein NAT funktioniert nicht (s. o. NAT/Masquerading). Auch funktioniert dies nicht, wenn der Client hinter einer Firewall ist. In der Regel ist eine Firewall stateful, das heißt, von innen nach außen initiierte Verbindungen werden auch im Rückweg erlaubt, von außen angeforderte Verbindungen aber werden geblockt.

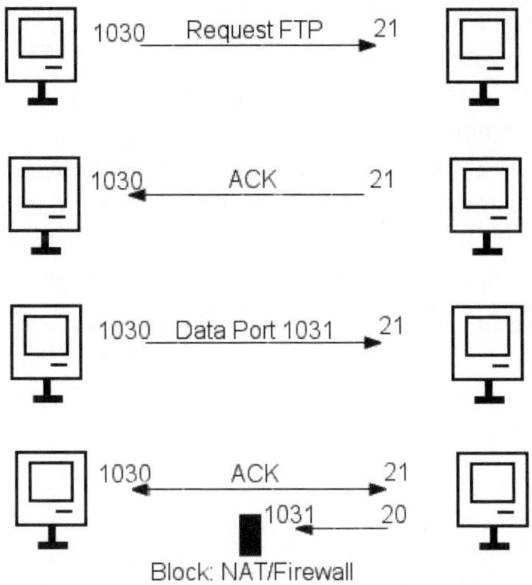

BILD 11.4 Der Aufbau der Datenverbindung vom Server zum Client kann nicht durchgeführt werden, wenn ein NAT oder eine Firewall Verbindungen von außen blocken.

Um dies zu umgehen, wurde der passive FTP-Modus entwickelt. Die Verbindung wird so aufgebaut:

Der Client initiiert wiederum eine Verbindung zum Steuerport des Servers (21). Er teilt dem Server mit, dass er eine passive Verbindung benötigt. Daraufhin teilt der Server dem Client einen Port über 1024 mit, auf dem er für den Datenverkehr hören wird. Der Client baut dann eine Verbindung zu diesem Port auf. Da hier beide Verbindungen clientseitig von innen nach außen aufgebaut werden, kann die Kommunikation auch über NAT und durch Firewalls erfolgen. Der Datenport 20 des Servers wird bei diesen Verbindungen nicht genutzt.

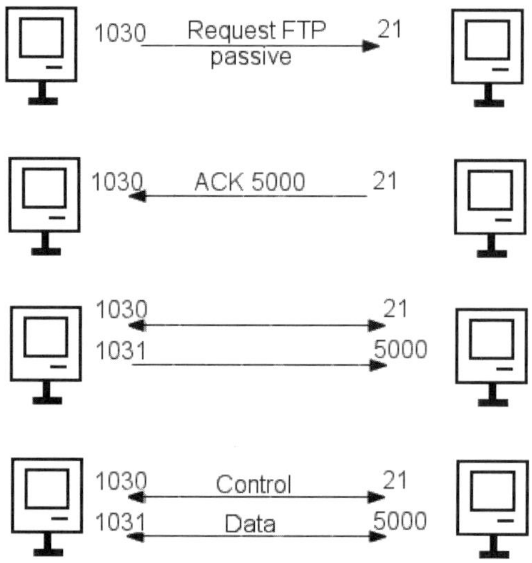

BILD 11.5 Beim passiven FTP werden beide Verbindungen, Control und Data, vom Client aufgebaut. NAT und Firewall sind damit kein Hindernis. Der Control-Port 20 des Servers wird hier nicht benutzt.

Für sichere Verbindungen wurden FTPS und SFTP entwickelt. Bei FTPS wird der Datenverkehr mit TLS verschlüsselt. Die Authentifizierung kann über ein hinterlegtes Zertifikat erfolgen. Bei SFTP wird FTP über eine sichere SSH-Verbindung durchgeführt.

FTP ist im Internet sehr verbreitet. FTP-Server bieten weltweit fast unermessliche Datenmengen zum Download an. Meist kann anonym eingeloggt und nur heruntergeladen werden. Ob Open-Source-Betriebssysteme und -Programme, Treiber, Dokumentationen von Herstellern etc., fast alles, was frei zugänglich ist, wird per FTP zum Download angeboten. Die meisten Webbrowser besitzen eine direkte Implementation für FTP. Hier muss einfach in der Adresszeile ftp://adresse eingegeben werden, um eine FTP-Verbindung zu öffnen.

FTP und TFTP sind sehr „alte“ Protokolle. FTP gibt es bereits seit ca. 1970, TFTP wurde ca. zehn Jahre später entwickelt. Während FTP weltweit eingesetzt wird, wird TFTP meist nur in geschlossenen Umgebungen eingesetzt. Es ist für alles andere zu anfällig und unsicher.

11.2 Filesharing

In Firmen und auch zu Hause möchte man Dateien aber nicht irgendwo herunterladen, bearbeiten und wieder heraufladen, sondern man möchte transparent an einem zentralen Punkt arbeiten oder Daten transportabel haben. Wenn mehrere an einem Dokument arbeiten, ergeben sich sonst automatisch Versionierungsprobleme. Daher sind ständig verbundene oder mobile Speichermedien notwendig. Hier unterscheidet man drei Kategorien: DAS, Direct Attached Storage, NAS, Network Attached Storage, und SAN, Storage Area Network. Bei diesen Verfahren werden Dateien nicht heruntergeladen, sondern an ihrem Speicherort direkt über das Netzwerk bearbeitet. Das entfernte Speichermedium wird also virtuell in den lokalen Rechner eingehängt.

11.2.1 DAS – Direct Attached Storage

DAS sind Speichermedien, die man einfach an Rechner anschließen kann und die dem Rechner wie ein eingebautes Speichermedium erscheinen. Nach getaner Arbeit kann man sie abziehen und z. B. mit nach Hause nehmen. Dort schließen Sie sie an und haben die Daten parat. Vorteil: Die Daten müssen nicht immer synchronisiert werden, man hat sie nicht in verschiedenen Versionen an verschiedenen Orten. Nachteil: Ein geordnetes Backup ist fast unmöglich. Zu DAS-Medien gehören USB-Sticks und -Festplatten, eSATA- und Firewire-Platten etc. Dies sind jedoch feste Anschlüsse, weniger Netzwerk-Speichermedien. Ich möchte hier nicht näher darauf eingehen.

11.2.2 NAS – Network Attached Storage

Network Attached Storage sind Fileserver, die die Möglichkeit anbieten, sich mit einer freigegebenen Ressource (ein freigegebener Folder im Dateisystem eines Servers, auch Share genannt) zu verbinden, die Speicherplatz zur Verfügung stellt, um dort Dateien abzulegen oder direkt zu bearbeiten. Die verbundene Ressource stellt sich dem Betriebssystem wie eine interne Ressource dar, so als ob es eine Festplatte im eigenen Rechner wäre. Die Verbindung erfolgt in der Regel per SMB, Server Message Block, oder NFS, Network File System. Oft werden NAS-Server als Blackboxes, als Appliances, verkauft, von kleinen Heimsystemen mit ein paar Gigabyte Kapazität bis hin zur Enterprise Storage. Ebenso gibt es bei den Betriebssystemen Servervarianten, die solche Fileserver betreiben lassen.

Bei NAS werden Freigaben auf Fileservern eingerichtet. Der Client kann sich ein freigegebenes Verzeichnis auf dem Server in seinen Laufwerksbaum einhängen (mounten) und dieses steht ihm ab dann wie ein eingebautes Laufwerk zur Verfügung. NAS basiert auf Freigaben des Servers auf Filelevel. Das Filesystem kontrolliert und verwaltet das NAS-System. Der Nutzer arbeitet mit Dateien.

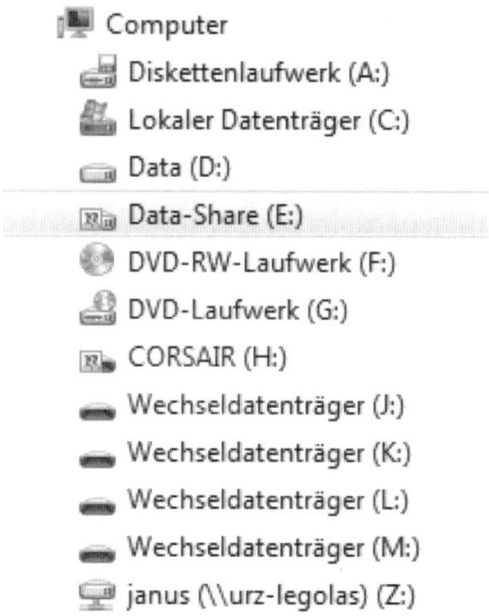

BILD 11.6 Hier folgt ein Beispiel eines gemounteten Netzwerkverzeichnisses, „janus". Es ist im Windows-Explorer durch das Symbol eines Netzwerklaufwerkes gekennzeichnet. In Klammern wird der Name des Fileservers angegeben. Unter Windows kann dem Netzwerklaufwerk ein Laufwerksbuchstabe zugeteilt werden, so als ob es sich um eine lokal eingebaute Ressource handele (Z:).

11.2.2.1 NFS – Network File System

NFS wurde von SUN Microsystems entwickelt und dann freigegeben. Es basiert in der im Moment noch häufig eingesetzten Version 3 auf UDP, NFS in der Version 4 auf TCP. Meist wird NFS in der Unix-/Linux-Welt eingesetzt. Die Freigabe des Verzeichnisses nennt man hier „Export". Die Berechtigungen basieren auf der IP-Adresse des zugreifenden Clients. Erst NFS V4 bietet eine detaillierte Benutzerverwaltung. NFS ist schlank und schnell, meist ist es im Einsatz, wenn große Datenmengen, z. B. von Messgeräten, an Speicher übertragen werden.

11.2.2.2 SMB – Server Message Block

Das gängige Verfahren zur Freigabe von Daten auf Fileservern ist SMB, Server Message Block. Es wurde ursprünglich von IBM entwickelt, dann aber von Microsoft weiterentwickelt. SMB wurde für die Kommunikation zwischen Rechnern und Fileservern, Druckern und zur Versendung von Nachrichten entwickelt. Es ist fester Bestandteil der Windows-Betriebssysteme, es gibt in der Unix-Welt aber mit SAMBA Implementationen davon, die es ermöglichen, SMB-Server für Windows-Clients unter Unix zu betreiben bzw. auch mit unixoiden Clients auf Windows-Fileserver zugreifen zu können. Die meisten kleinen NAS-Systeme als Appliance laufen unter einer abgespeckten Linux-Variante mit SAMBA. SMB führt ein Locking durch. Bearbeitet jemand auf einem Share ein Dokument, bekommen andere, die es öffnen, den Hinweis, dass es in Bearbeitung ist, und bekommen nur lesend Zugriff, bis das Dokument wieder „frei" ist.

Microsoft hat SMB stark weiterentwickelt. Mit SMB Version 3 wurde über RDMA (Remote Direct Memory Access) die direkte Kommunikation in das Memory eines Rechners geöffnet. Die CPU reserviert dafür Adressen im Arbeitsspeicher und der Datenstrom wird direkt vom

Netzwerkadapter dorthin kopiert. Die CPU muss den Datenstrom nicht verarbeiten. Die Geschwindigkeit der Übertragung kommt damit in die Nähe physikalischer Verbindungen (ab Windows 8 und Server 2012).

Bei richtiger Konfiguration ist SMB sehr sicher. Zugriffsrechte können detailliert geregelt werden. Vor allem kann vollumfänglich die Sicherheit des Filesystems des Fileservers verwendet werden, Rechte können an User und Gruppen vergeben werden, insbesondere ist dies mit dem Einsatz von Active Directory eine mächtige Steuerungskontrolle. Den Zugang zu der Ressource verwalten die Zugriffsrechte auf den Share, darunter kann mit den Access Control Lists von NTFS bis auf File-Ebene hin fein berechtigt werden.

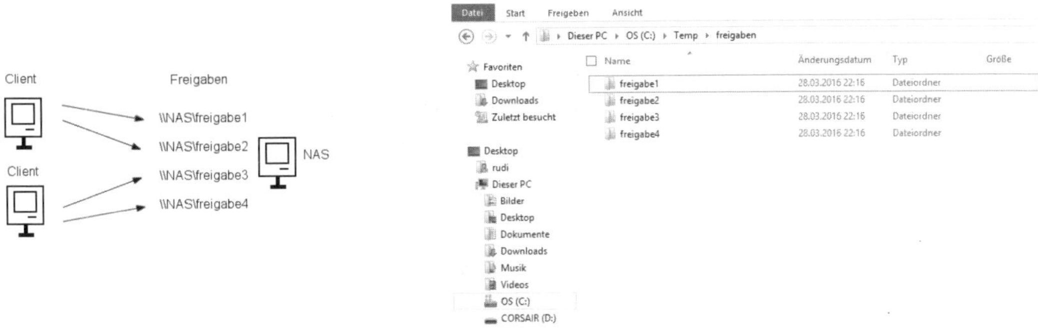

BILD 11.7 Clients können freigegebene Verze ichnisse (Folder) eines Fileservers mounten, wenn sie dazu berechtigt sind (links). Diese Freigaben sind Folder auf dem Fileserver. Die Freigabe erfolgt auf Folder und ihre enthaltenen Subfolder und Dateien (rechts).

BILD 11.8 Ein Folder „freigabe1“ wird freigegeben. Unter den erweiterten Eigenschaften dieses Folders wird im Tab „Freigabe“ geregelt, wer zugreifen darf (Mitte). „Jeder read“ ist leider Standard und sollte auf die beschränkt werden, die das auch wirklich können sollen. Unter dem Tab „Sicherheit“ wird geregelt, was die Zugriffsberechtigten dürfen (rechts). Hier darf die Gruppe „wg1“ (sprich alle, die in dieser Gruppe Member sind) lesen und schreiben (rechts).

Die Berechtigungen werden vererbt. Wie, kann konfiguriert werden. In der Regel sollte man die Vererbung „laufen lassen“. Wer die Vererbung von Berechtigungen in der Folderstruktur abbricht, hat in der Regel die Folderstruktur schlecht geplant.

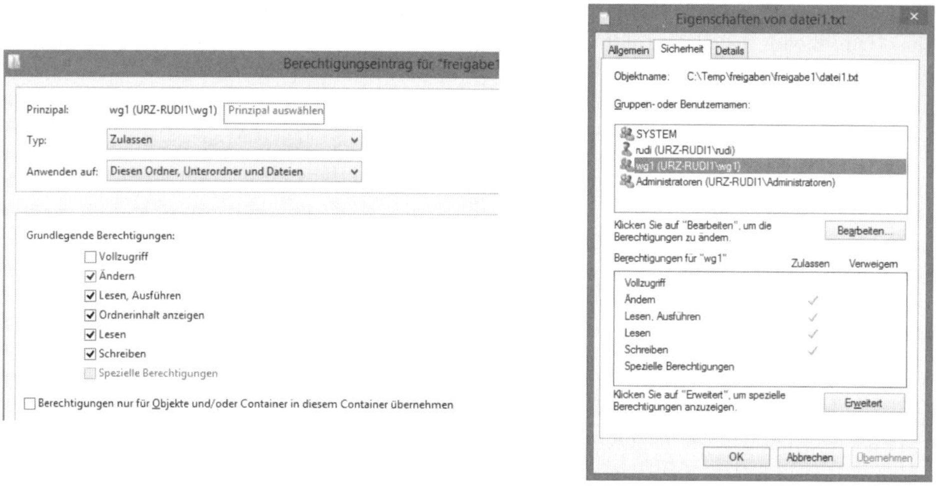

BILD 11.9 Die Vererbung von Berechtigungen kann Folder für Folder konfiguriert werden. Hier wird über den gesamten Baum nach unten vererbt (links: alle Unterordner und Dateien). Der Erfolg ist, legt man im Folder freigabe1 eine Datei an, erbt sie automatisch die Berechtigungen des übergeordneten Folders (rechts, graue Haken zeigen ererbte Berechtigungen an, schwarze solche, die fest gesetzt sind).

Oft werden solche NAS-Systeme als Backup-Medium eingesetzt. Sie sind aber auch physikalische Devices, die defekt werden können. Wer sein Backup auf eine NAS legt oder Files nur dort ablegt, sollte diese NAS sichern, sonst wird aus der zentralen Ablage bei einem Defekt ein zentraler Verlust. Oft hört man, dass solche Systeme ja durch RAID geschützt sind, Festplatten sind gespiegelt. Geht eine kaputt, ist ja noch die andere da. Aber: Lösche ich eine Datei, wird sie bei RAID redundant auf der anderen auch gelöscht. RAID ist kein (!) Backup.

Viele solche Mini-NAS bieten eine WiFi-Schnittstelle an, sind also über Wireless LAN erreichbar und müssen nicht unbedingt per Kabel an das Netzwerk angeschlossen werden.

Wie gesagt, nahezu jedes Betriebssystem bietet heute die Möglichkeit, als Fileserver zu fungieren, per SMB oder NFS. Natürlich kann man auch einen PC als Fileserver betreiben. Der Nachteil ist, dass dieser dann immer angeschaltet sein muss. Ebenso muss die Benutzerverwaltung dort geregelt sein.

11.2.3 WEBDAV

Die zunehmenden Cloud-Services und die Tatsache, dass fast alle Firewalls Webverkehr auf Port 80 und 443 (HTTP/HTTPS) durchlassen, führten dazu, dass man das Protokoll HTTP um Dateidienste erweitert hat. WEBDAV, Web-Based Distributed Authoring and Versioning, bietet über Port 80/443 die Möglichkeit, Dateien auf entfernte Datenträger abzulegen und im Team zu bearbeiten. Locking-Funktionen verhindern, dass eine Datei verändert werden kann, wenn ein anderer gerade schreibt, und es ist eine Versionierung eingebaut, die ältere Versionen speichert und ermöglicht, Änderungen rückgängig zu machen. Mit WEBDAV lassen sich nicht nur einzelne Dateien übertragen, sondern ganze Verzeichnisse. Während man für FTP oder SMB Ports in der Firewall speziell öffnen muss, ist dies nicht nötig, wenn bereits Webservices angeboten werden, dann ist Port 80 in der Firewall bereits offen. NFS und SMB/Samba sind daher die Wahl innerhalb eines LAN, WEBDAV die für Fernzugriffe. In erster Linie wurde WEBDAV ursprünglich entwickelt, um Teams die gemeinsame Pflege von Webseiten zu ermöglichen. WEBDAV kennt eine Benutzer- und Rechteverwaltung, die auch z.B. mit Active Directory gekoppelt werden kann. Nahezu jedes Betriebssystem bietet eine Implementation von WEBDAV an.

11.2.4 Gefährliche Helfer - Netsharing

Viele der NAS-Hersteller bieten Cloud-Services an. Diese lassen sich mit der NAS zu Hause koppeln. Es hört sich toll an: „Kopieren Sie direkt am Urlaubsort vom Internet-Café Ihre Bilder jeden Abend auf Ihre NAS zu Hause und lassen Sie andere sofort daran teilhaben.“ Super. Einfacher geht es ja nicht. Aber: Damit werden so gut wie alle Sicherheitsmechanismen ausgehebelt und Tür und Tor auf Ihren Rechner zu Hause geöffnet, wenn auch nur Kleinigkeiten falsch konfiguriert sind.

Wie funktioniert das? Wir wissen, dass der Rechner zu Hause meist durch ein NAT des Providers vor Zugriffen von außen geschützt ist. Auch hat man in der Regel eine Firewall auf dem Rechner, die ihn schützt. Dies gilt nicht für Verbindungen, die von innen nach außen initiiert werden. Daher wird auf der NAS oder dem Rechner zu Hause eine Software installiert, die eine Verbindung zu einem Server des Cloud-Anbieters herstellt. Dieser wiederum bietet, meist über ein Webinterface, an, sich von irgendwo her einzuloggen, und verbindet diese Datenverbindungen transparent als Proxy. Virtuell können Sie so von überall auf Ihren PC/Ihre NAS zu Hause zugreifen, Daten hoch- oder runterladen. Aber: Jeder, der das Passwort kennt, kann das auch, trotz NAT und Firewall! Und: Sie geben Username und Passwort im Klartext bei einem Server des Cloud-Anbieters ein. Wird ein solcher Server gehackt, ist für den Hacker Tür und Tor in Ihr Netzwerk offen! Inzwischen gibt es Anbieter, die solche Services für jedermann anbieten. In vielen Firmen ist die Nutzung solcher Dienste ein Kündigungsgrund, weil der Zugriff durch die Firewall auf einen Firmen-PC so ermöglicht wird. Der Cloud-Anbieter ist also der bekannte „Man in the Middle“, der alles mitschneiden kann, was transferiert wird. Da Computer in Internet-Cafés meist nicht sehr gut gesichert sind, eröffnet sich für „Man in the Middle“ eine große Angriffschance.

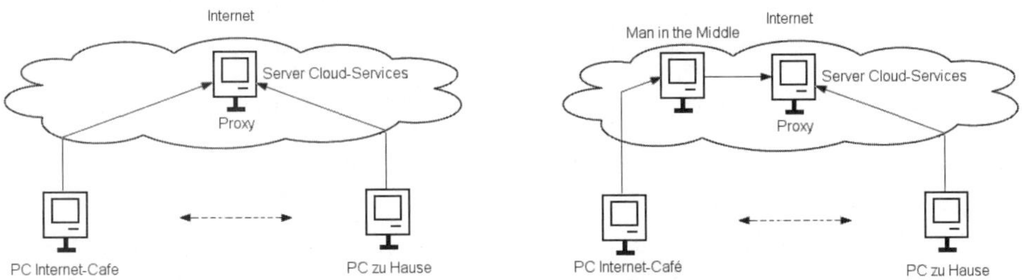

BILD 11.10 Ihr PC (bzw. die Software, die vom Cloud-Anbieter mitgeliefert wird) eröffnet von zu Hause eine Verbindung mit einem Cloud-Anbieter, von innen nach außen, also durch Ihr NAT hindurch. Sie eröffnen eine Verbindung von irgendwo her zum selben Cloud-Server. Dieser verbindet als Proxy die Verbindungen. Virtuell können Sie also direkt von extern auf den PC zu Hause zugreifen (links, gestrichelte Verbindung). Klinkt sich jemand in die Verbindung ein, bekommt er Vollzugriff auf den PC durch Firewall und NAT hindurch (rechts)!

11.3 PXE – ein kleiner Exkurs

Intel entwickelte PXE, das Preboot Execution Environment. Es wurde 1999 eingeführt. Damit wurde es möglich, einen Rechner nicht über ein lokales Medium wie Disketten, CD, DVD oder die Festplatte zu booten, sondern ein Betriebssystem über das Netzwerk direkt in den Arbeitsspeicher zu laden. Diese Fähigkeit muss bereits im BIOS der Netzwerkkarte verankert sein, da vor dem Booten der Rechner noch kein Betriebssystem geladen hat und kein Treiber geladen ist, um die Netzwerkkarte zu steuern. Vor allem wurde PXE entwickelt, um Rechner zu managen und remote zu installieren. Ein weiterer Einsatz sind sogenannte Thin-Clients, die keine eigene Festplatte haben. PXE benutzt DHCP und TFTP als Helfer. Bootet ein PXE-Client, sendet er zuerst einen DHCP-Request aus, wie wir es kennen. Dabei wird die Information mitgegeben, dass es sich um einen PXE-Bootvorgang handelt. Der DHCP-Server teilt dem Client eine IP-Adresse zu und gibt ihm zwei Informationen im DHC-Protokoll mit: die Adresse eines PXE-Servers und den Namen einer Bootdatei, des Betriebssystems, das geladen werden soll. Dies muss natürlich im DHCP-Server konfiguriert werden. Der Client kontaktiert dann den PXE-Server (es kann, aber muss nicht derselbe Server für DHCP und PXE sein) und lädt das Betriebssystem direkt von dort per TFTP in den Arbeitsspeicher und führt es aus. Somit hat der Rechner ohne lokale Speichermedien ein Betriebssystem gebootet.

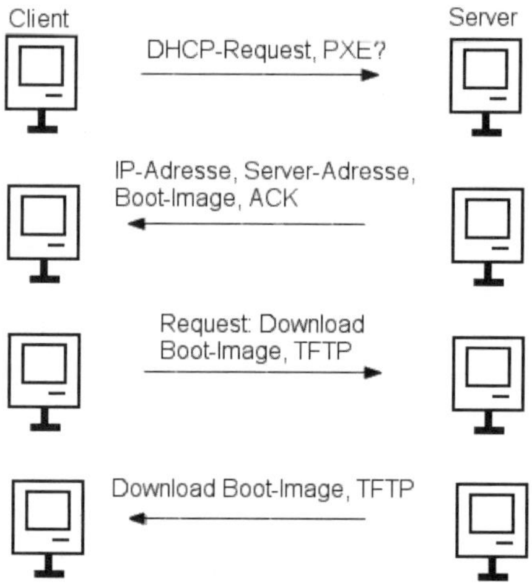

BILD 11.11 PXE-Boot. Auf die Einzelheiten von DHCP gehe ich hier nicht mehr ein, s. o. (request, offer, ...). Der Client gibt im DHCP-Request die Information mit, dass er ein PXE-Image laden und nicht nur einfach eine IP-Adresse beziehen will. Ist der DHCP-Server dafür konfiguriert, reagiert er entsprechend, sonst ignoriert er die PXE-Anfrage. Er gibt außer der zuzuteilenden IP-Adresse die Adresse eines PXE-Servers und den Namen des Boot-Images mit. Hat der Client seine Adresse, kontaktiert er den Server und lädt das Boot-Image herunter. Der DHCP-Server kann, aber muss nicht derselbe wie der DHCP-Server sein.

Macht man dies aus Gründen des Managements, z. B. bei der Installation eines Rechners mit noch leerer Festplatte, verwendet man meist eine Mini-Variante eines Betriebssystems, die dann die weiteren Funktionen wie die Installation erlaubt und Netzwerkzugriff ermöglicht, so zum Beispiel Windows PE in der Microsoft-Welt. Lädt man aber ein komplettes Betriebssystem mit installierter Software in den Arbeitsspeicher, wird dies ein arbeitsfähiger PC - ohne lokale Festplatte. Meist spricht man dann von einem Thin-Client. Hier können nun beim Booten z.B. Shares von einer NAS und Netzwerkdrucker verbunden werden, sodass man Dateien ablegen und öffnen und drucken kann. Der Client wird also voll arbeitsfähig, mit Internet- und Intranet-Zugang, Druckern etc. Thin-Clients haben in hoch standardisierten Umgebungen große Vorteile. Alle Updates und Änderungen müssen nur einmal zentral vorgenommen werden. Die Geräte besitzen keine bewegten Teile wie Festplatten und sind daher sehr robust. Gehen sie kaputt, können sie einfach ersetzt werden, auch von Personal ohne IT-Erfahrung.

11.4 SAN - Storage Area Network

Datei- und Datenübertragungen über Sharing-Protokolle wie NFS, SMB oder FTP stoßen bei sehr großen Datenmengen und enormen Übertragungsraten an ihre Grenzen. Die Verwaltung einzelner NAS-Systeme oder von Festplattenarrays in dedizierten Servern bringt rasch einen verwaltungstechnischen Overhead. Datenhaltung im außerordentlichen Bereich ist so nicht mehr handhabbar. Bei NAS-Systemen sind die Speichermedien fest Geräten zugeordnet. Sie können geclustert werden, gespiegelt etc., aber es bleiben dedizierte Speicher, die Daten auf Filelevel anbieten. Wird eine NAS migriert, müssen die Daten langwierig umkopiert werden.

BILD 11.12 NAS-Server sind dedizierte Server mit dedizierten Speichereinheiten. Sie können zwar gespiegelt und redundant aufgebaut werden, aber es sind trotzdem einzelne Einheiten.

Mit einem SAN wird der physikalische Speicher virtualisiert. Viele einzelne Speicherarrays mit Festplatten werden von speziellen Speichercontrollern verwaltet, virtuell zu einem zusammengefasst und den Servern zugeteilt.

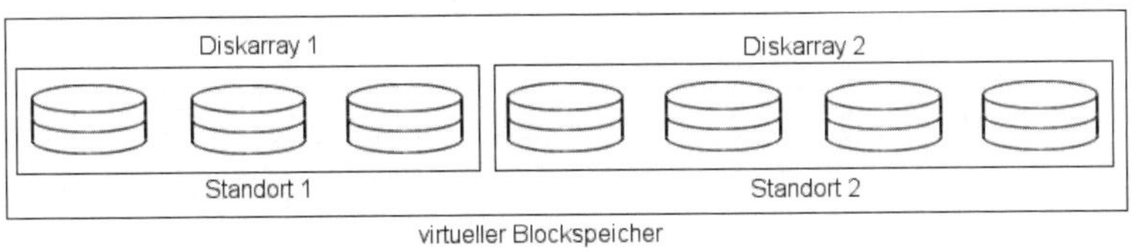

BILD 11.13 Virtualisierung des physikalischen Speichers. Einzelne Arrays werden zu einem virtuellen Block zusammengefasst.

Der Zugriff der Server auf den Speicher erfolgt auf Teile des gesamten Blocks. Während bei einer NAS dem Client der Zugriff auf Dateien ermöglicht wird, wird bei einem SAN der rohe Zugriff für Server direkt auf den Speicher ermöglicht. Der Server als Kunde verwaltet also die Filesysteme auf dem Speicher. Dieser kann ihn dann je nach Zuteilung wieder auf Filelevel an die Clients präsentieren. Die Übertragung von Speicherdaten über ein LAN bringt Nachteile, die Bandbreite des LAN wird belastet, die Paketgrößen sind gering. Daher wird ein SAN parallel zu einem LAN aufgebaut und benutzt eine eigene Infrastruktur, meist über Glasfasern. Die Übertragungsprotokolle sind hier optimiert, sie heißen Fibrechannel, iSCSI oder Infiniband. Teile eines Blockspeichers werden einem Server über einen HBA (Host Bus Adapter, ein spezieller Netzwerkcontroller, der die SAN-Protokolle verarbeiten kann) zugeteilt und stellen sich diesem als eingebauter Festplattenspeicher dar. Die Wege können zur Ausfallsicherheit redundant aufgebaut werden. Durch die sehr viel höheren Übertragungsraten kann Speicher redundant gespiegelt werden. Der Ort eines Servers und seines Speichers muss nicht mehr derselbe sein. Fällt ein Server aus, kann der Speicher einfach im Hintergrund einem anderen zugeordnet werden. Durch den direkten Zugriff auf den Blockspeicher kann ein Backup wesentlich schneller angefertigt werden. Speicher, der von einem Server zum anderen übertragen werden muss, muss nicht umkopiert, sondern kann einfach „umgehängt" werden.

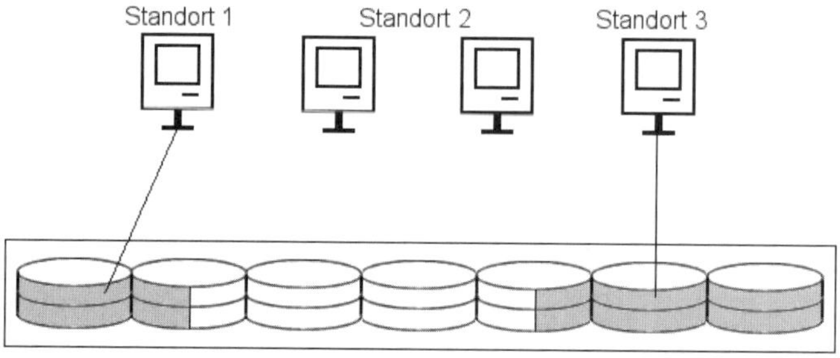

BILD 11.14 Die einzelnen physikalischen Speichereinheiten sind zu einem virtuellen Block zusammengefasst. Sie können geografisch an unterschiedlichen Orten untergebracht sein. Teile des Blocks werden Servern zugeteilt, für sie stellen sich die Teile als dedizierte Speicherarrays dar. Verfahren wie RAID-Arrays sichern die absolute Verfügbarkeit.

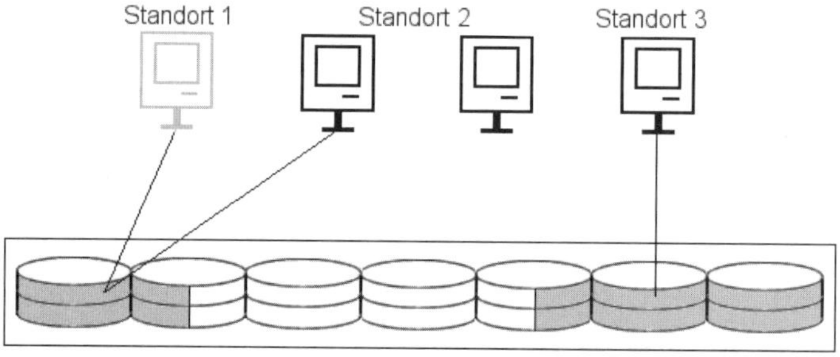

BILD 11.15 Fällt ein Server aus, muss der Inhalt des Speichers nicht kopiert werden. Er kann einem anderen Server einfach zugeteilt werden. Das ermöglicht auch eine unterbrechungsfreie Maintenance. Muss ein Server gewartet werden, kann ein anderer übernehmen, die Daten, egal welcher Größe, können einfach neu zugeteilt werden.

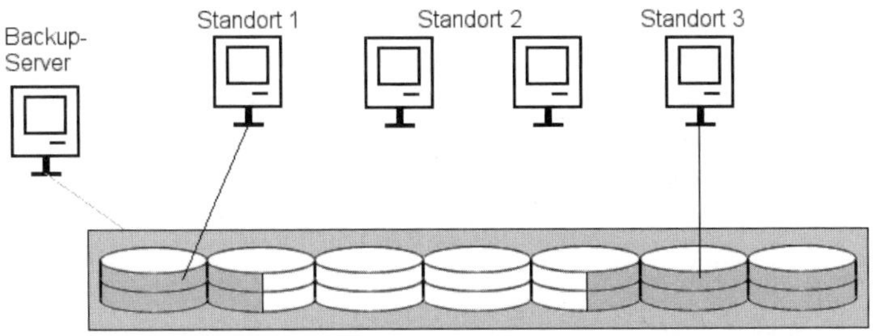

BILD 11.16 Backup eines SAN-Arrays. Nicht mehr einzelne NAS-Arrays oder Speichercluster werden gebackupt, der Backup-Server sichert direkt das virtuelle Block-Device. Durch den Zugriff über die schnelleren SAN-Protokolle (s. u.) kann das Backup wesentlich performanter abgewickelt werden.

Daten und Server können so redundant an geografisch getrennten Orten ausfallsicher angeboten werden. Für KMU-Bereiche wird SAN über LAN angeboten (Fibrechannel over Ethernet). Hier werden die Daten über Ethernet getunnelt, belasten also das LAN. In großen Umgebungen sind LAN und SAN getrennte Infrastrukturen. Das SAN benutzt eigene Glasfasern, eigene SAN-Switches, die speziell für die Datenprotokolle optimiert sind; das SAN ist vom normalen Daten-LAN also völlig abgekoppelt.

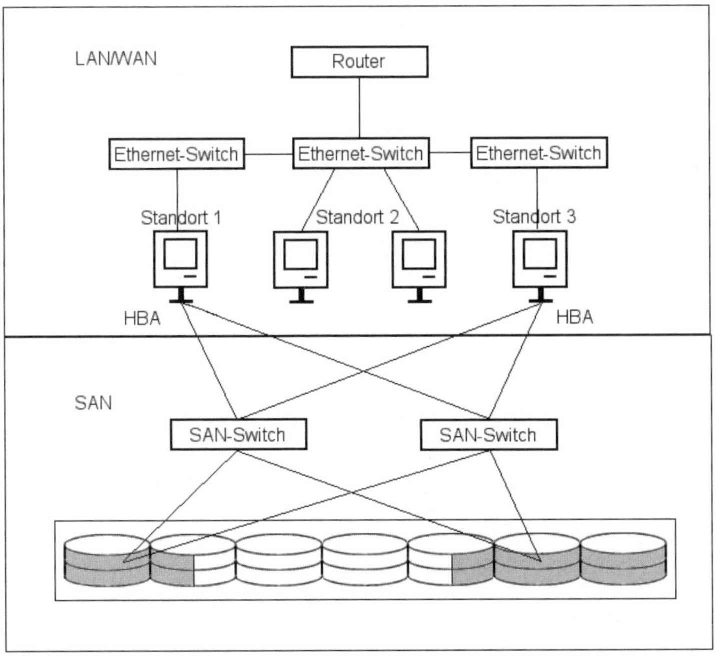

BILD 11.17 Sicht auf ein komplettes SAN-System. Die Speichereinheiten sind virtualisiert. Die Übertragung der Daten innerhalb des SAN erfolgt über eine eigene Infrastruktur von speziellen SAN-Switches mit eigenen Protokollen. Den Servern wird der Speicher als Teil des Blocks zugeteilt – RAW. Das Filesystem verwaltet der Server, das SAN liefert nur Speicherplatz ohne Filesystem. Zugeteilte Stücke des Speichers stellen sich den Servern als unformatierte Festplatte dar. Wo welcher Teil des Speichers liegt, ist nicht relevant, die einzelnen Speicher können geografisch verteilt sein – was sehr große Möglichkeiten für Datensicherheit bietet.

SAN ist sehr komplex. Es genau zu erklären, dafür wäre sicher noch ein Buch dieses Umfangs nötig. Aber SAN und NAS werden sehr oft verwechselt. Ich hoffe, ich konnte hier den Unterschied deutlich machen.

12 Repetitorium und Verständnisfragen

Zum Ende des Buches, vor den Exkursen, habe ich ein kleines Repetitorium eingefügt, das stichprobenweise ermöglicht, das Erlernte zu überprüfen. Die Antworten stehen direkt unter den Fragen. Also bitte nicht schummeln, am besten mit einem Blatt Papier abdecken und schauen, was im Kopf geblieben ist.

12.1 Einführung

Wie kann ein Netzwerk definiert werden?

Ein Netzwerk ist eine Infrastruktur, die es Datenendgeräten ermöglicht, Daten auszutauschen. Die wichtigsten Parameter sind:

- Transparenz
  Der Übertragungsweg an sich bleibt dem Anwender verborgen. Auf welche Weise die Daten unterwegs transportiert werden, über Kabel, Glasfaser, Funk, Satellit, Laser etc., muss dem Anwender nicht bekannt sein.
- Konvergenz
  Bei Störungen und Defekten an den Verkehrsverbindungen oder Netzwerkgeräten muss ein globales Netzwerk in der Lage sein, von selbst redundante Wege zu aktivieren und die Datenübertragung sicherzustellen.

Welche drei Grundansätze für Netzwerke und ihr Design gibt es?

Einerseits den Einsatz von „dummen Terminals“ ohne eine eigene Intelligenz und Speichermedien, zum Beispiel Terminalserversysteme. Hier ist die gesamte Verarbeitung der Daten bis hin zur Darstellung auf einem Server gehostet.

Andererseits das Peer-to-Peer-Netzwerk, bei dem gleichwertige Stationen zu einem Verbund vernetzt sind.

Die dritte Alternative ist eine Mischung der beiden ersteren, das heterogene Netzwerk, in dem intelligente Arbeitsstationen und Server für dedizierte Aufgaben vernetzt sind. Letzteres ist der heutige Standard. So kann zum Beispiel jeder einen PC am Arbeitsplatz haben, es ist aber nicht notwendig, dass jeder einen eigenen Farblaserdrucker hat. Zentrale Printserver können diesen Dienst für alle erreichbar anbieten.

Was zum Einsatz kommt, hängt stark von den Bedürfnissen ab – dies muss von Fall zu Fall entschieden werden.

12.2 Layer I

Was ist im Layer I des OSI-Modells beschrieben?

In der physikalischen Schicht (Physical Layer) werden die physikalischen Parameter eines Netzwerkes beschrieben. Dies sind zum Beispiel die Signale in den verschiedenen Medien, das Zugriffsverfahren, Frequenzen, die Medien selbst, Transceiver (indirekt damit auch Mediumkonverter) etc.

Worauf muss bei der Handhabung und Verlegung der Medien besonders geachtet werden und warum?

Damit keine Signalreflexionen in den Medien stattfinden, muss darauf geachtet werden, dass die Biegeradien eingehalten werden, keinerlei Beschädigungen oder Verformungen der Kabel auftreten (zu enge Kabelbinder, Knicke, Stuhlrollen etc.). Dasselbe gilt für Glasfaserkabel. Wird hier der Biegeradius unterschritten, kann die Faser brechen. Des Weiteren kommt es zu einem hohen Signalverlust, da der Lichtstrahl in den Mantel abgelenkt wird.

Was bestimmt den Wellenwiderstand im Medium (50 Ohm bei Thin-Wire/100 Ohm bei UGV)?

Der geometrische Aufbau und die verwendeten Materialien bestimmen den Wellenwiderstand. Er darf nicht mit dem „normalen“ Ohm'schen Widerstand des Kupferleiters verwechselt werden.

Woher resultieren die Längenbeschränkungen der Verkabelung?

Damit Verfahren wie CSMA/CD erfolgreich funktionieren, müssen einige zeitabhängige Parameter eingehalten werden. Das Signal hat im Medium eine definierte Geschwindigkeit. Das Signal muss in einer definierten Zeit das gesamte Medium belegen, damit alle Adapter wissen, dass eine Station sendet. Daher muss ein Datenpaket eine definierte Mindest- und Maximalgröße haben. Erfolgt in der anfänglichen Sendezeit eine Kollision, müssen die Timer ausreichend lange sein, damit es nicht sofort wieder Kollisionen gibt. Repeater und Kaskaden kosten Zeit. Zu viele Kaskaden stören diese Parameter. Ebenfalls darf durch Kaskaden keine Längenbeschränkung verletzt sein. Nur wenn alle diese Parameter fein aufeinander abgestimmt sind, kann ein Kollisionsverfahren zuverlässig funktionieren.

Warum muss ein Bussystem terminiert werden?

Ohne Abschlusswiderstände an beiden Enden des Stranges käme es zur Reflexion der Signale am Kabelende (unendlich hoher Widerstand) und damit zur Zerstörung. Wird das

Signal am Ende des Mediums bewusst vernichtet, unterbleibt die Reflexion. Für den sendenden Adapter sieht das Medium aus, als wäre es unendlich lang.

Was sind die großen Nachteile einer Thin-Wire-Verkabelung, was die Vorteile?

Nachteilig ist, dass es bei einer Unterbrechung/Beschädigung des Stranges zu einem Totalausfall kommt. Auch über intakte Bereiche hinweg ist keine Kommunikation mehr möglich. Ebenfalls nachteilig ist die geringe Bandbreite von 10 MBit/s. Vorteilig sind die mechanische Stabilität und die Unempfindlichkeit für Störstrahlungen.

Warum wird heute trotz erheblich höherem Kabelbedarf UGV eingesetzt?

Die Ausfallsicherheit ist wesentlich besser als bei Thin-Wire, ebenso die Bandbreite (bis Gigabit). Weiter ist die UGV wesentlich flexibler. Über sie können praktisch alle Dienste übertragen werden (Netzwerk, Telefon, Wechselsprechanlagen, Steuerungen, ISDN usw.). Bei einem Nutzungswechsel muss nicht jeweils neu oder nachverkabelt werden.

Wieso sind die einzelnen Adern im Twisted-Pair-Kabel ineinander verdrillt?

Hierdurch wird dafür gesorgt, dass die einzelnen Kabel nicht zu eng nebeneinander verlaufen. Laufen sie nebeneinander, können durch Störstrahlungen Signale, die über einen Draht verlaufen, die der anderen stören (Nahnebensprechen/NEXT). Außerdem erzeugen bewegte Ladungen in einem Leiter Magnetfelder. Die Verdrillung wird bewusst so gewählt, dass sich diese Felder gegenseitig abschwächen beziehungsweise gegenseitig aufheben.

Was ist der Unterschied zwischen Multi- und Singlemode(Monomode)-Glasfasern?

Einer der größten Störfaktoren bei der Lichtwellenübertragung ist die Modendispersion. Wird der Faserkern klein genug gehalten ($< 10\ \mu m$), ist nur noch eine Mode erlaubt, die Dispersion entfällt. Damit können sehr viel weitere Entfernungen überbrückt werden. Monomode ist jedoch wesentlich teurer. In der vertikalen Gebäudeverkabelung (Backbone) bzw. Fiber-to-the-Desk-Umgebungen etc. ist Multimode in der Regel aber gut einsetzbar. Nur bei weiteren Strecken (große Gebäude/MAN-/WAN-Linien) muss Monomode eingesetzt werden.

Nennen Sie einige Vor- und Nachteile von Glasfasern.

Die Vorteile sind die wesentlich längeren Entfernungen, die überbrückt werden können; weiter die Abhörsicherheit (keine Emissionen) und die Unempfindlichkeit gegen Störstrahlungen. Ein weiterer großer Vorteil ist die galvanische Trennung (Potenzialtrennung). Spannungsspitzen durch Blitzschlag, Schäden in der Elektrik etc. werden durch eine Glasfaserverbindung nicht weitergegeben. Die Nachteile sind die höheren Kosten und eine größere mechanische Empfindlichkeit.

Was bezeichnet man als Backbone eines Netzwerkes?

Der Backbone besteht aus den Teilen der Infrastruktur, an denen in der Regel keine Endgeräte angeschlossen sind, sondern lediglich Netzwerkkomponenten. Dies sind Gebäudeverteilungen/Gebäudeverbindungen, also Router und Switches, Weitverbindungen etc.

Was ist ein Patchkabel?

In der Netzwerkverkabelung werden die Arbeitsplätze fest verdrahtet erschlossen, sprich in jedem Raum gibt es eine Anzahl von Anschlussdosen. Von dort werden die Kabel zu Stockwerks- oder Gebäudeverteilern in ein Rangierpanel geführt. Hier steht in der Regel ein Konzentrator. Wird nun ein Endgerät angeschlossen, muss der Netzbetreuer zwei Verbindungen herstellen, eine zwischen dem Konzentrator und dem Rangierpanel und eine zwischen der Anschlussdose und dem Endgerät. Diese beiden kleinen Verbindungskabel nennen sich Patchkabel.

Was bedeutet CSMA/CD?

Carrier Sense – Multiple Access/With Collision Detection

Dies ist das Zugriffsverfahren auf das Medium bei Ethernet. Will eine Station senden, muss sie vorher nachsehen, ob das Medium frei ist. Schließlich teilen sich hier viele Stationen ein Medium (CSMA). Kommt es doch dazu, dass zwei Stationen gleichzeitig beginnen zu senden, kommt es zur Kollision der Signale im Medium. Dies muss erkannt und entsprechend verfahren werden (CD).

Wieso muss ein Rechner die doppelte Laufzeit seines Signals warten, bis er sicher sein kann, dass keine Kollision erfolgt ist?

Sind zwei Endgeräte genau maximal entfernt an den Enden des Stranges angeschlossen, kann es sein, dass das zweite, ganz kurz bevor das Signal des ersten eintrifft, beginnt zu senden. Das zweite würde die Kollision sofort bemerken; das erste aber erst nach nochmals der vollen Laufzeit, bis das Signal der zweiten bei ihr angekommen ist. Dies gilt für die Mindestlänge eines Paketes. Bei größeren Paketen tritt keine Änderung mehr auf.

Welche Störungen treten auf, wenn Carrier Sense nicht funktioniert?

Das Netzwerk wird heftige Störungen bekommen, da der entsprechende Adapter einfach sendet, auch wenn das Medium nicht frei ist und damit alle Signale zerstört.

Was bedeutet „Late Collision“?

Nach den Regeln von CSMA/CD muss ein Datenpaket im Minimum 64 Byte lang sein. Das sorgt dafür, dass es das gesamte Medium belegt, der Sender also sicher sein kann, dass keine Kollision aufgetreten ist. Sendet er mehr als 64 Byte und es kommt zu einer Kollision, bedeutet dies, dass ein anderer Adapter eine defekte Carrier Sense hat. Er sendet, obwohl das Medium nicht frei ist, und erzeugt eine Kollision, die den Regeln widerspricht, eine „Late Collision“.

Was bedeutet Basisbandübertragung?

Basisbandübertragung bedeutet, dass die Daten im Kabel mit einer Frequenz gesendet werden. Im Gegensatz dazu gibt es die Breitbandübertragung, in der mehrere Frequenzen eingesetzt werden, zum Beispiel beim Kabelfernsehen.

Was versteht man unter einem Transceiver?

Das Wort Transceiver setzt sich aus den Worten Transmitter und Receiver zusammen. Das bedeutet ein Gerät zum Empfangen und Senden. Jedes Netzwerkgerät besitzt intern eine „native" Ethernet-Schnittstelle. Damit Daten aus einem Medium entnommen oder in es eingespeist werden können, muss diese „native" Schnittstelle mit einem Adapter an die jeweils vor Ort herrschende Implementierung von Layer I und ihr Zugriffsverfahren angeschlossen werden (Glasfaser, Koaxialkabel, UGV, Funk etc.). Bei 10 MBit/s nennt sich die Schnittstelle AUI (Attachment Units Interface), bei 100 MBit/s MII (Media Independent Interface) und bei 1000 MBit/s GMII (Gigabit Media Independent Interface). Eine solche native Schnittstelle erlaubt, mit dem richtigen Transceiver an nahezu jedes Medium anbinden zu können. In der Regel sehen wir heute diese Transceiver nicht mehr. Der Anschluss wird heute fertig ausgeführt. Früher gab es viele Typen von Netzwerkkarten mit ausgeführten nativen Ethernet-Schnittstellen, da die Transceiver sehr teuer waren. Heute ist RJ-45 der Standard als Anschluss. Im Endanwenderbereich wird dieser daher fertig ausgeführt und bei Bedarf mit Mediumkonvertern gearbeitet.

Was bedeutet MDI (MDI-X)?

Ist der Transceiver fest in ein Gerät eingebaut, nicht auswechselbar und liefert nur eine Implementierung von Layer I, wie zum Beispiel bei den meisten Netzwerkadaptern und Konzentratoren, spricht man von einem Media Dependent Interface (MDI). Da in der Kommunikation Senden und Empfangen miteinander verbunden werden müssen, benötigen Endgeräte eine andere Pinbelegung als die Kommunikation von Netzwerkgerät zu Netzwerkgerät. Dies kann entweder durch ein spezielles Patchkabel (Crossover-Kabel) erledigt werden oder durch einen speziellen Uplink-Port mit gekreuzter Pinbelegung (Media Dependent Interface – Crossover, MDIX). Gute Geräte erkennen heute, was angeschlossen wird, und schalten von sich aus die Pinbelegung richtig (MDI-Autosensing).

Welche Geräte arbeiten auf Layer I?

Auf Layer I arbeiten Hubs und Mediumkonverter.

12.3 Layer II

Was ist im Layer II des OSI-Modells beschrieben?

In der Sicherungsschicht (Data Link Layer) wird die Datenübertragung geregelt. Hier findet die Adressierung in einer Broadcast-Domäne statt. Auf Layer II arbeiten Verfahren wie Spanning-Tree, VLAN-Transport und Switching.

Was bedeutet die MAC-Adresse?

Die MAC-Adresse (Media Access Control) ist die physikalische Adresse eines Netzwerkadapters. Sie darf in einer Broadcast-Domäne nur einmal vorhanden sein. Innerhalb dieser Broadcast-Domäne werden Pakete an diese Adresse gesendet. Existiert sie mehrfach, kann nicht eindeutig adressiert werden.

Bei vielen Adaptern kann heute die MAC-Adresse verändert werden. Dies sollte man nur mit Bedacht tun und nur, wenn es notwendig ist.

Wie wird die MAC-Adresse ermittelt?

Will eine Station an eine andere senden, kennt sie meist erst einmal nur die logische Adresse. Innerhalb einer Broadcast-Domäne muss sie die physikalische ermitteln. Dazu macht sie einen ARP-Request (Address Resolution Protocol). Dies ist ein Broadcast. Die Zielmaschine trägt ihre MAC-Adresse in das Fragepaket ein und sendet es zurück. Ab dann sind beiden alle Adressen bekannt.

Diese Daten werden im ARP-Cache der Adapter gespeichert, sodass sie für eine Kommunikationssitzung präsent sind und nicht vor jedem Datenpaket aufgelöst werden müssen.

Warum verfallen die Daten über aufgelöste MAC-Adressen nach ca. 300 Sekunden?

Die MAC-Adresse ist im Adapter eingebrannt. Würde man den ARP-Cache permanent machen, könnte man einen Rechner, der eine neue Netzwerkkarte bekommt, nicht mehr erreichen. Alle MAC-Adressen müssten überall mit der Hand nachgeführt werden.

Was ist die Funktion einer Bridge?

Eine Bridge trennt Kollisionsdomänen. Sie liest die MAC-Adressen der Rechner mit und merkt sich, auf welcher Seite welche angeschlossen sind. Daten für diese Rechner leitet die Bridge dann nur in das richtige Segment weiter. Damit drängt eine Bridge die Zahl der Kollisionen zurück. Broadcasts (zum Beispiel ARP) muss die Bridge frei weiterleiten. Auch hier altert die MAC-Tabelle nach ca. 300 Sekunden. Sonst könnte ein Rechner, der auf die andere Seite der Bridge umgezogen oder dessen Netzwerkadapter ersetzt wird, nicht mehr erreicht werden.

Wieso muss eine Bridge Daten zwischenspeichern können? Welche Vor- und Nachteile hat dies?

Eine Bridge zerlegt einen Netzwerkstrang in zwei Kollisionsdomänen, sprich jede Seite bekommt ein eigenes CSMA/CD. Senden Rechner nun über die Bridge hinweg, muss auch die Bridge warten, bis das Medium frei ist, bevor sie weiterleitet. Daher muss sie in der Lage sein zu puffern. Der Vorteil ist, dass eine Bridge dadurch in der Lage ist, auch Segmente verschiedener Zugriffsverfahren zu verbinden, zum Beispiel Token Ring und Ethernet. Ebenfalls kann sie Busse verschiedener Geschwindigkeiten miteinander verbinden (siehe im Dual-Speed-Hub). Der Nachteil ist, dass dies Zeit kostet.

Was sind die Vorteile einer geswitchten Umgebung?

Nicht jeder bekommt alle Datenpakete zu sehen, sondern der Switch leitet die Daten nur zu dem Port, an dem die Zielmaschine hängt. Dies verringert nicht nur Kollisionen, sondern sorgt auch dafür, dass die Daten nicht mitgelauscht werden können. Weiter kann es in einer rein geswitchten Umgebung keine Kollisionen geben. Daher kann mit Vollduplex gearbeitet werden.

Was bedeutet ein Layer II-Loop, und wie kann man ihn verhindern?

Ein Loop auf Layer II bedeutet, dass in einer geswitchten/gebridgten Umgebung mehrere Wege zwischen Switches/Bridges vorhanden sind. Das Netzwerk bricht zusammen, da die Bridge nun Rechner auf beiden Seiten gleichzeitig sieht und nicht mehr weiß, wohin sie senden soll. Verhindern lässt sich dies, indem Geräte eingesetzt werden, die Loops erkennen und betreffende Ports sperren (Spanning Tree).

Was ist ein Spanning-Tree-Portdelay?

Wird ein Anschluss an einem Switch aktiviert, der Spanning-Tree fährt, schaltet dieser bei guten Geräten den neuen Port ab, bis die Topologie feststeht und klar ist, ob ein Loop entstehen wird oder nicht. Dies kann bis zu 30 Sekunden dauern. Kollidiert dies mit Domänenanmeldungen, dem Mounten von Netzwerkressourcen etc. kann dieser Portdelay bei guten Geräten konfiguriert werden. Ist man sich sicher, dass keine Loops entstehen können, wenn zum Beispiel nur ein Endgerät an dem Switchport ist, kann man ihn ganz abschalten. Sollten andere Switches oder Konzentratoren angeschlossen sein, sollte man diese Funktion aktiv lassen.

Welche Bedeutung hat die Einstellung Halb- oder Vollduplex?

An einem Hub oder einem Thin-Wire-Strang muss im Halbduplex-Betrieb gearbeitet werden. Das bedeutet, der Netzwerkadapter kann nur senden oder empfangen, er teilt sich einen CSMA/CD-Bereich mit allen anderen (Halbduplex). An einer Bridge oder einem Switch angeschlossen kann es keine Kollisionen geben. Daher kann auf Carrier Sense verzichtet werden. Nun kann ein Rechner gleichzeitig senden und empfangen (Vollduplex).

Welche Geräte arbeiten auf Layer II?

Auf Layer II arbeiten Switches und Bridges.

12.4 Layer III

Was ist in Layer III des OSI-Modells beschrieben?

Die Vermittlungsschicht (Network Layer) beschreibt die weltweite, logische Adressierung und das Routing, sprich die Wegfindung weltweit. Hier ist das IP-Protokoll angesiedelt.

Wie ist eine IP-Adresse aufgebaut?

Eine IP-Adresse ist vier Byte lang. Sie wird durch Punkte getrennt dezimal geschrieben, zum Beispiel: 192.168.13.4.

Was für einen Zusammenhang haben IP-Adresse und Subnetzmaske?

Die logische Addition beider gibt an, aus welchem Subnetz die IP-Adresse stammt. Die Router definieren diese Subnetze. Jeder sendende Rechner muss wissen, ob Pakete für Rechner im eigenen Subnetz bestimmt sind oder nicht. Die Subnetzmaske gehört damit fest zur Adresse. Ohne sie ist nicht definiert, in welchem Subnetz welche Adresse ist.

Was ist das Default Gateway?

Das Default Gateway wird am Endgerät konfiguriert. Es ist die Adresse des Routers, den der Client für die Kommunikation mit anderen Subnetzen verwenden muss.

Sind mehrere Router mit ihren Interfaces in einem Subnetz, kann der Administrator durch die Wahl des Default Gateways an den Klienten den Verkehr kanalisieren, wenn er sicherstellt, dass die Endkunden dies nicht ändern können.

Was ist eine Adressklasse?

Die gesamte Zahl der IP-Adressen ist in Klassen aufgeteilt. Sie geben an, wie viele Adressen einer Organisation jeweils zur Verfügung stehen. Die Subnetzmaske teilt die Adressen in einen Netzwerkteil, der nicht verändert werden darf, und einen Hostteil, der verändert werden darf. Somit wird sichergestellt, dass sich nirgends weltweit Adressen überlappen. Es gibt die Klassen A, B, C, D und E. Die Klassen D und E sind für Multicast-Verkehr und Testzwecke reserviert.

Was sind private Adressen?

In jeder Adressklasse gibt es einen Bereich, der im Internet nicht geroutet wird. Diese Adressen darf jeder benutzen. Sie dürfen im Internet nicht in Erscheinung treten. Daher müssen sie an der Grenze eines Netzes entweder über NAT übersetzt oder sie dürfen nur in isolierten Netzen verwendet werden.

Was ist APIPA?

Ein Adressbereich ist als privat reserviert worden, den PCs benutzen, die auf Autokonfiguration eingestellt sind, aber keinen DHCP-Server finden. Dies soll Ad-hoc-Netze ermöglichen, sprich eine Kommunikation beliebiger Rechner, die einfach vernetzt werden, ohne jegliche Konfiguration. Eine ungewollte APIPA-Adresse in DHCP-Umgebungen ist immer ein guter Hinweis auf einen defekten DHCP-Server.

Was bedeutet DHCP?

Das Domain Host Configuration Protocol erlaubt, Server im Netzwerk aufzustellen, die Adressen und Konfigurationsdaten an andere Rechner beim Starten vergeben. Es sind viele Parameter möglich, Adresse, Name, Nameserver, WINS-Server, Time-Server usw. Dadurch müssen nicht alle Stationen von Hand konfiguriert werden. Es ist möglich, IP-Adressen an MAC-Adressen zu binden, sodass ein Rechner immer dieselbe Adresse bekommt und unbekannte Rechner gar keine.

Will man DHCP über Router hinweg einsetzen, müssen diese als DHCP-Relays konfiguriert werden, Router trennen Broadcast-Domänen, lassen Broadcasts also in der Regel nicht durch.

Was ist ein DHCP-Relay?

Ein DHCP-Request ist eine Broadcast-Anfrage. Sie wird von einem Router nicht weitergeleitet. Soll daher ein DHCP-Server für mehrere Subnetze zuständig sein, müssen die Router, die sie verbinden, als DHCP-Relays konfiguriert werden. Sie verwandeln den Broadcast in einen Singlecast, der an den Server geroutet wird. Ansonsten müssten DHCP-Requests gebridgt werden, oder es müsste ein DHCP-Server für jedes Subnetz (Broadcast-Domain) geplant und betrieben werden.

Warum muss ein Router Layer II-Informationen im IP-Paket bearbeiten können?

Bei jedem Hop (dem Überqueren eines Routers) muss der Router die MAC-Adresse des nächsten Routers auflösen und ihn als Empfänger auf Layer II eintragen; ebenso seine MAC-Adresse als die des Senders. Daher werden die MAC-Adressen bei jedem Hop umgeschrieben, die IP-Adressen des Senders und Empfängers aber bleiben stets gleich. Daher rührt auch die Zweistufigkeit der Adressen auf Layer II und III. Während die Layer III-Adressen gleich bleiben, ändern sich die auf Layer II bei jedem Hop.

Was bedeutet TTL?

TTL bedeutet Time to live. Damit Pakete nicht endlos im Netzwerk kreisen, wenn sie keinen Empfänger finden, erniedrigt jeder Router beim Hop die TTL der gerouteten Pakete mindestens um eins. Ist die TTL null, löscht der nächste Router das Paket.

Was bedeutet Fragmentierung?

Ist ein IP-Paket zu groß für ein Übertragungsverfahren, muss der Router das Paket in mehrere kleine zerteilen, so lange, bis sie übertragbar werden. Der Empfänger am Ziel muss diese Fragmente wieder zusammensetzen (Reassemblieren).

Was bedeutet Reassemblierung?

Sind Datenpakete während der Übertragung fragmentiert worden, müssen sie am Ziel wieder zusammengesetzt, also reassembliert werden.

Welche Geräte müssen ebenfalls reassemblieren?

In manchen Fällen müssen Firewalls reassemblieren. Wenn sie Filter gesetzt haben, die nach Kriterien höherer Protokolle eingesetzt werden, müssen sie die Daten komplett im Strom zusammensetzen, um sie nach ihrem Inhalt klassifizieren zu können. Dies kann zu einer erheblichen Belastung des Gerätes führen.

Wie ermittelt man die MTU (Maximum Transport Unit) einer Verbindung?

Im IP-Paket wird das Don't fragment-Bit gesetzt. Dann werden Pakete immer kleinerer Größe versendet. Sobald die Sendung durchkommt, kennt man die maximale MTU der Verbindung (MTU-Path-Discovery).

Wie funktioniert Routing?

Router tauschen Informationen untereinander aus, welche Netzwerke an sie angeschlossen sind. Aufgrund dieser Informationen leiten sie die Daten weiter. Auf welche Weise sie lernen, ist vom Routing-Protokoll abhängig.

Wofür gibt es DNS?

Da IP-Adressen schwer zu behalten sind, wurde ein System eingeführt, das eine Übersetzung von Adressen zu Namen und umgekehrt durchführt. Dieses ist ein weltweites, verteiltes Verzeichnissystem, das Domain Name System. Jeder, der offizielle Adressen verwaltet und möchte, dass seine Rechner über klingende Namen erreichbar sind, muss einen DNS-Server führen.

Was für Zonen gibt es im DNS?

Es gibt im DNS die Forward Lookup-Zone. Hier wird die zum Namen gehörige IP-Adresse ermittelt. Daneben gibt es die Reverse Lookup-Zone. In dieser wird, genau umgekehrt, der zu einer IP-Adresse gehörende Name aufgelöst.

Wie ist der Begriff Zone im DNS mit der Administration verbunden?

Der Namensraum ist hierarchisch geordnet. Ein Verwalter eines Namensraumes kann untergeordnete Teile des Namens an andere Administratoren delegieren. Diese müssen dann den entsprechenden Nameserver führen. Sie eröffnen eine neue Verwaltungszone. Ein Nameserver kann also mehrere Namenszonen verwalten oder sie in neue Zonen delegieren. Die Verwaltungszone beschreibt alle Namensräume, die an einem Nameserver geführt werden.

Was ist WINS?

Der Windows Internet Name Service löst NetBios-Namen zu IP-Adressen auf. Da NetBios nicht routbar ist, kann damit nicht über Router kommuniziert werden. Es muss verkapselt in TCP/IP übertragen werden. Will man über Subnetze hinweg kommunizieren, muss die IP-Adresse zu einem NetBios-Namen aufgelöst werden. Dies erfolgt am WINS-Server.

Was bedeutet On-Demand-Routing?

Ist ein Netzwerk mit einem anderen nicht ständig verbunden, sondern über eine Einwahlverbindung, kann ein Router so konfiguriert werden, dass er die Verbindung automatisch herstellt, wenn eine Anfrage an ein anderes Netzwerk gewünscht wird. Nach einer gewissen Idle-Time baut der Router die Verbindung selbsttätig wieder ab. Für die User ist dies transparent.

Dieses Verfahren wird auch als Failover-Lösung eingesetzt. Fällt eine Festverbindung, wie zum Beispiel eine Standleitung, aus, wählt sich der Router automatisch über eine Einwahlverbindung ein und sichert so den Netzwerkanschluss, bis der Schaden behoben ist.

Was sind Multi-, Single- und Broadcast?

Ein Single- oder Unicast bedeutet, dass ein Rechner zu einem dedizierten Rechner Daten sendet. Dies ist eine gerichtete reine Punkt-zu-Punkt-Kommunikation.

Ein Multicast ist ein Datenstrom von einem Rechner an eine Gruppe, also eine Punkt-zu-Multipunkt-Kommunikation.

Ein Broadcast ist eine Rundsendung an alle, also eine Punkt-zu-alle-Kommunikation. Sowohl auf Layer II als auch aus Layer III gibt es speziell für Multi- und Broadcast-Anwendungen reservierte Adressen.

Wieso wird ein Multicast an eine Layer III-Multicast-Adresse nicht einfach geroutet?

Eine Multicast-Adresse hat kein dediziertes Ziel. Kein Host und kein Netzwerk haben diese Adresse. Der Multicast würde die Layer III-Umgebungen überfluten, da ihn die Router überallhin routen würden. Das Multicast-Routing muss daher speziell konfiguriert werden.

Welche Geräte arbeiten auf Layer III des Netzwerkes?

Auf Layer III des Netzwerkes arbeiten Router.

12.5 Layer IV

Was ist in Layer IV des OSI-Modells beschrieben?

Die Transportschicht (Transport Layer) beschreibt die Sicherungsmechanismen für einen zuverlässigen Transport der Daten. Hier sind Dinge wie Multiplexing, Framing etc. geregelt.

Was unterscheidet TCP und UDP?

Das Transmission Control Protocol führt einen sehr sicheren Datenaustausch durch. Andere Rechner werden erst auf Bereitschaft und Vorhandensein geprüft, dann wird eine Verbindung gezielt aufgebaut. Daten, die fehlen, werden nachgefordert, sodass sichergestellt ist, dass die Informationen komplett sind. Nach der Kommunikation wird die Verbindung gezielt wieder abgebaut. Bei UDP werden die Daten ohne Kontrolle einfach verschickt.

Was für einen Sinn hat ein unsicheres Protokoll wie UDP?

In gewissen Fällen ist die ausführliche und datenintensive Verbindung von TCP Overhead. Kontrolliert ein Protokoll höherer Layer die Verbindung, muss sie nicht auf Layer IV nochmals kontrolliert werden (zum Beispiel SMB auf Layer V). Ist kein DHCP-Server im Netz, nutzt es nichts, ihn sicher kontaktieren zu wollen. Daher werden fünf Requests per UDP gemacht. Wenn darauf niemand antwortet, wird ein Fehler ausgegeben.

Was ist ein Socket? Was bedeuten Ports?

Ein Port beschreibt einen virtuellen Verbindungskanal, über den Services kommunizieren. Die Ports unter 1024 Ports sind fest zugeordnet (53 DNS, 23 Telnet, 21 FTP, 445 CIFS etc.), man nennt sie „Well-known Ports“. Es gibt 65 535 Portnummern. Kontaktiert sich ein Rechner zum Beispiel per Telnet an einen anderen, sendet er Daten an Port 23 dieses Ziels. Dabei sendet er als Absenderport einen willkürlich ausgesuchten über 1024. Diese Paarung aus Adressen und Ports nennt man Sockets. Der Zielrechner erkennt an der Portnummer sofort, dass zum Beispiel sein Telnet-Server gemeint ist. Somit werden Services gezielt angesprochen.

Wie kann man über Ports die Security erhöhen?

Möchte man nicht, dass ein Service erreichbar ist, sperrt man am Router oder an einer Firewall den entsprechenden Port auf UDP oder TCP, je nachdem. Damit ist dieser Service nur noch innerhalb der Broadcast-Domäne des Servers zugänglich.

Andersherum kann man nach außen Ports sperren, damit lassen sich Services außerhalb der Broadcast-Domäne verbieten.

Dies ist viel feiner zu konfigurieren als auf Layer III. Verbietet man die Kommunikation auf der Basis der IP-Adressen, verbietet man alle Services. Mit einzelnen Ports können gezielt dedizierte Services verboten werden, andere bleiben unter derselben Adresse erreichbar.

Was ist der Hauptunterschied zwischen einem Router und einer Firewall?

Eine Firewall ist im Prinzip ein Router. Nur ist hier die Philosophie invers. Ein Router ist bemüht, so viele Daten als möglich zu routen, und muss über Access-Listen beschränkt werden. Eine Firewall ist absolut gesperrt, und man muss die Dienste, die sie weiterleiten soll, explizit erlauben.

Was bedeuten NAT und PAT?

Wer ein Netzwerk mit privaten Adressen betreibt und ins Internet will, muss an der Grenze seines Netzes alle Adressen in offizielle umsetzen. Dies bedeutet NAT, Network Address Translation.

Werden mehrere private in eine (oder mehrere) offizielle umgesetzt, spricht man von PAT, Port and Address Translation. Im Socket wird nicht nur die Adresse umgesetzt, sondern auch der Source-Port. Der Router oder die Firewall führen darüber streng Buch, um die Antwort wieder der richtigen Adresse zuführen zu können. Die Destination-Ports können nicht verwendet werden, da sie die Services am Ziel beschreiben.

Was sind VLANs?

VLANs sind Virtual Lokal Area Networks, also virtuelle (Sub-)Netze. Der Switch leitet die Pakete zu den Ports, die für dieses VLAN vorgesehen sind. Von Switch zu Switch werden die Frames mit einem Tag transportiert, der das VLAN kennzeichnet. Soll ein Verkehr zwischen VLANs erfolgen, muss ein Router beide verbinden, routen kann ein Layer II-Gerät nicht. Frames sind nur getagged, wenn sie von Switch zu Switch weitergegeben werden. Sobald sie einen Switch in Richtung „Nicht-Switch" verlassen, wird der Tag entfernt, der Endrechner bekommt davon nichts mit.

Was ist ein Trunk-Link?

Zwischen Switches untereinander und zwischen Switches und einarmig angebundenen Routern werden die Pakete mit sogenannten Tags versehen transportiert. Diese sind vier Byte groß (802.1q, es gibt noch andere Implementierungen mit anderen Größen) und die Kennung des jeweiligen VLANs. Verbindungen, die getaggte Pakete übertragen, also mehrere VLANs transportieren, nennt man Trunk-Links.

Was kann es mit Trunks für Probleme geben?

Da getaggte Pakete bis zu 1522 Byte groß sein können (oder bei anderen VLAN-Verfahren als 802.1q noch größer), normale Ethernet-Pakete aber nur 1518 Byte groß sein dürfen, verweigern manchmal (meist ältere) Hubs und Switches ihre Weiterleitung.

12.6 Allgemeines

Was bedeutet VPN?

Ein Virtual Private Network nennt man eine Verbindung, bei der durch ein fremdes Netzwerk Daten in einem meistens verschlüsselten Tunnel transportiert werden. Somit entfallen Kosten für fest gemietete Weitverkehrsverbindungen. Der VPN-Tunnel kann über Soft- oder Hardware erzeugt und terminiert werden.

Welche Modi der Datenverschlüsselung sind im Einsatz?

Die gängigsten sind die symmetrische, die asymmetrische und die hybride Verschlüsselung.

Symmetrisch verschlüsselt bedeutet, der Sender gibt dem Empfänger den Schlüssel, und dieser entschlüsselt damit. Dies ist unsicher, da der Schlüssel bei der Übertragung ungeschützt ist.

Asymmetrisch verschlüsselt bedeutet, dass der Sender einen Schlüssel des Empfängers bekommt, mit dem nur ver-, aber nicht entschlüsselt werden kann (Public Key). Nur der Empfänger kann die Daten mit einem zweiten Schlüssel wiederherstellen, den er geheim hält (Private Key). Dieses Verfahren ist sehr sicher, da der Entschlüsselungsschlüssel nie übertragen wird.

Bei der hybriden Verschlüsselung tauschen Sender und Empfänger einen symmetrischen Schlüssel asymmetrisch verschlüsselt untereinander aus. Der weitere Verkehr verläuft dann symmetrisch verschlüsselt. Dieses Verfahren ist ebenso sicher wie asymmetrische Verschlüsselung, wenn der Schlüssel während der Verbindung oft genug gewechselt wird (Session Key). Da der symmetrische Schlüssel verschlüsselt verschickt wird, ist er nahezu sicher.

Was ist eine Funkzelle?

Eine Funkzelle ist der Raum um einen Access Point, in dem mit ihm verbunden werden kann, sie entspricht also im Prinzip der Reichweite seines Senders.

Wie verhindert man, dass sein Funknetz für alle sichtbar ist?

Man schaltet den SSID-Broadcast ab (Service Set Identifier, der Name des Netzes). Damit muss der Name bekannt sein, um sich verbinden zu können.

Was bezeichnet man als Hidden-Node-Problem?

Sind zwei Funk-Clients maximal voneinander entfernt und der Access Point steht in der Mitte, kann der Effekt auftreten, dass beide zwar noch in der Funkzelle des AP sind, sich selbst aber nicht mehr untereinander sehen können. Da WLAN auf CSMA/CA beruht, kann es zu Kollisionen kommen, da eine Node nicht sieht, wann die andere sendet.

Welche Betriebsmodi kann ein Funknetz haben?

Funknetze können im Ad-hoc- oder Infrastrukturmodus betrieben werden. Im ersteren gibt es keine Access Points, alle Funknetzadapter kommunizieren untereinander. Diese Netze sind meistens isoliert, da nirgends eine Verbindung zu anderen Netzwerken existiert. Der zweite Modus bedeutet, dass der gesamte Verkehr über einen Access Point verläuft, der meist auch die Bridge ins Netzwerk/Internet ist.

Was bedeutet Roaming?

Roaming bedeutet, dass ein Client, der sich bewegt, von einem Access Point an den nächsten übergeben wird, wenn er die Funkzelle des ersten verlässt und die des zweiten betritt. Der Client sieht nichts davon.

Was bedeutet Wi-Fi?

Wi-Fi bedeutet Wireless Fidelity. Die Geräte, die dieses Logo tragen, sind für eine Interaktion im Bereich Funkvernetzung zertifiziert. Sie genügen einem Standard und sind getestet. Es wird garantiert, dass sie miteinander zusammenarbeiten. Die Teilnahme an der Zertifizierung ist nicht Pflicht. Dies bedeutet, dass Geräte, die nicht zertifiziert sind, unter Umständen trotzdem problemlos angebunden werden können, dies ist einfach nicht garantiert.

Was ist ein Power-Injector, was ist Power over Ethernet?

Power over Ethernet bedeutet, dass die Stromversorgung eines Access Points über ungenutzte Adern des Ethernet-Kabels erfolgt. Hierzu braucht es geeignete Switches, die selbst einspeisen, oder die Zwischenschaltung eines Gerätes, des Power-Injectors.

Welche Vorteile hat ein Access-Router vor einem Connection Sharing?

Bei dem Connection Sharing muss der Rechner, der als NAT-Router aufgesetzt ist, ständig laufen und bei Einwahlverbindungen zugänglich sein. Einen Router gibt es in sehr kompakter Bauform. Er arbeitet lautlos und kann automatisiert Verbindungen auf- und abbauen, niemand außer dem Administrator selbst muss Zugriff auf ihn haben.

Was ist in Layer V des OSI-Modells beschrieben?

Die Kommunikationsschicht (Session Layer) ist eine Serviceschicht für die Kommunikation von Anwendungen zwischen Rechnern. Sitzungen und Datenströme werden angefordert und abgebaut. Ein Beispiel ist SMB, das Protokoll für Freigaben und Drucken unter Windows.

Was ist in Layer VI des OSI-Modells beschrieben?

In der Darstellungsschicht (Presentation Layer) sind Kodierungs-, Konvertierungs- und Kompressionsverfahren geregelt, ebenso Video- und Audio-Codierungen. Hier existieren Standards wie TIFF, ASCII, MPEG, GIF etc.

Was ist in Layer VII des OSI-Modells beschrieben?

Die Anwendungsschicht (Application Layer) interagiert direkt mit der Software. Hier leben User-Interfaces, Server-Client-Applikationen etc.

Eine Firma ist in einer Stadt angesiedelt, in der es in der Umgebung keine Möglichkeit gibt, breitbandige Standleitungen zu mieten. Wie kann sie ihre Server trotzdem schnell ans Internet anschließen?

Für solche Fälle empfiehlt sich ein Serverhosting. Der Server wird physikalisch bei einem Provider eingemietet und per Fernwartung betreut.

12.7 IP Version 6

Wie ist eine IPv6-Adresse aufgebaut?

Die Adresse ist 128 Bit lang. Dargestellt wird sie in acht hexadezimalen Blöcken zu je 16 Bit, getrennt durch Doppelpunkte.

Wie ist eine IPv6-Adresse strukturiert?

Die ersten 64 Bit codieren das Routing-Präfix und die Subnetz-ID. Die letzten 64 Bit codieren die Interface-ID.

Welche Adresstypen gibt es in IPv6?

In IPv6 gibt es Unicast, Multicast und Anycast. Broadcast gibt es nicht mehr.

Welche Adressen sind für ein Interface notwendig?

Jedes Interface benötigt eine Link Local-Adresse, eine Loopback-Adresse und eine Solicited-Node Multicast-Adresse. Für eine Kommunikation in andere Netze benötigt es eine Global Unicast-Adresse.

Auf welche Multicast-Adressen muss ein Interface hören?

Auf die Multicast Adressen All Nodes und die Solicited-Node Multicast-Adresse.

Was ist die Interface-ID?

Die Interface-ID stellt die letzten 64 Bit einer IPv6-Adresse dar. Nach Standard ist sie die EUI-64-Adresse im Layer II oder sie wird aus der klassischen MAC-Adresse berechnet.

Was ist die Privacy-Extension?

Da die IPv6-Adresse aus einem Präfix und der Interface-ID gebildet wird, ist ein Rechner verfolgbar. Unabhängig davon, in welchem Netz er sich befindet, erhält er eventuell ein anderes Präfix, aber die Interface-ID bleibt. Um dies zu umgehen, wird die Interface-ID randomisiert und in regelmäßigen Intervallen geändert.

Was bedeutet Neighbor Advertisement/Solicitation?

Bevor zwei Rechner in einem Subnetz miteinander kommunizieren können, müssen sie gegenseitig ihre Layer II-Adressen kennen. Die Nachbarermittlung in IPv6 wird über ICMPV6 durchgeführt. Dazu sendet ein Rechner eine Nachricht an die Solicited-Node Multicast-Adresse seines Partners (Solicitation). Er sendet dabei seine Daten mit. Der Partner sendet seine Daten zurück (Advertisement). Die Daten der Kommunikationspartner werden wechselseitig im Neighbor-Cache gespeichert und regelmäßig verifiziert.

Was bedeutet Router Advertisement/Solicitation?

Router versenden regelmäßig Nachrichten mit ihren Daten. Dies ist das Router-Advertisement. Startet ein Rechner neu und braucht diese Informationen sofort, sendet er ein Anfrage-Paket und löst damit das Advertisement aus. Dies nennt man Router-Solicitation. Das Advertisement geht an die Adresse FF02::1, All Nodes, die Solicitation an FF02::2, All Routers.

Was bedeutet DAD?

Bei Autokonfiguration muss geprüft werden, ob die erstellten Adressen schon in Benutzung sind. Dies erfolgt durch eine Neighbor Solicitation an die eigene, geplante Solicited-Node Multicast-Adresse. Kommt keine Antwort, ist die Adresse frei. DAD bedeutet Double Address Detection.

Wie steht es um die Fragmentierung und MTU in IPv6?

In IPv6 fragmentieren die Router nicht mehr. Vor der Datenversendung muss per MTU-Path Recovery die MTU der Verbindung ermittelt werden. In IPv6 wurden 1280 Byte als Minimum festgelegt. Router, die dies nicht bieten, werden nicht angesprochen.

Wie wurde in IPv6 der Header im Gegensatz zu IPv4 verändert?

Der Header ist modular geworden, das heißt, mehrere Header können aneinander gehängt werden. Im Header gibt es das Feld „Next Header", das anzeigt, ob ein weiterer folgt. Dadurch, dass mehrere Header in einem Paket möglich sind, konnten unter anderem VPN und Verschlüsselung ins Protokoll integriert werden.

Wie sieht ein DNS-Eintrag in IPv6 aus?

Der A-Record heißt nun AAAA-Record. Der Reverse-Eintrag trägt jetzt die Zone IP6.ARPA. Die umgekehrte Adresse besteht aus 32 durch Punkte getrennten Zahlen, da die Teilung in delegierbare Subdomains auf vier Bit verfeinert wurde.

13 Steckertypen

Viele verschiedene Steckertypen sind entwickelt worden und heute im Einsatz. In der UGV hat sich inzwischen ein Standard herauskristallisiert. In der Welt der Glasfasern jedoch gibt es viele Typen. Hier werden die gängigsten besprochen.

13.1 Thin-Wire

Bei der Thin-Wire-Verkabelung wird alles in einem Strang erschlossen. Im Strang werden T-Stücke eingesetzt, um die Geräte anzuschließen. Verbunden wird mit BNC-Steckern (Bayonet Navy Connectory). Aufgrund der Physik der Verbindung darf die Strecke vom T-Stück zur Netzwerkkarte nicht verlängert werden, der Strang muss also an die Geräte herangeführt werden. An beiden Enden des Stranges muss dieser mit einem Endwiderstand (Terminator) terminiert werden.

BILD 13.1 Die Abbildung zeigt ein T-Stück mit Anschluss für eine Netzwerkkarte. Rechts verläuft das Kabel weiter, links ist das T-Stück mit einem abschließenden Terminator versehen. Dies hier wäre also ein Ende eines Stranges. Die Stecker müssen nicht angeschlossen sein. Es empfiehlt sich aber, in kritischen Umgebungen bei unbenutzten Steckern eine Metallschutzkappe (HF-Schutz) aufzusetzen.

BILD 13.2 Hier nochmals alle Komponenten, demontiert

13.2 UGV

Bei der UGV hat sich der Western-Modularstecker (RJ, Registered Jack) durchgesetzt. Er wird mit speziellen Zangen auf die Kabel aufgecrimpt. Im Netzwerk benutzt man eine achtpolige Variante (sie nennt sich RJ-45), ebenso bei ISDN.

Im Netzwerkbereich sind gute Stecker mit einer Metallabschirmung versehen, bei ISDN ist dies nicht notwendig.

Im Bereich der Telefonie ist er ebenso im Einsatz, in sechs- und vierpoliger Bauform (hier RJ-12 und RJ-11 genannt). Im Namen wird codiert, welche Dose nötig ist und wie viele Pins des Steckers tatsächlich benutzt werden können.

P bedeutet die Zahl der Pins (und damit die Ausführung der Anschlussdose), C heißt Connectable, belegbar, also die Anzahl der belegbaren Pins. Die anderen Pinplätze sind leer.

RJ-45 (8P8C)	LAN, bis Gigabit, doppelte/einfache Dose, ISDN U- und S-Bus, analoge Telefonie
RJ-45 (8P6C)	LAN, kein Gigabit, einfache Dose, ISDN U- und S-Bus, analoge Telefonie
RJ-45 (8P4C)	LAN, kein Gigabit, einfache Dose, ISDN U- und S-Bus, analoge Telefonie
RJ-45 (8P2C)	kein LAN, ISDN U-, aber kein S-Bus, analoge Telefonie
RJ-12 (6P6C)	kein LAN, ISDN U- und S-Bus, analoge Telefonie
RJ-12 (6P4C)	kein LAN, ISDN U- und S-Bus, analoge Telefonie
RJ-12 (6P2C)	kein LAN, ISDN U-, aber kein S-Bus, analoge Telefonie
RJ-11 (4P4C)	kein LAN, ISDN U- und S-Bus, analoge Telefonie
RJ-11 (4P2C)	kein LAN, ISDN U-, aber kein S-Bus, analoge Telefonie

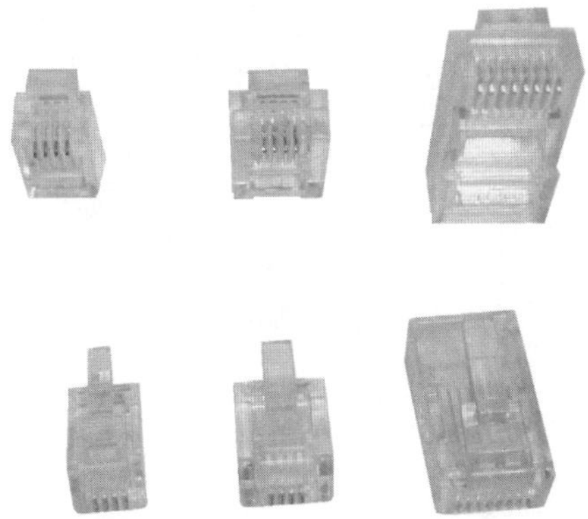

BILD 13.3 Die Abbildung zeigt drei Typen von Western-Modularsteckern in zwei Ansichten (links RJ-11 4P4C, Mitte RJ-12 (6P4C) und RJ-45 (8P8C). Am mittleren Beispiel ist zu sehen, dass die äußersten beiden PINs nicht belegbar sind (6P4C).

BILD 13.4 Gebräuchliche RJ-45-Ausführung bei Netzwerkkabeln. Die Kabel besitzen eine Knickschutztülle, und die Stecker sind mit einer Metallumhüllung abgeschirmt.

13.3 Glasfaser

Im Bereich der Glasfasern gibt es eine Vielzahl an Steckverbindungen. Sie unterscheiden sich in der Güte und den Kosten erheblich. Hier ist abzuwägen.

Für weite Verbindungen sollte eine sehr gute Steckerqualität gewählt werden. Für kurze Verbindungen, zum Beispiel in Steigschächten zwischen Stockwerken, kann hier gespart werden, es macht wenig Sinn, immer nur das Teuerste einzusetzen. Die Wahl der Steckverbindungen muss nach Geschwindigkeit, Fasertyp und Preis abgestimmt werden. Für eine Verbindung werden bei den gängigen Systemen zwei Fasern benötigt (Send und Receive).

Erhältlich sind Patchkabel und Stecker in Duplex-Ausführung, also beiden Fasern in einem Kabel und/oder Stecker oder als Simplex, sprich isoliert. Die gängigsten Typen sind die folgenden.

13.3.1 ST-Stecker (Straight Tip)

Der ST-Stecker ist die wohl am häufigsten verbreitete Form und für alle drei Typen von Fasern geeignet (Multimode 50 µm, 62,5 µm und Single-Mode, 9 µm).

Er besitzt einen Bajonett-Verschluss und stellt durch eine Feder den physikalischen Kontakt zwischen den Fasern sicher.

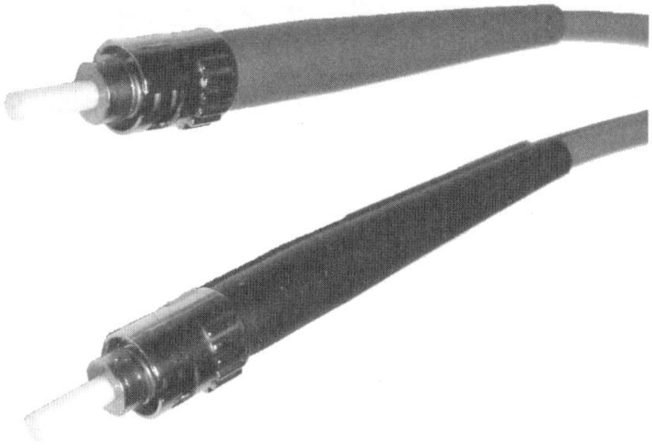

BILD 13.5 ST-Stecker. Deutlich zu sehen ist der Bajonett-Verschluss.

Da die Stecker auch bei Duplex-Kabeln stets einzeln am Ende des Kabels sind, ist ein Kreuzen bei Verbindungen von Gerät zu Gerät hier kein Problem.

13.3.2 SC-Stecker

SC-Stecker sind sehr breit im Einsatz und beginnen, die ST-Stecker zu verdrängen. Sie sind ebenfalls qualitativ gut, aber günstiger. Sie sind für alle drei Fasertypen geeignet und sehr gut handhabbar.

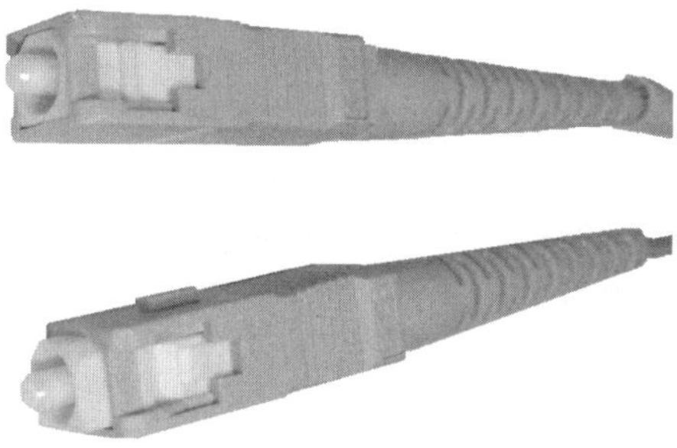

BILD 13.6 SC-Stecker

Auch hier wird durch Federn ein physikalischer Kontakt gehalten. Bei Neuverkabelungen kann dieser Stecker vor allem in Rangierpaneln empfohlen werden.

Bei Multimode-Fasern sind die Stirnflächen plan. Bei Single-Mode sind beide Typen im Einsatz, Plan- und Schrägschliff. Die Codierung erfolgt über die Farbe. Der Planschliff besitzt blaue Stecker, der schräge grüne.

SC-Stecker gibt es in drei Bauformen, Duplex, Simplex und als teilbare Duplex-Stecker. Wer unter Umständen kreuzen muss, sollte auf Simplex- oder teilbare Duplex-Stecker bei den Patchkabeln achten.

13.3.3 MT-RJ-Stecker

Die MT-RJ-Stecker wurden entwickelt, da ST- und SC-Stecker in vielen Bereichen, zum Beispiel in Konzentratoren, zu groß waren. Sie sind für alle drei Fasertypen geeignet. MT-RJ-Stecker sind genauso groß wie RJ-45-Stecker, und beide Fasern sind fest integriert, teilbare Stecker gibt es nicht.

BILD 13.7 MT-RJ-Stecker

Links sind die beiden Fasern an der Kontaktfläche zu erkennen. MT-RJ-Stecker sind bei der Hausverkabelung sehr häufig im Einsatz. Da es sie nur als Duplex-Stecker gibt, muss für Geräteverbindungen ein Crossover-Kabel eingesetzt werden. Die Qualität ist nicht so gut wie bei SC-Steckern, aber bei kurzen Distanzen völlig ausreichend.

13.3.4 LC-Stecker

LC-Stecker wurden als Alternative zu MT-RJ-Steckern entwickelt. Sie sind qualitativ sehr gut. Im Moment sind sie noch nicht überall üblich, aber viele Hersteller von Netzwerkgeräten haben angekündigt, auf LC umzustellen, oder dies bereits realisiert, sie setzen sich auf Grund der hohen Qualität und des geringen Platzbedarfes sehr gut durch. Bei Neuverkabelungen sollten sie, rack- als auch geräteseitig, eingesetzt werden.

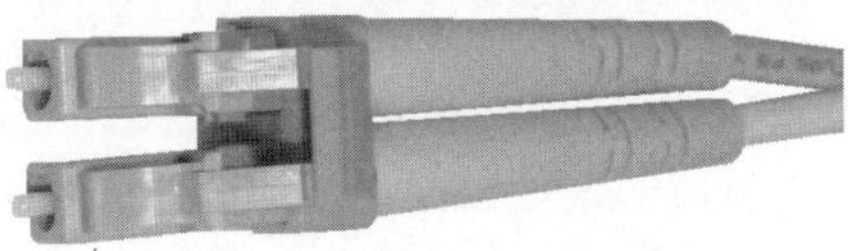

BILD 13.8 LC-Stecker

LC-Stecker sind als Duplex- oder teilbare Duplex-Stecker erhältlich. Auch hier muss auf ein eventuelles Kreuzen geachtet werden.

13.3.5 E2000-Stecker

E2000-Stecker sind eine Entwicklung aus der Schweiz. Sie sind sehr kompakt, sehr gut handhabbar und auch qualitativ sehr gut. Sie sind für alle Fasern geeignet. Eine Schutzklappe, die automatisch beim Anschluss wegklappt, sorgt dafür, dass keine mechanischen Schäden an der Faser entstehen.

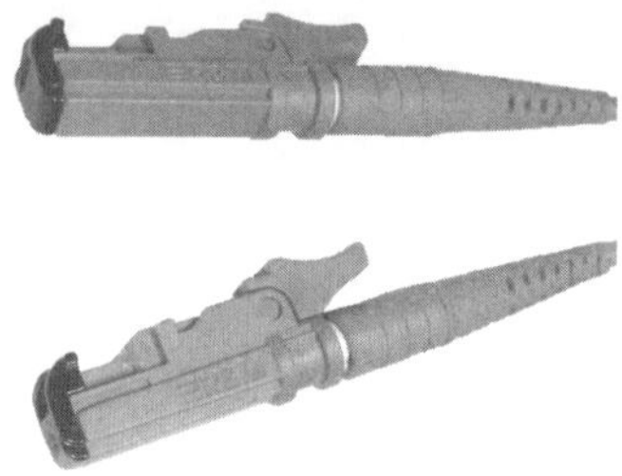

BILD 13.9 E2000-Stecker

In der Regel ist E2000 ein Simplex-Stecker. Durch die leichte Handhabbarkeit und Zuverlässigkeit ist er auch bei der Telefonie-Übermittlung über Glasfaser weit im Einsatz. Auch hier kann im Monomode-Bereich mit Plan- oder Schrägschliff gearbeitet werden. Die Stecker mit Schrägschliff sind grün gefärbt.

13.4 Bemerkungen zu Steckertypen

Es gibt noch viele andere Typen, diese sind jedoch nicht so häufig im Einsatz. Wer eine LWL-Umgebung plant, sollte viel Wert auf die Steckertypen legen. Man sollte genau überlegen, welche Konzentratoren mit welchen Interfaces gekauft werden. Viele Patchkabel benötigen an den beiden Enden verschiedene Steckertypen, da Rangierpanel, Konzentratoren und Netzwerkadapter unterschiedliche Steckertypen haben können.

Viele Patchkabel sind „Massenware“, zum Beispiel MT-RJ auf der einen und SC auf der anderen Seite. Es gibt sie genauso mit LC und SC oder SC auf beiden Seiten und damit wesentlich günstiger als Anfertigungen geringerer Stückzahl, wie zum Beispiel mit MT-RJ und E2000. Hier kann durch eine kluge Planung erheblich Geld gespart werden.

Sehr achten sollte man bei E2000 und SC auf Schräg- und Planschliff. Wer Schrägschliff auf Planschliff patcht, bekommt Signaldämpfungen, die zum Zusammenbruch der Netzwerkverbindung führen können.

Auch sollte man sehr bei den Duplex-Steckern aufpassen. Wer Geräte untereinander verbinden will, muss LWL-Crossover-Kabel kaufen, wenn beide Enden der Patchkabel unteilbare Duplex-Stecker haben.

13.5 Schutz der Patchkabel und Dosen

Im Auslieferungszustand sind die Kontaktflächen der Patchkabel mit Schutzhütchen versehen (Ausnahme E2000, kabelseitig. Durch die Schutzklappen, die die Stecker schützen, ist dies hier nicht notwendig. Rackseitig haben auch sie Schutzstecker). Diese verhindern, dass Wasser eindringt oder die Kontaktflächen beschädigt werden. Die Kontaktflächen sind hochpoliert, und schon geringste Kratzer können sie wertlos machen. Staub zwischen den Kontaktflächen führt zu einer enormen Dämpfung des Signals und einer Streuung des Lasers. Daher sollten die Kabel nie ohne Schutzhütchen gelagert oder transportiert werden. Dasselbe gilt für die Dosen. Beide Schutzkappen sollten erst kurz vor dem Patchen entfernt werden.

Wenn Anschlüsse zurückgenommen werden, müssen das Kabel und die Dose wieder mit Schutzkappen versehen werden. Ein Nachspleißen der Anschlüsse ist enorm teuer, ebenso sind die Patchkabel selbst nicht gerade billig.

Bei Weitverkehrsverbindungen und bei kritischen Belastungen sollten die Dosen vor Gebrauch geprüft werden. Hierzu gibt es spezielle Mikroskope und Reinigungsgeräte. Eine Sichtprobe zeigt, ob Verunreinigungen an den Kontaktflächen vorliegen. Diese müssen vor dem Anschluss entfernt werden.

BILD 13.10 Unbenutzte Patchkabel und Dosen müssen mit Schutzkappen verschlossen werden, wenn sie nicht in Gebrauch sind. Dies verhindert ein Eindringen von Feuchtigkeit und Schmutzteilchen/Staub. Hier als Beispiel SC-Stecker mit (links) und ohne Schutzkappen.

Eine Anschlussdose sollte nie mit Pressluft ausgeblasen werden, denn normale Pressluft enthält immer Spuren von Öl.

Manche Monteure arbeiten bei schlechten Messwerten in den Rangierpaneln mit einem sogenannten Index-Matching-Gel, das die Werte verbessert und in die Patchstelle eingebracht wird. Dies sollte kontrolliert und vorher auf jeden Fall untersagt werden. Das Gel altert und wird trübe. Sollten Anschlussdosen oder Patchkabel hohe Dämpfungen zeigen, ist eine Reinigung oder Politur der Dosen und ein Ersatz des Patchkabels in jedem Falle vorzuziehen.

14 Exkurse

In ein paar Exkursen wird nun einiges besprochen, das absichtlich aus dem Haupttext des Buches ausgeklammert wurde, um seinen Fluss nicht zu stören.

14.1 Exkurs in die Zahlensysteme: Bit, Byte, binär

Für Computer gibt es nur binäre Informationen, also zwei Zustände, null oder eins. Der Computer rechnet und verarbeitet daher in dem Zahlensystem, das nur diese Zustände kennt, dem Dual- oder Binärsystem. Alle Zahlen müssen vor der Verarbeitung in dieses umgerechnet werden. Um zu verstehen, wie logische und physikalische Adressen aufgebaut sind, müssen wir uns also ansehen, wie das Dualsystem funktioniert und wie wir unsere Zahlen dahin umrechnen können. Für uns User ist dies schließlich ein ziemlich unhandliches und ungewohntes Format.

14.1.1 Binär ist nicht digital

Oft werden die Begriffe binär und digital verwechselt. Sie bedeuten aber nicht dasselbe, besser gesagt, binär ist immer digital, aber digital ist nicht immer binär.

Digital bedeutet, dass nur diskrete, eindeutige Zustände benutzt werden. Binär bedeutet, dass nur genau zwei Zustände verwendet werden.

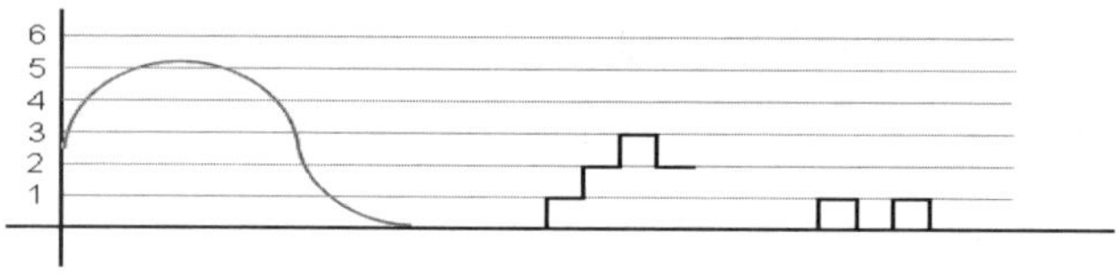

BILD 14.1 Analog bedeutet, dass jeder Wert erlaubt ist (links). Digital bedeutet, dass nur diskrete Zustände zugelassen werden, aber keine analogen Zwischenwerte (Mitte, zum Beispiel die Signale bei der ISDN-Übertragung). Binär ist ebenfalls digital, aber nur genau zwei Zustände sind erlaubt, null und eins (rechts).

14.1.2 Bit und Byte

Die kleinste Informationseinheit ist für Computer eine Ja-Nein-Entscheidung, der Zustand null oder eins. Sie nennt man ein Bit. Eine Gruppe von acht Bit wird zu einem Byte zusammengefasst.

14.2 Zahlensysteme in der Computerwelt

Computer arbeiten intern nur binär, ihre Welt besteht lediglich aus null und eins. Alle Zahlen und Informationen, die wir eingeben oder ausgegeben bekommen, werden daher umgerechnet.

Für uns ist die Darstellung des Computers unbrauchbar. Dabei aber zeichnet sich unser benutztes Dezimalsystem in nichts vor den anderen aus. Hätten wir nur einen Finger, würden wir wahrscheinlich auch im Dualsystem (Binärsystem) rechnen. Hätten wir 16 Finger, wäre es wohl das Hexadezimalsystem.

Wir sind das Dezimalsystem nur gewöhnt und tagtäglich darin geübt. Trotzdem müssen wir verstehen, wie wir die Zahlen ineinander umrechnen können. Nur dann sind wir in der Lage, die Funktion der Adressen im Rechner und im Netzwerk zu verstehen.

Drei Zahlensysteme sind in dieser Hinsicht wichtig: zuerst unser Dezimalsystem, dann das Hexadezimalsystem und natürlich das Binärsystem. Für die Mathematik ist es völlig bedeutungslos, in welchem System wir arbeiten. Die Zahlen sind dort exakt dieselben, lediglich in einer anderen Darstellungsform.

14.2.1 Das Dezimalsystem

In allen Zahlensystemen lassen sich die Zahlen in Summen zerlegen, die sich aus den einzelnen Stellen ergeben. So zum Beispiel die Zahl 51 024 im Dezimalsystem. Sie lässt sich in die folgende Summe zerlegen (Achtung, es wird immer, egal in welchem Zahlensystem, von rechts nach links gelesen!):

$4 \times 1 + 2 \times 10 + 0 \times 100 + 1 \times 1000 + 5 \times 10000 = 51024$

Die Stelle einer Zahl zerlegt sie in 1er-, 10er-, 100er-, 1000er- usw. Einheiten.

Schreiben wir das in Hochzahlen, ergibt sich:

$4 \times 10^0 + 2 \times 10^1 + 0 \times 10^2 + 1 \times 10^3 + 5 \times 10^4 = 51024$

Alle Zahlen im Dezimalsystem können also in eine Summe aus Potenzen von 10 mal ihrem Wert zerlegt werden. Die Hochzahl entspricht der Stelle in der Zahl, begonnen mit null als der ersten.

In jedem Zahlensystem ist die Zahl, die potenziert wird, stets immer dieselbe. Im Dezimalsystem ist es die 10. Diese Zahlen, die auch angeben, um welches Zahlensystem es sich handelt, nennt man die Basis. Die Basis eines Zahlensystems bleibt also immer dieselbe, und pro Stelle wächst einfach der Exponent um eins an. Im Dezimalsystem werden die Zahlen 0 – 9 verwendet, die Basis, die 10, ist wiederum zusammengesetzt aus $0 \times 10^0 + 1 \times 10^1$.

14.2.2 Das Binärsystem

Im Binärsystem ist nicht die 10, sondern die 2 die Basis. Im Binärsystem wird alles mit den Zahlen 0 und 1 ausgedrückt. So bedeutet die binäre Zahl 1011 nichts anderes als (von rechts nach links!):

$1 \times 2^0 + 1 \times 2^1 + 0 \times 2^2 + 1 \times 2^3 = 1011$

14.2.3 Das Hexadezimalsystem

Ein weiteres Zahlenformat hat sich in der Welt der Informationstechnologie aufgrund der Kompaktheit etabliert, das Hexadezimal- oder 16er-System. Es ermöglicht, ein Byte Informationen in zwei Stellen auszudrücken (siehe MAC-Adressen).

Wie oben ausgeführt, ist im 16er-System die 16 die Basis. Da wir mit unseren arabischen Zahlen nur 0 – 9 zur Verfügung haben, müssen wir uns behelfen, sobald wir auf Werte oberhalb von neun gelangen. Für die Zahlen 10 – 15 werden daher die Buchstaben a – f „ausgeliehen". Alles andere ist ebenso. Auch hier lassen sich alle Zahlen in Summen von Potenzen zerlegen.

$8 \times 16^0 + a \times 16^1 + 2 \times 16^2 + 3 \times 16^3 + b \times 16^4 = b32a8$

(Dies entspricht: $8 \times 16^0 + 10 \times 16^1 + 2 \times 16^2 + 3 \times 16^3 + 11 \times 16^4 = b32a8$)

Dem Computer und dem Mathematiker ist dies völlig egal. Für sie ist alles dasselbe. Ob nun binär oder sonst wie, es ist einfach eine andere Art der Darstellung. Manchmal müssen wir dies nachvollziehen.

Daher wollen wir uns ansehen, wie wir von der einen „Welt" in die andere gelangen können, wie wir diese Darstellungen desselben ineinander überführen können.

14.2.4 Umrechnung der Systeme

Vergleichen wir nun die Darstellungen in den verschiedenen Systemen. Sie sind absolut gleichwertig.

Binär Basis 2	Hexadezimal Basis 16	Dezimal Basis 10
0000	0	0
0001	1	1
0010	2	2
0011	3	3
0100	4	4
0101	5	5
0110	6	6
0111	7	7
1000	8	8
1001	9	9
1010	a	10
1011	b	11
1100	c	12
1101	d	13
1110	e	14
1111	f	15

Wie können wir die Systeme nun ineinander umrechnen? Von binär in hexadezimal und zurück müssen wir als Computer-User eigentlich nie rechnen.

Trotzdem werden wir uns am Ende kurz ansehen, wie das funktioniert. Wichtig für uns und unser Verständnis ist, dass wir Hexadezimal- und Binärzahlen ins Dezimalsystem und zurück übertragen können.

Die meisten Betriebssysteme bieten einen „Taschenrechner" an, der die verschiedenen Darstellungen kennt und umrechnen kann, trotzdem wollen wir es selbst verstehen. Der Weg ins Dezimalsystem ist oben bereits aufgezeigt. Alles, was wir wissen müssen, ist, dass jede Zahl eine Summe von Vielfachen fest vorgegebener Potenzen ist, dass es in einem Zahlensystem eine feste Basis gibt und dass sich alles in einer Summe aus Potenzen darstellen lässt. Dies gilt in jedem Zahlensystem. Ist die Regel einmal verstanden, können wir jedes Zahlensystem abbilden und verstehen.

Nehmen wir wieder unsere Binärzahl 1101. Wir wissen nun, dass sie zusammengesetzt so ausschaut: $1 \times 2^0 + 0 \times 2^1 + 1 \times 2^2 + 1 \times 2^3 = 1101$

(Nochmal: von rechts nach links entwickelt! Immer von der kleinsten zur höchsten Stelle.)

Rechnen wir die Potenzen in unserem System aus: $2^0 = 1$, $2^1 = 2$, $2^2 = 4$, $2^3 = 8$

$$1 \times 2^0 + 0 \times 2^1 + 1 \times 2^2 + 1 \times 2^3 = 1 \times 1 + 0 \times 2 + 1 \times 4 + 1 \times 8 = 13$$

Das bedeutet, dass wir einfach die Summen in unserem System ausrechnen müssen. Wie beschrieben sind die Potenzen immer fest vorgegeben. Eine Zahl kann sich also nur aus der Multiplikation der Stelle mit den festen Potenzen berechnen.

Ein weiteres Beispiel, die Binärzahl 1110: $0 \times 2^0 + 1 \times 2^1 + 1 \times 2^2 + 1 \times 2^3 = 1110$

$0 \times 2^0 + 1 \times 2^1 + 1 \times 2^2 + 1 \times 2^3 = 0 \times 1 + 1 \times 2 + 1 \times 4 + 1 \times 8 = 14$

Kennen wir nun die Potenzen, die auftreten können, haben wir es leicht. In Binärsystem sind es folgende:

$2^0 = 1$, $2^1 = 2$, $2^2 = 4$, $2^3 = 8$, $2^4 = 16$, $2^5 = 32$, $2^6 = 64$, $2^7 = 128$, $2^8 = 256$ etc.

Bei einer Binärzahl müssen wir einfach jede Stelle der Zahl mit ihrer zugehörigen Potenz multiplizieren, um die Entsprechung im Dezimalsystem zu bekommen. Im Dezimalsystem ist das natürlich genauso. Hier sind es folgende Potenzen:

$10^0 = 1$, $10^1 = 10$, $10^2 = 100$, $10^3 = 1000$, $10^4 = 10\,000$, $10^5 = 100\,000$ etc.

Und genauso ist es im Hexadezimalsystem:

$16^0 = 1$, $16^1 = 16$, $16^2 = 256$, $16^3 = 4096$, $16^4 = 65\,536$ etc.

Wenn wir nun berücksichtigen, dass mangels zur Verfügung stehender arabischer Zahlen die Buchstaben a–f „ausgeliehen" sind, aber nichts anderes als 10–15 bedeuten, können wir auch dies leicht übertragen.

Eine Zahl 3bf8 entspricht also dezimal:

$8 \times 16^0 + f \times 16^1 + b \times 16^2 + 3 \times 16^3 = 8 \times 16^0 + 15 \times 16^1 + 11 \times 16^2 + 3 \times 16^3$

$8 \times 1 + 15 \times 16 + 11 \times 256 + 3 \times 4096 = 15\,352$

Die Umrechnung zurück ist ebenso einfach, es geht auch ohne große Algorithmen. Wir wissen nun, dass in einem Zahlensystem alles aus den Stellen mal einer fixen Potenz besteht. Diese wissen wir nun. Haben wir nun eine Dezimalzahl, müssen wir diese einfach in die Potenzen des entsprechenden Zahlensystems umrechnen.

Jede Zahl im Binärsystem ist also eine Summe aus Zahlen multipliziert mit den Potenzen:

$2^0 = 1$, $2^1 = 2$, $2^2 = 4$, $2^3 = 8$, $2^4 = 16$, $2^5 = 32$, $2^6 = 64$, $2^7 = 128$, $2^8 = 256$ etc.

Nehmen wir die Zahl 312 im Dezimalsystem. Zuerst suchen wir die größte Potenz, die noch in unserer Zahl enthalten ist. Dies ist die $256 = 2^8$ (2^9 wären 512).

Wie oft kommen Vielfache von 256 vor? Einmal: (312/256 = 1,21875)

Der Rest ist 312 – 256 = 56.

Daraus können wir sehen, dass Vielfache von 128 und 64 nicht vorkommen, 56 ist bereits kleiner. Daher gibt es keine Vielfachen von 2^7 und 2^6.

Wie oft kommt 32 (2^5) vor? Einmal: (56/32 = 1,75)

Der Rest ist 56 – 32 = 24.

16 (2^4) kommt einmal vor (24/16 = 1,5).

Der Rest ist 24 – 16 = 8.

8 (2^3) kommt einmal vor (8/8 = 1).

Es bleibt kein Rest, daher kommen Vielfache von 4 (2^2), 2 (2^1) und 1 (2^0) nicht vor.

Zusammen haben wir also:

0 x 1 + 0 x 2 + 0 x 4 + 1 x 8 + 1 x 16 + 1 x 32 + 0 x 64 + 0 x 128 + 1 x 256.

Unsere gesuchte Zahl ist also: 100111000

(Achtung, das Ergebnis muss von kleiner zu größer von rechts nach links entwickelt werden, so wie wir unsere Zahlen auch schreiben.)

Noch ein Beispiel? Nehmen wir die Zahl 539. Die höchste enthaltene Potenz ist: $2^9 = 512$.

$2^9 = 512$	1×2^9
539 - 512 = 27	
$2^8 = 256$	0×2^8
$2^7 = 128$	0×2^7
$2^6 = 64$	0×2^6
$2^5 = 32$	0×2^5
$2^4 = 16$	1×2^4
27 - 16 = 11	
$2^3 = 8$	1×2^3
11 - 8 = 3	
$2^2 = 4$	0×2^2
$2^1 = 2$	1×2^1
3 - 2 = 1	
$2^0 = 1$	1×2^0

Unsere gesuchte Binärzahl ist also: 1000011011. Wer möchte, kann gerne die Gegenprobe machen.

Die MAC-Adressen stellen sich uns also dar als Zahlen von:

Binär:	00000000:00000000:00000000:00000000:00000000:00000000 – 11111111:11111111:11111111:11111111:11111111:11111111.
Hexadezimal:	00:00:00:00:00:00 – ff:ff:ff:ff:ff:ff
Dezimal:	0:0:0:0:0:0 – 255:255:255:255:255:255

Aufgrund der Binärdarstellung sagt man, die MAC-Adresse ist sechs Byte oder 48 Bit lang.

Neben dem Binär- hat sich ebenfalls das Hexadezimalsystem durchgesetzt, nicht nur weil es wesentlich kompakter ist.

Ein weiterer Grund für die Darstellung von Zahlen im Hexadezimal- und Binärsystem im Computer-Bereich ist die große Affinität der beiden Systeme. Sie lassen sich sehr einfach ineinander umrechnen. Ein Programm (oder ASIC), das diese Übersetzung durchführen muss, kommt ohne eine große Rechenleistung aus. Ohne hier tiefer auf die Algorithmen eingehen zu wollen, schauen wir uns diese Affinität einmal kurz qualitativ an.

Nehmen wir eine beliebige Binärzahl, zum Beispiel: 1001001101. Schreiben wir sie einmal anders, zerlegen wir sie in Vierergruppen.

Die führenden Nullen sind, wie in jedem System, null, also ohne Bedeutung. Aber durch die Darstellung in Vierergruppen werden wir gleich ein enges Verwandtschaftsmuster erkennen. Wir nehmen also von rechts nach links immer Vierergruppen und ergänzen vorne fehlende Stellen durch Nullen.

(00)1001001101 <=> 0010 0100 1101

Rechnen wir nun von binär in hexadezimal um, so ist die die Binärzahl 1001001101 hexadezimal die Zahl 24d. Unsere Vierergruppen sind hexadezimal: 0010 = 2, 0100 = 4, 1101 = d.

In der Tabelle können wir sehen, dass unsere Vierergruppen binär genau den Umrechnungen in hexadezimal entsprechen. Zur Umrechnung müssen wir also nicht die gesamten Zahlen verarbeiten.

Binär Basis 2	Hexadezimal Basis 16	Dezimal Basis 10
0000	0	0
0001	1	1
0010	2	2
0011	3	3
0100	4	4
0101	5	5
0110	6	6
0111	7	7
1000	8	8
1001	9	9
1010	a	10
1011	b	11
1100	c	12
1101	d	13
1110	e	14
1111	f	15

Binärzahlen können also in Vierergruppen zerlegt, durch führende Nullen ergänzt und direkt umgerechnet werden. Hexadezimalzahlen können Stelle für Stelle in binäre Zahlen umgesetzt, diese zu Vierergruppen ergänzt und direkt zusammengesetzt werden. (Achtung! Nicht die führenden Nullen vergessen!)

14.3 Exkurs: Beispiel eines Routing-Vorganges

Beispielhaft wollen wir uns schematisch eine geroutete Umgebung ansehen. Das unten stehende Beispiel ist nur zur Analyse da, normalerweise würde man ein Netzwerk nicht so vermaschen, denn zwischen den Routern muss jedes Mal ein Subnetz definiert werden! Dies ist hier nicht berücksichtigt, sollte im Hintergrund aber klar sein: Verbindungen von Router zu Router sind ebensolche Subnetze wie die, in denen Clients leben!

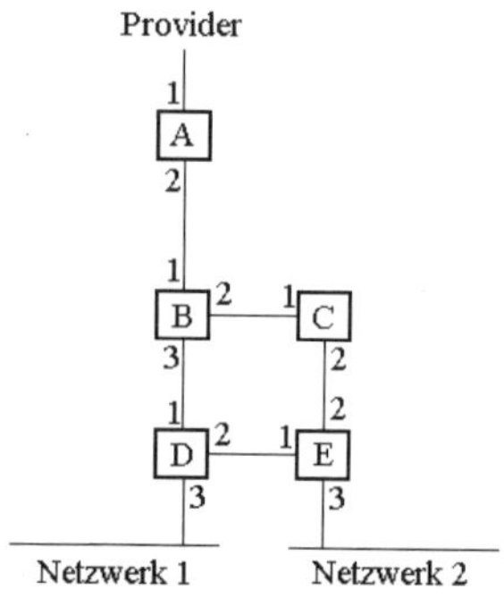

BILD 14.2 Beispiel eines Firmennetzwerkes. Die Netzwerke 1 und 2 sind an den Routern D und E definiert. Router A führt die Verbindung zum Provider.

Betrachten wir nun die Selbstkonvergenz. Nehmen wir an, die Router tauschen ihre Informationen alle 30 Sekunden mit ihren Nachbarn aus. Die Subnetze, die zwischen den Routern liegen (Transportnetze), sind hier nicht mit aufgeführt, würden aber ebenso kommuniziert werden, sie sind normale Subnetze. Wir verzichten hier auf sie, um nicht die Übersicht zu verlieren. Schalten wir alle Geräte gleichzeitig ein, sind sie noch alleine und isoliert. Erst nach 30 Sekunden wissen sie mehr. Betrachten wir den sukzessiven Aufbau der Routing-Tabellen.

In der vorletzten Spalte ist das Interface aufgeführt, über das die Routing-Update-Pakete hereinkamen, in der letzten Spalte ihr Weg in Hops.

Start, 0s:	A	s	0.0.0.0	–	–
	B	–	–	–	–
	C	–	–	–	–
	D	dc	NW1	via I3	–
	E	dc	NW2	via I3	–

s: statische Route
dc: directly connected
NW: Netzwerk 1 oder 2
I: Interface des Routers, über das gelernt wurde
l: learned

30 s:	A	s	0.0.0.0	–	–
	B	l	0.0.0.0	via l1	A
	B	l	NW1	via l3	D
	C	l	NW2	via l2	E
	D	dc	NW1	via l3	–
	D	l	NW2	via l2	E
	E	dc	NW2	via l3	–
	E	l	NW1	via l1	D
60 s:	A	s	0.0.0.0	–	–
	A	l	NW1	l2	D,B
	B	l	0.0.0.0	via l1	A
	B	l	NW1	via l3	D
	B	l	NW2	via l2	E,C
	B	l	NW2	via l3	E,D
	C	l	NW2	via l2	E
	C	l	NW1	via l1	D,B
	C	l	NW1	via l2	D,E
	C	l	0.0.0.0	via l1	A,B
	D	dc	NW1	via l3	–
	D	l	NW2	via l2	E
	D	l	0.0.0.0	via l1	A,B
	E	dc	NW2	via l3	–
	E	l	NW1	via l1	D
90 s:	A	s	0.0.0.0	–	–
	A	l	NW1	l2	D,B
	A	l	NW2	l2	E,C,B + E,D,B
	B	l	0.0.0.0	via l1	A
	B	l	NW1	via l3	D
	B	l	NW2	via l2	E,C
	B	l	NW2	via l3	E,D
	B	l	NW1	via l2	D,E,C
	C	l	NW2	via l2	E
	C	l	NW1	via l1	D,B
	C	l	NW1	via l2	D,E
	C	l	0.0.0.0	via l1	A,B
	C	l	NW2	via l1	E,D,B
	D	dc	NW1	via l3	–

	D	I	NW2	via I2	E
	D	I	0.0.0.0	via I1	A,B
	D	I	NW2	via I1	E,C,B
	E	dc	NW2	via I3	–
	E	I	NW1	via I1	D
	E	I	NW1	via I2	D,B,C
	E	I	0.0.0.0	via I2	A,B,C
	E	I	0.0.0.0	via I1	A,B,D
120 s:	A	s	0.0.0.0	–	–
	A	I	NW1	I2	D,B
	A	I	NW2	I2	E,C,B + E,D,B
	B	I	0.0.0.0	via I1	A
	B	I	NW1	via I3	D
	B	I	NW2	via I2	E,C
	B	I	NW2	via I3	E,D
	B	I	NW1	via I2	D,E,C
	C	I	NW2	via I2	E
	C	I	NW1	via I1	D,B
	C	I	NW1	via I2	D,E
	C	I	0.0.0.0	via I1	A,B
	C	I	NW2	via I1	E,D,B
	C	I	0.0.0.0	via I2	A,B,D,E
	D	dc	NW1	via I3	–
	D	I	NW2	via I2	E
	D	I	0.0.0.0	via I1	A,B
	D	I	NW2	via I1	E,C,B
	E	dc	NW2	via I3	–
	E	I	NW1	via I1	D
	E	I	NW1	via I2	D,B,C
	E	I	0.0.0.0	via I2	A,B,C
	E	I	0.0.0.0	via I1	A,B,D

Nach 120 Sekunden sind in dieser Topologie allen Routern alle Wege bekannt. Jeder weiß, welche Netze er über welche Interfaces erreichen kann.

0.0.0.0 bedeutet alle, die nicht zu unserem Adressbereich gehören. Fällt nun ein Router aus, wissen die anderen, über welche Alternativwege die Daten gesendet werden können. Der Algorithmus, wie die Routen nun innerhalb dieser Redundanzen festgelegt werden, ist hoch komplex. Ebenso muss durch viele Mechanismen verhindert werden, dass Routing-Loops auftreten. Jedes Routing-Protokoll hat hier eigene Tücken, Stärken und Schwächen. Hier sei im Rahmen dieses Buches auf die weiterführende Literatur verwiesen.

15 Praxis/Übungen

Nach der vielen grauen Theorie gibt es nun noch ein paar praktische Übungen, die man je nach dem zur Verfügung stehendem Equipment selbst durchführen kann.

Die verwendeten Techniken lassen sich auch jeweils hervorragend für das Troubleshooting verwenden. Zu Beginn jeder Übung werde ich die Voraussetzungen angeben. Wer die Übungen aufgrund fehlender Vielfalt von Subnetzen oder Rechnern nicht selbst machen kann, kann trotzdem weiter lesen. Alle sind durch Screenshots erläutert.

Vorab aber noch ein paar allgemeine Informationen.

Ich werde ab jetzt nicht mehr explizit erwähnen, dass Sie bei den Übungen unter Windows als „Administrator" und unter Linux als „Root" am System angemeldet sein müssen.

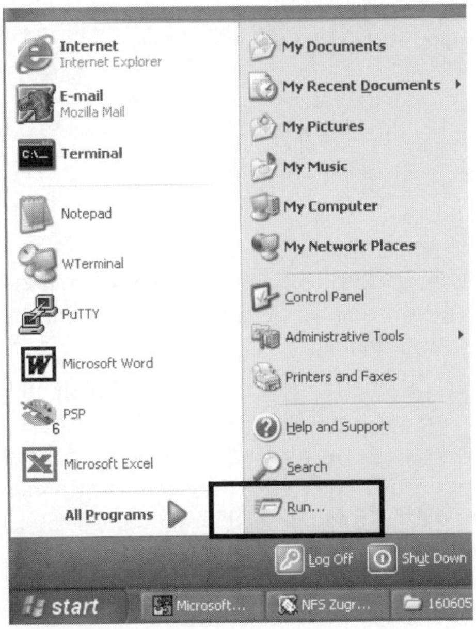

BILD 15.1 Wählen Sie aus der Option [Start] den Menüpunkt [Run].

Ein Terminal öffnen bedeutet, ein Kommandozeilenfenster zu öffnen. Unter Windows bekommen Sie dies mit START, AUSFÜHREN und tippen dann in die Zeile CMD ein und bestätigen mit OK.

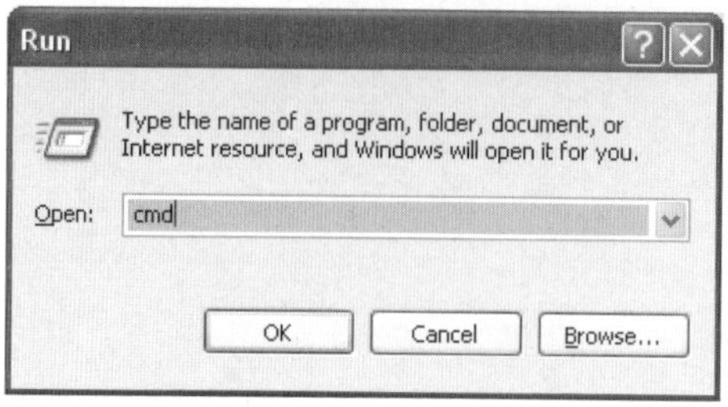

BILD 15.2 Dort geben Sie „cmd“ ein und bestätigen.

Danach sollten Sie das Terminal zur Tastatureingabe vor sich haben.

BILD 15.3 Ein Terminalfenster

Bei Linux klicken Sie mit der rechten Maustaste auf einen leeren Bereich des Desktops. Es erscheint ein Auswahlmenü. Einer der Punkte ist „New Terminal“. Wenn die Befehle unter Windows und Linux identisch sind, werde ich sie nicht extra zweimal erwähnen. Ist ein Vorgang also allgemein beschrieben, ist er in beiden Fällen identisch.

15.1 Arp-Requests

Voraussetzung: zwei Rechner, die im selben Subnetz sind. Es ist egal, welches Betriebssystem auf welchem installiert ist oder ob beide dasselbe haben. Wir wollen uns praktisch ansehen, wie die Layer II-Adresse eines Rechners ermittelt wird.

Weiter wollen wir uns ansehen, was passiert, wenn wir den ARP-Request unterbinden und mit statischen ARP-Einträgen arbeiten. Diese Kommunikation innerhalb des Subnetzes ist essenziell wichtig und bleibt unseren Augen normalerweise verborgen. Der ARP-Request wird in der Regel einfach im Hintergrund durchgeführt. Mit der Hilfe spezieller Programme, die meist der Fehlerdiagnose dienen, können wir diesen Vorgang sichtbar machen.

Im Beispiel ist folgendes Szenario realisiert.

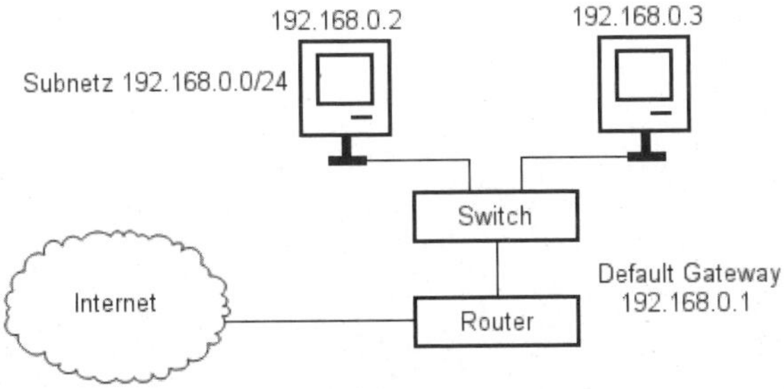

BILD 15.4 Beispielszenario: Zwei Rechner sind im selben Subnetz, also in derselben Broadcast-Domäne.

Öffnen Sie ein Terminal. Ermitteln Sie nun die IP-Adressen beider Rechner. Tippen Sie im Terminal bei Windows: „ipconfig /all“, bei Linux „ifconfig“.

Sie sehen nun detaillierte Angaben über alle Netzwerkkarten und ihre Einstellungen. Gelistet sind der Name, Default Gateway, Nameserver etc. Uns interessieren die IP- und die MAC-Adressen. Notieren Sie beide.

(Um unter Linux Angaben zum Gateway zu bekommen, müssen Sie „route -n“ eingeben.) Wir wollen nun den ARP-Cache eines Rechners ansehen. Ich nehme im Beispiel den Rechner mit der Adresse 192.168.0.2. Dies erledigt der Befehl: „arp -a“. Hatte der Rechner seit mehr als fünf Minuten keinen Netzwerkkontakt mehr zu einem anderen, ist der ARP-Cache leer.

BILD 15.5 Der Arp-Cache ist leer.

Nehmen wir nun irgendeinen Kontakt zum anderen Rechner auf. Ich erledige dies mit dem Ping-Programm.

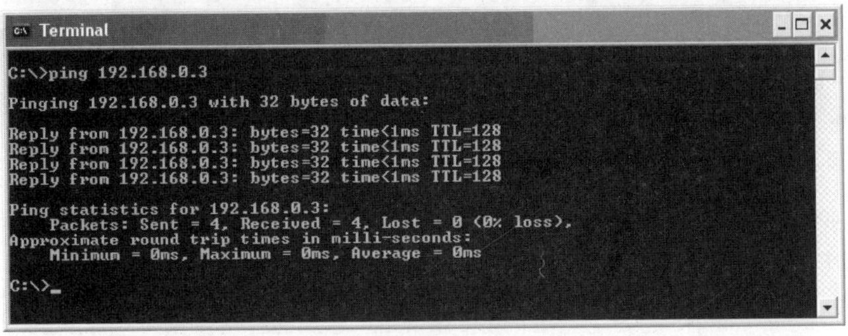

BILD 15.6 Der Rechner antwortet auf eine Ping-Anfrage.

Der Rechner antwortet. Also muss ein ARP-Request erfolgreich stattgefunden haben. Sehen wir uns wiederum mit „arp -a" den Arp-Cache an.

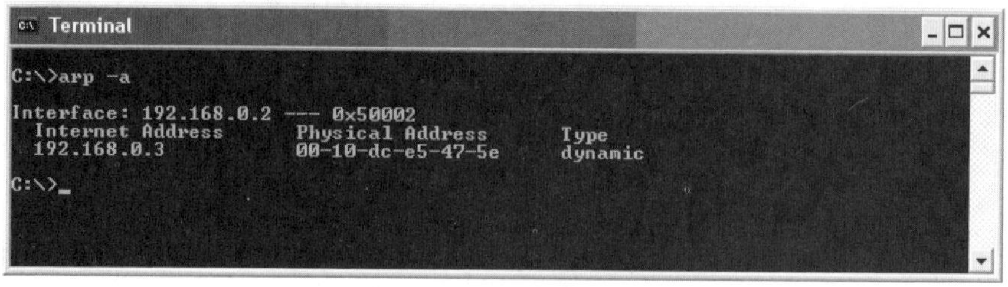

BILD 15.7 Der Arp-Cache ist nun nicht mehr leer, sondern enthält einen Eintrag.

Wir sehen nun einen Eintrag vom Typ „dynamisch". Die MAC-Adresse des anderen Gerätes wurde aufgelöst und steht uns 300 Sekunden zur Verfügung. Mit „arp -d" können wir den Eintrag bewusst vorher löschen.

BILD 15.8 Der Arp-Cache wird gelöscht und neu abgefragt.

Wir induzieren nun einen Fehler, der uns deutlich machen wird, warum der ARP-Cache automatisch regelmäßig gelöscht werden muss. Wir geben dem Zielrechner bewusst eine falsche MAC-Adresse. Mit „arp -s" lassen sich statische MAC-Tabelleneinträge machen. Ich wähle eine willkürliche MAC-Adresse.

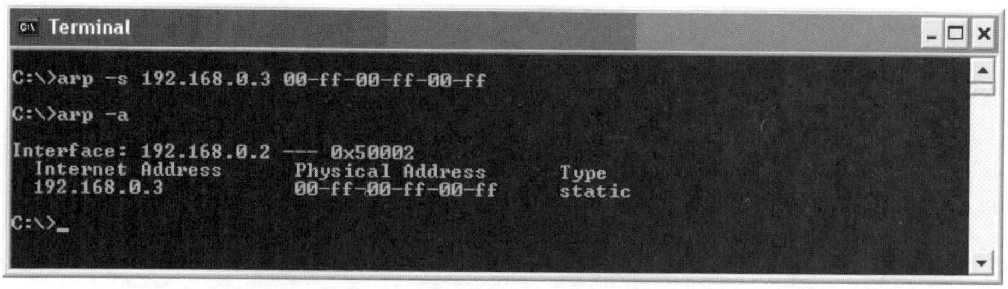

BILD 15.9 Der Eintrag der MAC-Adresse wird statisch vorgenommen.

Wir sehen nun einen Eintrag vom Typ „statisch", der nicht automatisch gelöscht wird. Wenn wir nun versuchen, den Rechner zu erreichen, werden wir sehen, dass es nicht mehr funktioniert, da die MAC-Adresse nicht stimmt. Sie wird auch nicht mehr per ARP-Request aufgelöst, da der Adapter einen statischen Eintrag hat, dem er vertraut, er glaubt, die physikalische zur logischen Adresse zu wissen.

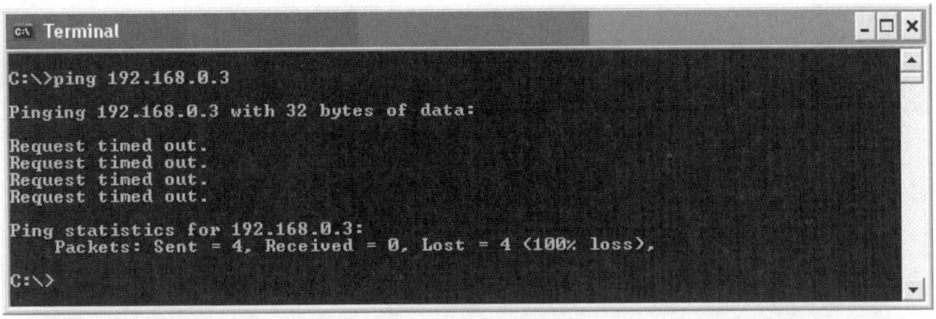

BILD 15.10 Der Zielrechner kann nicht mehr erreicht werden, die MAC-Adresse zur IP-Adresse ist falsch.

Ein Löschen des falschen Eintrags löst das Problem. Da keine Einträge mehr zu finden sind, startet der Rechner nun einen ARP-Request.

Es wird somit klar, dass es eine Gefahr darstellt, mit statischen ARP-Einträgen zu arbeiten. Sobald sich die Hardware, sprich der Netzwerkadapter, ändert, müssen bei statischen Einträgen in allen Rechnern die ARP-Tables mit der Hand aktualisiert werden, damit eine Kommunikation wieder stattfinden kann.

Genau dies ist auch der Grund, warum die MAC-Adressentabellen einer Bridge oder eines Switches ausaltern. Ohne diesen Mechanismus müsste jeder Rechner mit der Hand in die Tabellen aller Netzwerkgeräte eingetragen werden.

Statische ARP-Einträge können manchmal einen Sinn ergeben. Wird zum Beispiel ein fabrikneuer Netzwerkdrucker das erste Mal über ein Web-Interface konfiguriert, kann der Fall eintreten, dass er noch keine konfigurierte Layer III-Adresse hat. Somit kann sein Webserver nicht angesprochen werden. Trägt man aber seine MAC-Adresse statisch zugeordnet zu einer IP-Adresse in einem Rechner ein, ist er, sofern er im selben Subnetz ist, trotzdem über diese IP-Adresse ansprechbar. Nach der Konfiguration darf man aber nie vergessen, den statischen Eintrag wieder zu löschen. Ansonsten riskiert man, dass der Drucker von diesem Rechner aus nicht mehr erreichbar ist. Bis man auf diese Idee kommt, kann es lange dauern. Daher sollte man bei einer Erreichbarkeit eines Zielgerätes von manchen Rechnern aus und von manchen nicht überprüfen, ob die ARP-Auflösung korrekt funktioniert, und alle statischen Einträge löschen.

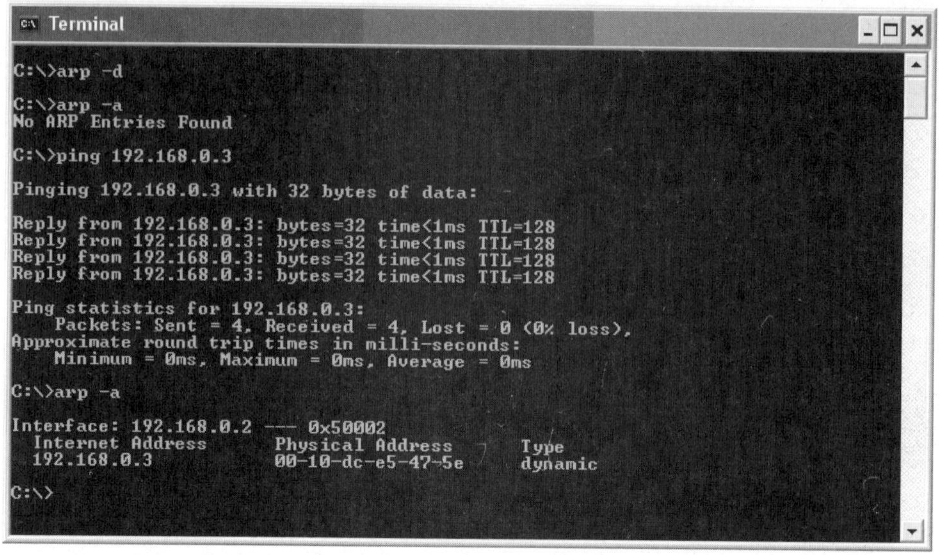

```
C:\>arp -d

C:\>arp -a
No ARP Entries Found

C:\>ping 192.168.0.3

Pinging 192.168.0.3 with 32 bytes of data:

Reply from 192.168.0.3: bytes=32 time<1ms TTL=128
Reply from 192.168.0.3: bytes=32 time<1ms TTL=128
Reply from 192.168.0.3: bytes=32 time<1ms TTL=128
Reply from 192.168.0.3: bytes=32 time<1ms TTL=128

Ping statistics for 192.168.0.3:
    Packets: Sent = 4, Received = 4, Lost = 0 (0% loss),
Approximate round trip times in milli-seconds:
    Minimum = 0ms, Maximum = 0ms, Average = 0ms

C:\>arp -a

Interface: 192.168.0.2 --- 0x50002
  Internet Address      Physical Address      Type
  192.168.0.3           00-10-dc-e5-47-5e     dynamic

C:\>
```

BILD 15.11 Da kein statischer Eintrag mehr da ist, erfolgt wieder ein ARP-Request. Die MAC-Adresse wird korrekt ermittelt, und der Rechner ist wieder erreichbar.

Der Rechner ist wieder erreichbar, und die korrekte MAC-Adresse ist im ARP-Cache eingetragen.

Die einfachste Methode, die MAC-Adresse eines beliebigen Rechners im eigenen Subnetz zu ermitteln, ist, mit ihm Kontakt aufzunehmen und dann den ARP-Cache zu sichten.

15.2 Kommunikation auf Layer III

Diese Kommunikation ist auf Layer II verlaufen. Nun verlassen wir unser Subnetz über Layer III, indem wir Rechner pingen, die außerhalb unseres Netzes stehen. Dazu müssen wir natürlich mit dem Internet oder über einen Router mit anderen Subnetzen verbunden sein. Diesen Test kann somit nicht jeder durchführen.

Wir erinnern uns: Der Rechner ermittelt aus einer logischen Addition der Adresse und der Subnetzmaske einerseits bei sich, andererseits an der Zielmaschine, ob beide im selben Subnetz sind oder nicht.

Da bei jedem HOP die Layer II-Adressen geändert werden müssen, damit die Daten in den Layer II-Segmenten ihren Weg finden können, brauchen wir das zweistufige Layer II- und Layer III-Adressierungssystem, logische und physikalische Adressen. Ohne diese Zweistufigkeit wäre ein weltweiter Verkehr nicht möglich.

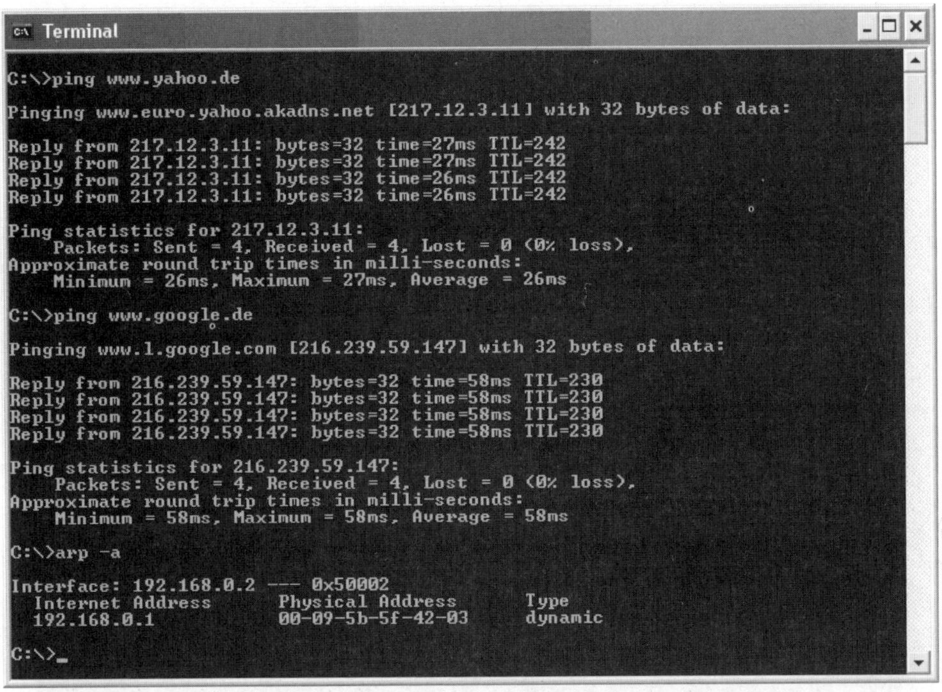

BILD 15.12 Zwei Rechner außerhalb des eigenen Subnetzes werden kontaktiert.

Wir haben zwei verschiedene Rechner im Internet angepingt. In der ARP-Tabelle sehen wir aber nur einen einzigen Eintrag, die MAC-Adresse des Default Gateways. Da die IP-Adressen außerhalb unseres Subnetzes liegen, hätte ein ARP-Request keinen Sinn. Daher wird die MAC-Adresse des Default Gateways aufgelöst, und die Daten werden zu ihm gesendet.

Sehen Sie sich alle Optionen an, die uns der arp-Befehl bietet. Unter Windows können wir dies mit „arp /?“, unter Linux mit „arp –help“ oder „apropos arp“ erledigen. Probieren Sie die verschiedenen Optionen und ihre Auswirkungen aus.

15.3 Layer II-Loop-Probleme

Voraussetzungen: zwei Rechner und ein Mini-Switch

Lesen Sie in der Gerätebeschreibung nach, ob es sich wirklich um einen Switch und nicht um einen Hub handelt. Lesen Sie außerdem nach, ob das Gerät MDI-Autosensing ist. Wenn ja, benötigen wir ein normales Patchkabel, wenn nicht, ein Crossover-Kabel. Hat das Gerät einen Uplink-Port (MDI-X), kann auch dieser für diesen Test verwendet werden. Alle Geräte müssen in einem Subnetz sein. Ein Kontakt zum Internet oder zu anderen Subnetzen ist nicht notwendig.

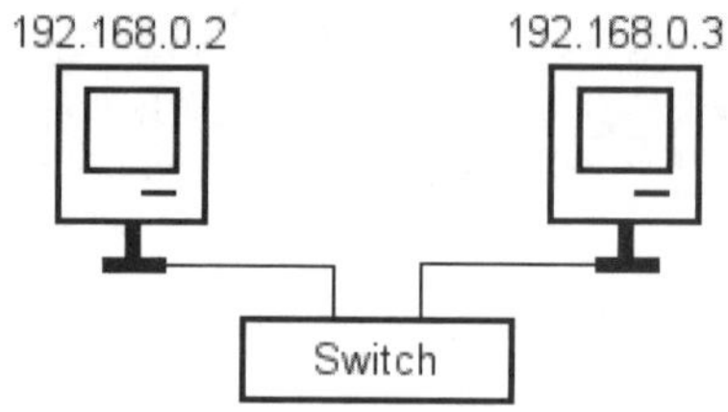

BILD 15.13 Zwei Rechner, die an einem Switch angeschlossen sind

Schließen Sie beide Rechner an den Mini-Switch an, und lassen Sie von einem zum anderen einen dauernden Ping laufen.

Unter Windows erfolgt dies mit: „ping -t IP-Adresse“, unter Linux mit „ping IP-Adresse“. Verbinden Sie nun zwei freie Ports des Switches mit dem Patch- oder Crossover-Kabel. Der Ping bricht ab. Lösen wir den Loop wieder auf. Der Ping läuft weiter.

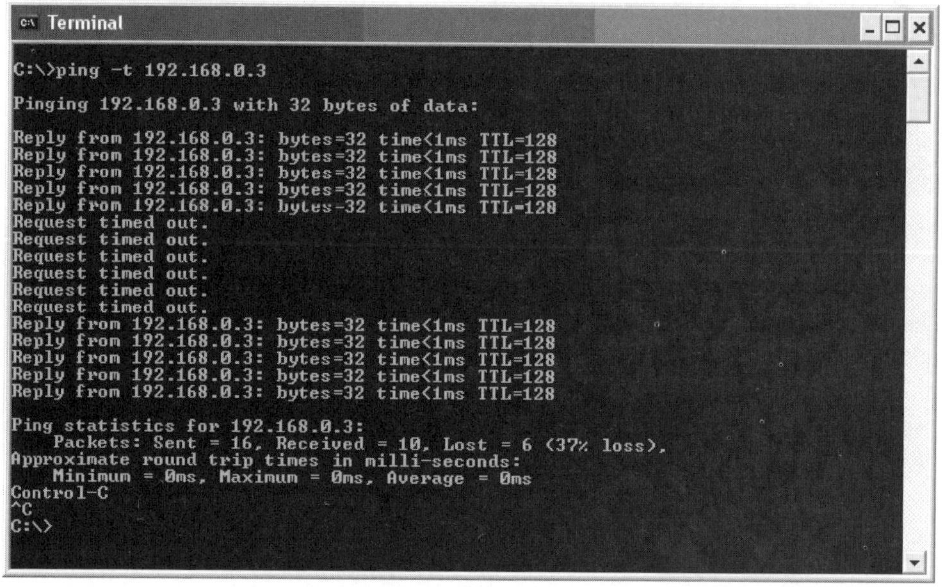

BILD 15.14 Ein Loop auf Layer II bringt den Verkehr zum Erliegen.

Sobald ein Loop auf Layer II gesteckt wird und der Switch kein Spanning Tree unterstützt, bricht der Netzwerkverkehr zusammen. Wird der Loop wieder gelöst, läuft der Ping weiter.

Nach einem Packet-Storm wird die ARP-Table verworfen. Solche Fehler können eine gesamte Layer II-Umgebung komplett zusammenbrechen lassen.

Solche Fehler sind in der Regel schwer zu diagnostizieren. Einen guten Hinweis bekommt man hier über die Status-LEDs der Netzwerkkarten und Switches. Leuchten diese konstant anstatt wie üblich zu blinkern, ist dies ein Zeichen für einen Packet-Storm.

Viele Mini-Switches, besonders in der sehr günstigen Kategorie, „überleben“ einen Packet-Storm nicht. Sie stürzen ab und müssen ein- und ausgeschaltet werden, damit sie wieder funktionieren.

15.4 Die Subnetzmaske

Voraussetzung: ein Adressbereich der Klasse B, über die Subnetzmaske in virtuelle C-Klassen zerlegt. Kontakt zum Internet oder zu einem Netz außerhalb ihrer B-Klasse.

Geben Sie Ihrem Rechner nun bewusst eine falsche Subnetzmaske. Die Effekte, die dadurch auftreten, sehen auf den ersten Blick seltsam aus. Einiges funktioniert, anderes nicht. Solche Fehler können extrem schwierig zu finden sein.

Die richtigen Daten sind:

- Rechner 1: 192.168.12.100
- Rechner 2: 192.168.13.100
- Rechner 3: 10.10.11.100
- Default Gateway Netzwerk 1 (Rechner 1): 192.168.12.254
- Default Gateway Netzwerk 2 (Rechner 2): 192.168.13.254
- Default Gateway Netzwerk 3 (Rechner 3): 10.10.11.254

Die korrekte Subnetzmaske für alle drei Netze lautet 255.255.255.0.

Geben Sie dem Rechner 192.168.12.100 nun einmal bewusst die falsche Subnetzmaske: 255.255.0.0 und öffnen auf ihm ein Terminal.

Pingen Sie einen Rechner in Ihrer Layer II-Umgebung an – es funktioniert (hier das Default Gateway 192.168.12.254).

Pingen Sie einen Rechner in einem Netz Ihrer B-Klasse-Adresse, aber nicht in Ihrem Subnetz an (hier die 192.168.13.100). Es funktioniert nicht.

Pingen Sie einen Rechner in einem ganz anderen Netzwerk (irgendwo im Internet) an (hier die 10.10.11.100). Es funktioniert.

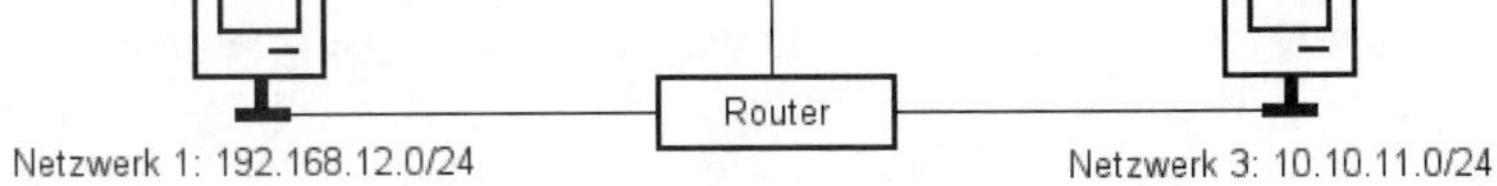

BILD 15.15 Beispiel einer Umgebung mit verschiedenen Subnetzen: Zwei sind „Klasse-C-Derivate“ eines B-Klasse-Netzes, eines gehört zu einer völlig anderen Klasse

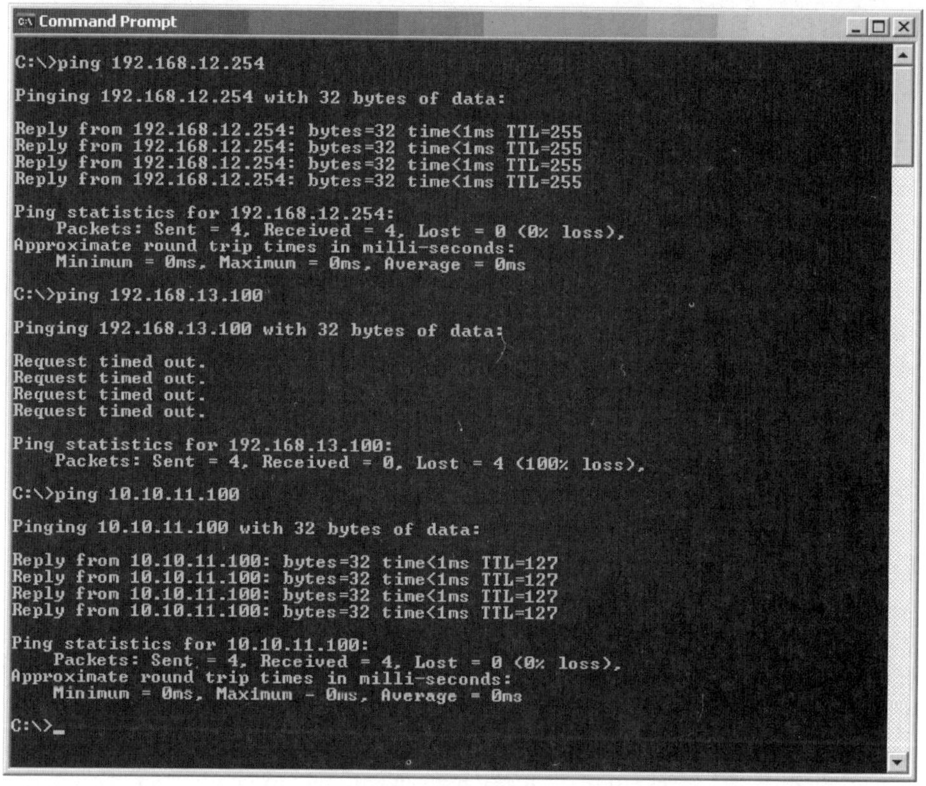

BILD 15.16 Eine falsche Subnetzmaske kann ziemlich unangenehme und verwirrende Effekte verursachen.

Die Erklärung: Anhand der Subnetzmaske und der IP-Adresse glaubt der Rechner, im Netzwerk 192.168.0.0 mit der Subnetzmaske 255.255.0.0 zu stehen. Er „denkt" also, die gesamte B-Klasse-Adresse, in der er sich glaubt, wäre innerhalb einer Broadcast-Domäne angesiedelt. In Wirklichkeit aber, so ist der Router konfiguriert, haben wir virtuelle C-Klasse-Netze daraus gemacht.

Pingen wir nun einen Rechner in unserer Layer II-Umgebung an (hier das Default Gateway 192.168.12.254), funktioniert alles. Er kann durch einen ARP-Request erreicht werden.

Pingen wir einen Rechner an, der innerhalb unserer Klasse B ist, aber außerhalb unseres Subnetzes (hier die 192.168.13.100), funktioniert es nicht. Der Rechner nimmt an, dass beide in derselben Broadcast-Domäne sind, und versucht einen ARP-Request. Dieser ist ein Broadcast und wird vom Router geblockt. Ein Kontakt ist daher nicht möglich.

Pingen wir nun einen Rechner außerhalb unserer fälschlichen B-Klasse an (hier die 10.10.11.100), nimmt unser Rechner an, dass er außerhalb seiner Broadcast-Domäne ist. Daher sendet er die Pakete an das Default Gateway. Es funktioniert.

Bei einer Fehlkonfiguration der Subnetzmaske ist also alles erreichbar, was entweder in der eigenen Broadcast-Domäne oder außerhalb des B-Klasse-Bereiches (beziehungsweise des Bereiches, den unsere Subnetzmaske definiert) ist, aber kein anderes Subnetz innerhalb unserer B-Klasse (unseres Definitionsbereiches).

15.5 Das Default Gateway

Voraussetzung: Dieser Test funktioniert auch mit einem Rechner. Hier verwende ich zur Verdeutlichung mehrere.

Zwei Rechner sind im selben Subnetz, einer in einem anderen. Der Rechner mit der Adresse 192.168.11.100 hat ein falsches Default Gateway konfiguriert.

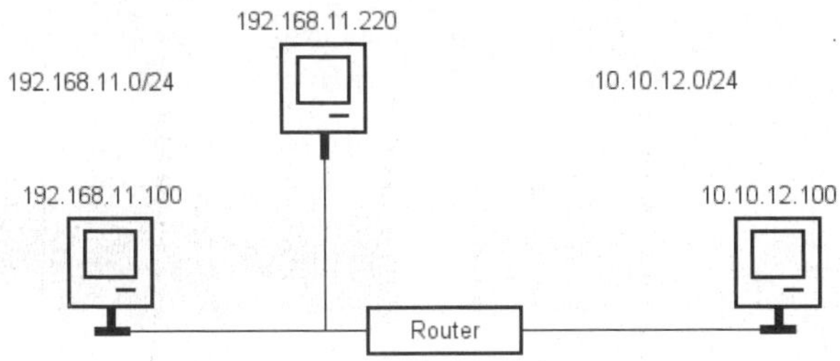

BILD 15.17 Beispielszenario für einen falsches Default Gateway.

Pingen wir von dem falsch konfigurierten Rechner aus einen Rechner im selben Subnetz an, funktioniert es, hier wird per ARP-Request aufgelöst.

Pingen wir einen Rechner in irgendeinem anderen Netzwerk an, funktioniert es nicht. Der Rechner sendet die Daten an das (falsche) Default Gateway. Aber diesen gibt es hier nicht, die Sendung läuft ins Leere. Pingen wir von der 192.168.11.220 aus den Rechner an (oder umgekehrt), funktioniert es. Beide sind im selben Subnetz.

Hier sehen wir deutlich die unterschiedliche Vorgehensweise, um einen Rechner in und außerhalb der eigenen Broadcast-Domäne zu erreichen. Fehler im Default Gateway und in der Subnetzmaske können also, je nach Konstellation, relativ ähnliche Effekte bewirken. Beide sorgen für eine fehlerhafte Weiterleitung der Daten.

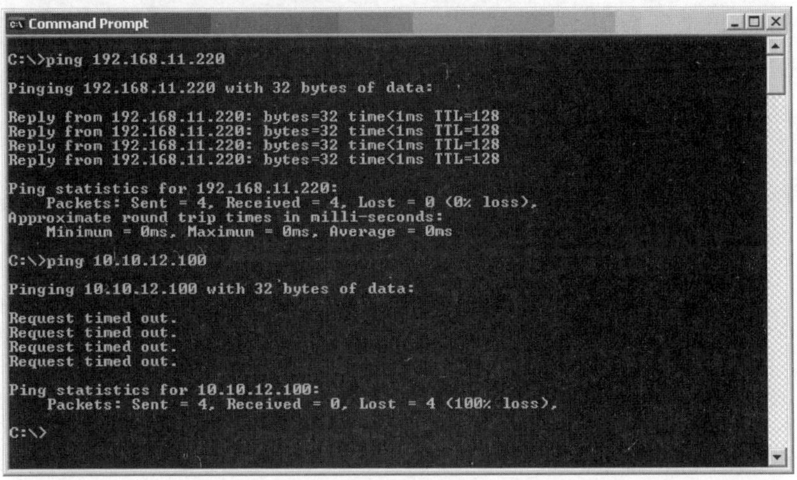

BILD 15.18 Der Kontakt in ein anderes Layer III-Gebiet funktioniert mit falschem Default Gateway nicht.

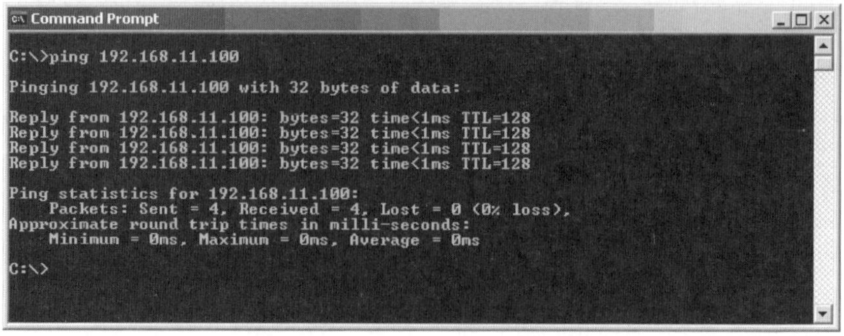

BILD 15.19 Im selben Subnetz funktioniert es – hier wird ein ARP-Request an die Zielmaschine vorgenommen, der erfolgreich ist.

Versuchen wir nun, den Rechner von der 10.10.12.100 her zu erreichen, funktioniert es nicht. Daher folgt, dass ein Rechner mit einem falschem Default Gateway nur innerhalb des eigenen Subnetzes erreichbar ist und andere erreichen kann.

Versucht man, ihn von einem anderen Netz aus zu erreichen, funktioniert das zwar, die Daten kommen bei ihm an, aber die Antwort versandet. Genauso kann er von sich aus außerhalb seines eigenen Netzes niemanden erreichen.

Dies kann auch bewusst aus Security-Gründen eingesetzt werden. Ein Server, der kein Default Gateway konfiguriert bekommt, ist demnach nur innerhalb seiner Broadcast-Domäne erreichbar. Von allen anderen bekommt er Daten, kann aber nicht antworten. Alle anderen bekommen Timeouts und können nicht mit ihm kommunizieren. Andere Rechner in dieser Broadcast-Domäne können aber, wenn sie ein korrektes Default Gateway haben, normal in die Welt hinaus kommunizieren.

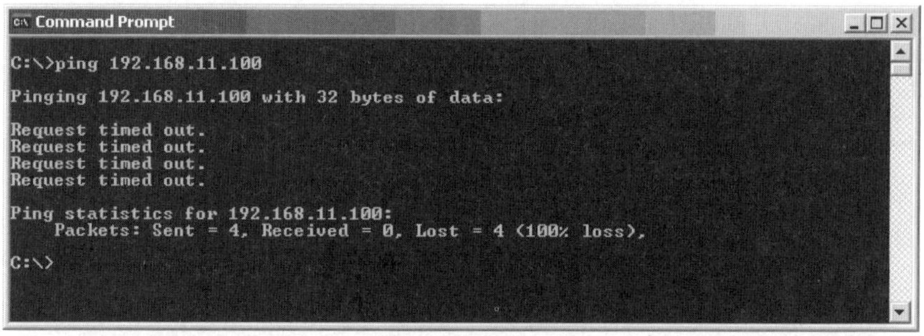

BILD 15.20 Der Weg über den Router kann nicht gefunden werden.

Hier noch eine Anmerkung. Es gibt die Möglichkeit, an Routern Funktionen zu aktivieren, die solche Fehlkonfigurationen aufzufangen vermögen. Diese nennt man „Proxy-ARP“. Der Router, der den Weg nach außen aus einem Subnetz ja durch seine Konfiguration kennt, kann hier veranlasst werden, Daten, die für andere Subnetze bestimmt sind, zu routen, obwohl sie nicht an sein Interface, das normalerweise das Default Gateway sein sollte, adressiert sind.

In Netzwerken mit derart konfigurierten Routern funktioniert die Kommunikation auch mit einem falschen Default Gateway.

Diese Funktionen sollten konsequent deaktiviert werden. Sie korrigieren Fehlkonfigurationen, betreiben also „Kosmetik". Ein Netzwerk sollte aber besser durch eine korrekte Konfiguration laufen als durch solche Parameter. Diese stellen auch eine erhebliche Gefahr dar.

Sind in einem Subnetz zum Beispiel bei allen Rechnern falsche Default Gateways konfiguriert und der Router ist auf Proxy-ARP eingestellt, können alle normal nach außen kommunizieren.

Wird nun aber, durch Ersatz, neue Firmware oder neue Konfiguration, diese Funktion am Router auf einmal deaktiviert, ist auf einen Schlag das gesamte Subnetz isoliert und kann keine Rechner mehr außerhalb der eigenen Broadcast-Domäne erreichen. Sehr unangenehm wird dies bei einer Fernwartung von Rechnern. Auf sie kann dann nur noch lokal vor Ort zugegriffen werden („Turnschuh-Wartung").

15.6 Nameserver

Diesen Test kann jeder durchführen, der einen Internet-Anschluss besitzt. Zuerst suchen wir einen Server im Internet, der sich in beide Richtungen, Forward Lookup und Reverse Lookup, auflösen lässt.

Oft funktioniert, gerade bei Webservern, nur das Forward Lookup, und die Reverse Lookup-Zone ist nicht geführt. Dies hat viele Gründe. Einerseits weisen bei manchen Servern viele Namen auf eine IP-Adresse. Diese bezeichnet man als Aliase. Andererseits wird zu 99% nur die Forward Lookup-Zone verwendet.

Namen sind einfach leichter zu behalten und aussagekräftiger als Adressen. Zum anderen vermieten Provider Namenszonen an ihre Kunden, wollen aber nicht deren DNS führen. Der Teil der offiziellen Adressen aber, der ihnen zugeteilt ist, wird von ihnen verwaltet. Es kann nur einen autoritativen Nameserver für einen Namensbereich und seine Adressen geben. Daher können Provider zwar Weiterleitungen an Namen machen, aber sie können die Reverse Lookup-Zone, bei der es ja um IP-Adressen geht, nicht delegieren. Daher wird dem Kunden nur die Forward Lookup-Zone zur Verfügung gestellt.

Ein Programm, mit dem wir Nameserver abfragen können, ist „nslookup".

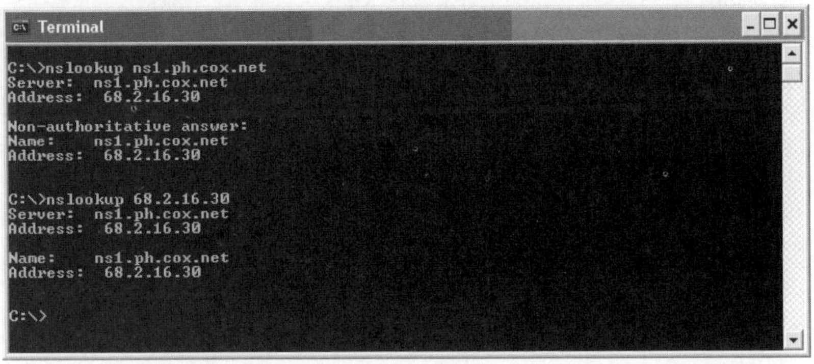

BILD 15.21 Forward und Reverse Lookup

Im Beispiel kommt oben die Abfrage der Forward Lookup-Zone. Welche IP-Adresse hat ein Name? Dies ist der normale Vorgang.

Wenn wir zum Beispiel in einem Browser „http://www.nasa.gov“ eingeben, erfolgt diese Auflösung im Hintergrund von uns unbemerkt. Das Internet funktioniert ausschließlich über Adressen.

Direkt anschließend kommt der Reverse Lookup. Welche IP-Adresse hat welchen Namen? Dies ist der eher seltenere Vorgang. Denn eine IP-Adresse muss nicht extra aufgelöst werden, sie gilt sofort im Internet.

Nun pingen wir noch beides.

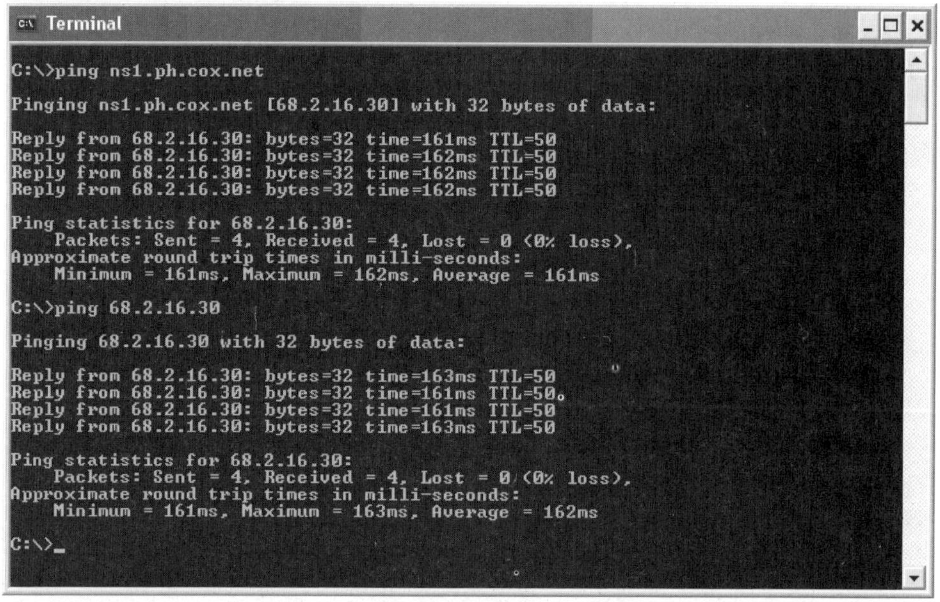

```
Terminal

C:\>ping ns1.ph.cox.net

Pinging ns1.ph.cox.net [68.2.16.30] with 32 bytes of data:

Reply from 68.2.16.30: bytes=32 time=161ms TTL=50
Reply from 68.2.16.30: bytes=32 time=162ms TTL=50
Reply from 68.2.16.30: bytes=32 time=162ms TTL=50
Reply from 68.2.16.30: bytes=32 time=162ms TTL=50

Ping statistics for 68.2.16.30:
    Packets: Sent = 4, Received = 4, Lost = 0 (0% loss),
Approximate round trip times in milli-seconds:
    Minimum = 161ms, Maximum = 162ms, Average = 161ms

C:\>ping 68.2.16.30

Pinging 68.2.16.30 with 32 bytes of data:

Reply from 68.2.16.30: bytes=32 time=163ms TTL=50
Reply from 68.2.16.30: bytes=32 time=161ms TTL=50
Reply from 68.2.16.30: bytes=32 time=161ms TTL=50
Reply from 68.2.16.30: bytes=32 time=163ms TTL=50

Ping statistics for 68.2.16.30:
    Packets: Sent = 4, Received = 4, Lost = 0 (0% loss),
Approximate round trip times in milli-seconds:
    Minimum = 161ms, Maximum = 163ms, Average = 162ms

C:\>_
```

BILD 15.22 Der Ping ist sowohl auf die Adresse als auch auf den Namen erfolgreich.

Beide Auflösungen, Name und Adresse, funktionieren.

Nun konfigurieren wir einen falschen Nameserver, am besten einen, der nicht vorhanden ist, oder die Adresse eines Rechners, der kein Nameserver ist. Dann versuchen wir alles noch einmal.

Die hier von mir gewählten Adressen sind absolut willkürlich gewählt. Zum Zeitpunkt der Tests war alles auflösbar. Dies kann zeitweise anders sein (Umstrukturierungen, Wartung etc.). In diesem Fall suchen Sie bitte ein anderes Beispiel, es ist völlig willkürlich, wichtig für unseren Test ist nur, dass beide Richtungen funktionieren).

Weder die Forward- noch die Reverse Lookup-Zone können mit einem falschen Nameserver abgefragt werden.

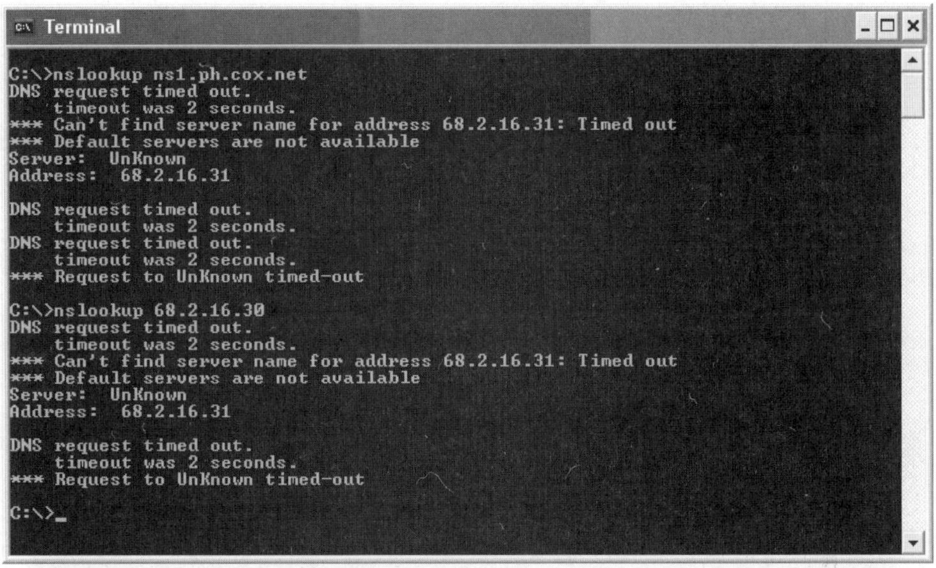

```
Terminal
C:\>nslookup ns1.ph.cox.net
DNS request timed out.
    timeout was 2 seconds.
*** Can't find server name for address 68.2.16.31: Timed out
*** Default servers are not available
Server:  UnKnown
Address:  68.2.16.31

DNS request timed out.
    timeout was 2 seconds.
DNS request timed out.
    timeout was 2 seconds.
*** Request to UnKnown timed-out

C:\>nslookup 68.2.16.30
DNS request timed out.
    timeout was 2 seconds.
*** Can't find server name for address 68.2.16.31: Timed out
*** Default servers are not available
Server:  UnKnown
Address:  68.2.16.31

DNS request timed out.
    timeout was 2 seconds.
*** Request to UnKnown timed-out

C:\>_
```

BILD 15.23 Die Auflösung ist nun nicht mehr möglich.

Nun probieren wir es noch einmal mit einem Ping.

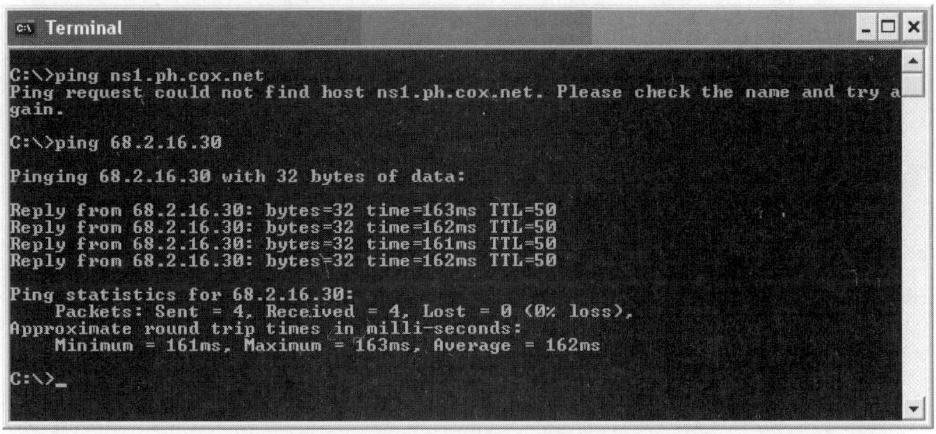

```
Terminal
C:\>ping ns1.ph.cox.net
Ping request could not find host ns1.ph.cox.net. Please check the name and try a
gain.

C:\>ping 68.2.16.30

Pinging 68.2.16.30 with 32 bytes of data:

Reply from 68.2.16.30: bytes=32 time=163ms TTL=50
Reply from 68.2.16.30: bytes=32 time=162ms TTL=50
Reply from 68.2.16.30: bytes=32 time=161ms TTL=50
Reply from 68.2.16.30: bytes=32 time=162ms TTL=50

Ping statistics for 68.2.16.30:
    Packets: Sent = 4, Received = 4, Lost = 0 (0% loss),
Approximate round trip times in milli-seconds:
    Minimum = 161ms, Maximum = 163ms, Average = 162ms

C:\>_
```

BILD 15.24 Der Ping auf den Namen scheitert, der auf die Adresse funktioniert.

Der Ping nach dem Namen funktioniert nicht. Der Ping auf die Adresse funktioniert.

Wie gesagt: Im Internet zählen nur die Adressen. Im Hinterkopf muss uns immer klar sein, dass eine Dienstanforderung nach Namen immer zuerst einen DNS-Lookup auslöst, nach Adressen ist dies nicht notwendig.

15.7 Routen prüfen

Diesen Test kann jeder machen, der einen Internet-Zugang hat. Welche Route ein Datenpaket nimmt, wenn er das Internet überquert, ist manchmal sehr interessant. Vor allem wenn in einem Netzwerk Routing-Probleme auftauchen, ist es manchmal nötig herauszufinden, welchen Weg die Daten wirklich nehmen.

Netze auf Layer III können beliebig vermascht sein. Um den Weg der Daten über eine Layer III-Struktur zu verfolgen, gibt es das Programm „tracert" unter Windows und „traceroute" unter Linux. Beide, „traceroute" und „tracert", senden bei jedem Hop (Überqueren eines Routers) dessen Daten an uns zurück. So können wir den Weg über das weltweite Netzwerk mitverfolgen.

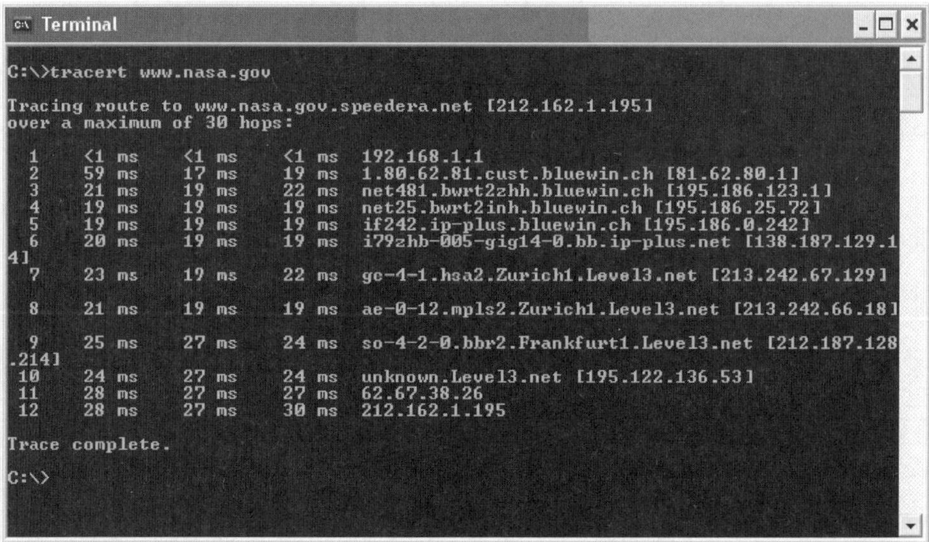

BILD 15.25 Mit Traceroute kann man den Weg der Daten im Netzwerk über die Router verfolgen.

Machen wir dasselbe zu einer anderen Tageszeit nochmals.

Wir sehen, das Routing ist dynamisch. Das Internet ist selbstkonvergent. Entweder war ein Router down oder mehr belastet als sonst. Wir erinnern uns, auch die Geschwindigkeit wird bei der Wegfindung beachtet.

In der nächsten Abbildung sehen wir, dass bei diesem erneuten Trace die Daten über Brüssel geroutet worden sind, nicht über Frankfurt wie beim ersten Versuch. Und oben sind wir zum selben Namen, aber zu einer anderen Adresse geschickt worden als unten.

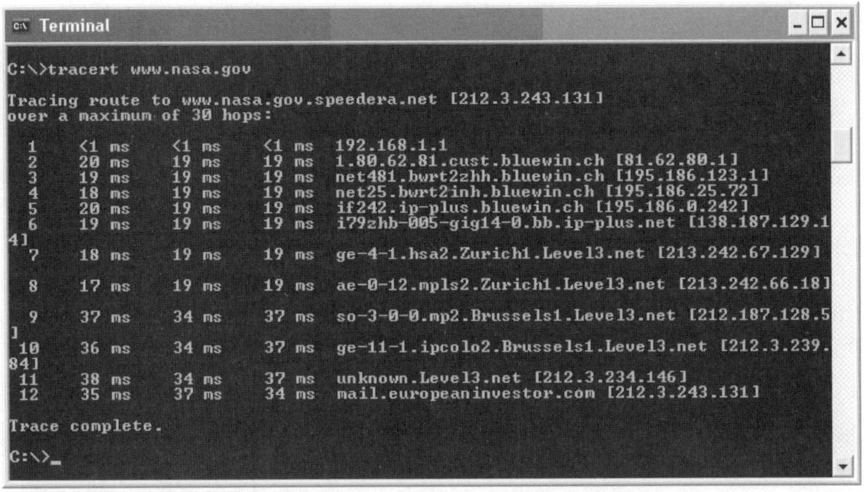

```
Terminal

C:\>tracert www.nasa.gov

Tracing route to www.nasa.gov.speedera.net [212.3.243.131]
over a maximum of 30 hops:

  1    <1 ms    <1 ms    <1 ms  192.168.1.1
  2    20 ms    19 ms    19 ms  1.80.62.81.cust.bluewin.ch [81.62.80.1]
  3    19 ms    19 ms    19 ms  net481.bwrt2zhh.bluewin.ch [195.186.123.1]
  4    18 ms    19 ms    19 ms  net25.bwrt2inh.bluewin.ch [195.186.25.72]
  5    20 ms    19 ms    19 ms  if242.ip-plus.bluewin.ch [195.186.0.242]
  6    19 ms    19 ms    19 ms  i79zhb-005-gig14-0.bb.ip-plus.net [138.187.129.1
4]
  7    18 ms    19 ms    19 ms  ge-4-1.hsa2.Zurich1.Level3.net [213.242.67.129]

  8    17 ms    19 ms    19 ms  ae-0-12.mpls2.Zurich1.Level3.net [213.242.66.18]

  9    37 ms    34 ms    37 ms  so-3-0-0.mp2.Brussels1.Level3.net [212.187.128.5
]
 10    36 ms    34 ms    37 ms  ge-11-1.ipcolo2.Brussels1.Level3.net [212.3.239.
84]
 11    38 ms    34 ms    37 ms  unknown.Level3.net [212.3.234.146]
 12    35 ms    37 ms    34 ms  mail.europeaninvestor.com [212.3.243.131]

Trace complete.

C:\>_
```

BILD 15.26 Jeder Hop ist sichtbar. Hier gehen die Daten einen anderen Weg.

15.8 Prüfen der Verbindungen auf Layer IV

Oft ist es interessant zu wissen, welche Verbindungen zu oder von einem Rechner offen sind. Auch hierfür gibt es das richtige Hilfsmittel, das Programm „netstat".

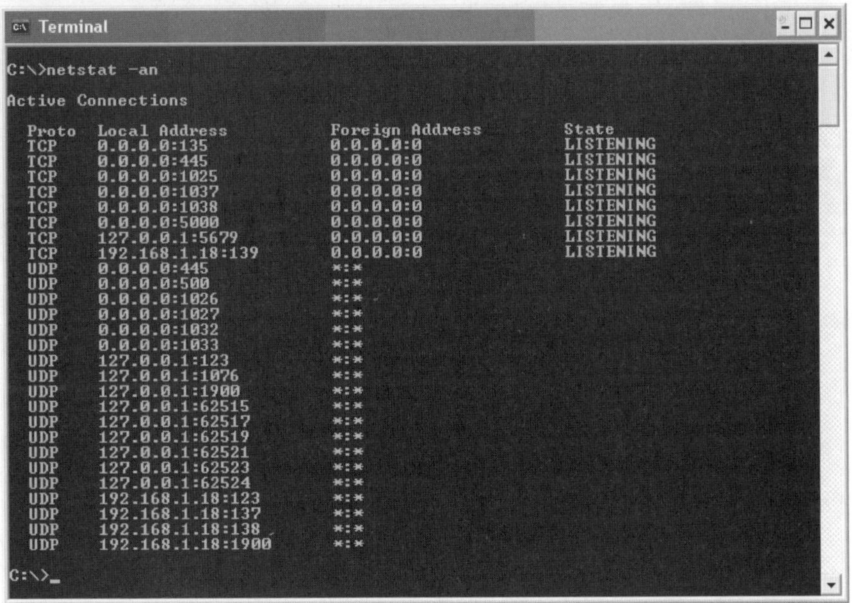

```
Terminal

C:\>netstat -an

Active Connections

  Proto  Local Address          Foreign Address        State
  TCP    0.0.0.0:135            0.0.0.0:0              LISTENING
  TCP    0.0.0.0:445            0.0.0.0:0              LISTENING
  TCP    0.0.0.0:1025           0.0.0.0:0              LISTENING
  TCP    0.0.0.0:1037           0.0.0.0:0              LISTENING
  TCP    0.0.0.0:1038           0.0.0.0:0              LISTENING
  TCP    0.0.0.0:5000           0.0.0.0:0              LISTENING
  TCP    127.0.0.1:5679         0.0.0.0:0              LISTENING
  TCP    192.168.1.18:139       0.0.0.0:0              LISTENING
  UDP    0.0.0.0:445            *:*
  UDP    0.0.0.0:500            *:*
  UDP    0.0.0.0:1026           *:*
  UDP    0.0.0.0:1027           *:*
  UDP    0.0.0.0:1032           *:*
  UDP    0.0.0.0:1033           *:*
  UDP    127.0.0.1:123          *:*
  UDP    127.0.0.1:1076         *:*
  UDP    127.0.0.1:1900         *:*
  UDP    127.0.0.1:62515        *:*
  UDP    127.0.0.1:62517        *:*
  UDP    127.0.0.1:62519        *:*
  UDP    127.0.0.1:62521        *:*
  UDP    127.0.0.1:62523        *:*
  UDP    127.0.0.1:62524        *:*
  UDP    192.168.1.18:123       *:*
  UDP    192.168.1.18:137       *:*
  UDP    192.168.1.18:138       *:*
  UDP    192.168.1.18:1900      *:*

C:\>_
```

BILD 15.27 Die Ports, die auf Services warten, lassen sich mit dem Befehl „netstat" auf der Kommandozeile abfragen.

Es zeigt alle Ports an, die in Betrieb sind. Die Voraussetzung für diesen Test ist lediglich ein Rechner. Sehen Sie sich mit „netstat /?“ unter Windows und „netstat –help“ unter Linux die Optionen an, und probieren Sie sie aus. Hier sehen wir, dass der Rechner auf einigen Ports ständig lauscht. Dies sind die Serverservices, die er anbietet.

Machen wir nun einen Browser auf und verbinden uns zu einem Webserver, sehen wir die Verbindung. Wie man deutlich sieht, hat unser Rechner sich Ports über 1024 gesucht und von dort aus Daten an den Port 80, TCP, eines Webservers gesendet. Damit sind die Sockets aufgebaut, und die Verbindung ist im gesamten Internet einmalig und unverwechselbar.

Somit könnten wir auch zum Beispiel drei verschiedene Browser öffnen und von allen aus verschiedene Seiten dieses Webservers öffnen. Trotzdem könnten die Datenströme eindeutig auseinandergehalten werden.

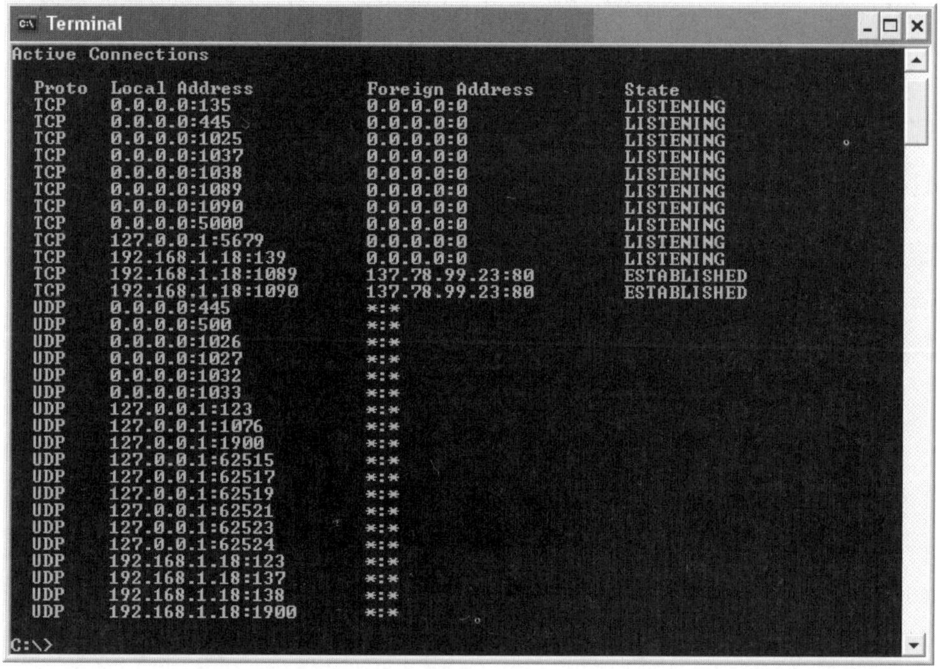

BILD 15.28 Die Verbindung, also die Sockets, sind deutlich sichtbar.

Die Verbindung ist bereits „Established“, das heißt SYN und ACK sind ausgetauscht. Beide Sockets der Verbindung sind zu sehen. Der Verbindungsauf- und -abbau ist so schnell, dass man ihn schlecht „einfangen“ kann.

Aber mit einem Trick geht es doch. Senden wir eine Dienstanforderung an eine Maschine, die diesen Dienst gar nicht anbietet, dann haben wir Zeit bis zum Timeout, zum Beispiel „telnet www.google.com“.

Die Suchmaschine Google bietet keinen Telnet-Zugang an. Daher ist auf diesem Rechner kein Telnet-Server installiert, der auf Port 23 auf einen Verbindungsaufbau wartet. Unser Rechner wird daher SYN-Anfragen senden, bis ein Timeout eintritt.

Dann bekommen wir die Meldung, dass der Dienst nicht zur Verfügung steht. Die anderen Services anderer Well-known Ports sind davon nicht betroffen. Im Datenpaket ist vermerkt, dass diese Anfrage an einen Telnet-Server gerichtet ist. Ein FTP-, Web- oder anderer Serverservice wird sich daher nicht um diese Pakete kümmern.

Probieren Sie aus, welche Services Sie auf anderen Rechnern im Internet sehen können und welche nicht. Richten Sie auf der Kommandozeile Anfragen an sie unter verschiedenen Well-known Ports und sehen sich mit „netstat“ das Ergebnis an.

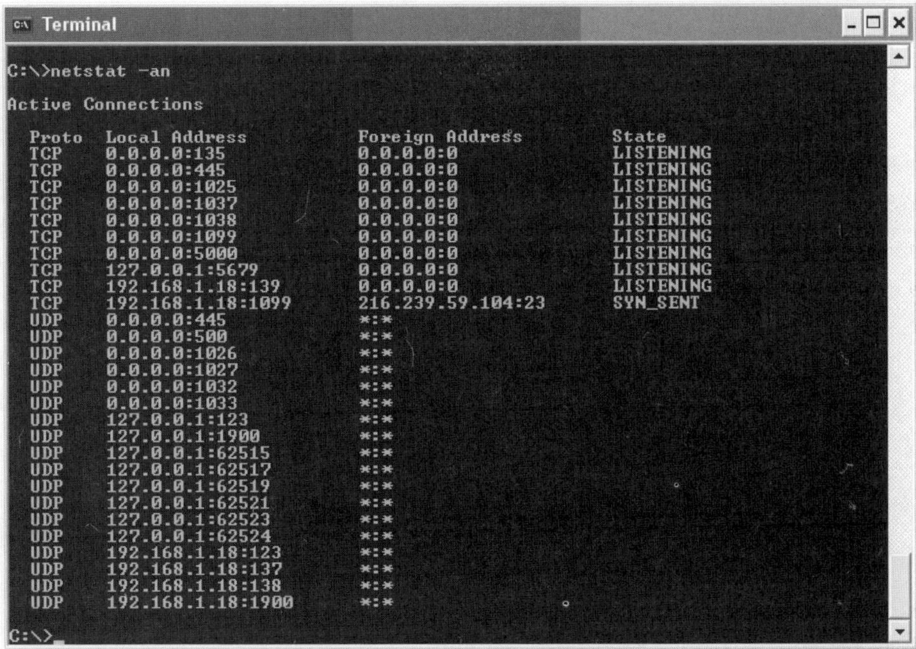

BILD 15.29 Ein SYN-Paket wurde gesendet, und die Antwort wird erwartet.

Wir sehen, eine Verbindung an Port 23 TCP wird angefordert, ein SYN ist gesendet. Natürlich wird nie ein ACK zurückkommen, der Service existiert auf der Zielmaschine nicht.

Der netstat-Befehl kann sehr nützlich sein, wenn die Vermutung besteht, dass ein Rechner gehackt wurde oder von einem Virus befallen ist. Hier kann relativ einfach überprüft werden, ob im Hintergrund versucht wird, ungewollten Verkehr zu anderen, meist unbekannten Rechnern aufzubauen.

Der bösartige Hacker ist eher nicht die Regel, obwohl sich die Bösartigkeit langsam verbreitet. Der klassische Hacker will gar nicht erwischt werden. Er versucht entweder Speicherplatz heimlich „auszuleihen“ (für illegale Daten oder weil er selbst nicht genug Speichermedium besitzt) oder er versucht Rechenzeit, sprich CPU-Ressourcen, anzuzapfen. Daher möchte er eigentlich gar keinen Schaden anrichten, denn wird er erwischt, wird er ausgeschlossen, und die Ressourcen stehen ihm nicht mehr zur Verfügung. Der „richtige“ Hacker wird daher eher versuchen, alle Spuren zu verwischen und unerkannt zu bleiben.

Der netstat und die Liste der laufenden Prozesse sind daher bei solchen Vermutungen die wichtigsten Hilfsmittel. Läuft auf einem Rechner zum Beispiel ein FTP-Server, obwohl dieser nie bewusst installiert wurde, und netstat zeigt Aktivitäten auf ihm an, können wir fast sicher sein, dass wir Gesellschaft bekommen haben.

15.9 APIPA-Adressierung

Voraussetzungen: ein Client, der auf DHCP konfiguriert wird

Deaktivieren Sie alle DHCP-Services im Subnetz und etwaige DHCP-Relays, und leiten Sie einen Reboot des Clients ein.

Das Erste, das auffällt, ist, dass der Rechner erheblich länger als sonst zum Start benötigt. Dann öffnen wir ein Terminal und sehen uns die IP-Konfiguration an.

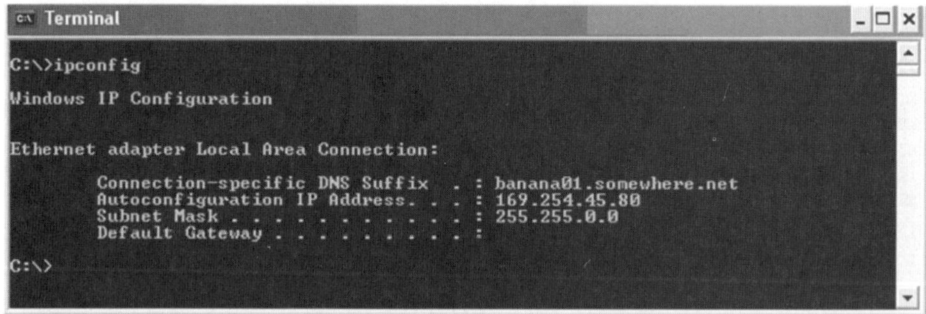

BILD 15.30 Die Adresse wird nach APIPA vergeben.

Wird ein Client gestartet, der als DHCP-Client konfiguriert ist, und dieser findet keinen DHCP-Server, gibt er sich nach Broadcast-Anfragen ins Netz selbst eine APIPA-Adresse. Dieser Umstand kann für eine Fehlersuche sehr interessant sein. Auffällig ist, dass kein Default Gateway da ist. Das ist gut und richtig so. Der APIPA-Bereich ist ein „private Net“ und wir nicht geroutet. Daher kommunizieren alle auf Layer II. Ein Gateway ist nicht notwendig und wäre sinnlos.

15.10 Das Kernel-Routing

Nicht nur Router müssen routen können, sondern auch schon ein PC selbst. Das liegt daran, dass er wissen muss, was wo erreichbar ist. Neben der IP-Adresse hat ein Rechner ja auch eine Loopback-Adresse, in der Regel 127.0.0.1.

15.10.1 Die Routing-Tabelle

Schauen wir uns das genauer an, und zwar im Terminalfenster unter Windows mit „route print“ und unter Linux mit „route“. Um die bestehenden Adressen zu sehen, betrachten wir uns dies zuerst wieder mit „ipconfig“.

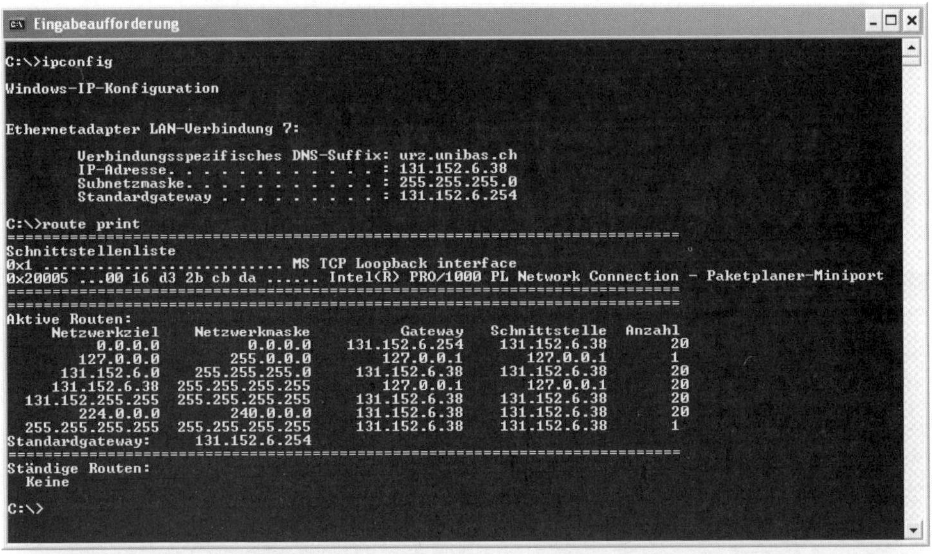

```
Eingabeaufforderung

C:\>ipconfig

Windows-IP-Konfiguration


Ethernetadapter LAN-Verbindung 7:

        Verbindungsspezifisches DNS-Suffix: urz.unibas.ch
        IP-Adresse. . . . . . . . . . . . : 131.152.6.38
        Subnetzmaske. . . . . . . . . . . : 255.255.255.0
        Standardgateway . . . . . . . . . : 131.152.6.254

C:\>route print
===========================================================================
Schnittstellenliste
0x1 ........................... MS TCP Loopback interface
0x20005 ...00 16 d3 2b cb da ...... Intel(R) PRO/1000 PL Network Connection - Paketplaner-Miniport
===========================================================================
===========================================================================
Aktive Routen:
     Netzwerkziel    Netzwerkmaske          Gateway    Schnittstelle  Anzahl
          0.0.0.0          0.0.0.0    131.152.6.254     131.152.6.38      20
        127.0.0.0        255.0.0.0        127.0.0.1        127.0.0.1       1
      131.152.6.0    255.255.255.0     131.152.6.38     131.152.6.38      20
     131.152.6.38  255.255.255.255        127.0.0.1        127.0.0.1      20
  131.152.255.255  255.255.255.255     131.152.6.38     131.152.6.38      20
        224.0.0.0        240.0.0.0     131.152.6.38     131.152.6.38      20
  255.255.255.255  255.255.255.255     131.152.6.38     131.152.6.38       1
Standardgateway:     131.152.6.254
===========================================================================
Ständige Routen:
  Keine

C:\>
```

BILD 15.31 Die Kernel-Routing-Tabelle

Wie wir sehen, hat der Rechner die IP-Adresse 131.152.6.38 /24. Der Default Gateway ist die 131.152.6.254. Die MAC-Adresse sehen wir auch; sie lautet 00-16-d3-2b-cb-da.

Als Erstes kommt die „Null-Route“. Ziel 0.0.0.0, sprich alles, was nicht durch andere Routen abgedeckt wird, wird an den Default Gateway geschickt. Hier sehen wir schon den nächsten Hop, der Gateway kann über das eigene Interface 131.152.6.38 erreicht werden. Der Kernel sieht sich also als eigene Netzwerkinstanz. Dies ist auch richtig so. Hätten wir nun mehrere Netzwerkkarten im Rechner, müsste er ja entscheiden, wohin welche Daten geschickt werden, also muss er routen. Ebenso muss er das können, um NAT machen zu können, zum Beispiel für ein Internet-Connection-Sharing.

Die nächste Zeile zeigt den Loopback-Adapter 127.0.0.1 mit der Maske 255.0.0.0. Wie beschrieben, routet er alle Daten an sich selbst.

Dann kommt das Netzwerk selbst, in dem ich bin, 131.152.6.0, es ist über meine aktive IP-Adresse erreichbar.

Die nächte Zeile zeigt den Weg zu mir selbst. 131.152.6.38 mit einer Maske von 255.255.255.255, also Single Host, ist über den Loopback-Adapter erreichbar, Daten, die ich mir selbst schicke, müssen nicht ins Netz, sie können intern verbleiben.

Dann kommt der Eintrag für die Broadcasts. Ich bin im Subnetz 131.152.6.0 /24. Dieses ist ein Teil der B-Klasse 131.152.0.0 /16. Alle Broadcasts werden nach diesem Routing-Eintrag einfach über meine Adresse ins Netz gesendet, über 131.152.6.38, ebenso alle Multicasts 224.0.0.0.

15.10.2 Beeinflussen des Routings

Beeinflussen wir nun die Routing-Tabelle bewusst. Dies geschieht mit „route change“ unter Windows, oder mit „route add“ und „route del“. Unter Linux gibt es nur die letzteren. Vorher prüfen wir die Erreichbarkeit anderer Adressen mit ping.

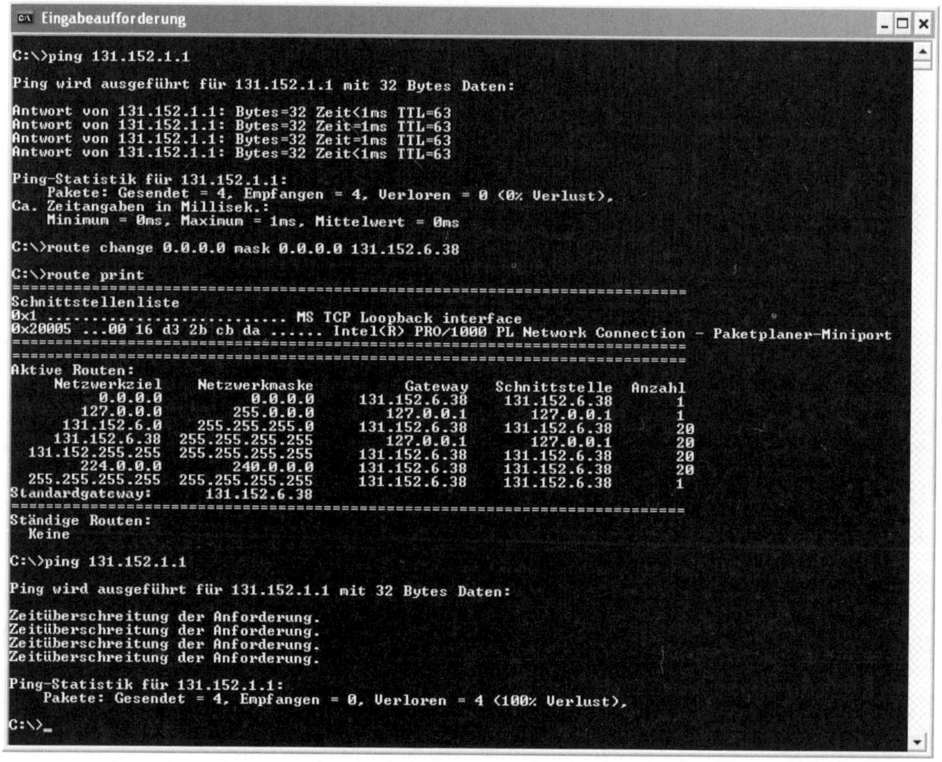

```
Eingabeaufforderung

C:\>ping 131.152.1.1

Ping wird ausgeführt für 131.152.1.1 mit 32 Bytes Daten:

Antwort von 131.152.1.1: Bytes=32 Zeit<1ms TTL=63
Antwort von 131.152.1.1: Bytes=32 Zeit=1ms TTL=63
Antwort von 131.152.1.1: Bytes=32 Zeit=1ms TTL=63
Antwort von 131.152.1.1: Bytes=32 Zeit<1ms TTL=63

Ping-Statistik für 131.152.1.1:
    Pakete: Gesendet = 4, Empfangen = 4, Verloren = 0 (0% Verlust),
Ca. Zeitangaben in Millisek.:
    Minimum = 0ms, Maximum = 1ms, Mittelwert = 0ms

C:\>route change 0.0.0.0 mask 0.0.0.0 131.152.6.38

C:\>route print
===========================================================================
Schnittstellenliste
0x1 ........................... MS TCP Loopback interface
0x20005 ...00 16 d3 2b cb da ...... Intel(R) PRO/1000 PL Network Connection - Paketplaner-Miniport
===========================================================================
===========================================================================
Aktive Routen:
     Netzwerkziel    Netzwerkmaske          Gateway    Schnittstelle  Anzahl
          0.0.0.0          0.0.0.0     131.152.6.38     131.152.6.38       1
        127.0.0.0        255.0.0.0        127.0.0.1        127.0.0.1       1
      131.152.6.0    255.255.255.0     131.152.6.38     131.152.6.38      20
     131.152.6.38  255.255.255.255        127.0.0.1        127.0.0.1      20
  131.152.255.255  255.255.255.255     131.152.6.38     131.152.6.38      20
        224.0.0.0        240.0.0.0     131.152.6.38     131.152.6.38      20
  255.255.255.255  255.255.255.255     131.152.6.38     131.152.6.38       1
Standardgateway:      131.152.6.38
===========================================================================
Ständige Routen:
  Keine

C:\>ping 131.152.1.1

Ping wird ausgeführt für 131.152.1.1 mit 32 Bytes Daten:

Zeitüberschreitung der Anforderung.
Zeitüberschreitung der Anforderung.
Zeitüberschreitung der Anforderung.
Zeitüberschreitung der Anforderung.

Ping-Statistik für 131.152.1.1:
    Pakete: Gesendet = 4, Empfangen = 0, Verloren = 4 (100% Verlust),

C:\>_
```

BILD 15.32 Zuerst wird sichergestellt, dass andere Netze erreichbar sind, mit „ping“. Dann ändern wir die Null-Route und damit den Gateway.

Ich ändere also die Nullroute von 131.152.6.254 auf meine eigene Adresse. Es ist zu sehen, dass automatisch der Standardgateway geändert wurde. Dieser wird aus der Nullroute entnommen, 0.0.0.0 mit der Maske 0.0.0.0 heisst, alles, was keinen Routing-Eintrag hat. Natürlich bin ich damit vom Netzwerk abgehängt. Alle Daten aus meinem Rechner heraus werden nun an mich selbst geschickt. Machen wir es rückgängig, funktioniert alles wie vorher. Der Befehl „route print“ zeigt uns also sofort Fehler an, die durch falsche Konfigurationen von Gateway oder Adaptern entstehen.

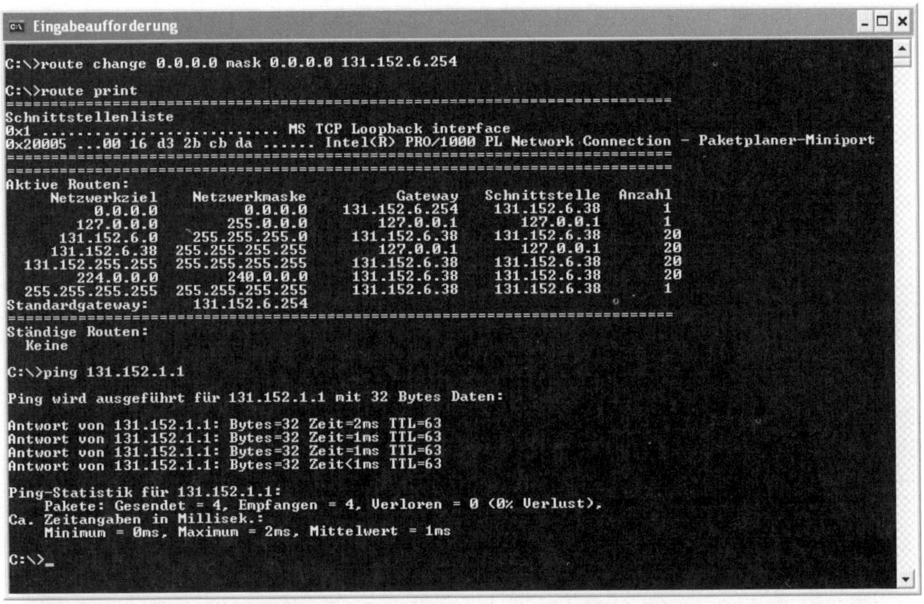

BILD 15.33 Setzen wir die Null-Route wieder richtig, funktioniert alles wieder.

15.10.3 Mehrere Netzwerkadapter

Bislang hatten wir eine Netzwerkkarte im Rechner und eine IP-Adresse. Wie sieht es nun aus, wenn weitere dazukommen? Ich aktiviere nun meine Wireless-LAN-Karte. Damit habe ich zwei aktive Netzwerkadapter im Rechner.

Jeder braucht eine IP-Adresse, damit er kommunizieren kann. Damit muss der Kernel aber auch wissen, welche Daten er an welchen Adapter schickt.

Hier wird langsam klar, dass die Netzwerkkarte und ihre Konfiguration nur der „letzte Ausgang auf den Draht" sind. Die Entscheidung, welche Daten wohin geroutet werden müssen, muss auf höherer Ebene bereits das Betriebssystem wissen. Versteckt in jedem Rechner ist also im Betriebssystem ein kleiner Router. Im „ipconfig" sehen wir die Daten.

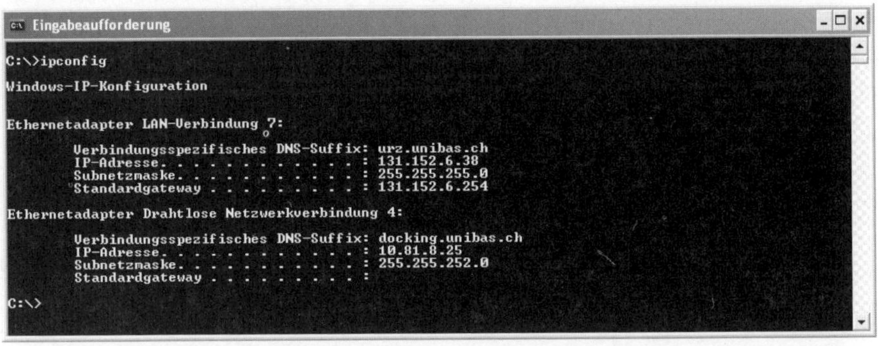

BILD 15.34 Haben wir zwei Netzwerkadapter im Rechner, haben beide ihre dedizierten Einstellungen. Der Wireless-Adapter hat hier aus Gründen der Security eine private Adresse. Aus diesem Netz darf sich nur mit VPN weiter bewegt werden, der VPN-Server macht ein NAT auf offizielle Adressen.

Sehen wir uns jetzt die neue Routing-Tabelle an. Wie zu erwarten war, haben sich die meisten Einträge einfach mit geänderten Adressen wiederholt. Ein wichtiger Umstand aber ist, dass es immer noch nur einen Default Gateway gibt. Wir können die Tabelle wie folgt interpretieren: Die Netze, die bekannt sind, werden intern geroutet. Für 131.152.6.0 255.255.255.0, für 10.81.8.0 255.255.252.0 und für 127.0.0.0 255.0.0.0 ist alles bekannt. Erreicht werden sie über den nächsten HOP der betreffenden Netzwerkadapter im Gerät. Für alle Netze aber, die nicht bekannt sind, gibt es global einen Default Gateway, hier der nächste Router 131.152.6.254.

```
Eingabeaufforderung

C:\>route print
===========================================================================
Schnittstellenliste
0x1 ........................... MS TCP Loopback interface
0x20005 ...00 16 d3 2b cb da ...... Intel(R) PRO/1000 PL Network Connection - Paketplaner-Miniport
0x50002 ...00 16 cf 5b 4a c0 ...... 11a/b/g Wireless LAN Mini PCI Express Adapter - Paketplaner-Mini
port
===========================================================================
===========================================================================
Aktive Routen:
     Netzwerkziel    Netzwerkmaske          Gateway    Schnittstelle  Anzahl
          0.0.0.0          0.0.0.0    131.152.6.254    131.152.6.38       1
        10.81.8.0    255.255.252.0       10.81.8.25      10.81.8.25      25
       10.81.8.25  255.255.255.255        127.0.0.1       127.0.0.1      25
   10.255.255.255  255.255.255.255       10.81.8.25      10.81.8.25      25
        127.0.0.0        255.0.0.0        127.0.0.1       127.0.0.1       1
      131.152.6.0    255.255.255.0     131.152.6.38    131.152.6.38      20
     131.152.6.38  255.255.255.255        127.0.0.1       127.0.0.1      20
  131.152.255.255  255.255.255.255     131.152.6.38    131.152.6.38      20
        224.0.0.0        240.0.0.0       10.81.8.25      10.81.8.25      25
        224.0.0.0        240.0.0.0     131.152.6.38    131.152.6.38      20
  255.255.255.255  255.255.255.255       10.81.8.25      10.81.8.25       1
  255.255.255.255  255.255.255.255     131.152.6.38    131.152.6.38       1
Standardgateway:     131.152.6.254
===========================================================================
Ständige Routen:
  Keine

C:\>_
```

BILD 15.35 Die Routing-Tabelle mit zwei Netzwerkkarten. Alles hat sich verdoppelt. Nur der Default Gateway nicht, es kann nur einen geben.

Daten in unbekannte Netze würde der Kernel also nie in Richtung 10.81.11.254 schicken. Das ist der Gateway dieses dedizierten Netzes. Es kann nur einen globalen Default Gateway geben.

Beeinflussen wir nun nochmals die Routing-Tabelle, und leiten wir allen Verkehr in das private Netz. Wir sehen, dass nichts mehr erreicht werden kann; wie gesagt, ohne VPN wird dort nichts zugelassen.

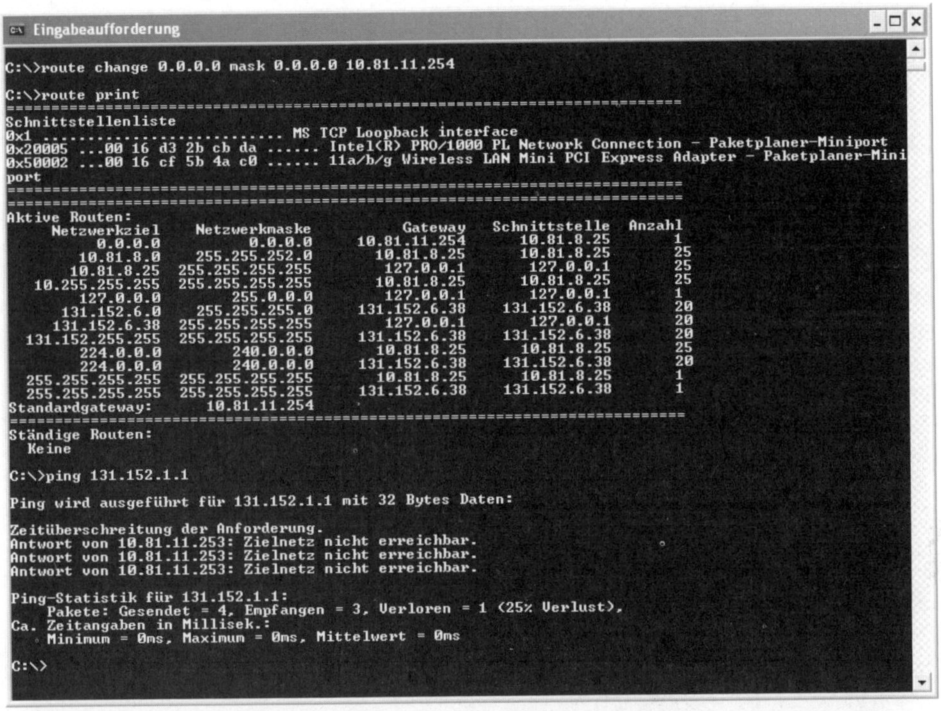

BILD 15.36 Wir leiten den Verkehr nach außen in das Wireless-Netz, indem wir den Default Gateway durch ein Ändern der Null-Route „umbiegen“. Dort ist er verboten. Es ist kein Kontakt zur Aussenwelt mehr möglich.

Nur der erlaubte Verkehr funktioniert noch. Im Netz 10.81.8.0 255.255.252.0 kann alles erreicht werden. Ebenso das, was dieser Router erlaubt. Alles andere scheitert.

BILD 15.37 Erreichbar ist noch der erlaubte Verkehr in das Wireless-Netz.

Machen wir die Änderungen rückgängig, ist alles natürlich wieder erreichbar.

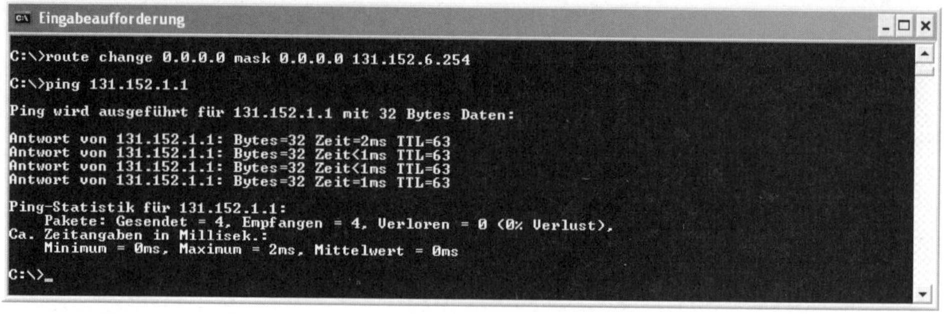

BILD 15.38 Setzen wir die Route wieder richtig, ist alles wieder erreichbar.

Ein Analysieren der Kernel-Routing-Tabelle kann sehr hilfreich sein. Routen ändern sollte man nur sehr bewusst durchführen. Falsche Einträge in der Routing-Table können zu sehr schwer nachvollziehbaren Effekten führen.

15.11 Genau hineingesehen – der Network Analyzer

Wer im Troubleshooting oder einfach nur aus Interesse mal ganz genau in den Netzwerkverkehr hineinsehen will, kann dies tun – mit einem „Network Analyzer“. Das sind Programme, die den ganzen Verkehr mitlesen und sichtbar machen. Ich benutze in der Regel ein Freeware-Tool namens „Wireshark“. Es ist kostenlos herunterladbar.

Wer das erste Mal mit einem Analyzer arbeitet, wird sehr viel sehen, zu viel. Besonders in grossen Umgebungen rauschen die Daten seitenweise nur so vorbei. Die Kunst ist es, die richtigen Capture- und Display-Filter zu setzen, um nicht von Informationen erschlagen zu werden.

Achtung auch vor der Interpretation! An einem Switch sehe ich nicht viel. Wer alles sehen will, muss mit Hubs arbeiten oder am Switch einen Mirror-Port konfigurieren.

15.11.1 ARP-Request

Belauschen wir einen ARP-Request. Zur Wiederholung: Auf Layer II muss erst die MAC-Adresse des anderen Partners aufgelöst werden, dies erledigt ein ARP-Request. Per Broadcast wird die Anfrage gestellt, welche MAC-Adresse zu welcher IP-Adresse gehört.

Wir sehen (nächste Seite) zwei Frames, den ARP-Request und den ARP-Reply. Wireshark übersetzt den Vendorcode der MAC-Adresse in Klartext, wenn er bekannt ist. Daher steht hier nicht meine MAC-Adresse „00-16-D3-2B-CB-DA“, sondern „Wistron_2B-CB-DA“. Ebenso findet sich bei meinem Drucker, den ich angesprochen habe, nicht „00-01-e6-ab-d5-66“, sondern „Hewlett_ ab-d5-66“.

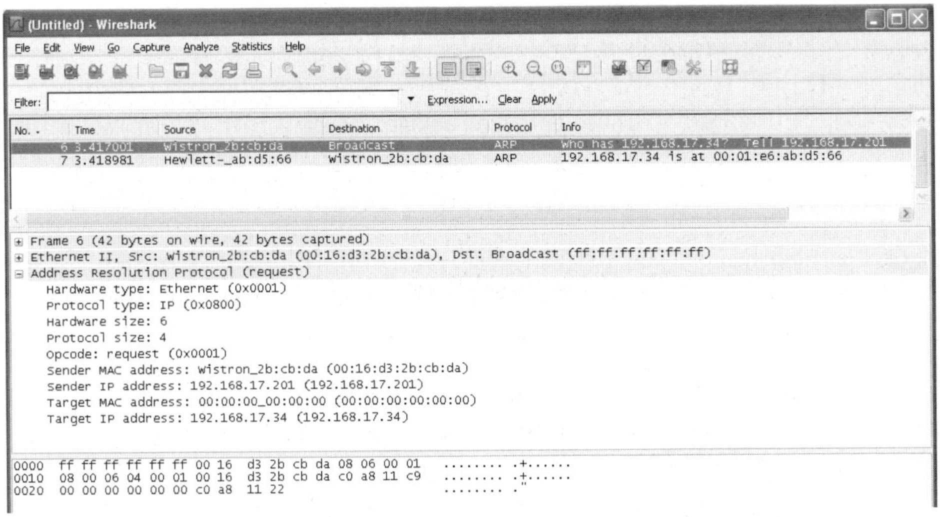

BILD 15.39 ARP-Request. Per Broadcast wird angefragt.

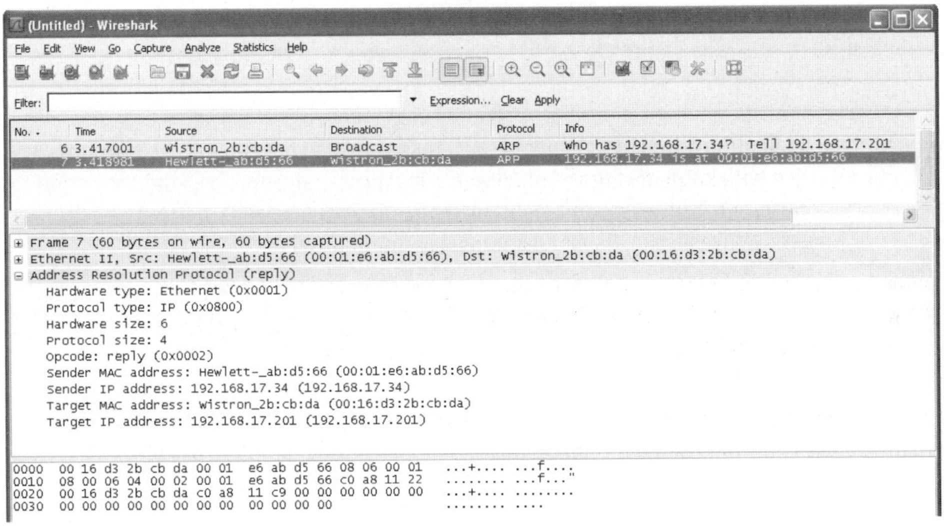

BILD 15.40 ARP-Reply, die Antwort.

Deutlich ist zu sehen, dass im Request die MAC-Adresse auf 00:00:00:00:00:00 gesetzt ist, also unbekannt. In der Antwort ist sie eingetragen.

Durch den ARP-Request kennen nun beide die MAC- und IP-Adressen, ebenso der Switch, der diese Frames ebenfalls sieht.

15.11.2 Telnet-Session

Machen wir einen Trace einer Telnet-Session, wieder zu meinem Drucker.

Mein Rechner, 192.168.17.201, eröffnet eine Telnet-Session, sendet also an Port 23 des Druckers. Der Handshake erfolgt, [SYN], [SYN, ACK] und [ACK]. Ab dann werden die Daten ausgetauscht. Am Ende wird die Verbindung wieder abgebaut (mit [FIN], [FIN, ACK] und [ACK], nicht mehr aufgeführt).

Wir können nun auch in den Payload hineinsehen. Besser noch, wir lassen Wireshark das für uns erledigen, denn sonst müssten wir buchstabenweise alles wieder aus den Paketen zusammensetzen. Nun erleben wir die große Überraschung (oder nicht).

Das Passwort, das ich eingeben musste, ist im Klartext zu sehen, Telnet ist unverschlüsselt! So einfach ist es, wenn keine Verschlüsselung verwendet wird.

Ein Analyzer ist für Fortgeschrittene ein erhebliches Hilfsmittel bei Problemen. Allerdings muss man sich einarbeiten und üben, damit umzugehen.

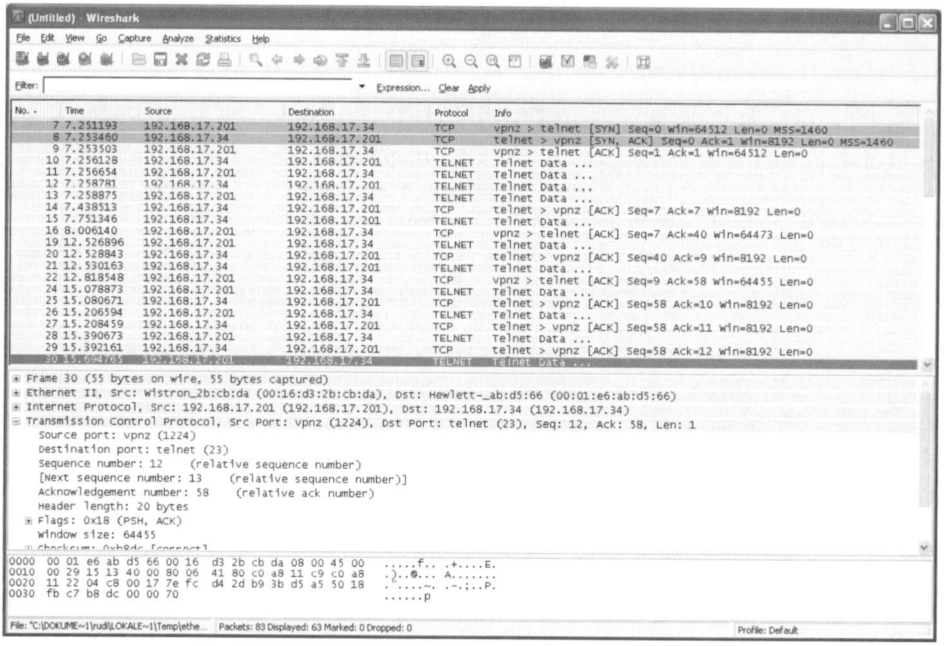

BILD 15.41 Telnet-Session

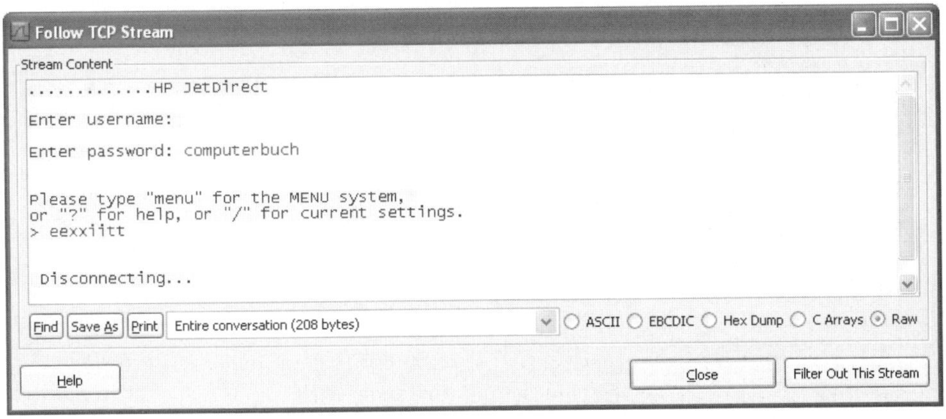

BILD 15.42 Decodierter Inhalt des Payloads

15.12 IPv6

Ich habe zwei Rechner in meinem Netzwerk für IPv6 konfiguriert. Bei beiden habe ich die Windows-Firewall ausgeschaltet, um in Ruhe testen zu können. Außerdem habe ich beiden ein Präfix aus dem Dokumentationsbereich gegeben: 2001:db8:0:1.

Wer unter Windows Vista, Windows 7 oder XP mit installiertem IPv6 ein „ipconfig" laufen lässt, wird viele Adapter finden. Das liegt daran, dass einige, speziell die VPN-Tunnel, pro Verbindung angelegt werden. 50 oder mehr Tunneladapter sind keine Seltenheit. Dies kann ignoriert werden. Ich habe sie bei mir alle, bis auf die initial vom Betriebssystem angelegten, gelöscht, um einen vernünftigen Output zu erhalten. Daher müssen Sie sich nicht wundern, wenn der Output bei Ihnen sehr viel größer ist.

Meine Rechner sind Dual-Stack. Sie haben als IP 192.168.17.201 und 192.168.17.202 in IPv4. Alles andere sehen wir uns direkt an.

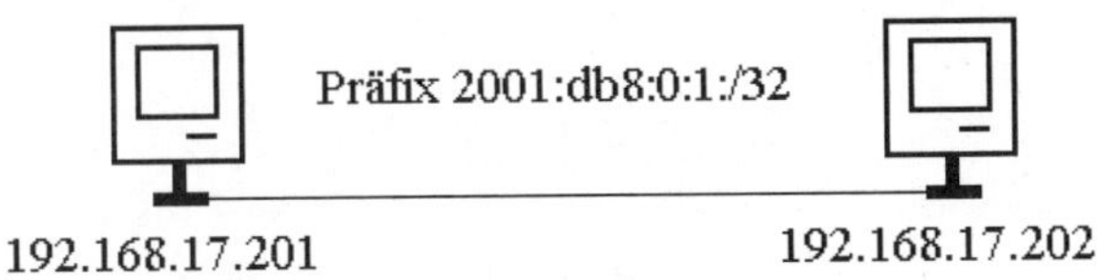

BILD 15.43 Das Testnetz: Jede Node hat eine IPv4-Adresse und ein IPv6-Präfix aus dem Dokumentationsbereich. IPv6 ist aktiviert, dies nennt man Dual-Stack.

Schauen wir uns nun die Konfiguration an.

```
Administrator: Eingabeaufforderung
C:\Windows\system32>ipconfig /all

Windows-IP-Konfiguration

   Hostname  . . . . . . . . . . . . : vistakista7
   Primäres DNS-Suffix . . . . . . . :
   Knotentyp . . . . . . . . . . . . : Hybrid
   IP-Routing aktiviert  . . . . . . : Nein
   WINS-Proxy aktiviert  . . . . . . : Nein

Ethernet-Adapter LAN-Verbindung:

   Verbindungsspezifisches DNS-Suffix:
   Beschreibung. . . . . . . . . . . : Intel(R) 82566DM-2-Gigabit-Netzwerkverbindung
   Physikalische Adresse . . . . . . : 00-19-99-3B-10-89
   DHCP aktiviert. . . . . . . . . . : Nein
   Autokonfiguration aktiviert . . . : Ja
   IPv6-Adresse. . . . . . . . . . . : 2001:db8:0:1:219:99ff:fe3b:1089(Bevorzugt)
   Verbindungslokale IPv6-Adresse  . : fe80::219:99ff:fe3b:1089%11(Bevorzugt)
   IPv4-Adresse  . . . . . . . . . . : 192.168.17.202(Bevorzugt)
   Subnetzmaske  . . . . . . . . . . : 255.255.255.0
   Standardgateway . . . . . . . . . : 192.168.17.254
   DHCPv6-IAID . . . . . . . . . . . : 234887577
   DHCPv6-Client-DUID. . . . . . . . : 00-01-00-01-12-9B-4D-EC-00-19-99-3B-10-89
   DNS-Server  . . . . . . . . . . . : 194.25.60.2
   NetBIOS über TCP/IP . . . . . . . : Aktiviert

Tunneladapter isatap.{FD19EBA2-25A7-43D1-84C9-8ADEC7151FE0}:

   Medienstatus. . . . . . . . . . . : Medium getrennt
   Verbindungsspezifisches DNS-Suffix:
   Beschreibung. . . . . . . . . . . : Microsoft-ISATAP-Adapter
   Physikalische Adresse . . . . . . : 00-00-00-00-00-00-00-E0
   DHCP aktiviert. . . . . . . . . . : Nein
   Autokonfiguration aktiviert . . . : Ja

Tunneladapter Teredo Tunneling Pseudo-Interface:

   Verbindungsspezifisches DNS-Suffix:
   Beschreibung. . . . . . . . . . . : Teredo Tunneling Pseudo-Interface
   Physikalische Adresse . . . . . . : 00-00-00-00-00-00-00-E0
   DHCP aktiviert. . . . . . . . . . : Nein
   Autokonfiguration aktiviert . . . : Ja
   IPv6-Adresse. . . . . . . . . . . : 2001:0:5ef5:79fb:1835:2aa1:3f57:ee35(Bevorzugt)
   Verbindungslokale IPv6-Adresse  . : fe80::1835:2aa1:3f57:ee35%13(Bevorzugt)
   Standardgateway . . . . . . . . . :
   NetBIOS über TCP/IP . . . . . . . : Deaktiviert

Tunneladapter 6TO4 Adapter:

   Medienstatus. . . . . . . . . . . : Medium getrennt
   Verbindungsspezifisches DNS-Suffix:
   Beschreibung. . . . . . . . . . . : Microsoft-6zu4-Adapter
   Physikalische Adresse . . . . . . : 00-00-00-00-00-00-00-E0
   DHCP aktiviert. . . . . . . . . . : Nein
   Autokonfiguration aktiviert . . . : Ja

C:\Windows\system32>
```

Wir sehen, dass die MAC-Adresse 00-19-99-3B-10-89 ist. Die Interface-ID wurde erwartungsgemäß zu 0219:99ff:fe3b:1089 berechnet. Die Privacy-Extension habe ich zum Test natürlich deaktiviert. Die Tunnel-Adapter sind unkonfiguriert. Alle Caches sind leer, es liegt ein „jungfräuliches" System vor.

Als nächstes fragen wir die Neighbor- und Destination-Caches sowie die ARP-Table ab.

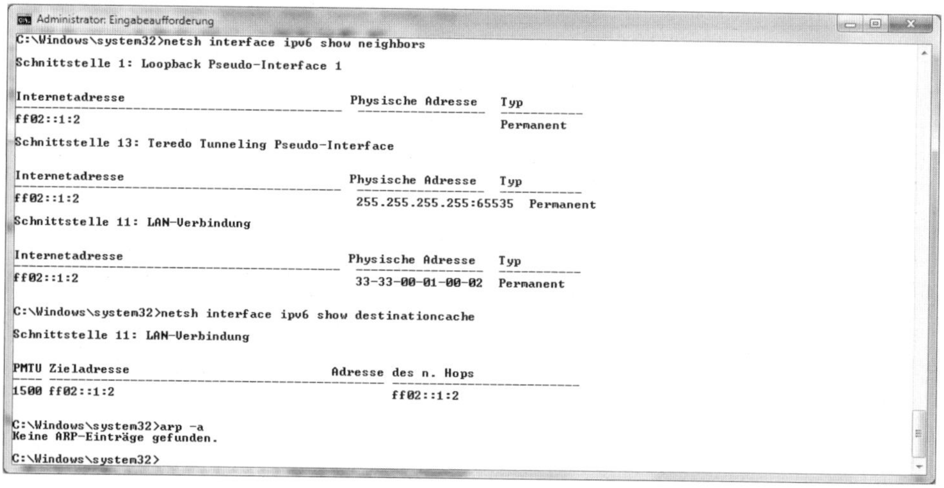

```
Administrator: Eingabeaufforderung
C:\Windows\system32>netsh interface ipv6 show neighbors

Schnittstelle 1: Loopback Pseudo-Interface 1

Internetadresse                               Physische Adresse   Typ
--------------------------------------------  -----------------   -----------
ff02::1:2                                                         Permanent

Schnittstelle 13: Teredo Tunneling Pseudo-Interface

Internetadresse                               Physische Adresse   Typ
--------------------------------------------  -----------------   -----------
ff02::1:2                                      255.255.255.255:65535   Permanent

Schnittstelle 11: LAN-Verbindung

Internetadresse                               Physische Adresse   Typ
--------------------------------------------  -----------------   -----------
ff02::1:2                                     33-33-00-01-00-02   Permanent

C:\Windows\system32>netsh interface ipv6 show destinationcache

Schnittstelle 11: LAN-Verbindung

PMTU Zieladresse                               Adresse des n. Hops
---- --------------------------------------------  -------------------------
1500 ff02::1:2                                 ff02::1:2

C:\Windows\system32>arp -a
Keine ARP-Einträge gefunden.

C:\Windows\system32>
```

Weder der Neighbor- noch der Destination-Cache haben Einträge, auch der ARP-Cache unter IPv4 ist leer.

Nun pingen wir die IPv4-Adresse des Partners und schauen uns dann den IPv4-Cache an.

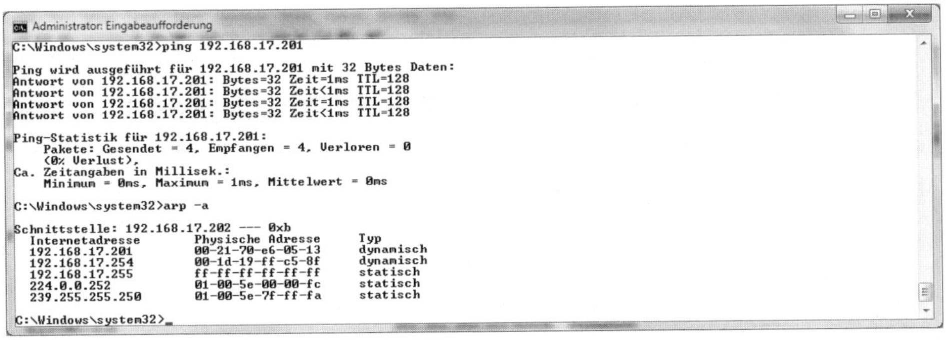

```
Administrator: Eingabeaufforderung
C:\Windows\system32>ping 192.168.17.201

Ping wird ausgeführt für 192.168.17.201 mit 32 Bytes Daten:
Antwort von 192.168.17.201: Bytes=32 Zeit=1ms TTL=128
Antwort von 192.168.17.201: Bytes=32 Zeit<1ms TTL=128
Antwort von 192.168.17.201: Bytes=32 Zeit=1ms TTL=128
Antwort von 192.168.17.201: Bytes=32 Zeit<1ms TTL=128

Ping-Statistik für 192.168.17.201:
    Pakete: Gesendet = 4, Empfangen = 4, Verloren = 0
    (0% Verlust),
Ca. Zeitangaben in Millisek.:
    Minimum = 0ms, Maximum = 1ms, Mittelwert = 0ms

C:\Windows\system32>arp -a

Schnittstelle: 192.168.17.202 --- 0xb
  Internetadresse       Physische Adresse     Typ
  192.168.17.201        00-21-70-e6-05-13     dynamisch
  192.168.17.254        00-1d-19-ff-c5-8f     dynamisch
  192.168.17.255        ff-ff-ff-ff-ff-ff     statisch
  224.0.0.252           01-00-5e-00-00-fc     statisch
  239.255.255.250       01-00-5e-7f-ff-fa     statisch

C:\Windows\system32>_
```

Wir sehen die ARP-Einträge für das Gateway, den Host, den Broadcast und zwei Multicast-Gruppen. Der Partner hat die MAC-Adresse 00-21-70-e6-05-13. Was erwarten wir nun in der Welt von IPv6?

Das Präfix ist 2001:db8:0:1::/32. Aus der MAC-Adresse wird die EUI generiert, 0021:70ff:fee6:0513. Das u/l-Bit wird invertiert, daher resultiert 0221:70ff:fee6:0513 als Interface-ID. Die IPv6-Adresse, die wir erwarten, ist also 2001:db8:0:1:221:70ff:fee6:0513. Die Local Link-Adresse sollte fe80::221:70ff:fee6:0513 sein.

Im nächsten Schritt prüfen wir dies nach und setzen einen IPv6-Ping an diese Adresse ab.

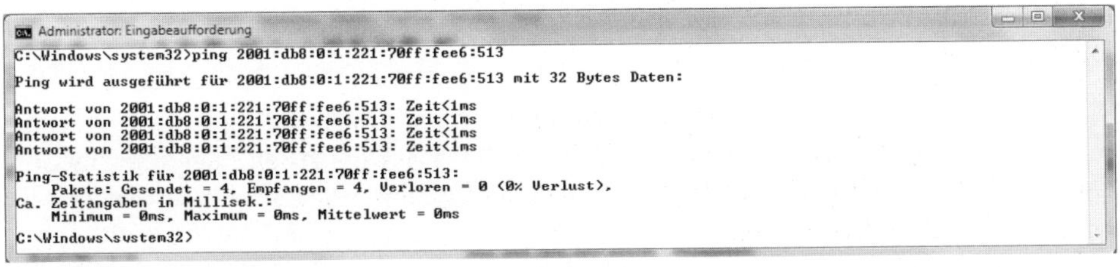

```
Administrator: Eingabeaufforderung
C:\Windows\system32>ping 2001:db8:0:1:221:70ff:fee6:513

Ping wird ausgeführt für 2001:db8:0:1:221:70ff:fee6:513 mit 32 Bytes Daten:

Antwort von 2001:db8:0:1:221:70ff:fee6:513: Zeit<1ms
Antwort von 2001:db8:0:1:221:70ff:fee6:513: Zeit<1ms
Antwort von 2001:db8:0:1:221:70ff:fee6:513: Zeit<1ms
Antwort von 2001:db8:0:1:221:70ff:fee6:513: Zeit<1ms

Ping-Statistik für 2001:db8:0:1:221:70ff:fee6:513:
    Pakete: Gesendet = 4, Empfangen = 4, Verloren = 0 (0% Verlust),
Ca. Zeitangaben in Millisek.:
    Minimum = 0ms, Maximum = 0ms, Mittelwert = 0ms

C:\Windows\system32>
```

Dann fragen wir die Caches ab.

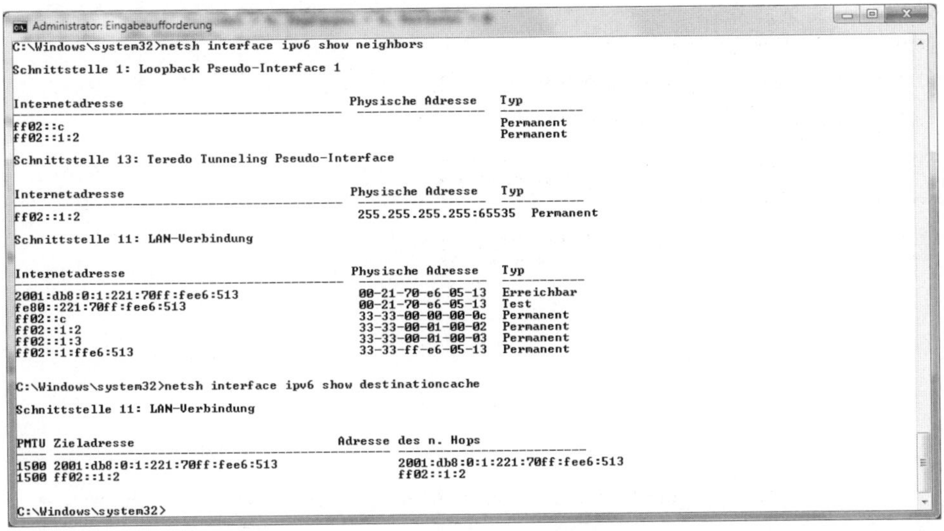

```
Administrator: Eingabeaufforderung
C:\Windows\system32>netsh interface ipv6 show neighbors

Schnittstelle 1: Loopback Pseudo-Interface 1

Internetadresse                                 Physische Adresse   Typ
----------------------------------------------  -----------------   -----------
ff02::c                                                             Permanent
ff02::1:2                                                           Permanent

Schnittstelle 13: Teredo Tunneling Pseudo-Interface

Internetadresse                                 Physische Adresse   Typ
----------------------------------------------  -----------------   -----------
ff02::1:2                                        255.255.255.255:65535   Permanent

Schnittstelle 11: LAN-Verbindung

Internetadresse                                 Physische Adresse   Typ
----------------------------------------------  -----------------   -----------
2001:db8:0:1:221:70ff:fee6:513                   00-21-70-e6-05-13   Erreichbar
fe80::221:70ff:fee6:513                          00-21-70-e6-05-13   Test
ff02::c                                          33-33-00-00-00-0c   Permanent
ff02::1:2                                        33-33-00-01-00-02   Permanent
ff02::1:3                                        33-33-00-01-00-03   Permanent
ff02::1:ffe6:513                                 33-33-ff-e6-05-13   Permanent

C:\Windows\system32>netsh interface ipv6 show destinationcache

Schnittstelle 11: LAN-Verbindung

PMTU Zieladresse                              Adresse des n. Hops
---- ---------------------------------------  -------------------------
1500 2001:db8:0:1:221:70ff:fee6:513            2001:db8:0:1:221:70ff:fee6:513
1500 ff02::1:2                                 ff02::1:2

C:\Windows\system32>
```

Wie wir sehen können, ist die Adressierung nach Standard verlaufen.

Anschließend kontrollieren wir noch die Solicited-Node Multicast-Adresse. Dazu ermitteln wir zunächst das richtige Interface und fragen dann gezielt.

```
Administrator: Eingabeaufforderung
C:\Windows\system32>netsh interface ipv6 show interfaces

Idx     Met         MTU          State                Name
---  ----------  ----------  ------------  ---------------------------
  1          50  4294967295  connected     Loopback Pseudo-Interface 1
 12          50        1280  disconnected  isatap.{FD19EBA2-25A7-43D1-84C9-8ADEC7151FE0}
 13          50        1280  connected     Teredo Tunneling Pseudo-Interface
 11          20        1500  connected     LAN-Verbindung
 14          50        1280  disconnected  6TO4 Adapter


C:\Windows\system32>netsh interface ipv6 show joins 11

Schnittstelle 11: LAN-Verbindung


Multicastadresse : ff01::1
Bereich             : 0
Verweise         : 0
Letzter Bericht?    : Ja

Multicastadresse : ff02::1
Bereich             : 0
Verweise         : 0
Letzter Bericht?    : Ja

Multicastadresse : ff02::c
Bereich             : 0
Verweise         : 1
Letzter Bericht?    : Ja

Multicastadresse : ff02::1:3
Bereich             : 0
Verweise         : 1
Letzter Bericht?    : Ja

Multicastadresse : ff02::1:ff3b:1089
Bereich             : 0
Verweise         : 2
Letzter Bericht?    : Ja

C:\Windows\system32>_
```

16 Szenarien, Planung, Beispiele

Um ein Netzwerk richtig zu entwerfen, muss viel bedacht und beachtet werden. Jede Umgebung ist anders, jeder hat andere Anforderungen. Die einen brauchen sehr hohe Bandbreite, die anderen Zuverlässigkeit, die dritten beides. Es ist sinnlos, einen Gigabit-Router zu kaufen, wenn der Anschluss an das Internet ein Megabit beträgt. Daher gilt hier eine Faustregel: die Planung sollte so einfach als möglich sein.

Ein Netzwerkdesign ist wie eine Programmierung. Niemals werden zwei Programmierer denselben Code schreiben, auch wenn ihre Programme dasselbe Ergebnis liefern werden. Um eine kleine Empfehlung geben zu können, werde ich noch ein paar gängige Szenarien aufzeigen und die Gedanken schildern, die dahinterstecken. Eine generelle Vorgehensweise gibt es leider nicht, dazu gibt es zu viele verschiedene Parameter. Hier kann nur Erfahrung helfen.

Ein paar Beispiele sind daher die maximale Hilfe, die man allgemein in diesem Rahmen bieten kann. Für Heimnetzwerke gilt dies genauso wie für den Anschluss von kleinen bis mittleren Firmen.

Bietet der Provider im Paket eine fertige Lösung an, ist dies abzuwägen. Wenn der Preis stimmt und die Geräte leisten, was Bedarf ist, sollte dies angenommen werden, da meistens in solchen Paketen der nötige Support in Hard- und Software enthalten ist. Dazu kommt noch ein wichtiges Argument. Werden fremde Geräte eingesetzt, blockt oft der Support des Providers ab und verweist auf den Support der Gerätehersteller. Diese schicken einen zurück, und man lebt ohne Hilfe im Pingpong der beiden.

16.1 Netzwerke im privaten Bereich

Die Regel heute im Heimnetzwerkbereich ist der DSL- oder ISDN-Anschluss. Normale Analog-Modemzugänge werden aufgrund der geringen Bandbreite nur noch wenig genutzt. Sehr nachteilig bei Letzteren ist auch, dass das Telefon belegt ist, solange man mit dem Internet verbunden ist. Gegen Einwahlverbindungen sprechen auch die relativ hohen Kosten. Immer mehr setzen sich auch Anschlüsse über das Breitbandkabel der Fernsehanbieter durch.

Allen Szenarien ist eines gemeinsam. In der Regel bekommen wir von einem Provider eine Adresse zugeteilt, die bereits aus einem privaten Adressbereich stammt. Hier wird schon beim Provider NAT gefahren.

Im anderen Fall bekommen wir eine offizielle Adresse zugeteilt. Dies verläuft in der Regel über DHCP oder eine Bindung der Adresse an unseren Anschluss. In der Regel ist dies in beiden Fällen keine fixe Adresse, sondern bei jedem Kontakt eine andere. Der Wunsch der meisten ist, nicht nur die Rechner zu Hause untereinander zu vernetzen, sondern auch den Internet-Anschluss zu teilen.

Für uns ist das zweitrangig. Ob wir nun NAT auf eine private oder eine offizielle Adresse machen, ist transparent. Das Ergebnis ist dasselbe.

16.1.1 Internet-Connection-Sharing

Beim Internet Connection-Sharing wird nach dem DSL-Modem oder Modem (ISDN/analog) einfach ein Rechner angeschlossen. Ist er der Einzige, sind wir fertig. Der Rechner muss lediglich das Authentifizierungsprotokoll verstehen (in der Regel PPPoE, PPP over Ethernet).

Sollen weitere Rechner partizipieren, muss unser Zugangsrechner als NAT-Router aufgesetzt werden. Die meisten Betriebssysteme bieten diese Funktion als einfache Einstellung an. Im Hintergrund aber muss vieles ablaufen.

Die anderen Rechner, die ebenfalls ans Internet wollen, müssen Adressen aus privaten Bereichen bekommen. Entweder werden diese bewusst konfiguriert und die Adressübersetzung konfiguriert, oder der Zugangsrechner muss als DHCP-Server aufgesetzt werden. Letzteres ist der Standard. Leider. Meist geschieht dies so transparent im Hintergrund, dass viele nicht wissen, was wirklich passiert und im Falle eines Problemes ziemlich ratlos sind. Sehr verbreitet ist das Verfahren inzwischen bei Handys, die unterwegs für den Zugang via Notebook genutzt werden. Früher wurde über Infrarot oder Bluetooth das Handy als Modem mit dem Rechner verbunden. Die heutigen Handys aber bieten selbst Internetzugang an. Vielen ist das Display zu klein, sie wollen mit dem Laptop arbeiten. Und so wählt sich das Handy ins Internet ein und bietet dem Laptop über Internet-Connection-Sharing (ebenfalls über Bluetooth, Infrarot oder Wireless) Zugang an. Ist dies ungeschützt, dann natürlich für jeden, vor allem, wenn das DHCP nicht kontrolliert ist!

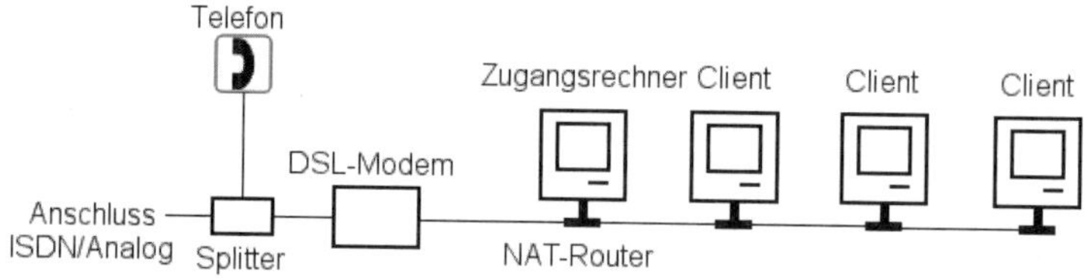

BILD 16.1 Der Zugangsrechner ist der DHCP-Server für die drei Clients rechts. Er übersetzt per NAT ihre Adressen und gibt sie in Richtung Internet weiter. Die Adressen der Clients können auch fest konfiguriert sein. Dies muss im Zugangsrechner geregelt werden.

Der Zugangsrechner hat hier eine zentrale Funktion. Auf seinem Interface sind zwei Adressen aktiv: Einerseits die, mit der er zum Provider kommuniziert, andererseits die, die als Default Gateway und NAT-Routing-Interface für die Clients agiert.

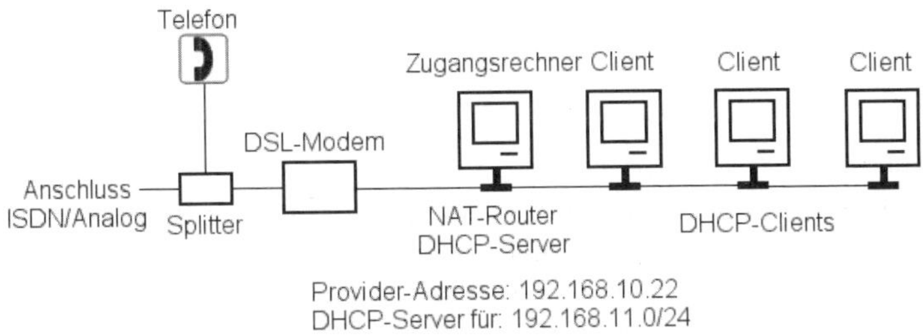

BILD 16.2 Der Zugangsrechner hat also zwei Adressen auf einem Interface, die aktiv sind. Die Clients sind hier im Netz 192.168.11.0/24. Wie gesagt, DHCP ist kein Muss, aber der Standard.

Der große Nachteil bei dieser Art von Zugang ist, dass der Zugangsrechner immer laufen muss. Ohne ihn können die Clients zwar miteinander Daten austauschen, aber nicht ins Internet. Weiter ist zu beachten, dass der Zugangsrechner kein VPN machen kann. Im Standard Closed Tunnel ist es verboten, dass ein Rechner DHCP-Server oder sogar NAT-Router/Gateway für andere spielt. Ein kluger VPN-Client würde in so einer Konfiguration den Tunnel verweigern. Anders beim Client. Einer der Clients könnte problemlos einen VPN-Tunnel aufbauen. Er ist Single-End. Ein Aufweichen der Security durch Konfigurieren eines Open Tunnel ist nicht die Lösung. Damit ist die Security von VPN aufgebrochen. Ein solches Szenario ist möglich und weit verbreitet im Einsatz, aber nicht zu empfehlen.

Router als Zugansdevices sind wesentlich schneller, günstig, weniger angreifbar und transparent. Internet-Connection-Sharing sollte daher nicht eingesetzt werden.

16.1.2 Der Anschluss, ein Router, WAN-Setup

Um diese Wünsche zu realisieren, benötigen wir einen Router.

Nur auf Layer III oder IV können wir Adressen übersetzen. (NAT oder PAT, ab hier erwähne ich, fälschlicherweise, nur noch NAT. Es hat sich so eingebürgert, von NAT zu reden, aber PAT ist der richtige Ausdruck, da wir in der Regel mehrere private Adressen in eine offizielle umsetzen.)

Dieser muss das Authentifizierungsverfahren unseres Providers unterstützen. In der Regel ist dies PPP (ISDN) oder PPPoE (DSL/ADSL). Bei den Breitbandkabelzugängen kann dies PPPoE sein, oder eine Authentifizierung ist nicht notwendig, da der Anschluss selbst physikalisch an seinen Ort gebunden ist.

Ob nun ein Kombi-Gerät eingesetzt wird, das in einem alles erledigt, oder mehrere Geräte hintereinander geschaltet werden, ist von der Funktion her egal. Ein Kombi-Gerät nimmt weniger Platz ein, braucht nur eine Steckdose und weniger Platz.

Der erste Schritt ist, den Anschluss bis zum Router realisiert zu bekommen. Hier müssen schon die baulichen Voraussetzungen beachtet werden. Sind Stahlbetonwände zwischen den Räumen, kann es verlorenes Geld bedeuten, einen Router mit integriertem WLAN zu kaufen. Ein Access Point, der als entfernte Bridge an den Router angeschlossen wird, kann hier eine bessere Lösung sein. Ein guter Händler oder Provider, der dann vielleicht auch etwas teurer ist, wird hier eine Teststellung akzeptieren. Dies ist sowieso bei Zweifeln die einzige Lösung, die sicher ist. Es lohnt sich von den Kosten her nicht, im Heimbereich eine professionelle Funkvermessung durchführen zu lassen. Die meisten etwas besseren Access Points und Netzwerkadapter werden mit Software geliefert, welche die Qualität der Verbindung zumindest brauchbar anzeigt.

Ob nun Powerline oder WLAN, Ausprobieren ist hier bei Zweifeln die beste Lösung. Der Router muss also angeschlossen und die Verbindung zum Provider eingerichtet und getestet werden. Die meisten Router besitzen heute eine grafische Oberfläche, die über den Webbrowser erreicht werden kann, und werden mit einer Werkskonfiguration geliefert, die einen Zugriff leicht macht. Einige benutzen nicht den Browser, sondern eine eigene Software, die mitgeliefert wird.

In der Regel wird der Router mit einer vorkonfigurierten Adresse ausgeliefert, die der Gerätebeschreibung entnommen werden kann.

Geben Sie Ihrem Rechner eine Adresse im selben Subnetz. Der Router hat zwei Typen von Anschluss. Einer ist das Interface zum Provider und je nach Anschlusstyp ISDN oder Ethernet. Bei Kombi-Geräten kann das auch direkt ein DSL-Anschluss sein.

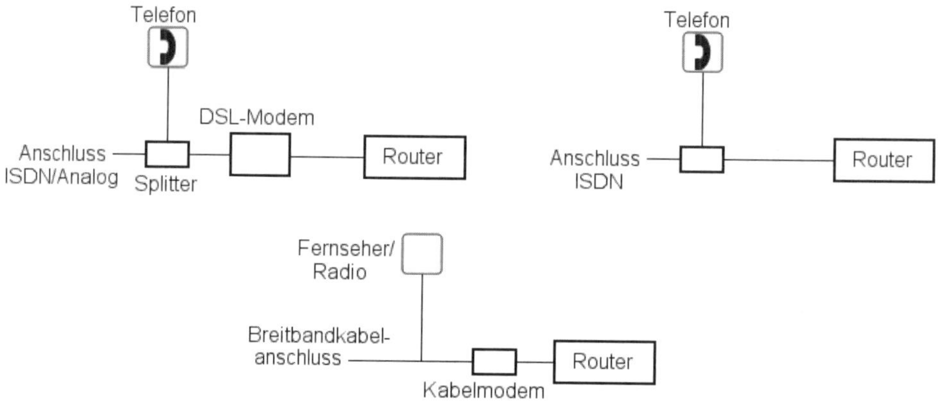

BILD 16.3 Egal ob per DSL-, ADSL- (links oben), ISDN (rechts oben) oder Breitbandkabel (unten) verbunden wird, als Erstes muss der Router die Verbindung zum Provider herstellen und bei Bedarf seine geforderte Authentifizierung unterstützen.

Der andere (oder die anderen, denn die meisten Router haben einen integrierten Switch, um mehrere Rechner anschließen zu können) ist für Ihre(n) Rechner gedacht (Access-Port). Welche es sind, entnehmen Sie der Bedienungsanleitung, sie sind meist eindeutig markiert. Schließen Sie Ihren Rechner an einen Access-Port an. Durch die Eingabe der IP-Adresse des Routers im Webbrowser oder Start der mitgelieferten Software kommen Sie meist auf eine grafische Oberfläche.

Dort müssen die initialen Einstellungen vorgenommen werden. Der Router muss zuerst eine Verbindung mit dem Provider bekommen. Dann erst kann im zweiten Schritt begonnen werden, die lokalen Rechner über NAT anzuhängen.

Nicht vergessen sollte man bei aller Freude über einen funktionierenden Internet-Anschluss die Security. Etwaige Firewall-Funktionen und die Möglichkeit, Services, die unerwünscht sind, zu sperren, sollten in Anspruch genommen werden.

Wichtig ist auch, nicht zu vergessen, dass ein Router ebenfalls im Prinzip ein Computer ist und damit ebenfalls angreifbar. Es darf nicht vergessen werden, ihn durch ein Passwort zu schützen. Hier im Beispiel ein Netgear-Router für ca. 40 Euro. Der Zugang ist ein üblicher DSL-Zugang.

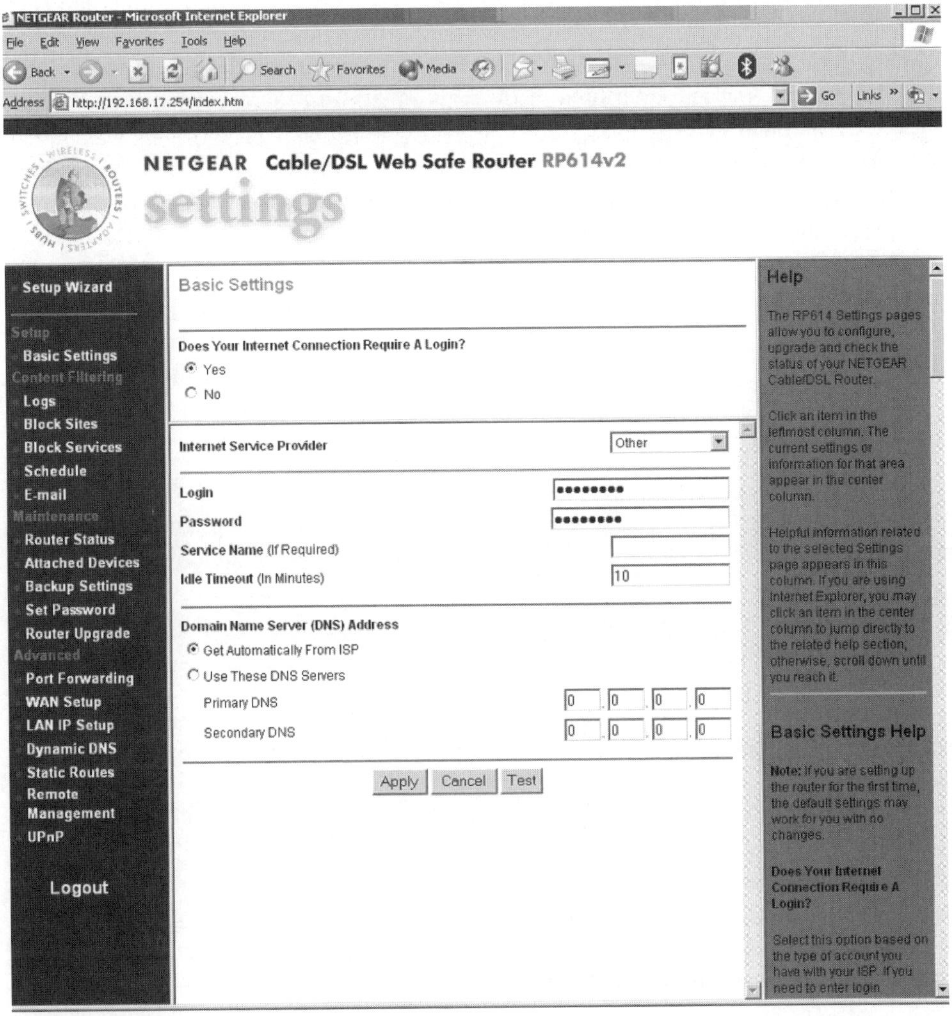

BILD 16.4 Das Konfigurationsmenü eines Routers

Wir kommen direkt auf die Konfigurationsseite. Hier werden die Basiseinstellungen gemacht.

Unter dem Punkt *Internet Service Provider* lässt sich das Zugangsverfahren einstellen. *Other* beinhaltet auch PPP und PPPoE. Login und Passwort müssen angegeben werden. Ebenso die

Nameserver, wenn sie nicht vom Provider geliefert werden. Diese Angaben finden Sie in Ihren Zugangsdaten des Providers.

Die Router besitzen alle Statuslampen, an denen man meist sofort sieht, ob eine Verbindung besteht oder nicht. Dieser Router hier, noch bequemer, liefert direkt einen Test. Nach dem *Apply* der Zugangsdaten drücke ich den *Test*-Button.

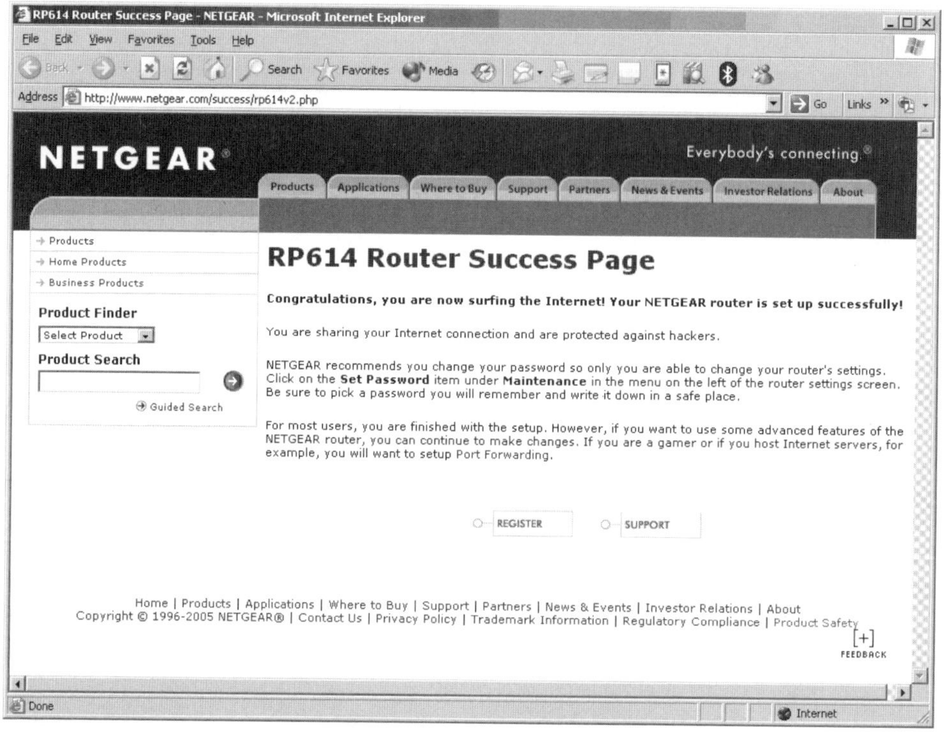

BILD 16.5 Die Testpage, die mir die erfolgreiche Verbindung bestätigt

In meinem Browser öffnet sich die Webseite des Herstellers, mein Router ist mit dem Internet verbunden. Ich werde darauf hingewiesen, das Standardpasswort zu ändern. Dies sollte man unbedingt tun, denn es ist publiziert! Dafür gibt es einen Menüpunkt *Set Password*. Dieser Router ist sehr leicht zu konfigurieren, rechts gibt es eine ausführliche Hilfe, die gleich in der Konfigurationsseite mit dabei ist.

16.1.3 Der Anschluss, LAN-Setup

Nachdem die Verbindung zum Provider hergestellt ist, muss ich meine Rechner, sprich mein LAN, an den Router anbinden. Ich muss mir überlegen, ob ich die werksseitigen Einstellungen des „Private Nets" für mein LAN (NAT/PAT) behalten und benutzen will oder selbst eine Wunschkonfiguration wähle.

Da ich mehrere Geräte im Netzwerk habe, die besser eine feste Adresse haben, möchte ich kein DHCP. Ich möchte auch das vorgeschlagene private Netzwerk nicht.

Ich habe neben meinem DSL-Anschluss eine Failover-Verbindung über einen ISDN-Router. Sollte mein DSL-Anschluss nicht funktionieren, kann ich auf Wunsch über ISDN verbinden. Daher ist es wichtig, dass beide Router denselben NAT-Pool bedienen, oder ich müsste jeweils alle Rechner und Geräte umkonfigurieren.

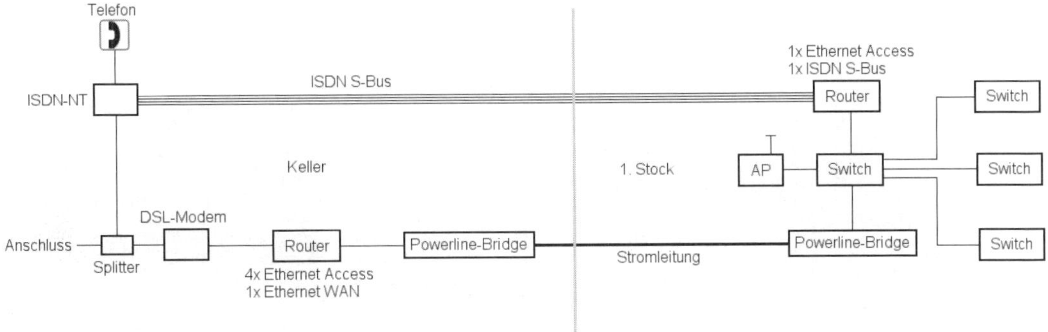

BILD 16.6 Mein Netzwerk zu Hause

Im Keller liegt der Telefonanschluss. Leider ist die Kellerdecke „funkdicht“. Es war also nicht möglich, einen Access Point im Keller zu installieren, der das ganze Haus abdeckt. Eine Netzwerkverkabelung gibt es nicht. Die Telefonleitungen im Haus sind (leider) noch fünfadrig verkabelt. Die Arbeitszimmer befinden sich im ersten Stock.

Daher bin ich hier den Weg gegangen, das Netzwerk per Powerline über die Stromleitung in den ersten Stock zu führen. Dort steht der Access Point, der das Funknetz bietet und es im ganzen Haus ermöglicht, sich zu verbinden.

Die Arbeitszimmer sind per Ethernet-Verkabelung erschlossen. Dieser Aufbau bietet einen weiteren Vorteil. Ich kann jederzeit ohne Funknetz mit einer weiteren Powerline-Bridge ans Netzwerk andocken, wo kein Empfang ist.

Da alle ISDN-Geräte, die ich hatte, auf S-Bus aufbauen, habe ich diesen einfach über die Telefonverkabelung in den ersten Stock gezogen. Der ISDN-Router bietet mir von dort jegliche Möglichkeit, mich mit dem Internet zu verbinden und bei Ausfall des DSL-Anschlusses den Access Point zu erschließen. Damit habe ich mit einer veralteten Kabelinfrastruktur einen Internetzugang im gesamten Haus, mit einer Backup-Verbindung über ISDN realisieren können.

Hier sieht man, wie eine Planung eines Netzwerkes schon im Heimbereich von den örtlichen und baulichen Gegebenheiten abhängig sein kann. Unter dem Menüpunkt „LAN IP Setup“ bietet mir der Router verschiedene Möglichkeiten der Konfiguration an. LAN bedeutet mein eigenes lokales Netzwerk.

Ich wähle dasselbe private Netzwerk, das mein ISDN-Router im NAT-Pool bedient. Der Router bietet RIP als Routing-Protokoll, aber zu Hause benötige ich kein Routing, alle meine Rechner sind in einem Subnetz. Daher deaktiviere ich es, ein Provider akzeptiert sowieso aus Gründen der Betriebsstabilität keine Routen von Endkunden.

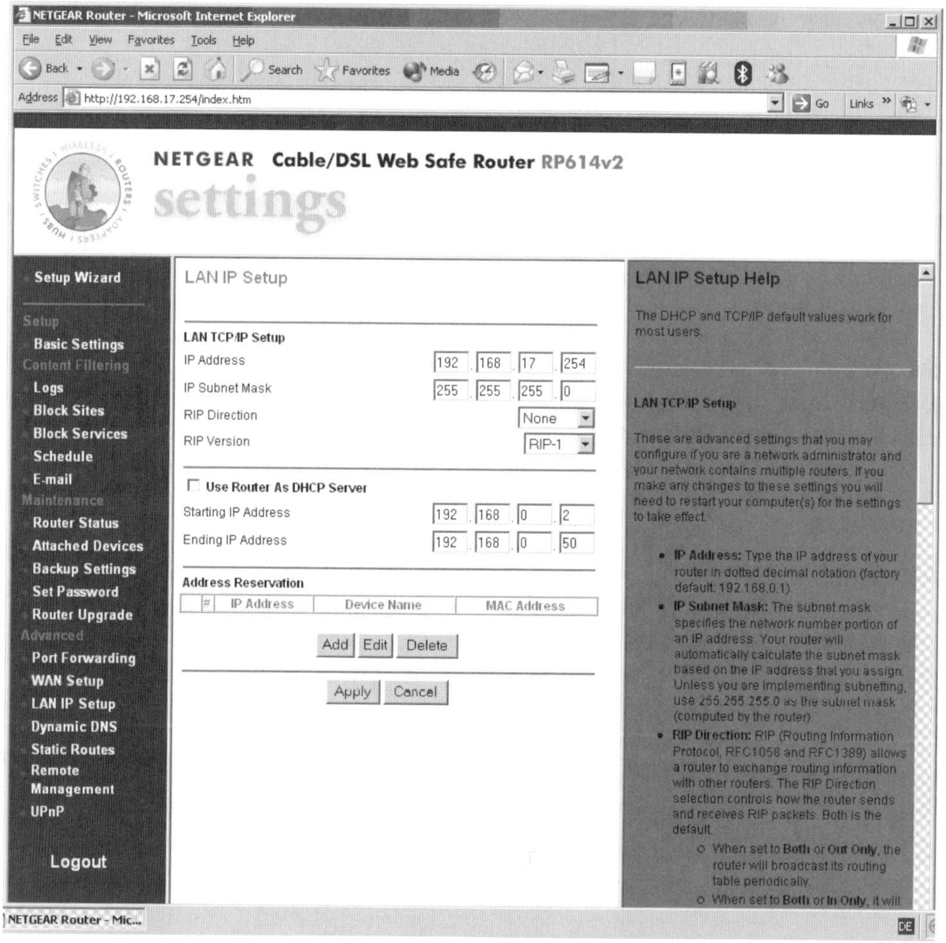

BILD 16.7 Mein LAN-Setup

Mit *Direction* könnte ich wählen, ob der Router auf RIP als Routing-Protokoll hört, RIP sendet oder beides.

Gleichzeitig könnte ich den Router als DHCP-Server betreiben und einstellen, welche Adressen meines Netzwerkes er so verteilt und welche nicht. Wer DHCP betreibt, sollte Geräte wie Netzwerkdrucker ausnehmen oder sie, wie ebenfalls hier angeboten (Address Reservation) an die MAC-Adresse binden. Es ist ziemlich mühsam, wenn ein Netzwerkdrucker nach jedem Einschalten eine andere Adresse hat.

Dann wird es Zeit für einen ersten Test. Ein NAT speziell muss ich bei diesem Router nicht aktivieren, er macht es automatisch. Sonst müsste ich den Address-Pool mit der Provider-Adresse korrelieren.

16.1.4 Der Anschluss, Diverses

Interessant sind noch die Möglichkeiten, Access-Listen zu konfigurieren:

- *Block Sites* ermöglicht uns, Internet-Seiten direkt zu verbieten. Dies kann sinnvoll sein, wenn man Virennester und Ähnliches kennt und verbieten will.
- *Block Services* betrifft unsere Ports. Hier kann ich Protokolle verbieten wie Windows-Dateizugriff, FTP, TFTP etc.

Weiter bekomme ich Servicefunktionen wie E-Mail bei Verletzung der Regeln, Router-Upgrade, wenn eine neue Betriebssystemversion des Herstellers veröffentlicht wird, einen Scheduler, der mir erlaubt, Regeln zeitabhängig zu aktivieren, und vieles mehr. Hier kann jeder wählen, was er benötigt.

Klar aber wird meine obige Intention. Ein lautloses, zugangsgeschütztes Gerät, das mir alle diese Optionen bietet, für ca. 40 Euro, sollte einem Rechner, der diese Rolle spielt, immer vorgezogen werden. Wer wie ich kein Kombi-Gerät einsetzen kann, weil die Verkabelung und die baulichen Gegebenheiten entgegenstehen, sollte einen Access Point als Bridge ohne Routing-Funktionen aufsetzen. Wer die Möglichkeit hat, kann dies natürlich auch integriert tun.

Nie vergessen sollte man aber die Security. Wer WLAN einsetzt, sollte dies mit einer geeigneten Verschlüsselung tun. Es kann juristische Konsequenzen haben, wenn auf den Rechnern zu Hause auf einmal strafgesetzlich relevantes Material entdeckt wird. Die Not zu beweisen, dass man nichts damit zu tun hat, kann groß werden.

Im Heimbereich gibt es einen großen Vorteil. Es gibt fast immer jemanden in der Bekanntschaft, der sich ein wenig auskennt und helfen kann, und die Umgebungen sind meist nicht kritisch.

16.2 Büros und Kleinfirmen

Ein paar Büros zu vernetzen und ans Internet anzubinden, ist im Prinzip dasselbe, wie einen Haushalt zu erschließen. Im gewerblichen Umfeld muss aber mehr auf die Sicherheit geachtet werden. Niemand hätte es gerne, wenn auf einmal jemand von der Straße aus Kundendaten einsehen könnte, vor allem die Kunden nicht.

Hier muss bei Funkvernetzung auf jeden Fall eine starke Verschlüsselung eingesetzt werden, wenn nicht gar VPN. Heute ist dies über Hardware-Clients, kleine Black-Boxes, die vorgeschaltet werden und völlig transparent funktionieren, problemlos möglich. Sind die Räume gemietet, muss man sich an die Gegebenheiten anpassen. Die bestehende Kabelinfrastruktur sollte aus Security-Gründen lieber über Mini-Switches auf Kupferverkabelung als unbedingt über WLAN erweitert werden, falls dies nötig sein sollte. Diese sind für ein paar Euro erhältlich.

Auch hier bieten die meisten Provider Komplettlösungen an. Hier kommt es stark darauf an, welches IT-Know-how innerhalb der eigenen Umgebung angeboten werden kann. Selbstverständlich wird eine IT-Consulting-Firma im Netzwerkbereich einen anderen Weg gehen als eine Rechtsanwaltskanzlei mit zwei Mitarbeitern ohne jegliches IT-Know-how.

Wie immer muss hier die richtige Mischung gefunden werden. Wer sich auf eine gebotene Lösung einlässt und sehr abhängig von einer Internet-Verbindung ist, sollte auf jeden Fall einen Wartungsvertrag abschließen. Leider gibt es immer noch viele schwarze Schafe auf dem Markt. Nach dem Motto, der Blinde ist der König der Einäugigen, verkaufen viele Dienstleister Lösungen, für die sie eigentlich gar nicht richtig qualifiziert sind, vom Kunden oft unbemerkt, da dieser nicht das Know-how hat, dies zu beurteilen.

Es gibt natürlich auch sehr gute Anbieter auf dem Markt. Hier lohnt es sich sehr, Vergleiche zu ziehen. Gute Entscheidungskriterien sind der Preis und die Fluktuation der Mitarbeiter dieser Firmen. Unheimlich günstige „Schnäppchen" können sich nur Firmen leisten, die wenig bezahlen, sprich keine qualifizierten Leute bezahlen müssen, oder es kommt zu Punkt zwei, der Fluktuation. Niemand möchte gerne betreut werden und bei jedem Anruf jemand anderen am Telefon haben, ohne sein Know-how zu kennen und im Bewusstsein, dass keiner in dieser Firma die Umgebung wirklich kennt. Genauso ist ein Callcenter auf den Malediven zwar vielleicht in einer reizvollen Umgebung, aber nicht wirklich eine Hilfe, wenn es vor Ort brennt. Qualifizierte Arbeit kostet Geld. Dieses sollte im Sinne der Betriebsstabilität ausgegeben werden.

16.3 Mittlere und größere Firmen

Im Umfeld von mittleren und größeren Firmen stellt sich automatisch die Frage, eigene IT-Leute mit dem Netzwerk zu beauftragen und sie auszubilden oder fertige, gewartete Pakete zu kaufen. Oft ist dies heute noch getrennt. Die IT kümmert sich um Server, Clients, Software etc., das Netzwerk aber ist vom Gebäudebetreiber oder Provider gestellt oder im Outsourcing vergeben. Hier können auch nicht mehr nur ein paar Mini-Switches und ein kleines Routerchen eingesetzt werden, ab hier muss eine mehr oder weniger professionelle Umgebung geführt werden, die bessere Geräte und damit weit mehr Know-how in diesem Gebiet verlangt. Ein Router der professionellen Klasse hat ca. 2000 Befehle der Konfiguration, Core-Router noch weit mehr. Hier kommen Fragen wie VLANs und Routing, Security und Betrieb, Stabilität und Geräteersatz ins Spiel. Dies leisten Geräte der unteren Preisklasse nicht mehr zuverlässig.

Was sehr oft auf dem Markt zu sehen ist, ist, dass beide erwähnten Facetten der IT sehr unterschiedlich gesehen werden. Zuerst einmal ist die IT generell „Ballast". Es gilt oft die Meinung, vor allem bei Finanzleuten und bei Firmen ohne Geschäftsbezug im IT-Umfeld, dass die IT nur „Geld kostet, aber nichts bringt". Weiter ist das Netzwerk etwas, das „versteckt" arbeitet. Die Softwareverteilung und Pflege, eine funktionierende Datenbank, E-Mail etc. sind sichtbare Dienstleistungen und werden von den Anwendern erlebt. Aber das Netzwerk agiert hinter der Wand. Man bemerkt es erst bewusst, wenn es nicht funktioniert. Doch was hilft eine tolle performante Datenbank, wenn nicht auf sie zugegriffen werden kann?

Der Tipp ist damit ganz klar. Hier müssen professionelle Lösungen implementiert werden. Und damit darf die Planung nicht aufhören. Auch der permanente Betrieb muss auf eine solide Basis gestellt werden. Sei es durch den Aufbau einer versierten Netzwerkgruppe innerhalb der IT oder ein geeignetes Outsourcing.

Oft habe ich schon „Gebastel" gesehen, das immer wieder „hingebogen" wurde, bis es wieder funktioniert hat, ohne Rücksicht auf die Security und die Betriebsstabilität. Diesen Weg zu gehen bedeutet, sich auf ein Pulverfass zu setzen. Ein Produktionsausfall aufgrund eines zusammengebrochenen Netzwerkes ist in jedem Fall unter dem Strich teurer. Oft herrscht hier die Meinung, „funktioniert doch schon seit Jahren". Dies ist wie bei Backup-Systemen. Erst wer Datenverlust erlebt hat, weiß, sie zu schätzen. Und Hand aufs Herz, warum bezahlen wir sonst Versicherungen gegen Brand, Einbruch und Erdbeben? Hatten wir doch noch nie! Nach dem Brand gehen wir dann die Bänder suchen.

Die Planung, Implementierungen und der Betrieb eines mittleren bis großen Netzwerkes erfordern Erfahrung. Alles ist von so vielen Parametern wie dem örtlichen Umfeld, den Security-Ansprüchen, der Funktionalität und dem Betrieb, der Betreuungskapazität und dem Know-how derart abhängig, dass es keine Lösungen „von der Stange" gibt. Wie oft wird über das Netzwerk geschimpft? Zu 90 % liegt der Grund in fehlerhaften Implementierungen und Sparsamkeit an der falschen Ecke. Schon die Wahl der Geräte kann Stabilität bieten oder dazu führen, dass in ein paar Jahren viel Geld verloren geht, weil falsche Kapazitäten geplant wurden.

16.4 Planung eines Netzwerkes

Wer in der Lage ist, bei der „grünen Wiese" anfangen zu können, kann sich sehr glücklich schätzen, der muss aber auch am meisten Vorsicht walten lassen. Er kann schließlich hinterher keinem die Schuld geben. Wir wollen im letzten Beispiel ein Netzwerk von Beginn an planen, inklusive der Verkabelung und der Implementierung der Geräte.

16.4.1 Verkabelung

Während man in kleinen Bereichen vom WAN-/MAN-Anschluss nach außen vorgeht, muss eine komplette Planung einer größeren Umgebung vom anderen Ende her begonnen werden. Nicht nur die Verkabelung, auch die Auswahl der benötigten Geräte ist davon abhängig.

Heutzutage ist eine Verkabelung in Twisted Pair der Kategorie sechs (S/UTP) anzustreben. Je nach den Längen, die vom Rangierpanel bis zum Arbeitsplatz überbrückt werden müssen, ist auch die normale UTP-Verkabelung interessant.

Die Glasfaser bis zum Arbeitsplatz hin ist immer wieder im Gespräch, sie ist aber, auch im Anschluss der Endgeräte, wesentlich teurer. Da heute auch Gigabit über Kupferverkabelung möglich ist, ist dies abzuwägen. Es gilt immer noch die Regel, dass in vertikaler Richtung (Backbone) am besten Glasfasern und in horizontaler Richtung (Access-Bereich) UGV eingesetzt wird. Im Heimbereich ist dies nicht relevant, hier stößt man in der Regel nie an Längenrestriktionen, bei größeren Gebäuden aber passiert dies leicht. Wer ganz sichergehen will, kann einen Access-Port pro Büro in Glasfaser, den Rest in Kupfer planen. Es gibt heute viele Switches, die einen Fiber-Uplink und Access-Ports im Gigabit-Standard haben und damit diese Flexibilität unterstützen. Dazu kommt noch, dass nie vergessen werden darf, dass es auch Services wie Telefonie etc. gibt. Ein bisschen Kupfer wird es in der Regel daher sowieso sein.

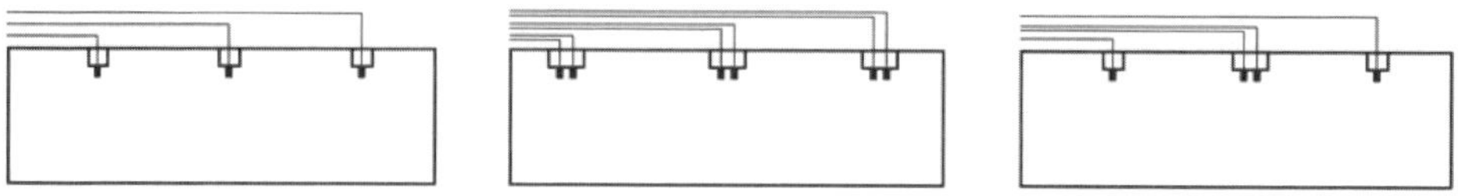

BILD 16.8 Die normale Erschließung eines Büros mit Twisted Pair (links). Die Erschließung eines Büros mit Fiber-to-the-Desk (Mitte), rechts eine Mischung. Alles wird mit Kupfer verkabelt, aber mindestens einer oder mehrere Anschlüsse werden zur Zukunftssicherheit in Glasfaser in die Büros verlegt.

Zu beachten ist aber die Weisheit, dass der Wunsch der User nicht die Planung bestimmen darf. Sehr oft höre ich, dass Notebooks und PCs heute mit Interfaces geliefert werden, die gigabitfähig sind. Jeder User will so gut als möglich am Netzwerk arbeiten. Aber Notebooks haben IDE-Festplatten mit maximal 5400 RPM und Standard-PCs SATA-Platten. Wer also glücklich ist und besonders gute Hardware erwischt hat, kommt auf Speicherraten von fünf bis vierzig MBit/s auf seine Festplatte. Der Rest ist meist Augenwischerei! Schon die 100 MBit/s des Fast Ethernets überlasten bei der heutigen Hardware in der Regel jede handelsübliche Festplatte. Kein PC hat so viel Memory, dass er keine Festplatte als Zwischenspeicher benötigt.

Lediglich manche Server und Netzwerkgeräte sind in der Lage, Gigabit wirklich nutzen zu können. Da in den nächsten Jahren hier keine erhebliche Änderung zu erwarten ist, ist Gigabit zum Arbeitsplatz ein Luxus, der es nicht rechtfertigt, mit Glasfaser geboten zu werden. Sicher ist es möglich, mit guter Hardware mehr zu erreichen, dies ist aber auch über die wesentlich billigere Kupferverkabelung zu erreichen. Niemand schließt einen Gartenschlauch an eine Zehn-Bar-Hochdruckwasserleitung an! Wer bei den Längenrestriktionen und der Qualität der Kabel vorsorgt, ist für die absehbare Zukunft, auch für hohe Bandbreiten, sicher, insbesondere bei Mischlösungen.

Sehr wichtig ist, bei den Längenbetrachtungen nicht nur die Strecke vom Rangierpanel zur Wanddose zu beachten. Es kommen noch zwei Patchkabel dazu, die je nach Lage der Dosen und Standort der Clients etliche Meter ausmachen können. Hier muss eine Reserve mitgeplant werden.

Die nächste Entscheidung ist, wie viele Anschlüsse pro Büro geplant werden. Heute sollte an jedem Arbeitsplatz ein PC geplant werden. Drucker, die netzwerkfähig sind, müssen entweder an dedizierten Druckplätzen im Gebäude/Stockwerk vorgesehen werden oder je nach Bedarf sogar in den Büros. Weiter muss beachtet werden, dass es noch Telefone und Faxgeräte gibt. Mit der Haustechnik müssen dann die restlichen Services abgestimmt werden, die über UGV verlaufen sollen. Die Anzahl und Art der Anschlüsse ist also von der Größe des einzelnen Raumes (der Anzahl Arbeitsplätze) bis hin zu seiner Funktion (Druckerpool etc.) abhängig.

Nachdem die Zahl der Anschlüsse und Leitungen geklärt ist, kann weiter geplant werden. Das Nächste ist, das Rangierpanel zu planen. Bei Glasfasern muss die Steckertype der Patchkabel festgelegt werden. Dabei muss darauf geachtet werden, welche Zusatzgeräte (Mini-Switches, Mediumkonverter etc.) verwendet werden sollen, wenn nötig, denn die Preise der Geräte unterscheiden sich ebenfalls nach Steckertype sehr. Adapterkabel mit zwei verschiedenen Steckertypen an den beiden Enden sind oft Standardware, können aber bei seltenen Kombinationen teure Exoten sein.

Die Anzahl der Anschlüsse bestimmt die Anzahl der Racks im Stockwerks- oder Gebäudeverteiler. Sind die Rangierpanel fertig geplant, kann die Netzwerkhardware, sprich die Switches (oder je nach Bedarf und Design unter Umständen auch Router), bestimmt werden. Hier muss einfließen, ob ein VLAN-Konzept eingesetzt wird, ob es Umgebungen geben wird, die völlig auf Layer III getrennt werden (Router), etc.

Der letzte Schritt ist, den Backbone zu planen. Meist bedingt eins das andere, und man muss ab und zu einen Planungsschritt zurückgehen und nachbessern, bis alles stimmig ist. Sehen wir uns die Planung nochmals Schritt für Schritt in der Zusammenfassung an.

Zuerst muss analysiert werden, wie viele Anschlüsse von welchem Typ in jedem Raum benötigt werden. Ist dies vorher nicht bekannt, muss eine vernünftige Abschätzung gemacht werden. Nicht vergessen werden dürfen Telefone, Faxgeräte und Drucker. Es ist später noch möglich, mit Mini-Switches zu erweitern, aber dies schafft von Beginn an Flaschenhälse. Wer Doppeldosen plant, aber später unter Umständen Gigabit will, muss auf die Längenrestriktionen achten und sich klar sein, dass Gigabit über Doppeldosen nicht funktioniert. Ein Austauschen der Doseneinsätze ist möglich, halbiert dann aber die Zahl der möglichen Anschlüsse.

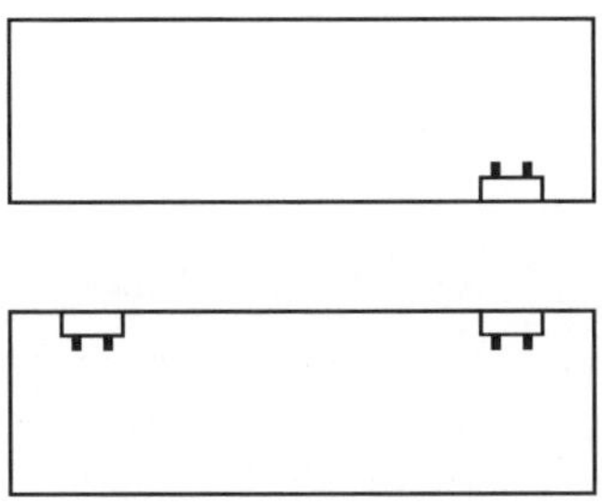

BILD 16.9 Die erste Planung gilt dem Erschließen der Räume nach Funktion und Auslastung, also der Zahl der Arbeitsplätze.

Ist die Zahl und Art der Anschlüsse bekannt, kann das Rangierpanel (Patchfeld im Stockwerks- oder Gebäudeverteiler) geplant werden.

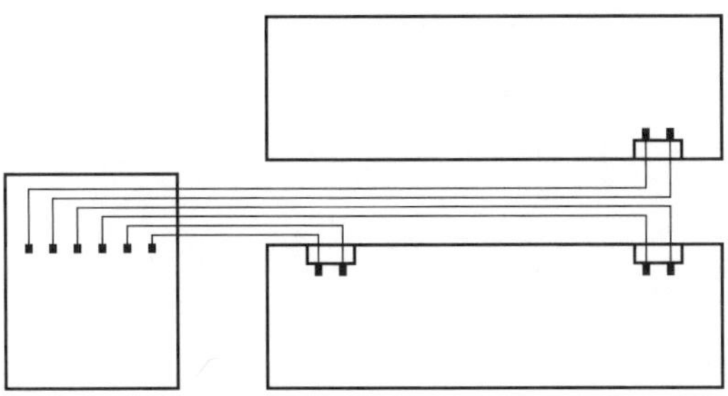

BILD 16.10 Das Rangierpanel wird nach der Anzahl der ermittelten Anschlüsse geplant.

Dann muss entschieden werden, ob ein VLAN-Konzept gefahren wird, und danach die Netzwerkhardware (Konzentratoren) ausgesucht werden.

Bei der Planung der Konzentratoren müssen die Steckertypen für die LAN- und Backbone-Verbindungen berücksichtigt werden.

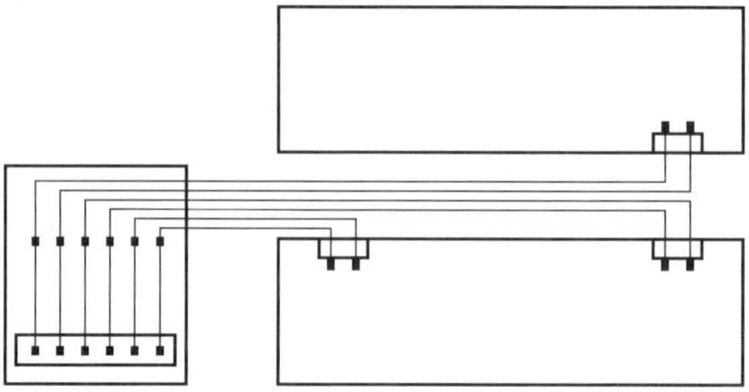

BILD 16.11 Das Rangierpanel wird mit geeigneten Konzentratoren bestückt.

Hier muss bereits das Design des Backbones mit einfließen. Dieser wird aufgebaut und der Internet-, WAN- oder MAN-Anschluss integriert.

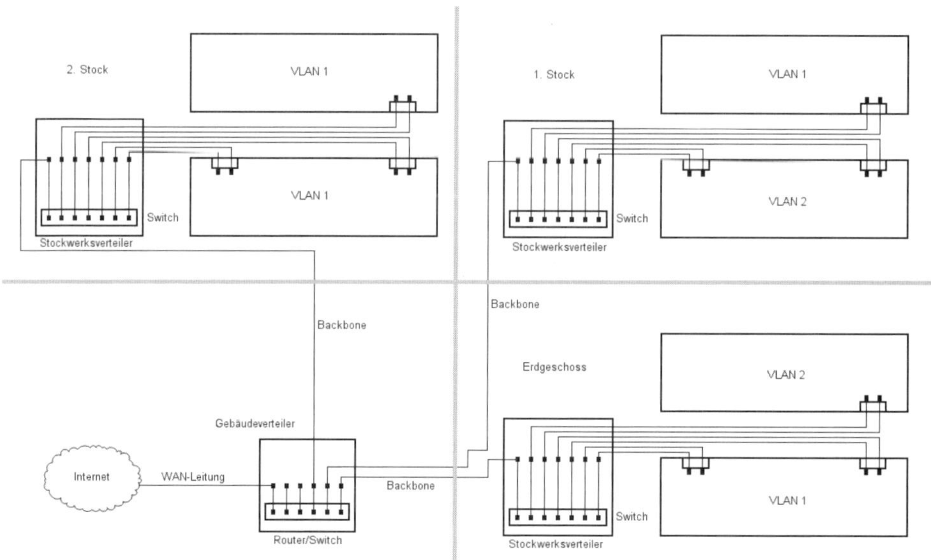

BILD 16.12 Das fertige Design

Damit ist das Design, hier ein Beispiel eines Gebäudes, fertig.

16.5 Der Strom

Vergessen werden sollte nicht, dass alle Geräte auch Strom brauchen! Es sollten in den Büros, Server- und Verteilerräumen genug Steckdosen geplant werden mit genug Leistung. Nachverkabelungen sind enorm teuer! Die Stromversorgung in den Server- und Verteilerräumen sollte so geplant werden, dass Verbrauch und EDV, also Licht, Anschlüsse für Reinigungsgeräte etc. und Server und Netzwerkgeräte, an verschiedenen Phasen angeschlossen sind. Dies erleichtert vieles. So können später ohne großes Umbauen Dinge wie USV (unterbruchfreie Stromversorgung), Batterien etc. installiert oder verändert werden. Ebenso werden Störeinflüsse verhindert. Wer einmal erlebt hat, dass ein gesamtes Netz zusammengebrochen ist, weil ein im Rack eingesteckter Hochleistungsstaubsauger die Sicherung herausgeworfen hat, wird solche Planungen hinterher absolut zu schätzen lernen.

16.6 Klima

Ein leidiges Thema! Laufende Geräte, Router, Switches, Hubs, Server etc. etc. verbrauchen nicht nur Strom, sie entwickeln auch Abwärme. Meist sind Serverräume und Stockwerks- oder Gebäudeverteiler kleine „Kabüffchen“, ohne Lüftung oder Abluft. Das rächt sich schnell. Schnell steigen hier die Temperaturen in Höhen die für die Geräte nicht mehr brauchbar sind. Ebenso kommt es auf die Regelung der Luftfeuchtigkeit an. Wie oft schon habe ich erlebt, dass hier für sehr teures Geld nachgebessert wurde! Im Nachhinein kosten solche Baumaßnahmen in der Regel weitaus mehr, als wenn dies von Anfang an ernst genommen worden wäre. Ein Gebäude-, Stockwerksverteiler oder Serverraum in einer größeren Umgebung, der zukunftssicher geplant ist, ist daher klimatisiert, und zwar mit genug Reserve. Das kostet Geld. Aber bei einer initialen Planung weitaus weniger, als später hinterher implementiert. Hier sollte nicht gespart werden!

16.7 Impressionen

Schreiben und lesen kann man viel. Wie sieht es aber wirklich aus? Die Verteiler und Serverräume sind meist „das Heiligtum“. Der Zutritt ist hier aus Datenschutzgründen und der Sicherheit wegen verwehrt, was auch richtig ist. Daher möchte ich in ein paar Szenarien einfach ein paar Bilder zeigen, wie große Umgebungen aussehen.

Wenn Sie sich anmelden, werden die Administratoren Ihrer Firma nichts dagegen haben, eine Führung durch die EDV zu machen. Wenn nicht am Tag der offenen Türe, dann aber sicher gerne, wenn genug Interessierte zusammenkommen und darum bitten. Wie gesagt, in der Regel ist die EDV ein stilles Geschäft, da sie sehr teuer ist und im Hintergrund funktioniert. Sich für sie zu interessieren, freut jeden Admin.

BILD 16.13 Ein Etagenverteiler in UGV: Für die Netzwerkanschlüsse werden Kabel anderer Farbe verwendet als für die Telefonie, um Verwechslungen zu vermeiden.

BILD 16.14 Ein Rack mit WAN-Modems: Jedes Modem erschließt über eine Mietleitung ein oder mehrere Gebäude.

BILD 16.15 Ein Access-Rack mit VPN-Servern, Routern, Switches etc.

BILD 16.16 Ein Etagenverteiler in einer Fiber-to-the-Desk-Umgebung: Oben in Kupfer sind die Telefone verkabelt. Hier geht die Glasfaser direkt zum Arbeitsplatz. Im Konzentrator sind MT-RJ-Stecker, im Panel SC-Stecker.

BILD 16.17 Ein Gebäudeverteiler in einem Hochhaus: Der Core-Router erschließt über Glasfasern alle Etagenverteiler.

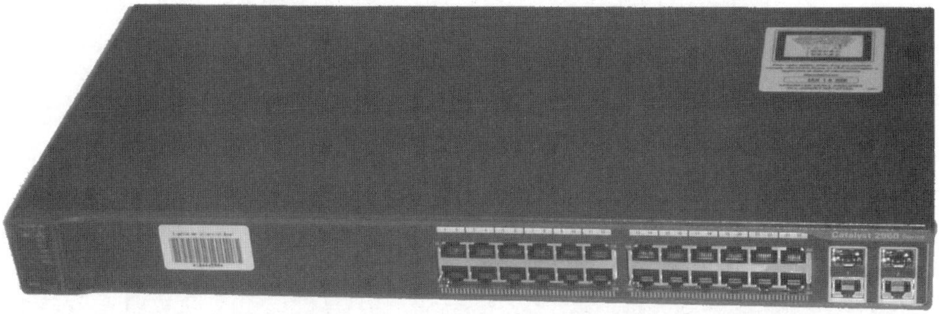

BILD 16.18 Ein Workgroup-Switch der Firma Cisco Systems mit 24 Access- und zwei Uplink-Ports: Die Uplinks sind Gigabit und können entweder über UGV oder mit speziellen Transceivern (SFP) an Glasfaser angeschlossen werden. Solche Geräte sind voll managebar, VLAN-fähig und geeignet, kleine bis größere Umgebungen zu erschließen.

BILD 16.19 Ein Gebäudeverteiler: Er kann beides, ein Einschub bietet Glasfaser (MT-RJ) für Fiber-to-the-Desk an, ein anderer normale Kupferanschlüsse.

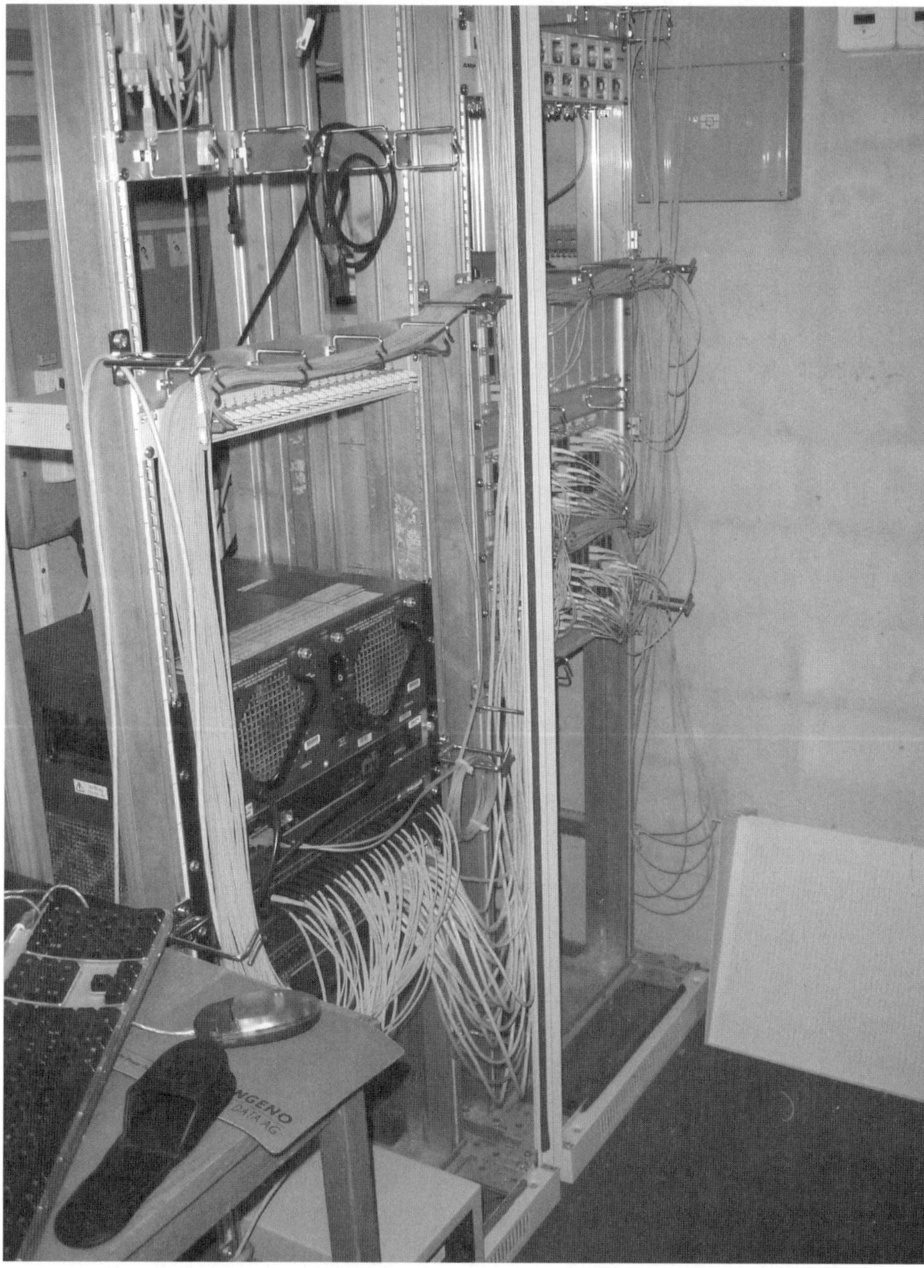

BILD 16.20 Vgl. Bild 15.17

BILD 16.21 Ein Access-Rack: Oben sind drei Dial-in-Server, die einen Zugriff von je 120 Linien ISDN oder analog im Vollausbau bieten können. Weiter zwei Firewalls und etliche kleinere Router, die Mietleitungen terminieren.

BILD 16.22 Rangierpanel eines LWL-Verteilers in der Netzwerkzentrale

BILD 16.23 Rangierpanel für Weitverbindungen und Telefonie (oben) über Glasfaser

BILD 16.24 WAN-Router, welche die WAN-Modems terminieren

17 Fehleranalyse

Wenn das Netzwerk nicht funktioniert, muss auf Fehlersuche gegangen werden. In großen Netzwerken kann dies sehr aufwendig sein. Die Vorgehensweise hängt natürlich auch von den verwendeten Geräten ab. Große Router und Switches bieten Hilfsmittel in ihrem Betriebssystem an. Diese sind jedoch meist proprietär. Dennoch gibt es ein paar Tipps zur Fehlersuche, die allgemeingültig sind.

17.1 Ein Rechner oder mehrere sind nicht am Netz

Sind einige Rechner in der Lage, nach außen zu kommunizieren, andere aber nicht, kann dies mehrere Ursachen haben. Hier eine Beispielumgebung mit Rechnern im selben Subnetz und mit einem gemeinsamen Internetanschluss.

Bei Problemen mit der Verbindung muss der Fehler eingegrenzt werden.

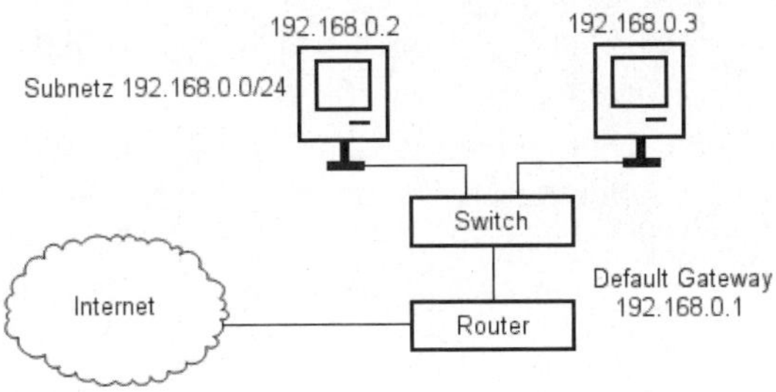

BILD 17.1 Beispielszenario

Beispiel 1: Der linke Rechner (192.168.0.2) funktioniert einwandfrei, der rechte Rechner (192.168.0.3) kann keine Webseiten öffnen. Versuchen wir schrittweise, den Fehler zu finden.

1. Sehen Sie nach, ob der Rechner korrekt physikalisch angeschlossen ist. Zeigt die Status-LED am Rechner und am Switch eine Verbindung an?

2. Ist die Netzwerkkarte aktiv? Unter Windows: START – SYSTEMSTEUERUNG – NETZWERKVERBINDUNGEN – LAN-VERBINDUNG sehen wir den Status.

BILD 17.2 Die Statusanzeige der Netzwerkverbindung

Gibt es hier Fehlermeldungen, müssen wir im Gerätemanager nachsehen, ob der Treiber korrekt geladen ist.

Unter START – ADMINISTRATIVE TOOLS – COMPUTER MANAGEMENT können wir den Gerätemanager öffnen. Steht hier ein gelbes Ausrufezeichen vor der Netzwerkkarte, müssen wir einen passenden Treiber installieren.

Unter *Linux:* Öffnen Sie ein Terminal und loggen als Root ein. Geben Sie auf der Kommandozeile `lspci` ein, hier werden alle PCI-Adapter aufgelistet. Mit dem Befehl `/etc/init.d/network status` sehen Sie alle aktiven Adapter, als Antwort sollten Sie je nachdem `eth0`, `eth1` etc. bekommen. Ist dies nicht der Fall, versuchen Sie, mit `/etc/init.d/network restart` das Netzwerk neu zu starten. Funktioniert dies nicht, können Sie in der Datei */var/log/messages* die Ursache suchen.

3. Ist die Grundkonfiguration in Ordnung? Stimmen die Daten zur IP-Adresse, zu dem Default Gateway, zu der Subnetzmaske und zu dem (der) Nameserver?

   Unter Windows geben Sie im Terminal `ipconfig/all` ein, unter Linux `ifconfig eth0` und `route -n`. Jetzt sehen Sie alle relevanten Angaben auf einen Blick.

   Haben die Rechner, die betroffen sind, falsche Adressen (zum Beispiel aus dem APIPA-Range), überprüfen Sie den DHCP-Server. Ist der Adressenpool erschöpft? Sind MAC-Adressen IP-Adressen zugeordnet, die es nicht mehr gibt (Ersatz von Netzwerkkarten)?

4. Pingen Sie den Rechner vom anderen her an. Kommt keine Antwort, verfahren Sie nach

   4a. Kommt Antwort, pingen Sie das Default Gateway. Pingen Sie dann irgendeine Adresse im Internet an. Wenn dies geht, sehen Sie unten unter *Router überprüfen* nach.

   4b. Prüfen Sie die Einstellungen zu Duplex und Geschwindigkeit Ihrer Netzwerkkarte. Windows: Unter START – SYSTEMSTEUERUNG – NETZWERKVERBINDUNGEN – LAN-VERBIN-

DUNG – EIGENSCHAFTEN finden Sie oben in der Registerkarte die Konfiguration Ihrer Netzwerkkarte. Nach einem Klick auf *Erweitert* erhalten Sie folgendes Menü:

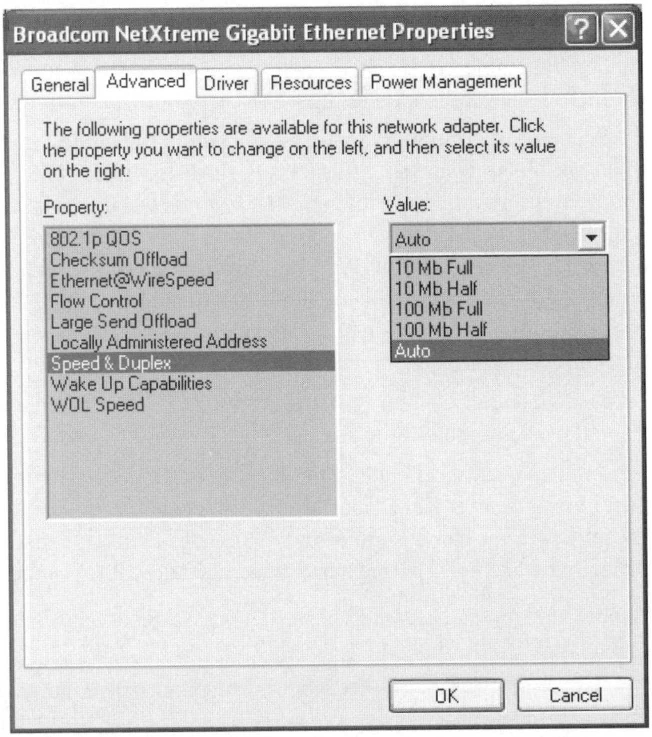

BILD 17.3 Die Parameter der Netzwerkkarte

Unter Linux geben Sie auf der Kommandozeile `mii-tool` ein. Sie erhalten dann die Einstellungsdaten wie etwa `eth0: negotiated 100baseTx-FD flow-control, link ok`.

Überprüfen Sie die Einstellungen, und korrigieren Sie sie nach Bedarf.

5. Ist alles in Ordnung und der Rechner sieht trotzdem keine anderen Geräte, kommen noch Defekte in Betracht.

   Ist das Patchkabel defekt? Tauschen Sie beide Rechner an den Switch-Ports, und versuchen Sie nochmals den Ping-Test. Ist nun der andere stumm, kann von einem Defekt des Switches ausgegangen werden. Ist derselbe immer noch stumm, kann von einem Defekt der Netzwerkkarte oder des Patchkabels ausgegangen werden. Ersetzen Sie beides nacheinander, und testen Sie erneut.

17.2 Alle Rechner sind nicht am Netz

Im selben Szenario können alle Rechner nicht mit dem Internet kommunizieren.

1. Pingen Sie die Rechner untereinander an. Sehen sich die Rechner untereinander, aber kommen nicht ins Internet, sehen Sie unten weiter bei *Router überprüfen*.
2. Sehen sich die Rechner untereinander nicht, ist von einem Defekt des Switches auszugehen. Überprüfen Sie, ob ein Loop vorliegt, sprich Ports des Switches miteinander verbunden sind. Achtung in größeren Umgebungen. Hier kann der Loop auch Remote in einem Büro durch ein falsches Verbinden von Mini-Switches oder Wanddosen ausgelöst sein. Hier hilft nur eines. Trennen Sie alle Verbindungen zum Switch. Schließen Sie zwei Rechner an, und pingen Sie sie gegenseitig. Funktioniert dies plötzlich, kann von einem Loop ausgegangen werden. Stecken Sie nun Anschluss für Anschluss wieder ein, bis der Ping abbricht. Dann ist der Loop gefunden.
3. Wenn nicht, ersetzen Sie den Switch. Es ist sehr unwahrscheinlich, dass auf einmal alle Netzwerkkarten gleichzeitig defekt werden.
4. Haben Sie kein zweites Gerät als Ersatz, schließen Sie einen der Rechner direkt am Router an. (Hier wird ein Crossover-Kabel oder Mini-Switch benötigt, der zwischengeschaltet wird! Da vorgesehen ist, an einen Router einen Hub oder Switch anzuschließen, hat er dieselbe Pinbelegung wie eine Netzwerkkarte, kann also nicht direkt angeschlossen werden.)

Können Sie nun alles erreichen, ist sicher von einem Defekt des Switches auszugehen.

17.3 Router prüfen

Treten Effekte auf, dass sich die Rechner untereinander erreichen können, aber alle oder einzelne nicht ins Internet kommen, muss der Router überprüft werden. Hier gibt es einige Möglichkeiten.

1. Kommt keiner ins Internet, aber die Rechner sehen sich untereinander, muss ein Fehler bei der Routerkonfiguration vorliegen. Hilft kein Test mehr und der Router scheint einwandfrei zu funktionieren, muss ein Rechner direkt an das DSL-Modem (oder mit einem ISDN-Modem) angeschlossen werden.
2. Ist der Router in Ordnung, kann der Zugang defekt sein. Der Test mit einem direkt angeschlossenen Gerät kann dies zeigen.

Funktioniert ein Rechner direkt, aber nicht über den Router, und dessen Konfiguration ist in Ordnung, muss von einem Defekt des Routers ausgegangen werden. Funktioniert ein direkt angeschlossener Rechner nicht, aber kann im LAN mit den anderen kommunizieren, ist wahrscheinlich der Zugang defekt.

17.4 Einige Rechner ohne Internet

Sind einige Rechner betroffen, andere aber nicht, muss der Router oder DHCP-Server (wenn eingesetzt) getestet werden.

1. Überprüfen Sie alle Konfigurationsparameter und die Parameter (wenn vorhanden) des DHCP-Servers. Sehen Sie sich die Leases aller Rechner an.
2. Sehen Sie nach, wie der NAT-Pool konfiguriert ist. Prüfen Sie, ob es Access-Listen auf dem Router gibt, die den Kontakt nach außen verbieten. Im Zweifelsfall müssen alle Access-Listen momentan entfernt werden. Dann wird erst völlig klar, ob sich widersprechende vielleicht Kollisionen auslösen.

17.5 Netzwerk ist langsam

Ist das Netzwerk sehr langsam, muss der Fehler eingegrenzt werden.

1. Sind HUBs im Einsatz? Wenn ja, sind die Duplex-Einstellungen der Netzwerkadapter konsistent?
2. Sind HUBs im Einsatz, muss nachgesehen werden, ob viele Rechner gleichzeitig viel Verkehr produzieren, sprich wie die Anzahl der Kollisionen aussieht. Die meisten HUBs haben eine Kollisions-LED, genauso die Netzwerkkarten. Beobachten Sie diese. Brennen sie dauernd, ist die Zahl der Kollisionen zu hoch, und ein Switch sollte eingesetzt werden.
3. Die andere Möglichkeit wäre, ein Netzwerkadapter mit defekter Carrier Sense oder Collision Detection. Trennen Sie alle Rechner vom HUB, und schließen Sie sie langsam der Reihe nach wieder an, bis der Fehler erneut auftritt.
4. In großen Umgebungen kann trotz voll geswitchtem Netzwerk einfach eine Überlastung schuld an fehlender Performance sein. Prüfen Sie, ob Rechner streamen (Video-, Audio-Streams etc.) oder ständig sehr viel Verkehr verursachen. Überlegen Sie, ob diese nicht über Layer III getrennt werden können.
5. Finden Sie Rechner mit enorm hohem Verkehrsaufkommen, die aber „eigentlich nichts tun", dann prüfen Sie sie auf Virusbefall oder Eindringlinge. Viele Viren versuchen mit Scans, so rasch als möglich so viele andere als möglich zu erreichen, und produzieren damit enorm Verkehr im Netzwerk. Viele Hacker verwenden fremde Rechner als Datenspeicher und verschieben große Datenmengen von und zu ihnen.

Abkürzungsverzeichnis

ACL	Access Control List
ADSL	Asymmetric Digital Subscribers Line
AP	Access Point
APIPA	Automatic Private IP Addressing
ARP	Address Resolution Protocol
ASCII	American Standard Code of Information Interchange
ASIC	Application-Specific Integrated Circuit
AUI	Attachment Unit Interface
CPU	Central Processing Unit
CSMA/CA	Carrier Sense Multiple Access/Collision Avoidance
CSMA/CD	Carrier Sense Multiple Access/Collision Detection
CTS	Clear to Send
CWDM	Coarse Wavelength Division Multiplexing
DAD	Double Address Detection
DAS	Direct Attached Storage
DDR	Dial on Demand Routing
DES	Data Encryption Standard
DFS	Dynamic Frequency Selection
DHCP	Domain Host Configuration Protocol
DMZ	Demilitarisierte Zone
DNS	Domain Name System
DSL	Digital Subscribers Line
DSSS	Direct Sequence Spread Spectrum
DVB-S	Digital Video Broadcast (Satellit)
DVB-T	Digital Video Broadcast (terrestrisch)
DWDM	Dense Wavelength Division Multiplexing
EDV	Elektronische Datenverarbeitung

ESP	Encapsulating Security Payload
EUI	Extended Unique Identifier
FHSS	Frequency Hopping Spread Spectrum
FLZ	Forward Lookup-Zone
FP	Format Prefix
FQDN	Fully Qualified Domain Name
FTP	File Transfer Protocol
GIF	Graphics Interchange Format
GMII	Gigabit Media Independent Interface
HBA	Host Bus Adaptor
HR-DSSS	High-Rate Direct Sequence Spread Spectrum
IANA	Internet Assigned Numbers Authority
IEEE	Institute of Electrical and Electronics Engineers
IGRP	Interior Gateway Routing Protocol
IKE	Internet Key Exchange
IP	Internet Protocol
IPSec	IP Secure
ISATAP	Intra-Site Automatic Tunneling Protocol
ISDN	Integrated Services Digital Network
ISM	Funkbereich für Industrial, Scientific, Medicine
ISO	International Organization for Standardization
IT	Information Technology
L2F	Layer 2 Forwarding
L2TP	Layer 2 Tunneling Protocol
LAN	Local Area Network
MAC	Media Access Control
MAN	Metropolitan Network
MDI	Media Dependent Interface
MDIX	Media Dependent Interface, Crossover
MII	Media Independent Interface
MPEG	Motion Pictures Expert Group
MTU	Maximum Transport Unit
MX	Mail Exchange
NAS	Network Attached Storage
NAT	Network Address Translation
NDP	Neighbor Discovery Protocol
NEXT	Near End Crosstalk

NFS	Network File System
NLA	Next Level Aggregation
OFDM	Orthogonal Frequency Division Multiplexing
OSI	Open Systems Interconnection
OSPF	Open Shortest Path First
PAT	Port and Address Translation
PC	Personal Computer
PCI	Peripheral Component Interconnect
PCMCIA	Personal Computer Memory Card International Association
PDA	Personal Digital Assistant
PoE	Power over Ethernet
PPP	Point to Point Protocol
PPPoE	Point to Point Protocol over Ethernet
PPTP	Point-to-Point Tunneling Protocol
PXE	Preboot Execution Environment
QoS	Quality of Service
RARP	Reverse Address Resolution Protocol
RDMA	Remote Direct Memory Access
RIP	Router Information Protocol
RJ	Registered Jack
RLZ	Reverse Lookup-Zone
RSA	Rivest, Shamir und Adleman
RTS	Ready to Send
S/STP	Shielded/Shielded Twisted Pair
S/UTP	Shielded/Unshielded Twisted Pair
SAN	Storage Area Network
SIP	Session Initiation Protocol
SMB	Server Message Block
SMTP	Simple Mail Transfer Protocol
SSH	Secure Shell
SSID	Service Set Identifier
SSL	Secure Socket Layer
STP	Shielded Twisted Pair
TCP	Transmission Control Protocol
TFTP	Trivial File Transer Protocol
TIFF	Tagged Image File Format
TKIP	Temporary Key Integrity Protocol

TLA	Top Level Aggregation
TPC	Transmit Power Control
TTL	Time to live
UDP	User Datagram Protocol
UGV	Universelle Gebäudeverkabelung
USB	User Serial Bus
UTP	Unshielded Twisted Pair
VLAN	Virtual Local Area Network
VLSM	Variable Length of Subnet Masks
VoIP	Voice over IP
VPN	Virtual Private Network
WAN	Wide Area Network
WDM	Wavelength Division Multiplexing
WEBDAV	Web-Based Distributed Authoring and Versioning
WECA	Wireless Ethernet Compatibility Alliance
WEP	Wired Equivalent Privacy
WI-FI	Wired-Fidelity
WiMAX	Worldwide Interoperability for Microwave Access
WINS	Windows Internet Name Service
WLAN	Wireless Local Area Network
WOL	Wake on LAN
WPA	Wi-Fi Protected Access
WWW	World Wide Web

Index

V

W

X

Y

Z